U0536687

《第欧根尼》中文精选版

全球视野中的哲学研究：相遇与交融

Philosophical Research in a Global
Perspective: Encounter and Fusion

萧俊明　贺慧玲　杜　鹃　主编

中国书籍出版社
China Book Press

《第欧根尼》的历程（代序）

萧俊明

《第欧根尼》（季刊）是国际哲学与人文科学理事会的会刊，创办于 1953 年。创刊时有法文和英文版，目前有 5 个版本，即法文版、英文版、西班牙文版、阿拉伯文版和中文版。

这份刊物的问世可归因于两个因素：一个是机构，这就是国际哲学与人文科学理事会，它是在联合国教科文组织的倡议和支持下成立的，其目的是将人文科学领域众多不同的学术团体重新组织起来。另一个因素是人，这个人就是罗歇·凯卢瓦，当时是联合国教科文组织的一名国际公务员。国际哲学与人文科学理事会想创办一份机关刊物，在国际学术交流方面能够起到联结各个会员团体的纽带作用。而罗歇·凯卢瓦也正想创办一个符合这一需要的刊物。

凯卢瓦的办刊理念是希望创办一份能够体现其"对角科学"概念的刊物。所谓"对角科学"用今天的术语讲也就是跨学科研究。凯卢瓦之所以产生这样的想法是因为有感于二战结束后学术研究的四分五裂状态。他认为，各门学科不应再有意分离、各行其是、谋求自己的发展，不应再自高自大相互鄙薄。他梦想着有这样一份刊物：考古学家可以为了让经济学家来讨论而提出他们的问题，历史学家可以与哲学家达到一种理解。他坚信，这些显然是相隔甚远的学科之间一旦达到和睦，便会产生新的和更广的视角。凯卢瓦的办刊思想得到了国际哲学与人文科学理事会的支持，后者将新的刊物定名为《第欧根尼》。取这样一个名字的寓意并不是要把刊物引向犬儒主义，而是因为第欧根尼这位思想家打起灯笼去寻找一个诚实的人这个典故。

事实上，凯卢瓦正是他们要寻找的人。可以说，没有凯卢瓦便没有《第欧根尼》。凯卢瓦坚定不移地贯彻他的"对角科学"理念，让跨学科性变成《第欧根尼》的标志。但是，贯彻这样一种理念不可能是一帆风顺的。他的副手多尔梅松这样形容说，"他的刊物是在两块礁石之间航行，一边是草率的概括，另一边是乏味的博学"。凯卢瓦的座右铭是："没有没有思想的事实，没有没有事实的思想。"本着这样一种理念，凡是带有专著味道的研究成果都毫不留情地被拒绝了，比如关于康德哲学的极为出色的研究成果也被拒绝。这种做法无疑会招来会员组织的学者们的怨恨。《第欧根尼》也正是在贯彻这样一种理念的过程中获得了国际声誉，成为国际名刊。

作为国际名刊，《第欧根尼》自然有其自身的特点：

首先是学术品位高。一个刊物的学术品位主要表现在刊物选题的难度和撰稿人的知名度上，《第欧根尼》的选题一般在专业深度上适当，但难度不低。这主要是因为它刊登的并不是某一专业领域的成果，而是想包容不同学科的成果。我们在《第欧根尼》的撰稿人当中可以看到这样一些名字：卡尔·雅斯贝尔斯、克劳德·列维－斯特劳斯、让·皮亚杰、保罗·利科、汉斯－格奥尔格·伽达默尔、理查德·罗蒂等。这些国际知名学者能为《第欧根尼》撰稿，足以说明它在学术界的地位。

其次，及时反映人文科学领域中的热门论题和最新发展动态。《第欧根尼》几乎每期都有一个论题，邀请不同领域成绩卓著的学者撰稿，而且不定期地就国际学术界的一些热门论题展开讨论：比如"全球化""文化认同""文化多样性""我们是谁""文化基因""民主""尊严""涉身性"等等。从这些论题我们可以了解国际学术界所关注的焦点问题和发展动态，特别是可以看到来自不同文化、不同领域的学者对某一问题的独到见解。有些研究在国内还属于空白，无疑具有很高的参考价值。

再次，寻求不同文明特别是西方文明与非西方文明之间的对话与合作。美国"9·11"事件发生之后，对西方学术界也产生了很大震动，他们开始反思的一个重要问题是文明的冲突还是文明的对话。《第欧根尼》无疑是赞成后者，具体表现为对非西方国家的重视程度明显不同以往。从选用的稿件来看，阿拉伯国家、非洲国家、拉美国家、亚洲国家、中国以及俄罗斯的作者所占比重明显提高。在西方作者中，主要是欧洲作者，美国作者不多，这也反映出一种倾向。可以明显地看出，西方中心主义的色彩减少了，而更加强调跨文化对话和文化多元性。显然，该刊是非美国主导的刊物，在很大程度上反映了非西方大陆的观点，中国可以在其中找寻自己的话语权。具体到中国来说，近些年来国际哲学与人文科学理事会非常积极地寻求与中国合作，对中国的关注程度明显不同以往。中国社会科学院学部委员黄长著先生、汝信先生等都曾受邀在该刊发表过论文。2008年还出了一期"中国当代政治思潮"专辑，刊登了中国社会科学院哲学所赵汀阳研究员、外国文学所陆建德研究员的论文，其他作者来自香港大学、黑龙江大学、北京大学、北京师范大学、清华大学和中国人民大学，国际知名刊物为中国学者出专辑，尚不多见。

《第欧根尼》中文版（半年刊）根据国内学术界的需要，将英法文版的大部分论文（大约百分之九十）全文翻译刊登，余下不到百分之十的论文未翻译的主要原因一是内容过于冷门生僻，难有读者赏光；二是内容或语词不适合公开发表。为了让读者更深入地了解《第欧根尼》中文版，我们不妨对办刊历程做一简要回顾。

1984年11月，国际哲学与人文科学理事会主席阿斯通和秘书长多尔梅松受中国社会科学院副院长汝信同志邀请，来华访问。在介绍各研究所有关研究人员情况的谈话中，国际哲学与人文科学理事会一方表示了希望中国出版《第欧根尼》中文版的意向。当时外国文学所和文献中心都想承接这项任务，由于文献中心决心下得快，领导工作抓得紧，所以在两个单位的竞争中领先了一步。

1984年11月底，中心与阿斯通主席和多尔梅松秘书长达成口头协作协议，1985年3月在书信交换意见的基础上，签订了有效期为三年的书面协议书。协议就经费和选题等事项做出了规定。其中有一条规定表明，中文版可以独立组稿，文稿提交经《第欧根尼》原版编委会通过后，可在中文版英法文版同时刊登。与此同时，1984年底中心成立了中文版编委会，邀请了一些资深翻译工作者（基本上是文献中心的学者）对英法文版几十期过刊进行了阅读和选材，并以最快速度在1985年5月前完成了创刊号的全部翻译、校译及审稿工作，同时还进行了封面设计、联系出版等工作。

在中心领导及院领导的直接关注以及各方面的通力合作下，经过9个月的筹备，《第欧根尼》中文版创刊号终于在1985年8月与读者见面了，当时的负责人是沈仪琳老师。沈老师的总结是：上级领导支持和重视；依靠各方面力量办刊；具体负责该项工作的同志要不辞辛苦，发扬苦干精神。

《第欧根尼》中文版的起步过程是非常艰难的。从创刊到1987年初，全部技术性校对和与工厂联系、发送原稿和清样等等全部由沈老师一人承担。

即便如此，沈老师始终坚持严格的审稿制度。当时的做法是让译者互校译稿，请专家和编委审稿和解决一些疑难问题，所以在翻译质量上是有保证的。

我本人是从1995年底接手这项工作的，到现在已经20多年了。总结所做的工作，实在不敢说有什么成就，我觉得能坚持下来对我来说就已经不易了。回顾所走过的历程，我实在找不出贴切的字眼来形容，这中间的劳苦和艰辛只有亲身经历才能真正体会到，可以说，多年来我们一直在困境中挣扎。

所谓艰辛，实际上是两大困难。一是译者队伍。我们和我们前辈不能比的是，他们那时有一个资深翻译团队作为后盾，而我们现在找到一个翻译数量过百万字、比较成熟的学者型翻译实在太难了。尽管如此，我们还是设法保持了一支老中青三结合的译者队伍，老的有资深翻译家陆象淦先生，从刊物创办之初，陆先生就是主力干将，如今已年越古稀，仍笔耕不辍，每期都要译几篇，比我们中青年人还能干。所谓中年，其实也都是五六十岁的人了，有霍桂桓先生、马胜利先生和我本人，基本上撑起了局面。再往下是几位正值事业黄金年龄的女将，其中贺慧玲、李红霞、杜鹃、俞丽霞、彭姝祎等已能担当重任。她们具有外语基础好学科知识扎实的优势，劣势是翻译的数量不够多，能驾驭的领域不够宽。如果她们能强化自身的训练，是很有希望成为学者型翻译人才的。这几十年走过来还真是不容易，今后的路依然会很艰难。当然，高端翻译人才的缺乏和整个大环境不无关系，但本单位的重视程度是关键。《第欧根尼》中文版大概是全国唯一一份全文翻译的人文类刊物，这种工作费力但不见多大成果量。高校和出版社对工作都实行量化考核，比较起来还是社科院能承担这样的工作。但是，社科院在这方面的优势也在一点点地丧失。

另一个困难是经费问题。实事求是地讲，《第欧根尼》中文版创办后的前15年还属于创收刊物，也就是说，不仅办刊的所有经费全部来自联合国教科文组织的资助，而且还有不少节余上交所里。进入21世纪之后，情况越来越糟。先是资助迟迟不到位，后来干脆就没有了。由于是国外资助的刊物，也未能进入院里的名刊工程，一下子陷入了资金困境。说到这里，要特别感谢学部委员黄长著先生以及国际合作局和科研管理局的领导。黄长著先生是我们的老领导，曾任国际哲学与人文科学理事会的副主席，他对《第欧根尼》一直非常重视，正是由于他的"疏通"和"游说"，职能部门了解了《第欧根尼》，认识到了它的重要性，科研管理局特批了一笔经费，国际合作局也给予了资金上的支持。这样，我们虽然不像进入名刊工程那样有保障，但起码是没有后顾之忧了。如今，我们已不再为经费问题所困扰。2012年，中国社会科学院推出了统一管理、统一经费、统一印制、统一发行、统一入库的期刊改革方案，不仅彻底解决了经费问题，而且在印制、发行、入库等方面更加规范，减少了很多的操劳和麻烦。可以说，《第欧根尼》迎来了新的春天。

当然，伴随我们的并不全是苦衷，也有苦尽甜来的快乐。这种快乐就是我们有值得夸耀的东西。我的意思并不是说我们有多么辉煌的成就，而是说我们多年来的操守和坚持更具一种内在价值。我感觉特别值得夸耀的，是我们没有丢掉当年沈老师开创的传统，始终坚持严格的审稿校稿制度。更具体地讲，我们每一篇稿子，都要对照原文逐字逐句校对一或两遍，从事校对的是我和我们编辑部的成员。我这个团队的年轻同志工作态度是非常认真的。尽管我们由于水平所限，难免出现这样或那样的疏漏，但比较当下许多译文和译著在发表时只是做一些文字上的编辑工作，我们的翻译质量还是有保证的。这在当年看似平常的东西如今却是难能可贵的。我们也就是凭借这一点在许多方面取得了进步和超越，因而也获得了信任和声誉。《第欧根尼》法英版现任主编斯卡兰蒂诺在写给中国常驻联合国教科文组织大使衔代表师淑云女士的信中这样描述道：

"《第欧根尼》中文版在中国学术界与我们杂志的广泛国际读者群之间起着一种桥梁作用。这种良好作用的最大受益者是中国的研究人员，因为它既可以使中国研究人员在国际上传播其著述，也可以使他们了解非中国学者的著述。我们杂志如今具有广泛的国际声誉，中文版是原因之一，并且它可能是该领域在中国大陆发行量最大的一份刊物。

"之所以能够取得这样的成就得益于与联合国教科文组织的长期协议，国际哲学与人文科学理事会也因此得以向中国社会科学院提供实质性的支持。自我们杂志创刊以来，这种支持一直是行之有效的，并且证明对保证杂志的高学术水平——通过其出色的翻译质量——是完全重要的。另一方面，《第欧根尼》可以为世界各国学者提供一个发表和传播其著述的卓越空间。"

还有一点特别值得我们夸耀和自豪的是，《第欧根尼》虽然发行量不大，但读者群不小，它拥有一批非一般的读者，他们来自不同阶层，有学生、教师、学者、领导干部。一些读者的来信实在是让人感动，下面摘录几段与大家分享：

"我是一个最近从美国归国的读者，最近在书店购到贵刊，觉得很好，我出国前亦读到贵刊，当时就非常爱读这份杂志。"

"一个偶然的机会，有幸从我校的信息检索中心查到您处出版的《第欧根尼》。我们深深地被其中的思想所吸引。我们为有缘结识这样的刊物而感到欣慰，为不能买到已经出版的过刊而深感遗憾。"

"《第欧根尼》一直是我十分喜爱的一本刊物，从1986年起我一直订阅，它给了我许多启示和教益……这样一本刊物的出版实乃中国学人之幸，中国学术之幸。"

此外，还有相当数量的"大读者"对《第欧根尼》的关注和评价简直是让人"受宠若惊"。我所说的大读者是指有相当学术地位的学者或领导者，我这里讲几个例子。2009年11月27日，我们召开了庆祝《第欧根尼》中文版创刊25周年座谈会。参与座谈的各位专家学者回顾了《第欧根尼》中文版的创刊历史及其25年的发展历程，肯定了它的办刊品位和学术价值。中国社会科学院副院长武寅同志的总结性讲话更是令人备受鼓舞。她说，本次座谈会庆祝《第欧根尼》中文版创刊25周年，是一件很有意义的事情。该刊中文版所走过的历程不是一帆风顺的，但却很有前瞻性、开拓性，很具战略眼光。它体现了中国社科院的定位、资质、职责和水平，这是全院相关学科学者、相关部门共同努力的结果。武寅副院长最后说，庆祝《第欧根尼》中文版创刊25周年，这不是句号，而是破折号，它连接的是新的办刊起点，《第欧根尼》中文版应该做出新的努力和贡献！

在2011年的一次工作汇报会上，我同中国社会科学院院长王伟光同志谈起了《第欧根尼》，我原以为像他这么忙的领导根本无暇顾及这类刊物，没想到他的回答真是给我一个惊喜。伟光院长说，他在读研究生时就读《第欧根尼》，有些文章读来令人振奋，希望把《第欧根尼》中文版办成世界名刊。伟光院长的话让我想起了我们一位已故的老所长孙方同志。孙老八十高龄时还坚持读《第欧根尼》，有一次当时的所领导去看望他，他对他们说，要读读《第欧根尼》，看看人家的文章是怎么写的。他还多次与我通电话，探讨读后感。《第欧根尼》之所以能够坚持到今天，这些读者的支持无疑起到了一种无穷的动力作用。

2015年12月，国际哲学与人文科学理事会第32届大会在北京召开。会议期间，一直给予《第欧根尼》中文版特别关注和支持的国际哲学与人文科学理事会现任主席、中国社会科学院学部委员朝戈金教授委托贺慧玲副主编用英文向来自世界各地的知名学者做了工作汇报，国外学者了解了《第欧根尼》中文版的情况，特别是看到我们出版的文集之后纷纷表示赞许，并报以热烈的掌声。可以说，《第欧根尼》中文版已经是享有国际声誉的刊物了。

另外，根据我们对国内哲学专业进行的零星调查，《第欧根尼》中文版是许多二、三级教授和研究员必读的首选刊物，有的知名教授特别对《第欧根尼》的编者和译者表示敬意。一份刊物在学术界获得如此赞誉，应该足矣。

然而，期刊毕竟有其局限性，尤其是对于在某一领域颇有成就的学者来说，更需要相对集中于某一领域或论题的文献汇编。于是，我们根据读者的需要在2008年从已发表的译文中按论题挑选一些精品出了一套文集，即《哲学家的休息》、《圣言的无力》、《文化认同性的变形》及《对历史的理解》。文集出版之后，反响很好，国际哲学与人文科学理事会对此相当重视，他们马上向国际上推介，并且拿到2008年首尔世界哲学大会上做了宣传。2014年，我们以哲学和文化为主线从近八年的译文中挑选出精品结集出版。两部文集的书名分别为《哲学在西方精神空间中的地位》和《久远的文明与文化多样性的假想》，前一部侧重于三个论题，即"对于哲学的重新思考"、"跨学科性与哲学"和"多维视野中的哲学"；后一部侧重于"文明的进化与现实"、"文化多样性的反思"和"审美与多元文化"。文集出版之后，不到半年时间，就全部售罄，这对学术著作来说，实不多见。

有了这样成功的尝试，我们今年又以哲学和文化为主线从近四五年的译文中挑选出精品汇编成两部文集。一部的题目是《全球视野中的哲学研究：相遇与交融》，分为三个部分，即"西方的反思：问题与前景"、"东方的探寻：走向融合之道"和"非洲的醒悟：政治与智慧"。从全球视野去审视20世纪80年代以来的哲学研究，不难发现，在多元文化主义的推动下，哲学正在超越以往的传统与现代、西方与东方以及全球与地方这些排斥性二分，走向新的相遇和交融。一直以来一家独大的西方"专业哲学"似乎陷入了迷途，尤其是碎片化让哲学苦不堪言，探寻真理的努力演化为对先哲经典的不嫌细碎的注解。面对这样的境况，西方哲学正在深刻反思它的方向问题。反观东方哲学，更具体地讲，韩国和泰国的学者则在为打通儒家和佛教哲学与西方哲学之间的壁垒而进行着各种尝试。更为值得关注的是后殖民主义语境中的非洲哲学，它正在从推崇解放和进步等政治性观念转向强调多样性和民族性等文化观念，进而在其"智慧哲学"中寻找自己的文化认同。毋庸置疑，全球性已然成为哲学的时代标识，关于哲学是什么和应该做什么的一般概念需要重新思考。那种认为唯独希腊哲学是严格意义上的正宗哲学的观点越来越受到拒斥，哲学的真正未来恰恰在于探索和反思不同文化的智慧传统。

另一部的题目是《人文科学的全球意义与文化的复杂性：多学科进路》，分为三个部分，即"人文科学与文化复杂性"、"人类学与民族志"和"美学与文学"。文化大致可以从两种意义上来理解，一种是人文意义上的文化，另一种是人类学意义上的文化。人文意义上的文化的核心在于有意识地追求人的完美的理想。这样的文化是通过人文科学的教化和陶冶来实现的，也就是说，一个人如果没有坚实的人文科学知识就不能成为有文化和有教养的。美学和文学显然是达及人文意义上的文化的不可或缺的进路。然而，文化绝不可以为知识精英所专有，因为后者不过是对一个社会的历史发展有所贡献的行动者。文化要成为一种社会和历史力量，就必须注入到所有人群。这也是人文科学的全球意义所在。人类学意义上的文化是指某一特定民族的全部生活方式和品性，其着眼点显然落于人类的社会实践活动。然而，真正的人类学不应只限于对习俗、习性及传统进行单纯的民族志描述，人类学研究和民族志田野考察应当去探究历史、社会和环境因素造成的差异的深层原因和使各种人群既相同又不相同的根本原因。其关注点也应随着社会和时代的变化而转移。值得注意的一个变化是，人类学和民族志的关注点正在从20世纪70年代以前的部族社会或村落转向城市人群以及生态、环境和治理。

总之，我们相信，从全球视角来了解人文科学的最新发展，必定会开阔我们的眼界，丰富我们的识见，启发我们的思路，激发我们的原创，进而达到一个新的高度。

最后，请允许我代表我们的编辑部向所有为《第欧根尼》中文版做出过贡献的人和忠实读者表示发自内心的感谢。

2018年7月于北京西郊

目 录

《第欧根尼》的历程（代序）   萧俊明……………1

上篇　西方的反思：问题与前景

哲学研究：问题与前景   亚科·欣蒂卡　著
                      萧俊明　译 …………3

答亚科·欣蒂卡教授的《哲学研究：问题与前景》一文   德莫特·莫兰　著
                      萧俊明　译…………23

分析哲学在当代及未来的发展方向——关于亚科·欣蒂卡   达勒·雅凯特　著
  《哲学研究：问题与前景》一文的评议   杜鹃　译…………49

答莫兰和雅凯特   亚科·欣蒂卡　著
                      杜鹃　译…………62

1950—2000年间的科学哲学：我们（本该）了解的一些事   哈罗德·I.布朗　著
                      李红霞　译…………65

交叉于康德主义、现象学及新经验主义路径的先天、   保罗·帕里尼　著
  客观性和判断：向朱利奥·普雷蒂致敬   萧俊明　译…………87

论有时：禅、现代性与当代   詹姆斯·亚当·雷德菲尔德　著
                      杜鹃　译…………108

中篇　东方的探寻：走向融合之道

礼或曰仪式礼节：儒家人类行为哲学导言   南京熙　著
                     李红霞　译………135

韩国语境中的儒家思想与女性主义   金荷淑　著
                     李红霞　译………149

论倾向：从"诚"的概念展开的分析	丁大铉 著 萧俊明 译	159
孟子的同情的政治意蕴	沙林伊·阿伦哈庄萨 著 李红霞 译	171
横截性、和谐与天地之间的人	郑和烈 著 李红霞 译	189
心的自我意识：现象世界及其之外的心	韩慈卿 著 李红霞 译	200
第一代韩国现代哲学家论哲学	姜永安 著 杜鹃 译	214
克服情感，征服命运：对于笛卡尔伦理学的反思	素巴格瓦迪·阿玛打耶军 著 萧俊明 译	227
普遍伦理与全球化	金禹昌 著 陆象淦 译	239

下篇　非洲的醒悟：政治与智慧

非洲哲学史的研究与编纂状况	J. 奥比·奥古埃吉奥福尔 著 萧俊明 译	263
非洲哲学的多重政治性——解放、后殖民主义、解释学和治理	恩科洛·福埃 著 陆象淦 译	277
马西安·托瓦的"主动意识"概念	谢赫·莫克塔尔·巴 著 马胜利 译	295
马丁·布伯和弗朗茨·法农哲学之对比： 　教育中作为"对话"或"对抗"的政治性	W. 约翰·摩根 亚历克斯·吉列尔梅 著 李红霞 译	309
非洲的审美经验：现状与哲学视角	伊西阿卡·普罗斯珀·L. 拉莱耶 著 萧俊明 译	333
审美知觉与徽物批判：非洲公共领域中的 　可见物之政治性	让-戈德弗鲁瓦·比迪马 著 萧俊明 译	341

肯尼亚跨民族与跨世代的"国家文化"构建	盖尔·普雷斯贝 著	353
	贺慧玲 译	
从欧洲中心主义到多中心世界观：范式转换的主张	阿达马·萨马塞库 著	370
	李红霞 译	

作者简介 ·········· 389

人名索引 ·········· 395

Contents

Preface 1

Part 1 Reflections from the West: Problems and Prospects

Philosophical Research: Problems and Prospects
Jaakko Hintikka 3

Reply to Professor Jaakko Hintikka's "Philosophical Research: Problems and Prospects"
Dermot Moran 23

Contemporary and Future Directions of Analytic Philosophy:
Commentary on Jaakko Hintikka, "Philosophical Research: Problems and Prospects" 49
Dale Jacquette

Response to Moran and Jacquette
Jaakko Hintikka 62

Philosophy of Science circa 1950-2000: Some Things We (Should Have) Learned
Harold I. Brown 65

A Priori, Objectivity, and Judgement Crossing the Paths of Kantianism, Phenomenology and Neo-Empiricism: A Tribute to Giulio Preti 87
Paolo Parrini

Being Time: Zen, Modernity, the Contemporary
James Adam Redfield 108

Part 2 Explorations from the East: On the Way to Fusion

Li (礼), or Ritual Propriety: A Preface to a Confucian Philosophy of Human Action
Kyung-Hee Nam 135

Confucianism and Feminism in Korean Context ············ 149
Heisook Kim

Dispositions: An Integrational Analysis ············ 159
Daihyun Chung

Political Implications of Compassion in Mencius ············ 171
Sarinya Arunkhajornsak

Transversality, Harmony, and Humanity between Heaven and Earth ············ 189
Hwa Yol Jung

The Self-Awareness of the Mind: Phenomenal World and the Mind Beyond ············ 200
Ja-Kyoung Han

"First Korean Philosophers" on Philosophy ············ 214
Young Ahn Kang

Overcoming Emotions, Conquering Fate: Reflections on Descartes' Ethics ············ 227
Supakwadee Amatayakul

A Universal Ethic for a Globalizing World: Accommodation, Rights and Human Values ············ 239
Uchang Kim

Part 3 The Awakening of Africa: Politics and Wisdom

African Philosophy: The State of Its Historiography ············ 263
J. Obi Oguejiofor

The Multiple Politics of Philosophy in Africa:
Emancipation, Postcolonialisms, Hermeneutics, and Governance ············ 277
Nkolo Foé

The Concept of Active Consciousness in Marcien Towa ············ 295
Cheikh Moctar Bâ

The Contrasting Philosophies of Martin Buber and Frantz Fanon:
The *Political* in Education as *Dialogue* or as *Defiance* ············ 309
W. John Morgan, Alex Guilherme

The African Aesthetic Experience: Current Situation and Philosophical View 333
　　　　　　　　　Issiaka Prosper L. Lalèyê

Aesthetic Perception and the Critique of Emblems:
　　The Politics of the Visible in the Public Sphere in Africa 341
　　　　　　　　　Jean-Godefroy Bidima

Attempts to Create an Inter-Ethnic and Inter-Generational "National Culture" in Kenya 353
　　　　　　　　　Gail Presbey

From Eurocentrism to a Polycentric Vision of the World: Advocacy for a Paradigm Shift 370
　　　　　　　　　Adama Samassékou

Notes on the Contributors 389

Name Index 395

上篇
西方的反思：问题与前景

哲学研究：问题与前景

亚科·欣蒂卡　著
萧俊明　译

一、解经学转向

对当今世界的哲学研究状况这样一个错综复杂的论题做一综述，并非易事。在此综述中，我不得不将我的关注主要局限于斯堪的纳维亚和苏格兰传统上所称谓的"理论哲学"，即认识论、形而上学、逻辑、科学哲学、心智哲学，以及语言哲学。在这些领域中，欧美传统一直主导着全球哲学场景。这种视角不可避免地也会在本文中反映出来。

哲学世界或许可以被视为整个世界的一个缩影。在过去的几十年中，世界经历了俄罗斯共产主义制度的崩溃，美国、欧洲和日本的自由市场经济的重大危机，以及中国的巨大经济变革。同样地，主要哲学传统（如果在字面意思上不是指"体系"的话）经历了怎样的危机？怎样做才能找到前进的道路？我们不妨通过这样的提问来形成关于当代哲学研究的一个视角。哲学的"刺激方案"可能是怎样的（除了必然会引起争论之外）？

其实，在过去的若干年期间，哲学研究现状的明确图景在我头脑中已经勾勒成型。至少从缺失方向这个意义上讲，哲学研究陷入了危机。这一印象并非仅仅甚至主要基于对世界不同地区的不同哲学子域研究现状的评估。不可否认，无论什么原因，世界不同地区都在进行着大量审慎的而且往往是高质量的学术工作。所缺失的是对这样一种观念的觉识，即可以为哲学研究指出目标并为达及目标打开大门的观念。

哲学令人担忧状况的最清晰标示是哲学家的自我意象，即他们对哲学思维的本性是什么的概念。哲学往往被视为类似于其他的探寻实在奥秘的尝试，这个实在分别包括自然、人的心智、概念和观念世界，或许还有神性，如果实在有这样一个方面的话。一个哲学家如同一个科学家，因为他或她在探寻真理，虽然他探寻的真理或许不同于并且高于部门科学所寻求的真理。在我们这个时代，哲学家活动的主导范式并不是科学探究，而是对圣典的解释，或者或许是对伟大的世界文学作品的创造性解释。我们不妨称此为"解经学转向"。甚至在哲学史研究中，许多当代学者似乎都满足于对某位古典甚至当代哲学家的著作做出"解读"，而不是去探寻这位思想家的实际用意或这位哲学家的见识对我们理解研究对象可能有何帮助。更一般地讲，在哲学史研究中，这种哲学思考目的的变化是以实际上放弃对历史真相的探寻的形式表现出来的。哲学家们不是着重询问这位或那位思想家的实际用意何在，而是过于经常地将其观念和问题投射于其他哲学家的文本。这种趋向并不鲜见。在牛津，这位或那位哲学家有时被指责仿佛把亚里士多德和柏拉图当作"另一学院的研究员"。这种趋势愈演愈烈而且愈发普遍。做历史的哲学家往往过于专注其自己的问题和观念，而将一般知识史让于历史或人文系而非哲学系来接管。

路德维希·维特根斯坦或许是这种忽略和漠视哲学家真正意图倾向的最知名的牺牲品之一。他自己抱怨说，他在思想生活中是一名逃犯，可以被解释者随意处理。他是对的。解释维特根斯坦的几条主要线路是严重错误的。他并不认为语言从预设一个语言共同体的意义上讲是一种社会现象。他也没有询问，一个人能否知晓他所遵循的规则，或者说，如果他能够知晓这种规则，那么他又是如何能够做到的。相反，他询问的是一条具体规则如何能够指导我的行动。他并未宣称，除非从语言语义学在他看来无法以同一语言来表达这个意义上讲，他自己的哲学是一派胡言。

一种偏颇的对付这种诱惑的方式是哲学家更加敏锐地关注语义学史。就这方面而言，严肃的意识唤起是适宜的。太多的哲学家似乎并未意识到比如休谟的"同情"或牛顿的"归纳"的确切意义所在。

在某些重要的情况下，能够理解早期哲学家的观念的最大收益是能够诊断出他们的错误并加以改正。例如，对于分析哲学的奠基之父特别是弗雷格的研究可谓海量，但是对于其思想的最及时的洞察却不再关涉其构造性观念——尽管在他那个时代很重要，而去关注他的错误。弗雷格并未认识到量词语义学的一个重要方面，即量词在表达变元之间的依赖和独立关系方面的作用。这一不足在导致集合论陷入其基本问题方面不无作用。弗雷格并未认识到作为非逻辑原语的函数之需要，因而遇到了同一陈述问题。他不理解公理法用于数学理论化时的性质。他不理解区别于一阶逻辑的高阶逻辑的特征。他认为，只是通过假设（按照其倒霉的基本定律Ⅴ）集可以被当作一阶量词的值——后者导致的悖论破坏了他的**基本定律**——便可处理高阶逻辑。弗雷格相信真和其他语义学概念的不可表达性。在所有这些例子中，对于弗雷格不足的认识都是一种全新的概念见识的重要组成部分。

哲学实践中的这种解经学转向导致了对哲学史不成比例的强调，以及哲学家与其他学科代表人物之间的互动的弱化。我难免不认为这些发展动向令人不安。我并非要质疑历史意识对于哲学中的专题研究的重要性，我可以根据我自己的经验来证明这种重要性的用途所在。但是，同样重要的是要认识到，许多对于哲学史本身的重大新见识反倒只有在有所提高的系统化见识的帮助下才可能的。例如，我不认为一个人如果对于存在者逻辑理解得不比大多数先前的注释者更好，他能够完全公正地对待亚里士多德关于"存在者之为存在者"的学说。

哲学家与科学家和数学家之间真正互动的弱化，导致视角更广阔的哲学研究的关联性大幅度丧失。几百年前，大多数重要的数学家——庞加莱、希尔伯特、布劳威尔、外尔、波莱尔，任你列举——都踊跃地参加关于数学基础的讨论，因为他们发现大部分问题对于他们自己的课题具有至关重要的意义。如今，大多数在职数学家对于比如说关于数学中的实在论的讨论丝毫不感兴趣。

从这个例子所表明的意义上讲，使哲学研究得以为继的挑战往往来自科学或数学。哲学如果不能应付这样的挑战，它在未来将会更加贫困。

二、真理、悖论及直觉

对于哲学使命的态度变化的征兆之一，是传统"哲学问题"不再被当作要回答的问题，而是被当作启发演绎的论题，就如同对古典音乐作品的演绎。最为明显的例证莫过于传统的（以及新近的）逻辑－哲学悖论，比如说谎者悖论和堆悖论、摩尔的"说且不相信"悖论、无穷悖论或未来偶然悖论。有充分的理由去培养对于这类悖论的觉识和理解：它们具有历史重要性，并且可能也是将学生引入它们应该探索的疑难的最佳途径。然而，事实上大部分传统悖论都有明确的解答，这意味着将这些悖论当作严肃的研究课题的做法近乎是荒谬的。

这种综合征的一个具体征兆是真理概念在哲学讨论中的命运。真理已经失去其至关重要的作用。有些所谓的真理论试图用诸如"可断言性"或"融贯性"这样的术语来敷衍对真理的解释。有些哲学家不是将哲学活动理解为寻求真理，而正在将其转变为一种为了话语的文化话语形式。真理概念的命运还表现在其他方面，我们会在下文看到。

这种对于哲学研究任务的消极观点的另一个征兆，是将哲学视为对于我们的思想、概念及"直觉"的阐明的观念甚为流行。这种阐明无疑是哲学分析任务的一部分，但是它甚至不是一种自承的活动。只是更清楚地表达自己并不是阐明。为此，我们需要一个可借以转译我们观念的更为全面、更具启示性的框架。如果认为在我们心智深处的某个阴暗的地方已经存在着一个合适的框架，那是一厢情愿。并且，构建这样一个框架不再是一个单纯的阐明问题。

将哲学视为阐明的倡导者所偏爱的方法论通常求助于直觉。这种求助一般而言是大多数分析哲学家论证实践中的主要做法。遗憾的是，这种做法具有严重的缺陷。接受将哲学视为阐明的观念（通常是默认）导致哲学家误解了直觉的认识论地位。直觉最好不要被理解为一种真理或证据的来源，而要被理解为有前途的但通常是试探性的见识的一种正当来源，就如 C. S. 皮尔斯的"猜对的能力"。遗憾的是，这类猜测只有在上述思想家具有某种独自的理由相信直觉可以给予一个人真正的信息时，才具有证明价值。早期（明确地或实际上）相信直觉的哲学家通常有一定的理由这样认为。亚里士多德相信形式在心智中的实际实现,理性主义者相信天赋观念,康德认为各种形式的感官知觉被强加于我们所有的直觉,G. E. 摩尔相信心智直接地("直觉地")接近意识的对象。呜呼,除了笛卡尔式的语言学家诺姆·乔姆斯基,当代思想家不可能对他们的直觉提供任何这样的支持。因此,他们对于直觉的求助不可能具有任何证明价值。如此运用直觉的全部实践应该被终止,因为它严重地损害了哲学研究产生令人感兴趣的成果(更不用说有效成果了)的希望。然而,只是最近这个严肃的问题才在关于对于直觉的依赖的哲学讨论中被提出来。

近来,一个有组织的哲学家群体已经拒斥了求助于自己的直觉的做法,转而倡导(号称"实验哲学")对人们的直觉进行一般的经验研究。这种研究战略并不新鲜。阿尔内·奈斯早在20世纪30年代就已经提出这一战略并付诸实践。这是朝着正确的方向迈出的一步,但是这根本就没有减缓对求助于直觉的普遍反对。

求助于直觉的做法之所以是危险的,还在于它可能导致一种狂妄的错觉,即哲学家可以特殊地接近重要的真理。这种错觉采取的一种形式,是相信一种可被直觉发现的特殊的形而上学必然性的存在。另一种此之相关的形式,是相信我们可以通过考察公设的可能世界而接近形而上学真理。取向于经验的思想家往往嘲笑德国式的形而上学家,认为他们试图在**其意识的深处**(*in der Tiefe seines Bewusstseins*)找到伟大的真理。分析哲学的某些近期发展动向易受到类似的嘲笑。

真理论还提供了一个有关哲学研究领域中另一种令人担忧的发展动向的实例。这种发展并不是将哲学研究分成传统意义上的"学派",而是分成相互疏离的兴趣小组。近期关于所谓"真理论"的讨论基于这样一种假定,即在与哲学相关的意义上讲,真理是不可明确定义的。这个假定回到了阿尔弗雷德·塔斯基1935年关于真理的开拓性专著。虽然塔斯基的不可能性定理在技术上是正确的,但是它以一种过于狭义的逻辑概念为预设,与用于哲学目的的真理的可定义性了无关系。但是,这一讨论的参与者似乎要么对新的结果索性一无所知,要么(更可能)拒绝让关于真理的真理干扰他们狭隘的先入之见。

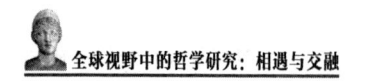

三、碎片化的威胁

有时当代哲学家为不存在不同传统或"学派"之间尖锐而且经常是激烈的争论而扬扬自得。我不大相信这种相对的和平共处是一种完全健康的迹象。一种可能的解释是，哲学家之所以宽容其他观点是因为他们不确信其自己观念的真理性，或者是因为他们首先根本就不很在乎其观念的真理性。

没有公开的争论似乎也不是哲学研究长期碎化为不同的传统和"学派"的促成原因。碎片化的一个新原因是一种期望，甚至可以说是一种压力，即哲学应该是"相关的"。哲学思想以诸如医学伦理学、商业伦理学、环境伦理学这样的尝试为形式而成为可应用的，哲学思想以女性主义哲学的形式来解决重要的社会问题，都是一种心智健康的表现。但是经常被忘记的是，这种形式的"应用哲学"只能在坚实的理论工作的基础上产生。例如，医学伦理学应该被视为医学科学哲学的一部分，而不应被视为一般伦理学的一部分。有时还被忘记的是，这类应用的目的并不一定是哲学最终目的的一部分。例如，一位极其敏锐的女性主义哲学家曾说过，女性主义哲学真正的最后成功是使自己成为不必要的。

碎片化最严重的后果之一是缺乏合作甚至相互理解。有时，这种碎片化的荒谬表现为一种强化的历史意识。例如，首要实证主义者恩斯特·马赫与现象学创始人埃德蒙德·胡塞尔可能看上去近乎是他们那个时代的哲学地图的两极。但是，胡塞尔明确地告诉我们，他的现象学不过是对以马赫和赫林之流为代表的科学哲学中的发展（以及心智哲学中的类似发展）的进一步持续和激进化。然而，在一部较近出版的《现象学百科全书》的索引中竟然找不到马赫。

我还认为，这种含蓄或明确拒斥哲学传统目的的基本理由是挫败。我们正在对付的是对哲学各个不同的子域相对缺乏重大突破性观念的酸葡萄反应。这引出了挫败感是否可以被客观地证成这个极其重要的问题。各种不同的哲学理论化的前景如何？下面我将试着对当代某些主要哲学运动所面临的困难做出诊断，并提出一些克服困难的方法。

四、解释学向何处去？

我们不妨以解释学传统为例。解释学的灵感来源于一种深层和诱导式的观念，即我们以理解要被解释的文本的同样方式来理解哲学思想必须面对的实在（关于这一观念的编年史，见比如汉斯·布卢门贝格的《世界的可读性》，苏尔坎普，1981）。这一观念并不新，也不为任何一个哲学学派所独有。例如，我们可以从这一角度来看待符号形式的哲学。（难怪海德格尔将恩斯特·卡西尔视为一个重要的对手。）甚至像伽利略这样的科学家也可以将自然说成是一部用数学符号写成的书。20世纪解释学传统的特征在于坚信这些"文本"的意义不能以普通推导语言和思想来表达和讨论。因此，一位解释学思想家必须以非推导手段，或许以一种特殊非直义的语言用法（就像海德格尔那样）来对待他或她的解释任务。海德格尔及其哲学近邻的意义的不可言说性观念的作用，在马丁·库施那里被作为对语言理论中的这一观念的延展来研究，即语言的意义（语义学）不能以同一语言来表达（见其《作为演算的语言与作为普遍媒介的语言》，1989）。我在一篇收入《普遍语言与理性演算》（1997）的文章中考察了这一观念的历史作用。甚至形式语义学中的成果似乎也支持这种解释学观点，最为明显的是塔斯基语义学的著名成果；按照塔斯基的语义学，对于在同一语言中作为一阶语言被认识的东西不能定义出真。这个成果似乎具有极其重要的意义，因为真理是语义学最为基本的概念之一。

呜呼，正如已经指出的，塔斯基的定理只是起因于他所考虑的语言的贫乏。那么完全有理由认为，我们能够在每一充分丰富的语言中对这一语言本身，包括我们自己的工作语言定义出真。因此，没有必要求助于一种元语言或一种独立的解释学方法。

这些成果构成了关于明晰的分析工作如何能够将整个哲学传统置于一个新视角的绝妙例证。它们极为强烈地提示我们，那些自命的解释学哲学家为了解释的目的而拒斥推导，尤其拒斥逻辑方法，是考虑欠周的。或许除了众所周知的战争与爱情二重唱，一切都应是可允许的，在解释学中亦是如此，至少在方法论上。只有如此，解释学传统才能贯彻其自己的最佳见识。

或许这种方法论上的自由化已经在发生。伽达默尔放松了海德格尔的方法论严格性。此外，他承认（或许受海德格尔对于问题与质疑的关注的启发）

科林伍德的"问答逻辑",将其作为其解释学行当的主要工具之一。科林伍德的逻辑概念与塔斯基的逻辑概念不可同日而语,但是他的理论同时被系统化和延展为一种认识逻辑,这种认识逻辑已经证明其潜质是认识论新进路的基础。这种逻辑——严格地理解和适当地发展——或许是解释学哲学未来所需要的。我经过深思熟虑认为,这种逻辑无论如何应该是哲学下一个严肃的"刺激方案"的一部分。朝着这一方向的一个令人关注的发展动向已经以米歇尔·迈耶的"问题学"为形式而存在。

鉴于正统解释学传统拒斥正规理性方法,所以这一动向已经成为所有不同种类的解释和进路的真正猎物也就不足为奇了。要把握这些杂多的观念中哪一个在什么地方接近于产生了解释学进路的实际见识,是令人绝望地困难。这种困难并不在于像海德格尔这样的思想家的看似怪异的习语。困难在于促使使用间接语言的观念。解释学传统应该与柏拉图传统签订一项方法论休战协定,从而确保像数学这样的方法成为进入严肃哲学领域的一个先决条件。

五、现象学向何处去?

其他传统需要不同的诊断和不同的处方。不妨考虑一下主要传统之一的现象学传统。关于现象学的准确含义,在哲学家中间存在着相当大的混淆。与某些作家的看法相反,现象学必须与现象论严格区分开来。现象学并不认为只有现象是实在的。恰恰相反,其特有的观念是,经验让我们直接接近部分实在。如果你将能够被如此接近的东西称为"现象",那么你必须表明这个现象可以是独立于心智的实在的一部分,就如同贝特兰·罗素的感觉材料是物理世界的居住者。

无论如何,某些事情清楚了。正如标题所示,其核心观念之一是要回到现象,即回到直接所予我的意识的东西。我的认知世界的其余部分是由"所予"构建的,或用现象学家的术语讲,是由"所予"构造的。这个我们知识总体结构的概念基础是通过现象学还原,首先是先验还原达及的。

这样一种进路的前景如何?有些哲学家一再对所予观念的可行性表示怀疑。更笼统地说,大量的事实是,当代神经科学已经揭示,最为原始的、显然未经编辑的意识材料其实是我们中枢神经系统的一个极为复杂的处理过程的产物。即便是诸如颜色知觉这样似乎完全单纯的经验也需要由大脑中的特定中心进行复杂的光输入处理。因此,一名病人虽然丧失了使用颜色概念的能力,却仍旧保持完好的色觉。

一旦这种无法抗拒的事实得以认识,那么狭义理解的现象学进路显然对基本目的毫无用处。在意识中能够达及的最简单的现象不能(比如)诉求任何特殊的认识论地位,如不可错性。具有讽刺意味的是,在某些早期阶段,"现象"一词实际上是用来指一种对于我们认知过程的更为宽泛的输入,而不是纯现象论概念。例如,牛顿的"现象"包括对照实验的结果。

这似乎会足以在方法论上永久地置现象学于死地,或至少消除它可能对我们实际的知识获取所宣称的任何关联性。幸运的是,情况未必如此。但是需要一种关于方法论情况的新视角。戴维·马尔从方法论上对关于人类认知过程的科学探索诸方面所做的有趣三分颇有启发性,这里不妨做一概括(见其《视觉》一书)。一位科学家无论研究任何这样的认知过程,都必须说出认知过程从概念上讲所产生的东西。就马尔而言,视觉必然产生对于所见的三维表现。这无异于是问,作为你的计算机应该计算的一个数学函数的函数是什么。你只有知道并说出这个函数,才能问为了这一目的应该将何种算法编入计算机程序。而且只是作为第三阶段我们才能问这一算法是如何在计算机硬件中实现的。马尔在其关于人类视觉的研究中发现了与这三个相互关联的阶段的类比。

如果我们接受马尔的三分法,那么甚至最自然主义的现象学家也必须阐明,我们人类认知系统必须完成的东西在概念上,通常在逻辑和数学上是什么。而且这个任务显然要包括对于有意识知识从概念上讲是什么的识别,也就是识别人类认知系统所进行的认知过程的结果。这种识别需要对我们思考和认识的东西进行自省和分析。现象学可以作为一种关于现象的研究而存活,如果这些现象被视为人类构建过程的输出的概念构造,而不是其意识不可接近的输入的概念构造。现象学的工程应该颠倒过来。现象学家不要试图将输入登入人类认识过程,而是要审慎地研究认知过程的输出。或许甚至可以指出,这就是正确理解的现象学始终所处的最佳状态。

这意味着现象学反思与往往同某些类型的"分析"哲学相关的那种概念分析之间的相互同化。但是,这两个截然不同的传统之间或许始终存在着一种关联。正如已指出的,埃德蒙德·胡塞尔明确承认,他的现象学是对尤其以实证主义者恩斯特·马赫为代表的思想路线的继续和激进化。胡塞尔谈到的进一步发展,或许可以等同于在分析传统中用更为精致的概念工具取代马赫的现象学。

然而,看似崭新的视角再次可以被视为原初理论不可分割的一部分。现象学一直被解释为意向性理论,也即一般化的意义理论,在一定程度上类似弗雷格的意义理论。按照这一类比,弗雷格的涵义(Sinne)应该与胡塞尔的意向对象(noemata)对应。但是,无论就谁而言,这些意义实体的精确本性都远不是一目了然的。因此,首先需要对这一关键问题做一澄清,我们才能够理解现象学的本质并对其前景做出评估。这一问题的焦点在于哪一种现象学以本质还原概念为其标志。如果将现象学解释为一种意向性理论,那么将其视为一种通过现象学还原最终把一切都奠基于所予的尝试就很别扭了。因为一个人并不意指或意味着直接经验的对象。一个人将对象呈现于意识中。因此,现象学还原似乎表明的是,现象学的目的并不是要强调意向性,而是要极力贬低它的作用。

此外,一个意向对象或任何其他共相如何能够直接地呈现于一个人的意识中?现象学家宣称能够从经验中提取所有的基本成分。但是经验似乎总是关于具体对象的。而且,即便我们承认一个人能够具有包含共相的经验,也存在着一个困难。一个共相具有某些与其他共相的内在的、必然的关系。这些关系必然在经验中也给予我。一个人或许能从看到 5 个对象的配置中获取数字 5 的概念。但是一个人能够在任何意义上将 5+7 = 12 视为这种经验的一部分吗?胡塞尔在其本质直观(Wesensschau)概念中公设了一种做此类事情的能力。但是这种神秘能力是什么?是意向对象还是其中介物?

最为明显的解决这一困境的尝试,是亚里士多德关于在灵魂中确实实现的形式的理论。在我看来,关于现象学本质和本质直观概念的一个颇有启发性的视角,是将其视为复活亚里士多德全部形式观念的尝试。这样的形式是一种客观存在的实体,在某些情况下是可感知的,它能够构成比如一个外在对象的同一性。同时,一个形式可以在灵魂中现实地和完全地实现。当形式得以实现时,它并不**表现**思想的对象;它**是**在形式上与对象同一。在现象学中,这种观念以所谓意向对象的形式(并非有一语双关之意)存活。意向关系并不以意义实体为中介;意向关系在于分有一个形式。亚里士多德与现代现象学家之间的实际历史关联可以在布伦塔诺那里找见。我曾开玩笑地（但并非全然是开玩笑）称现象学家是"抢夺已丢失的形式的奇兵"。

亚里士多德的形式的确丢失于传送中。当代思想家中没有任何一位吞掉了亚里士多德的整个形而上学（形式是其中的一个方面）。因此，在没有对生存方式和影响一般概念主要进路的可知性方式这个问题做出澄清之前，不能认为现象学具有一个令人满意的理论基础。承认现象学的亚里士多德来源并加以批判性分析，或许能有助于现象学将其航线引向更清澈的水域。

六、逻辑实证主义的遗产

对于20世纪哲学最重要的知识挑战是科学的革命性发展。它依然是对哲学研究的挑战。不同传统的成员设法应对这一挑战，其中包括像恩斯特·卡西尔这样著名的新康德主义者，以及诸如埃德蒙德·胡塞尔或赫尔曼·外尔这样的现象学家。不过，逻辑实证主义者（亦称逻辑经验主义者）做了最为不懈的努力来从知识上掌握物理和数学新理论。担当这个运动先锋的是一个由哲学家、数学家以及科学家松散组成的称为"维也纳小组"的群体。它兴盛于20世纪30年代，即使在它的成员不得不逃离欧洲之后，它也是英语世界在二战之后头20年最为重要的发展之一。

这个运动留给当代哲学研究的遗产是什么？这个问题可以通过提出另一个问题来回答：逻辑实证主义为什么消亡，或至少说为什么消失了？有很多外在原因，突出的原因是其成员流亡他乡破坏了有效的合作。但是，也可以找到重要的内在原因。大致而言，逻辑实证主义者承诺要做的事情是什么？用他们自己的行话讲，他们首先承诺通过研究科学（和数学）语言的逻辑句法来澄清科学哲学和数学哲学中的所有概念问题。他们成功了吗？逻辑实证主义者及其同盟在逻辑和认识论方面做了大量有价值的、有时是突破性的工作。但是，对于他们是否实现其雄心大志这个问题的全面回答必须是：否。这一失败是这一运动灭亡的内在原因。试想一下，假如他们解决了比如量子论的所有解释问题，并在数学基础方面贯彻了某种版本的希尔伯特纲领，那么会发生什么，这样去设想还是颇有启发性的。假如这样的事情发生了，我不由得要说，我们或许都会成为逻辑实证主义者。

然而，逻辑实证主义的命运对于哲学研究的当今前景有怎样的教益？这个运动为什么失败？有若干个不同的回答可供选择，但是它们为未来的哲学开出更好的处方了吗？无论如何，我们在哪里？从哲学家经常谈论的来看，仿佛我们现在终于在克服逻辑实证主义的限制性影响。这是一个错误的视角。当前正在发生的不是实证主义的终结，而是对分析哲学中的逻辑实证主义的主要抵制的终结。这种抵制采取了不同形式，以诸如卡尔·R. 波普尔、W. V. 蒯因及托马斯·库恩这样的哲学家为代表。他们是抵制逻辑实证主义的主要人物，而现在变得越来越明显的恰恰是他们的短板。波普尔提出了若干极好的观念，其中包括尝试性反驳在科学中的重要性、信息概念的核心作用以及抽象实体的客观性。遗憾的是，他从未以开辟新的重要研究途径的方式来发展它们。

同样变得越来越明显的是，蒯因的主要观念过于简单和单薄，不足以指导哲学产生新的见识。而就库恩的观念而言，他批评逻辑实证主义者未能说明科学的实际发展，并且强调超科学因素在这种发展中的作用。然而，他的观念并未导致产生关于科学事业性质的全新见识。他所强调的超科学因素的作用与注重科学实践而非科学史的逻辑实证主义者的观念是否不和谐，尚不清楚。我曾指出，库恩自己的某些科学史著作可以从根本上由更深刻的认识论和逻辑见识来丰富。我想到的是他对普朗克未能运用量子概念，以及对早期现代科学中数学和实验传统的关系的讨论。

似乎可以合理地得出结论说，对逻辑实证主义者的进路的可供选择的替代方案同样也不完全成功。对于这些替代方案还有替代方案吗？

七、是否走向逻辑？

相当普遍的一致意见认为，逻辑实证主义者的工程之所以未完全成功，是因为他们的概念工具的不充分性。这种缺陷往往被归咎于哲学（包括科学哲学）中逻辑方法的不充分性。

乍一看，这一诊断完全可能是根据实际上所发现的东西而产生的。已有硬成果显示出这类方法中严重而明显的局限性。其中最有名的成果是库尔特·哥德尔的不完全性定理，该定理表明，不可能有完全的算术的逻辑公理化，或者说不可能在同一算术中证明该算术的一致性。这些成果被用来表明，逻辑和数学手段所能做到的是有严重局限性的，甚至是人类心智本身的局限性，更不用说哲学思维的局限性了。与哥德尔的成果紧密相关的是上文所讨论的塔斯基有关真理的不可定义性的成果。哥德尔和塔斯基的成果的明显怀疑意味助长了本文开头所指出的悲观主义的，甚至可以说是失败主义的倾向。

不过，也出现了一种全然不同的视角。按照这一视角，逻辑实证主义者的过错并不在于他们对逻辑的运用太多，而是太少。对他们而言极为重要的逻辑并不是丰富得足以应付其任务。

事实上，我们可以准确地指出实证主义者掌握的逻辑和数学工具的某些只是现在才正在被改正的主要缺陷。它们也一直束缚于逻辑的发展和关于数学基础的研究。

缺陷之一是上文提到的弗雷格的错误。这个错误在于忽略量词语义功能的一个重要部分。量词的涉及范围并不只是一类值。它们通过其相互的形式依赖和独立表达变元的（实际）依赖和独立。

一俟认识到这一点，便会看到我们所接受的量词逻辑的公式化是有缺陷的，因为它不允许表达量词因而变元之间的所有可能的依赖和独立模式。具体而言，它不允许对所有定义完全实施基本要求，也就是说定义项（包括其量词）应独立于被定义项。集合论的核心悖论是由于违背这一要求而产生的。由于罗素及其他人没有理解量词依赖概念，所以他们被引向诸如分歧类型论这样的非必需的和无启发性的理论。

在其他数学基础方面，集合论目前的一阶公理化并不比公理方法的滥用更好。由于公理方法被用于数学，所以一类结构被当作公理系统模型来研究。但是，一阶公理系统模型（比如策梅罗–弗伦克尔公理化）是具体对象的结构，不是集合的结构。结果，一个人无法通过研究结构来得出关于集合结构的一般结论。

弗雷格的错误在所谓的友好独立逻辑及其进一步延展中得到了纠正。如果延展得足够远，它还可以使高阶逻辑和集合论对数学基础而言是多余的。例如，所谓的选择公理可以（而且显然必须）被视为一个有效的一阶逻辑原则。还有一种似乎不无道理的希望是，我们不仅能够以这样的方式纠正我们前辈的错误，还可以找到获得重大新成果的途径。

然而，一种全新的视野已经突现。我们不是用负面的结果来简单地显示逻辑或人类心智的局限性，而是能够用它们来显示具体的逻辑或集合论概念或者其他传统概念工具的局限性。这种突现的视角正在以不同的方式被证明是正确的。首先，受到公认的塔斯基使用的并且限制了他的成果的逻辑已被证明从一开始就过于贫乏，不符合科学、数学及计算机科学的目的。如果一种更丰富的逻辑得以运用，那么真理不再是不可定义的。这已经对哲学研究的前景产生了巨大影响，首先是迫使哲学家重新审视关于"真理论"的整个讨论。

在其他情况下，悲观主义观点是由于单纯的误解所致。库尔特·哥德尔著名的证明初等算术不完全性的逻辑理论定理蕴含着一个绝好的例子。这一定理本应显示数学逻辑的局限性，言下之意也就是人类思维一般而言的局限性。实际上，它并未显示这样的局限性。哥德尔的成果使我们得以将初等算术的全部真理作为合适公理的后果来捕捉。它显示的只是，一个数字自动装置不能机械地列举所有这些真理。它显示的是计算机的局限性，而不是人类或其逻辑和数学的局限性，当然也不是人类心智的任何局限性。它应该让黑客们而不是哲学家忧虑。

我在上文指出了路德维希·维特根斯坦如何在一般哲学中被彻底地误解。在数学哲学中，同样的命运降临到达维德·希尔伯特头上。希尔伯特不是一位形式主义者，而是一位公理主义者。他的主要目的并不是首先要为数学创立一个演绎机制，而是要将数学解释为一种关于具体特殊对象配置的研究。他关注形式主义的原因之一只是因为符号和公式提供了这类具体殊相的一个例证。他关注的不是证明－理论一致性，而是模型－理论一致性（模型的存在）。与普遍的看法相反，希尔伯特的这种总体目的并未被哥德尔的成果所击败。

因此，逻辑实证主义者所例示的传统之未来取决于重新建造其概念工具和建造更好的概念工具的进展情况。结果这种重建远远超出我的意料。我们可以提纲挈领地指出，并不仅仅是原初基本逻辑即罗素－弗雷格的量词逻辑要被一种更丰富的逻辑所取代。量词逻辑的结构正在发生变化。量词逻辑从其原初形式慢慢地化入与传统高阶逻辑相分离的传统一阶逻辑。但是，一旦一阶逻辑以一种合适的方式得以丰富，那么它原来是能够完成高阶逻辑的工作的。通常认为集合论可以更好地完成这一工作。但是，常见的一阶公理集合论已被证明是不充分的。因此，逻辑学中正在发生着一种彻底的统一和简化。我们所需要的全部，在原则上讲是一种合适的一阶逻辑。

最简短和最简单地讲，我们的基本逻辑（量词逻辑）必须被一种更丰富的逻辑所取代。这种新的一阶逻辑一经适当的延展，便会使高阶逻辑和集合论成为在原则上是非必需的。

八、（非）有限理性

这些变化仅仅刚开始，尚有许多事情要做。无论如何，这些发展证明当前流行的关于人类心智不可避免的认知局限性的谈论大多是错误的。显然，这方面的局限性近来受到了许多别样的关注。如果存在这样的局限性的话，那么它们会批判地揭示一种理性观念。事实上，"有限理性"一词是认知心理学和决策论中最为经常使用的术语之一。

这一发展对哲学研究提出了一个重要的挑战，既是从知识上来说，也是因为它在经济学和政治学领域中的意义。从批判哲学的角度来看，有什么可要说的？阿莫斯·特沃斯基和丹尼尔·卡尼曼的认知谬误理论（他们因其理论而获得诺贝尔经济学奖）或许提供了一个最鲜明的案例研究。尽管还有大量的工作需要去做，但是根据更为缜密的认识论和逻辑分析，越发明确的是，特沃斯基和卡尼曼突显的"谬误"不一定就是谬误，要视情况而定。这里，哲学研究面对着一个在知识上和意识形态上都重要的任务。

如果相信理性具有不可避免的固有局限性，那么则容易导致对哲学家工作的另一种有害的偏见。当今世界的许多最糟糕的弊端，如经济危机，都是由认知错误所致。如果是这样，那么彻底的长期医治办法必须是更佳思维方面的教育。这种"推理和批判性思维"的教育是哲学的主要教学功能之一。确实，在过去的几十年中，冠以此名的本科课程一直是美国大学的主要教学内容。遗憾的是，哲学研究一直未能充分地以哲学这个重要的教育使命为指导。尽管在推理与论证一般理论方面存在着充分的挑战，但是重要的逻辑学家、认识论者和方法论者大多未予理睬（当然，也有堪称典范的例外，比如帕特里克·苏佩斯）。比如，在早期文献中你找不到任何令人满意的关于推理"如何可能"（区别于推理"为何必要"）的试题，更不用说在逻辑或推理教科书中了，尽管这种推理具有极大的实践意义。

总的来讲，我们不具有任何在知识上令人满意的、普遍接受的关于扩充性推理的一般理论。哲学家对寻求知识的理论建设自然在很大程度上只适用于学术背景。旨在支持推理和批判思维教学的理论是有的，比如"形式逻辑"

理论。它们或许在教学实践中有用，但是从一种更为苛刻的哲学观点来看，它们仍然处于自己做（DIY）的水平。

如果对关于必然非理性的理论往往通过贬低其应用性而阻碍这一方向的建设性研究产生怀疑，也并非不着边际。但是，如果你在这方面不是一个宿命论者，便可以在这里看到一个完全开放和富有挑战性的高效哲学研究领域。

九、计算机思维吗？思想家只是计算吗？

近期哲学，包括在其他名号下进行的与哲学相关的工作的一个活跃研究领域是心智哲学，包括认知科学、认知心理学和认知神经科学中与哲学相关的研究。在某种意义上，观察者必须将其视角扩展得更加宽广，因为认知科学不可能与计算机科学，特别是人工智能研究严格区分开来。所有这些领域中的研究极为丰富多样，因而甚至很难将不同的研究传统相互区分开来，更不用说去评估它们的巨大性能和未来的前途。

不过，一种半历史的鸟瞰可能会阐明这些发展赖以为基础的方法论假定。在遥远的过去，理性思维的范式被认为是逻辑推理。新"符号"逻辑在19世纪末期兴起，意味着逻辑推理的规则可以通过纯符号的（形式的、句法的）手段来捕捉。这导致了这样一种观念，即我们可以从操纵一个合适的表达系统的符号的角度来思考人类的全部认知操作。这种观念的具体化是诸如"思想语言"这样的概念的使用。历史地讲，恰恰是这种符号逻辑的意识形态最初帮助驱动了电子计算机的发展。计算机的无所不在和重要性反倒助长和怂恿了将所有认知操作视为对合适的符号表达的操纵的观念。而且计算机确实通过电子和机械执行了以前由人类心智有意识的意向活动完成的操作。在人工智能技术方面，则试图不断扩大可以这样委托给计算机的认知操作的范围。

如果说认知科学因此而是符号逻辑的后代，那么关于它的前景，它的出身能告诉我们什么？对于逻辑推理的本性发现了什么？用一阶逻辑编码的实用推理的最基本编码中蕴含着一个答案。我们可以将表列方法或树方法视为这样一种编码。理解这些方法是怎么回事的明显途径是设想试着从F推出G，不要当作一系列从一个命题到另一个命题的转换，而是当作一个思维实验，即试图看看能否构建一个F在其中是真的而G不是真的情景。这种构建可以发生在纸上或计算机中或自由想象中。有大量的证据表明，我们自发的逻辑推理是通过某些想象的思维实验而发生的，而这种思维实验基本上独立于任何对正在被构建的情景的特殊符号表达。换言之，纯符号（句法）方法不能完全表达实际逻辑推理。这种纯句法方法的局限性在上文提到的哥德尔式成果中确实是显而易见的。可以认为，这个事实具有更深的意义。例如，一个人能够将初等算术的全部真理表达为合适公理的逻辑结果，但是他不可能为计算机编制一个程序将所有这些结果逐一得出。

指出这一点并不意味着批评计算机科学或认知科学，也不是贬低它们的一般理论关注。但是，这意味着某些类型的研究在哲学上存在着极大的局限性。许多被称为认知科学的东西实际上是指对不同认知过程进行的计算机建模。不能期望这类研究对人类思维能力做到完全公正。

因此，在这个领域工作的哲学家面临的挑战是去探索作为符号处理的思维范式的局限性，以及或许要学习从新的视角来看待整个认知科学事业。这个任务是一个哲学任务，因为这里所说的局限性（目前为止我们应称之为局限性）是概念的。

我们可以对这个问题情境做如下说明：有人可能反对刚才所说的，为此他指出，模型（情景）构建在原则上总是可以通过符号方法来完成。可能是这样的，但是重要的问题则关涉到指导这种解释的规则。逻辑推理，如同一般的语言运用，是一种目标导向活动，因此可以从博弈论的角度加以概念化。那么，在任何一场博弈中（按照这个词的理论含义），一个人都能够将规定博弈中可以下的"走法"的定义性规划与促使实现"博弈者"目的的策略性规划或原则区分开来。支配逻辑学家的思维实验的规则必然是策略的，而且也不能被还原为任何其他"博弈"的定义性规则。这是概念情境在哲学上的重要特征。为了让哲学研究显现出当代认知科学的真正意义，哲学家们必须内化定义性规则与策略性规则的区分。

同一区分对其他问题有些许启示。哲学家和非哲学家曾问道，人类心智是否是（或许毋宁说是否可以仿造成）一台数字计算机。这一问题的通俗形式是"计算机能否思维"。如果思维意味着遵循定义性规则，那么答案显然是肯定的。但是，在什么程度上可以说计算机掌握了策略性规则，比如形成策略本身以及根据经验修改策略，则是一个全然不同的问题。例如，下国际象棋时计算机对人类国际象棋大师的博弈的部分成功，便是一个驳斥计算机

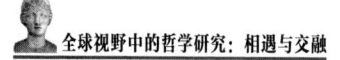

智能更高的颇有说服力的论据。计算机的相对成功是因为它们的运算速度极快。从国际象棋的角度来讲，计算机的思考时间是人类棋手的几百万倍。除了这种速度，计算机显然不如人类精英，这一事实表明，它们的策略技巧是最低水平的。

或许当代心智哲学中讨论得最广泛的问题关涉意识的本性。我必须承认，我未能获得对这一讨论的任何令人满意的一般视角。我坚决地认为，任何确定的答案都要等待这个问题涉及的几个主要概念得以澄清。例如，反身意识中正在发生的是什么东西？是某种反馈吗？是什么反馈？是两个变元的相互依赖吗？但是这种相互依赖甚至似乎不能以任何简单的方式从逻辑上和数学上来表达。那么什么是涌现？这里尚需大量的进一步分析。

这些批判性评论也不是反思认知神经科学，认知神经科学目前可能是哲学上最重要的科学分支。上文已经指出了认知神经科学如何将整个现象学工程置于一种新的视角下。或许可以对上文所说的加以概括。本着戴维·马尔的计算任务的精神，我们可以询问不同认知系统要执行的任务在概念上是什么。这实际上引出了在理论上，甚至在逻辑和哲学上令人高度关注的问题。比如，认知神经科学家关于视觉认知中"是什么"系统与"在哪里"系统之间的区分结果例示了逻辑语义学的两种识别方式的区分。同样令人高度关注的是询问，比如一个有自闭症的人从概念上讲有什么"错"。这样的问题可以在不必探寻上述认知操作的硬件实现是什么的情况下提出并有望得到回答。

另一个吸引了大量研究的哲学分支——语言哲学的情况可以说有些相似。在过去的半个世纪里，语言学研究与哲学尤其逻辑研究之间有过大量的合作。但是，语言学家的工作的哲学相关性，由于语言学家经常采用通过其句法表达来达及语义实在的研究策略而受到限制。就其所能达及的范围来说，这是一个极好的策略，但是从长远的观点来看，其达及范围是非常有限的。

如果指出句法取向的工作至少产生了一种从句法上定义的形式，如乔姆斯基的逻辑形式，并非过于简单化。据称，乔姆斯基的逻辑形式是这里所讨论的语言的语义解释的基础。即便如此，语义学理论的工作大多没有完成。因为一个语句的解释不是一下子就完成的，而是一个逐步的过程。即便从方法论上讲，对于语言规律的捕捉，如果相对于对它们发挥作用的解释过程阶段进行阐述，可能更容易一些。总之，生成语言学未能对句法语义学做出综合。

并不是说没有做出努力，也不是说没有可供选择的前景看好的观念，或许这些观念采取的形式是应用逻辑学方面的新见识。形式语义学以及甚至逻辑学在这方面的进步似乎前景非常看好。例如，如果可以证明（按理说是可以的）在任何表达性充分的语言中有两个逻辑上不同的否定概念在隐含地（或者可能明确地）运作，而这两个概念在大部分实际人类语言中并不在句法上相互区分，那么语言学家关于否定的句法和语义学的讨论会被置于一个新的视角下。

认知科学哲学（以及语言哲学）的故事中可能还有一种寓意适用于形式方法在哲学中的一般运用，就如可能世界语义学的运用或形式认识论所表明的那样。这些应用不是可以独立于解释问题以及其他更广义的问题而自足的。这些应用应该系于一个坚实的解释基础上，通常是借助一种实在论的模型理论。例如，纯形式版本的可能世界语义学中的某些概念在其某些使用语境中是无法解释的，如"严格指示词"或"后顾算子"等概念。作为一个哲学观念史方面的练习，我曾指出，甚至像塔斯基、哥德尔以及克里普克这样著名的思想家的形而上学和其他哲学观点有时可以被视为他们的技术逻辑观念的理性化或后果，而不是其形式工作的启示。

无论是在哲学方法论还是在语言理论中，困惑和危害往往是由于带有偏见地将语义学与语用学相互分离而造成的。错误在于忽略了这样的可能性，即语义学研究的意义是由本应在语用学中研究的受规则支配的人类活动（连同其解释）构成的。维特根斯坦在其"语言游戏"概念中突显了这个往往被疏漏的观念。遗憾的是，他的观念尚未被吸纳进大部分研究语义学的常用进路。语言理论中对博弈论观念的某些运用反倒忽略了它们所研究的博弈的语义意义。

如同在许多其他方向，哲学研究在这个方向有许多绝好的机会。然而，若要能够利用这些机会，哲学家也许必须对各种不同理论和哲学传统的基础采取一种更具批判性的进路。

Jaakko HINTIKKA: *PHILOSOPHICAL RESEARCH:*
PROBLEMS AND PROSPECTS
(*DIOGENES*, No. 242, 2014)

参考文献：

布卢门贝格，H., Blumenberg, H.,（1981）*Die Lesbarkeit der Welt*, Frankfurt am Main: Suhrkamp。

欣蒂卡，J., Hintikka, J.,（1997）*Lingua Universalis vs. Calculus Ratiocinator*, Dordrecht: Kluwer。

库施，M., Kusch, M.,（1989）*Language as Calculus vs. Language as the Universal Medium: A Study in Husserl, Heidegger, and Gadamer*, Dordrecht: Kluwer。

马尔，D., Marr, D.,（1982）*Vision: A Computational Investigation into the Human Representation and Processing of Visual Information*, San Francisco: W. H. Freeman。

答亚科·欣蒂卡教授的
《哲学研究：问题与前景》一文

德莫特·莫兰　著

萧俊明　译

　　亚科·欣蒂卡教授的《哲学研究：问题与前景》一文富有挑战性和刺激性，对这篇论文进行回应的确是莫大的荣光和荣幸。[1]长期以来，我一直是欣蒂卡教授的著述，尤其是他关于胡塞尔的著述的读者和仰慕者，但这却开始于许多年前他关于笛卡尔作为述行而非推理的**我思**的突破性论著。[2]我还想对他作为国际哲学学会联合会副主席所做的出色工作公开地表示谢意，感谢他为1998年8月在波士顿成功召开的第21届世界哲学大会所做的组织工作。[3]多年来，亚科·欣蒂卡一直属于这一专业的最高水平之列——他是极少几位著作被收入《在世哲学家文库》丛书[4]的哲学家之一，并且已经出版了6卷文集。他对逻辑、集合论、语义学、认识论，以及许多其他的形式哲学领域做出了革命性的贡献，但他对理解胡塞尔的**现象学**，特别是他的意向性概念也做出了意义重大的贡献。使欣蒂卡鹤立于当代哲学家的，是他对**哲学史**中的问题，尤其是亚里士多德、笛卡尔、康德及其他重要人物的问题，总是很有创见。他渊博的历史知识，他对尤其是弗雷格、马赫、科林伍德、维特根斯坦、塔斯基、蒯因、胡塞尔、伽达默尔等20世纪作家的熟稔于心的引证，让人只有敬佩。因此，他有充分的资格对专业哲学的当前状况做出反思性的审视，并提出一些纲领性的评估。

　　为了使我在本文中对欣蒂卡的探讨有个来龙去脉，我将简要地论述一下我本人在当代哲学方面的活动。自20世纪80年代末期以来，我一直积极地促进20世纪下半叶在西方世界占主导地位的主要（有些对立）的哲学传统或哲学思考方式之间的对话和相互理解。我是指被宽泛地称为的"分析"或"英美"哲学传统和"大陆"或欧陆哲学传统。为了鼓励两个主要哲学传统或哲学思考方式之间的建设性对话和相互理解，我于1993年创办了《国际哲学研究杂志》，它现在已是一个备受承认和推崇的国际刊物。编辑委员会最初由其著述被两个传统都加以研读的哲学家组成，如已故的保罗·利科和理查德·罗蒂，查尔斯·泰勒、阿拉斯戴尔·麦金泰尔；现在由休伯特·德赖福斯以及在各自领域成为带头人的哲学家（如蒂姆·威廉森、蒂姆·克兰）组成。我还邀请了哲学史方面的专家，特别是古典哲学方面的资深专家（乔纳森·巴恩斯、维尔纳·拜尔瓦尔特斯、约翰·狄龙），因为两个传统显然都产生于同一西方哲学史。作为主编，我希望刊物能反映当前最出色的研究工作中所表现的多元哲学研究进路。我还想要的是充满着哲学史的严肃知识的哲学研究。显然，需要这样一种进路。因为刊物蓬勃发展，目前一年5期，现在由我的继任者精明强干的玛利亚·巴格拉米安担任主编。她使其他许多人参与办刊，其中包括希拉里·普特南和诺姆·乔姆斯基，二人都关注传统之间的对话和交流。更近一些（2008年），作为爱尔兰人文和社会科学研究理事会资助的一个研究项目的成果，我主编了《劳特利奇20世纪哲学指南》，再一次以鼓励相互理解和互育为目的，并且要求撰稿者尽力考虑以不同寻常的进路展开他们的论题。二十多位哲学家参加了这一项目（其中包括阿克塞尔·霍内特、卡尔-奥托·阿佩尔、E. J. 洛、斯蒂芬·斯蒂克以及马克·塞恩斯伯里，等等）。此外，在我自己的研究写作中，我一直在从不同的视角来考察诸如**意向性**、**共情**（又称为"读心"）、**意识**以及**涉身性**之类的概念，一方面是从现象学的视角（胡塞尔、海德格尔、舍勒、梅洛-庞蒂），另一方面是从心智科学和认知科学的视角（塞尔、丹尼特、德赖福斯以及戈德曼）。

  作为我自己的研究成果，我坚信——我高兴地说，亚科·欣蒂卡也同样坚信——这些不同的传统有着许多共同的疑难，我们可以从他人的进路中学到很多东西。的确，多元的进路以及不同的概念范式和方法论都在发挥作用，但是问题大致是同样的问题，只不过是用不同的专门术语来表达，从不同的方向展开进攻。例如，最令我关注的，是看看诸如意识的本性、第一人称视角、主体性、涉身性、知觉、时间意识经验、想象、主体间性以及通过读心或共情理解他心等等论题，如何在这个多事的20世纪里几乎从哲学中消失之后再次成为当前讨论的中心。确实，从很多方面来说，我将所谓的"英美"传统看作当前正在重新发现的某些（特别是与心智哲学、意识和涉身性相关的）问题，它们是近乎一个世纪前在现象学中——并且确实在诸如亨利·伯格森或威廉·詹姆斯这样的哲学家中间——一直在讨论的问题，但是被世纪中期通过语言进行的迂回绕过去了。

分析哲学对于心智和意识哲学中的这些关键问题的全新发现几乎推迟了一百年，在某种程度上，其原因可能在于严重的、甚至仍未得到承认的知识汪达尔主义，这种知识汪达尔主义由于天真地信奉一种简直是无脑的**行为主义**而使心智科学包括经验心理学蒙受其害。**行为主义**最初是作为一种方法论手段（尤其是在理解非人动物领域）出现的，但是很快就僵化为一种观念模式或更为普及的意识形态，尽管自从乔姆斯基1959年首次写出讨伐斯金纳的檄文以来行为主义在哲学中几乎没有官方推广者。[5]它不只是作为心理学中非常积极实践的方法论进路，而且是作为许多号称是科学家的人的一个普遍信条而持续着。例如，在1925年，行为主义的创立者之一美国心理学家约翰·B.沃森（1878—1958）竟然宣告：

> ……心理学抛弃一切对意识的参照的时代已经到来……意识既不是一个可定义的也不是一个可用的概念，它不过是远古的"灵魂"一词的另一种表达……没有任何人曾经接触过灵魂，或在试管里看到过灵魂。意识就像灵魂这个旧概念一样既不可证明又不可理解……（行为主义者）从其科学词汇中剔除了一切主观术语，诸如感觉、知觉、意向、欲望、目的，甚至主观地定义的思维和情绪。[6]

类似地，60多年后的1988年，哲学家帕特里多·S.丘奇兰德预言说，意识这个概念已经重蹈"热素流""生命灵气"以及其他这类科学进步的残渣之覆辙，它由于在科学中过时而将会被抛弃。[7]还有人（比如戴维·查默斯）依然坚信，意识的存在仍旧是科学的"难题"！

行为主义还在往下传的遗产（与其说是一种严格的方法论进路不如说是

一种态度），意味着许多科学家出自一种深深的本能去**否认**第一人称有意识自我的存在，并且不惜一切代价要把它解释没了，其中包括使用语法工具，例如，"我"只是一个识别谁正在此刻说话的语法工具！[8] 行为主义的持续影响不仅仍然可以在丘奇兰德、蒯因以及其他人那里见到，而且在那些乍看上去似乎更愿意将意识作为我们世界的一个现实特征来接受的作者那里也可以看到。例如，丹尼尔·丹尼特试图既接受行为主义，又捍卫讨论就其自身而言的意识的需要（尽管如他所说，"在大脑中为意识造一个家"）。[9] 确定无疑的第一人称经验只是最近才找到了精细的捍卫者。[10]

类似地，几十年来语言哲学中的精细讨论在很大程度上遮盖、甚至延误了心智哲学的发展。在维特根斯坦的追随者，特别是吉尔伯特·赖尔（其本人针对这方面的观点更为复杂微妙）[11] 的追随者中间，存在着一种普遍的倾向，就是不仅反对被视为笛卡尔幽灵的东西，而且反对所有形式的被完全栖居的心智；这种倾向更近乎一种情绪，而非特定的一套学说。当然，就传统的大陆一方而言，有关意识、心智及自我的讨论也绝非一帆风顺。20世纪初对于让·卡瓦耶斯所谓的"**意识哲学**"的关注在40年代和50年代开始淡出，取而代之的是关注一种更为离散的对语言的主体间理解（在胡塞尔和伽达默尔那里），以及强调**结构主义**传统（列维-斯特劳斯）和后结构主义传统（德里达和德勒兹）中结构运作的无名动力；后者质疑了意义的本性，并且渐渐地难得提到可识别的主体。大同小异的趋向令人关注：例如，让·卡瓦耶斯（1903—1944）一直被认为要试图超越"主体哲学"，而扬·帕托奇卡类似地提出了一种"非主体性现象学"。[12] 知识社会学对于理解这些问题以及这些传统并肩交叉发展的动力，可能极有帮助。当代哲学目前异常兴盛，而且反复出现的模式和论题也是不难辨认的。有鉴于此，让我现在直接转到欣蒂卡关于哲学现状及其前景的分析。

在以下的评论中，我将着眼点主要落于欣蒂卡关于哲学是什么和哲学做什么的总体概念，以及哲学史与哲学实践和方法之间的关系这个棘手的问题；还要更加详细地审视一下他对于20世纪的某些哲学运动，尤其是**解释学、现象学**，以及**逻辑实证主义**的描述。欣蒂卡的着眼点落于许多欧洲国家所称的"理论哲学"（即形而上学、认识论、科学哲学、逻辑），它相对于广义而言的实践哲学或应用于特定领域的哲学（道德、社会和政治哲学、美学、宗教哲学，等等）。在回应欣蒂卡对专业哲学**危机**——无论就其总体的方法论而言还是就其自我意象而言——的评估时，我同样主要局限于理论哲学。我的意思是，他所描述的分裂和碎化境况或许在实践哲学领域更加明显可见（在实践哲学领域，诸如生态哲学——或生态智慧，参见阿尔内·奈斯——这样的子学科往往完全脱离其他平行学科来进行对话）。我赞同欣蒂卡的担忧，即强调哲学的应用（比如"应用伦理学"）可能会脱离哲学的核心事业。的确，或许正是这种对实践性和应用性的追求成为哲学碎片化的一部分。就整个理论哲学而言，欣蒂卡关注的是20世纪的重大运动（现象学、逻辑实证主义、语言分析、解释学、实用主义），主要关注诸如逻辑、科学哲学以及语言哲学这类哲学子学科的影响和转变效应。事实上，多少有些出人意料的是他对**认识论**几乎没谈论什么——尽管这个论题在近几十年重新受到重大关注（比如，证词认识论、自我认识的本质、誓言，等等），他的着眼点主要落于与数学相互作用的哲学。

初读他的论文，似乎欣蒂卡实际上在批评当代哲学过于关注**哲学史**。就此而论，他似乎是在阐述一个共同的分析论题——用吉尔伯特·哈曼的一句著名的口号来概括："对哲学史说不"。[13] 但是，在这里要小心，其实欣蒂卡的进路与哈曼的进路恰恰相反。欣蒂卡是在呼唤将哲学问题恰当地置入历史**语境**，这样某人在讨论比如休谟的"同情"时便对这个概念在这位苏格兰思想家那里的来龙去脉有所知。欣蒂卡认为，若要准确地理解什么是哲学问题，如何表述哲学问题，则需要一种合适的解释学关注：

> 哲学家们不是着重询问这位或那位思想家的实际用意何在，而是过于经常地将其观念和问题投射于其他哲学家的文本。这种趋向并不鲜见。在牛津，这位或那位哲学家有时被指责仿佛把亚里士多德和柏拉图当作"另一学院的研究员"。这种趋势愈演愈烈而且愈发普遍。做历史的哲学家往往过于专注其自己的问题和观念，而将一般知识史让于历史或人文系而非哲学系来接管。

所以，欣蒂卡其实认为哲学家必须对历史语境敏感，并对每一位哲学家在历史运动中的地位有所意识。对于那些比如将柏拉图的一个文本仿佛当作

《分析》杂志上发表的一篇文章来处理（例如，A. J. 艾耶尔主张的一种进路）的人，欣蒂卡是不满意的。

当然，历史意识并不拒绝大胆的修正主义。因此，欣蒂卡寻求终结他所认为的当前对**逻辑实证主义**的一致反对（他认为这一运动开始时非常看好，但是由于不具备能够提供关于当前科学理论的重要解释的技术工具而丧失了推动力），可谓一石激浪：

> 因此，逻辑实证主义者所例示的传统之未来取决于重新建造其概念工具和建造更好的概念工具的进展情况。

但是，必须再一次小心。为了对科学理解的本性做出哲学说明而振兴一种新的、更为精致的逻辑实证主义，并不意味着提出（如同原始的实证主义者那样）许多传统哲学问题都是虚无缥缈的**伪问题**，或甚至是毫无意义的。与欣蒂卡坚持振兴逻辑实证主义相辅相成的，是他支持某种**解释学**质疑和一种理解**意义**的尝试。

一般而言，解释学在分析哲学圈内仍然被视为一种外来的大陆哲学实践，它主要与解释文学和神学文本相关，而与形式哲学本身无甚关联。因此，让人备感振奋的是，欣蒂卡既主张一种重建的实证主义也主张一种理解问题的解释学进路。这种类型的原创多元主义是值得称道的。

哲学的当前危机

欣蒂卡为什么认为当前的哲学陷入危机？他认为哲学陷入一种爱尔兰戏剧家肖恩·奥卡西所说的"乱危状态"（state of chassis）——创造性地把"混乱"（chaos）和"危机"（crisis）两个词合为一词，因为它已经失去了方向感，没有为自身设定目标的方法，或不能产生能够指出目标的观念。当代哲学研究，用欣蒂卡的话讲，没有方向感，简直是混乱不堪。在他看来，它需要一种"刺激方案"来重振自身，类似于美国经济在 2009 年为抵消大萧条的影响而产生的效果。他认为哲学需要**体系**见识，需要从体系角度设定其使命，制定一个哲学研究纲领。

此外，欣蒂卡并非只是关注哲学在其中陷入迷途的"多"，而且关注哲学家的自我意象。因此，需要对哲学专业进行某种改革。在他看来，专业哲学家同样要准备放弃传统的观点，即哲学是追寻**真理**，在追寻真理的意义上就如同自然科学。将关注点分散于太多的领域和论题导致了哲学家自我认同的弱化，以及放弃对于哲学家究竟要**做**什么的共识。

总的来讲，欣蒂卡既担忧哲学场景的明显**碎片化**，也担忧当代哲学家的**浅薄业余**。他认为当前的哲学并不像在古希腊时代或19世纪学院哲学那样分裂成"学派"，而是分成最好称为"兴趣小组"的群体。不同兴趣之间缺乏合作，学科的不同方面之间缺乏相互理解。欣蒂卡非常正确地反对**碎片化**——这一概念假定了哲学实际所是和所做的无可争议的**核心**，或许甚至是一条**准则**，但它绝不是温和的多元主义者，温和的多元主义者想看到的是不同哲学进路之间的缓和或"和平共处"。事实上，他赞同的是某种类似于一切人反对一切人的战争的东西，或者像毛泽东1956年借用一句中国古语所说，"百花齐放，百家争鸣"。欣蒂卡肯定不是哲学**多元主义**的倡导者：

> 有时当代哲学家为不存在不同传统或"学派"之间尖锐而且经常是激烈的争论而扬扬自得。我不大相信这种相对的和平共处是一种完全健康的迹象。一种可能的解释是，哲学家之所以宽容其他观点是因为他们不确信其自己观念的真理性，或者是因为他们首先根本就不很在乎其观念的真理性。

欣蒂卡赞成以一个争论空间来取代和平共处，在这个论证空间中，理性被寻求和批评，各种立场受到**争论**。但是以这样的方式来进行观念上的论争意味着要有一个共同的理性标准，从而可以评价相互竞争的真理断定。而这本身恰恰是当代版的多元主义中受到挑战的东西。多元主义或宽容可以被理解为，承认价值观、进路方式、信念、甚至理性形式都是**不可还原地多元的**：根本不同视角的和解只能在比如说一个哲学系或一个专业团体（如美国哲学协会）中达到。[14]

哲学作为严格科学

正如我们所看到的，欣蒂卡坚定地相信哲学作为**严格科学**的观念，这是由布伦塔诺、胡塞尔以及奥地利学派一般地阐述的一个概念。就此而论，欣蒂卡无疑是胡塞尔的追随者。在1934年致第8届国际哲学大会主席埃曼努埃尔·拉德尔并在大会上宣读的信中，[15]埃德蒙德·胡塞尔写道：

> 哲学是人类现代、历史生存的器官，即产生于自律精神的生存的器官。自律的原始形式（Urgestalt）就是科学的自我责任……哲学的自我责任必然关涉进行哲学思考的共同体……因此指定了欧洲人和文化的特定含义。[16]

在写给1934年哲学大会却从未发表的短文中，胡塞尔再次谈到了科学与哲学的不可分离的交织：

> 哪里实际上有真正的科学存活，哪里就有哲学存活；哪里有哲学，哪里就有科学：一种不可分离的彼中有此，此中有彼。[17]

欣蒂卡对胡塞尔的这两种观点无疑都会赞同。另一方面，欣蒂卡还与胡塞尔一样认为，哲学并不像 W. V. O. 蒯因经常说的那样，只是科学的延展。在蒯因看来，哲学家和科学家可以说是同乘纽拉特之舟，在海上进行修理。按照（在笛卡尔和胡塞尔那里看到的）经典的"第一哲学"观念，[18]好的哲学只是好的科学的一部分，并不在科学之前。欣蒂卡正确地认为现代哲学是在自然**科学**的挑战下进步的，他说的自然科学主要是指数学、物理学以及新近的神经科学的发展。在他看来，20世纪对于哲学的最重要的知识挑战是科学的革命性发展：

> 对于20世纪哲学最重要的知识挑战是科学的革命性发展。它依然是对哲学研究的挑战。

显然，笛卡尔、莱布尼茨、康德、弗雷格、罗素、维特根斯坦、达米特、蒯因、普特南，以及其他人都为数学和逻辑问题所驱动。此外，欣蒂卡确实正确地指出：

哲学家与科学家和数学家之间真正的互动弱化，导致视角更广阔的哲学研究的关联性大幅度丧失。几百年前，大多数重要的数学家——庞加莱、希尔伯特、布劳威尔、外尔、波莱尔，任你列举——都踊跃地参加关于数学基础的讨论，因为他们所发现的大部分问题对于他们自己的课题具有至关重要的意义。如今，大多数在职数学家对于比如说关于数学中的实在论的讨论丝毫不感兴趣。

然而，并不是所有的20世纪的哲学家都感到需要应对科学提出的挑战——如果科学主要是指形式数学科学，以及诸如物理学和数学等学科的根本问题。其他同样名副其实的哲学思考方式更加关注**意义**和**价值**，关注人类生存的整个背景及其意义性、有限性、历史性、文化、艺术和宗教象征，等等。这些哲学家一直关注的是理解人类生活，关心生存问题。在20世纪，我们可以祈求诸如弗里德里希·尼采（诚然，他于1900年去世，但他说自己是个"死后出名的人"，其影响在整个20世纪不断增长）、威廉·狄尔泰、R.G.科林伍德、让-保罗·萨特以及汉斯-格奥尔格·伽达默尔这样的哲学家，他们均属于这个宽泛的探寻意义的传统（例如，科林伍德在**考古学**而不是在数学中找到了灵感，而伽达默尔关注历史传统和文化形成即所谓**教化**过程的本性）。公平地讲，欣蒂卡并未将许多这样的人物列入**解释学**这个总标题下，但是我们必须小心，不要把适合于自然科学的幼稚的进步观念引入我们关于作为一种文化形式的哲学的总体概念。哲学是一种反思活动，由人类生活中有意义的和令人困惑的事情所驱动。哲学可以从数学基础产生灵感和困惑，**或者**说，可以同样有效地从一件艺术作品显现意义的方式或在试图解释神学或文化见识中产生灵感和困惑。某种进路不应该比其他进路得到更高的地位（至少要为这种优先提供一个**论据**）。我认为，欣蒂卡在这里只是在响应有关20世纪大部分哲学演化的一个历史——和偶然——事实，并且是从他自身关注的视角解读整个传统。许多20世纪上半叶最伟大的哲学家（包括弗雷格、胡塞尔、罗素、维特根斯坦、卡尔纳普，等等）确实痴迷于数学和逻辑基础的明显是理论性的问题（受希尔伯特、庞加莱及其他人的启发），并且试图创制真理和意义性理论。我们的确可以将20世纪初对新数学逻辑的关注剧增与笛卡尔哲学为响应自然科学中革命性的伽利略数学变换而产生的早期突破进行比较，或者与更早时期（13和14世纪）的一种风气进行比较，当时哲学家们创造性地响应对古希腊世界的科学文本——包括物理学、气象学、形而上学等方面的著作——的重新发现（这里让人想到阿奎那或罗杰·培根）。响应数学科学中的革命的哲学家无疑形成了一个高贵血统的世系。

然而，与这种非常富有成效的哲学响应科学成就的传统同在的，是一种更为悠久的传统，即哲学家应对人类状况的奥秘的传统，它从柏拉图经由奥古斯丁一直传到帕斯卡尔和基尔克果。这些截然不同的哲学思考方式太容易被重新铭写为**自然科学**与**人文科学**（Geisteswissenschaften）的对立。深受科学启发的哲学家（诸如胡塞尔或维特根斯坦，或更近的普特南）也继续将为人的方式和意义性置于优先地位，当作正宗的哲学关注对象。其实，在其《欧洲科学危机和超验现象学》中，胡塞尔认为人文科学的危机甚至比自然科学中的理论问题更具危害性。更早一些，在其《作为严格科学的哲学》一文（1910/1911）中，胡塞尔同样强调人文科学中的**历史主义**如同自然科学的自然主义观点一样地具有破坏性。

碎片化或作为探寻真理的哲学

欣蒂卡做出了一个严酷的诊断：哲学要么必然继续碎化为无数个显然互不相关的专家们的子学科以及文本阅读和注释实践（他宽泛地称为"为了话语的文化话语"——让人联想到理查德·罗蒂的"教化哲学"概念，教化哲学的要点在于，必须不断地进行谈话，不能假定谈话在真理上会合一致）[19]，要么必须恢复对**寻求真理**的承诺。欣蒂卡认为，所有哲学家都应该关注**真理**，因为哲学本身从古希腊开始就一直追寻真理。此外，哲学在寻求真理中既可以充实科学也可以为科学所充实。欣蒂卡所担忧的是，"真理已失去其至关重要的作用"：

> 这种综合征的一个具体征兆是真理概念在哲学讨论中的命运。真理已经失去其至关重要的作用。有些所谓的真理论试图用诸如"可断言性"或"融贯性"这样的术语来敷衍对真理的解释。有些哲学家不是将哲学活动理解为寻求真理，而正在将其转变为一种为了话语的文化话语形式。

欣蒂卡反对当前流行的种种关于真理的论述，因为它们将真理简化、收缩、转译为其他诸如"超可断言性"（superassertability）这样的概念（克里斯平·赖特创制并加以捍卫的一种立场）。[20] 与塔斯基相反，欣蒂卡认为，可以对话语的每一层次，包括普遍语言层次定义出真。没有必要公设元层次。在欣蒂卡看来，收缩论者由于过度依赖塔斯基而误入歧途。他认为，塔斯基将真理[21]理解为不可定义的，是因为他依赖于他当时现有的逻辑工具："如果一种更丰富的逻辑得以运用，那么真理不再是不可定义的。"我对真理论涉猎不深，因此不足以对真理在欣蒂卡所说的意义上是否是可以定义的给出一个明确的看法。然而，我本能地倾向于认同欣蒂卡拒斥不可定义性的一般推理。说某物是不可定义的，往往是一种避免进一步分析的方式。但是，我担忧的是，真理在这个意义上被假定是一个单一实体或属性。[22] 真理——如同存在——以多种方式被论说。我们需要的关于真理的论述就如同真理在我们不同的文化实践中发挥作用的方式那样多种多样。在某种意义上，真理是不可还原地多元的，而且必须有一种以允许对不同话语进行比较的方式来言说真理的方式。我相信欣蒂卡本人是这样认为的，但是他的着眼点仍然落在依赖塔斯基进路的关于真理的理论论述。对真理本性的理论澄清确实必须是一项紧迫的跨越所有领域的哲学工程，尽管这项工程最终不可能以采取一种单一的真理论述而结束。

欣蒂卡的进路中一个深层的激励因素，在于他坚信哲学可以像科学那样以某种方式成为**成功的**，言下之意是说，哲学最终能够"击中目标：真理"。从这个意义上讲，他相信哲学中的发现和进步有可能逐渐地**越来越接近真理**。我不太确定我们能否如此鲜明地将哲学所谓科学地寻求真理的一面与其作为时代的文化之镜的作用区分开来。我们无须完全认同理查德·罗蒂的观点，将哲学视为一种持续进行的走向高尚的谈话，进而认为黑格尔将哲学看作是"被把握在思想中的它的时代"的观点，以及认为哲学观念的出现与消失反映了时代紧迫关注的观点，是有几分道理的。显然，哲学中不可能有一个直接**进步**的概念，不可能像特奥尔·阿多诺曾说的那样，有"从弹弓到百万吨级炸弹"的进步。[23] 当然，有这种意义上的进步，即许多路径被认定为走进死胡同，许多论证策略被证明是有缺陷的，而且对于科学理论的进步来说亦是如此。但是，像哲学所提供的这种总体的**观点**或立场（比如唯心主义、唯物主义、自然主义）——就此而论，它与科学不同——极少被完全接受或被完全否弃。旧的哲学立场以新的形式重现似乎带有一定的必然性。这是哲学最令人着迷也最令人沮丧的地方。哲学提供了一种"天蓬"（借用彼得·伯杰用以描述宗教世界观的"神圣天蓬"概念），而不只是先在实在的一面镜子。哲学提供总体观点的作用既是它的强项也是它的弱项。我冒昧地指出，这恰恰是欣蒂卡本人所认可的解释学元素必然发挥作用之处。将一种在形式或自然科学中获得成功的外来模式强加于哲学是错误的，因为这种模式，如果有的话，是一种**非常特殊**的知识体系（在英语中用"科学"来涵盖哲学总是困难的，因为在英语中"科学"总是指自然科学、经验科学）。

作为解经学的哲学

欣蒂卡将哲学对真理的关注与他所谓的"解经学"比照，只在于阐明各种哲学观；哲学手指在练习某一特定主题或个人的乐谱时，进行的是主题变奏，并不考虑真理。欣蒂卡写道：

> 一位哲学家如同一位科学家，因为他或她在探寻真理，虽然他探寻的真理或许不同于并且高于部门科学所寻求的真理。在我们这个时代，哲学家活动的主导范式并不是科学探究，而是对圣典的解释，或者或许是对伟大的世界文学作品的创造性解释。我们不妨称此为"解经学转向"。

正如我们所看到的，他还将这种实践称为"文化话语"。欣蒂卡在其论文中不时地将这种文本注释与一种特殊的解释学进路联系起来。他认为这种进路是蒙昧主义的，因为它似乎关心的只是看不到任何结果地将解释一层压一层地堆积起来。我将在下文回到这一点。另一方面，他接受的是一种更为解放的解释学概念，按照这一概念，各种观念必须与历史和文化形式处于某种动态的相互作用中。多少有些出人意料的是，他彻底地将海德格尔——或科林伍德，这是欣蒂卡的一个令人关注的创新——的质疑解释学看作任何拟议中的哲学刺激方案的一部分。

哲学与哲学史：解释学进路

尽管我对欣蒂卡强调正确地、语境化地理解哲学史大为赞赏，但是我认为可以在他关于解释学的评述中找见的他关于哲学与哲学史之间的关系的论述中存在着相当的矛盾。如我们所看到的，欣蒂卡既担忧朝着**浅薄业余**转变（单纯地报道哲学家们过去所说的话），又担忧为了问题本身而对问题进行历史追寻；但是，多少有些悖谬意味的是，他还担忧哲学家在解释其他哲学家（比如维特根斯坦）中在历史方面不够**精确**。就此而论，他担忧古代哲学家被断章取义，以为他们对其不可能预见的问题也有答案。要澄清有关哲学史及其对哲学实践的影响的不同观念，还有更多的事情需要去做，这里则须对它对哲学实践的影响做一梳理。**精确**在这里意味着什么？它是否包含着一种**符合论**的真理观，借此根据文本本身的客观意义来以某种方式衡量关于文本的解释？我们不必因循一种指向一个理想目标的理解轨道，而可以采取一种替代观点，认为解释学理解的目的在于丰富解蔽，就像对一出戏剧的不同改编可以从不同的角度展现这出戏剧，而并不存在任何单一标准，即所有改编都可以根据它来衡量的标准。解释学解释在这方面提出了许多复杂和微妙的问题，我想欣蒂卡在其论文中低估了这些问题。

欣蒂卡关于解释学的讨论是极受欢迎的。他认为解释学提供了一种丰富而富有成效的进路，尽管经常是以片面的、甚至蒙昧主义的方式来执行的。他确实承认"深刻并让人产生联想"的解释学见识，即可以像理解一个复杂的文本那样理解实在（并且他参照了在汉斯·布卢门贝格的《世界的可读性》一书中找见的关于这一观念的历史）。[24] 但是，他批评海德格尔运用非推导语言来阐述文本意义。尽管他赞赏解释学，但我认为欣蒂卡的进路太过局限。他似乎认为存在着关于历史的绝对事实，而且认为解释学是一种相对主义。他极其厌恶相对主义以及任何走向多元主义的东西。他谈到那些"自命的解释学哲学家"为了解释的目的而拒斥推导，尤其是拒斥逻辑方法是考虑欠周的。他明确地反对那种温和的解释学——他是否也反对戴维森的慈善原则？他写道：

> 或许除了众所周知的战争与爱情二重唱，一切都应是可允许的，在

解释学中亦是如此，至少在方法论上。只有如此，解释学传统才能贯彻其自己的最佳见识。

他的建议是，探寻哲学史的最佳方法是查出前辈哲学家著作中的**谬误**并**改正**这些谬误。那么，在欣蒂卡看来，解释学的目标也是真理。欣蒂卡倾向于认为解释学近似于采取一种元语言的哲学家。他认为分析工具可以证明抛弃元语言尤其是解释学语言的需要。但是，这是一种关于解释学的非常怪异的观点。况且，解释学（除了在海德格尔的某些阐述中）并不**拒斥**逻辑。解释学将语境理解为与意义进行相互作用。将一个哲学问题当作一个**文本**来探索，就是鉴别被遮蔽的发挥作用的动力，就是理解概念如何依赖于某些隐喻进路，等等。

让欣蒂卡感到沮丧的是他所认为的当前哲学中历史和语境精确性的缺失，他以维特根斯坦为例。实际上，维特斯根坦并没有坚持那些注释者归于他的许多广为人知的立场。我很是同情欣蒂卡的用心所在。在图书和文章领域已经有一个微小产业因循这样一种路线，即笛卡尔为什么不是一位笛卡尔主义者，康德为什么不是一位康德主义者，以及黑格尔神话，等等。将某些观念误归于某一特定人物的做法颇为流行，它是一种哲学的特别许可证，它似乎不会给专业哲学家造成麻烦——除了那些明确关注哲学史的。这种特别许可证的促成原因是哲学家的一种怪异倾向，即生造种种形容词形式的专名，于是我们有了"柏拉图的正义理论""笛卡尔的空间概念"，等等。但是，这个传统具有非常长的历史，看不出如何能将它连根拔掉。创造性的**错误理解**和错误解释是哲学解释学的核心所在（正如伽达默尔教导我们的）。只相信错误表述的范例是亚里士多德分别对待前苏格拉底哲人的做法，他根据他们对于其自己的四因框架的合适程度进行选择性处理。创造性误解还是诗人实践他们所继承的传统的核心。[25] 哲学史与其实践的关系显然不同于比如数学史与当前数学实践的关系。海德格尔对于哲学史的众所周知的误读无疑是一种创造工具，它可以被用作一个透镜来重新观看那些历史人物。哲学史的特征之一，就在于我们无法预测将会出现怎样的新关注。就这方面而言，哲学史近似于数学史。按照让·卡瓦耶斯的理解，数学史就是生成不可能从现存概念中预测的新概念，尽管它们是从现存概念中辩证地产生的。

欣蒂卡在论述哲学人物时想要的是严谨性、历史精确性以及语境感受性。他认为更加缜密和彻底的哲学研究将会展现许多通常是对立的哲学人物，比如弗雷格与胡塞尔或马赫与胡塞尔之间的趋同和**连续性**。我同意分析哲学和现象学均包含同样的概念分析，但是我想更多了解的，是欣蒂卡认为使概念分析不同于那种他不喜欢的阐明或澄清的东西是什么。欣蒂卡抱怨哲学实践只是概念和直觉的阐明。正如他所指出："只是更清楚地表达自己并不是阐明。"我认为这是对的。但是，要把握真正的哲学类的概念分析所关涉的东西也并不是这么容易。几年前，我参加了迈克尔·比尼为纪念贝特兰·罗素的《论指称》——这篇文章通常被视为作为概念分析的哲学实践的范例——发表一百周年而组织的一次会议。[26]"分析"意味着什么？显然，可以对概念进行分析的不同方法非常之多。澄清概念是维特根斯坦的目标，也同样是胡塞尔的目标。但是它经常意味着不同的事情。我始终坚持认为，即便维特根斯坦是正确的并且一个概念的意义在于它的使用，他也应该承认关于这种"使用"存在着不同的传统和历史。一个概念在不同的传统中可能具有不同的意义传承。

求助直觉的问题

"直觉"概念在哲学中提出了尤其棘手的解释问题。直觉恰恰是那些其含义随着每一位哲学家——一方面，从笛卡尔经由康德，另一方面，再到伯格森、胡塞尔及其他人——而变化的概念之一。直觉可以指常识（经验主义者所求助的）、民俗心理学的嵌入概念（自我、人格、意向立场）、胡塞尔所谓的前科学观，以及自然态度及其关于因果性、时间性和空间性的假定，等等，或者可以就是指如康德所说的感性框架。作为对某种根据人们具有的那种直觉来衡量概念的含义的哲学实践进行抨击的一部分，欣蒂卡断言这种求助直觉的策略（无论是单纯地被接受还是通过关于直觉的经验研究被证明）是"有严重缺陷的"。欣蒂卡发出了一道绝对命令："如此运用直觉的全部实践应该被终止。"在欣蒂卡看来，直觉不可能成为一个证据**来源**，因为它**自身**没有任何证明价值。他指出了这样一种危险，即我们可以通过考察直觉而达及一种特殊的必然性，或"我们可以考察公设的可能世界而接近形而上学真理"。然而，与欣蒂卡相反，我并不认为直觉的倡导者断定哲学家具有达及直觉的特殊权利。欣蒂卡写道：

直觉最好不要被理解为一种真理或证据的来源，而要被理解为有前途的但通常是试探性的见识的一种正当来源，就如 C. S. 皮尔斯的"猜对的能力"。

例如，丹尼特喜欢将某些场景用作为他所谓的"直觉泵"。丹尼特在《施展空间》（1984）一书中写道：

> 哲学中一种流行的策略是构建某种思想实验，我称之为直觉泵……巧妙设计的直觉泵是要将读者的注意力集中于"重要"特征，使读者从陷入令人头痛的细节而不得其解中转移出来。这在原则上没有任何错误。哲学的最高天职之一就是找到各种帮助人们见树又见林的办法。但是，直觉泵经常被滥用，尽管极少是有意的。[27]

我赞同欣蒂卡对于特别是当代分析哲学中乞求直觉的特殊方式所进行的抨击。但是，这里存在着一种试图把我可能称之为的"哲学警察"招来的危险！哲学家往往认为自己握有一个许可证（很像一枚警徽），这个许可证给予他们决定谁是或者不是真正的哲学家的威权。"但是这不是哲学"是所有哲学家在某一时刻做出的一个共同判断。然而，哲学家试图对那些无疑可以在哲学史的某处发现它们已被合法化的具体实践立法时应该谨慎。值得铭记的是，柏拉图既写了《泰阿泰德篇》（通常被视为对于将知识作为被证明为真实的信念的定义的分析性探究），也写了《蒂迈欧篇》（通常被视为一种对大陆思想者更有吸引力的神话制作）。就直觉而言，它是一个至少具有一个数学含义而且还有若干个哲学含义的概念。这只是哲学必须应对的那些事实中的一个。我们不能说直觉的某一用法是基本含义，其他的含义则根据这个基本含义来衡量。哲学家过于倾向于将所有类比都当作和一个同样的东西相联系（Pros hen）的类比。

现象学的未来

在讨论了分析哲学和解释学传统固有的问题之后，欣蒂卡用了一节（第5节）的篇幅探讨了20世纪最红火和最有影响的哲学运动之一——现象学的未来，非常令人关注。他首先认为——而且从历史上来讲这的确是准确的——胡塞尔的现象学是恩斯特·马赫的工程的继续（有人可能还会提到理查德·阿芬那留斯，他的"自然的世界概念"启发了胡塞尔的"生活世界"的概念）。[28] 胡塞尔在阿姆斯特丹的讲学中明确地将马赫列为现象学的先驱之一，不过欣蒂卡并未指出这一点。欣蒂卡接着对现象学与**现象论**做了区分，并且将现象学的特征描述为回到所予，所予被理解为在第一人称的意识中直接接触的经验。然而，欣蒂卡同样指出了重现于20世纪的所予概念的问题，比如塞拉斯对"所予神话"所做的诊断。[29] 但是，他强调了对于通过某种先验还原来把握所予的现象学纲领的另一障碍，这就是他所称的大量的事实：

> 大量的事实是，当代神经科学已经揭示，最为原始的、显然未经编辑的意识材料其实是我们中枢神经系统的一个极为复杂的处理过程的产物。

由于在我们的经验中有一个深层的前意识处理系统在起作用（他引证了马尔关于色觉的著作），所以一种想仍然停留在意识层面的研究是没有成功希望的。欣蒂卡写道：

> 一种狭义理解的基于意识材料的现象学进路突然撞上了神经科学向我们教授的有关我们无意识系统（神经等）的复杂处理过程的东西。此外，即便达及意识的东西也不能理解为是不可错的。（此段引文并非原文，是作者改写的。——译者注）

在欣蒂卡看来，现象学需要完全**颠倒**其策略：

> 现象学可以作为一种关于现象的研究而存活，如果这些现象被视为人类构建过程之输出的概念织物，而不是其意识不可接近的输入的概念织物。现象学的工程应该颠倒过来。现象学家不要试图将输入登入人类认识过程，而是要审慎地研究认知过程的输出。或许甚至可以指出，这就是正确理解的现象学始终所处的最佳状态。

将大脑的"输出"置于首位意味着要注意（比如？）色觉现象学。比如说，现象学可以被用来描述一个色觉系统所指向的目标（补充了马尔的发现）。这个目标就是从概念上阐明"人类认知系统必须完成的东西"。然而，现象学真的要试图理解对于人类认知过程的输入而不是其输出吗？甚至在这里谈论人类认知过程似乎都是悄悄脱离以第一人称生活经验为起点的现象学进路。我们绝不会首先与认知系统相遇，而是像胡塞尔所指出的，我们专注于世界及其事情和事务。恰恰是在关注所有这些如何（比如在知觉上）被所予的过程中，感知意识的某些概念特征才能得以确定（例如它的时间流、视角性，等等）。的确，就欣蒂卡所讨论的前意识而言，胡塞尔（以及后来的梅洛-庞蒂）认为他们可以在阐释被动经验的意义层次中进行跟踪的，恰恰是这些特征。经验将自身呈现为已经通过某种原始联想黏合在一起的东西，在这种原始联想中，同类让人想到同类，等等。

在阐明现象学的意义的过程中，欣蒂卡质疑了将胡塞尔的意向对象（noemata）与弗雷格的涵义（Sinne）等同起来的做法。他写道：

> 现象学一直被解释为意向性理论，也即一般化的意义理论，在一定程度上类似弗雷格的意义理论。按照这一类比，弗雷格的涵义应该与胡塞尔的意向对象对应。但是，无论就谁而言，这些意义实体的精确本性都远不是一目了然的。因此，首先需要对这一关键问题做一澄清，我们才能够理解现象学的本质并对其前景做出评估。

这些"涵义"是什么类型的实体？此外，欣蒂卡询问了涵义的地位：它们——作为抽象共相——如何能够直接地呈现在意识之中。既然一个共相承担着一种与其他共相的内在必然关系（例如，2必然在它之内承担着与8的立方根的关系），那么这些如何在意识中呈现？这是带有"S"的内涵性问题的一个版本。欣蒂卡似乎确实赞同胡塞尔的基于对5个对象组合的感官观看的本质直观概念（"一个人或许能从看见5个对象的组合中获取数字5的概念。"一个人可以从"看见"的某种真正意义上看见数字5）。但是，他认为胡塞尔关于**本质直观**（Wesensschau）的论述导致它被视为一种神秘能力。就此而言，欣蒂卡对于胡塞尔的本质直观的批判让人想起了逻辑实证主义者莫里茨·石里克早在 1917 年的批判。[30] 石里克也认为本质直观是一种神秘的智性直观。他——像欣蒂卡一样——明确表示任何一类直觉都不可能产生知识。在 1932 的一篇论文中，石里克简明地指出："直觉是享受，享受是生活，而不是知识。"[31] 在他看来，直觉经验的纯粹内容是不可表达的：

> 结构与质料之间的差异，形式与内容之间的差异，大致而言，就是可被表达的与不可被表达的之间的差异。[32]

他接着说道：

> 既然内容在本质上是语言不能传达的，那么内容传递给看得见的人就不可能比传递给看不见的人更多或更好。[33]

石里克认为，一个人能够**看见**一片绿叶并且能够**说**他看见了绿叶，但是一个人说他看见绿叶并不传达直觉**内容**"绿"。这是他针对现象学的立场。在石里克看来，纯粹直觉不可能具有认识地位。而胡塞尔则认为直觉是对一种复杂境遇或事态的意义和真实性的直接的、非推理的把握——这种意义和真实性是建立在从感觉上所予的东西之上的，但传达了某种更多的东西，即**过剩**（Überschuss）。看见**这张纸是白色的**不只是看见白色的纸。我们只是理解**正在进行中的东西**。这些是真正的**事情本身**（die Sache selbst），而且在胡塞尔看来，直觉只是人类在认知他们的世界的过程中时时刻刻都在做的事情。那么，欣蒂卡重新挪用作为方法论的现象学的规划，恰恰是通过把现象学倒转过来使之从认知大脑的输出退回到对认知大脑的输入来设想的，对此需要说的还有很多。现在让我们转到欣蒂卡的另一个很有刺激性的方案。

振兴逻辑实证主义

欣蒂卡认为我们现在正处于反对逻辑实证主义的抵制的尾声（是波普尔、库恩及蒯因在抵制）。就此而言，欣蒂卡期待一种新实证主义。他认为逻辑实证主义之所以丧失动力，是因为它没有实现它需要实现的突破，比如在解释最新科学方面——如将广义相对论的意义固定下来。在欣蒂卡看来，假如逻辑实证主义实现了这些突破，那么"我们或许都会成为逻辑实证主义者"。其实，这是在附和胡塞尔早先说过的话——胡塞尔认为现象学者是真正的实证主义者。欣蒂卡确实认为逻辑实证主义的初始工程的失败是由于其概念工具尤其是逻辑工具的不充分性。但是，这种视角忽略了核心问题：逻辑实证主义者使用的**意义性标准**本身就是无意义的，因而是不可行的。我认为，逻辑实证主义之所以失败恰恰是因为它不能表达道德和人的价值，而不是因为它不能对付广义相对性。正如胡塞尔在《欧洲科学危机和超验现象学》中所警告的，实证主义将哲学斩首。实证主义试图消除普特南努力让科学理论建设恢复的"人的面孔"。与欣蒂卡相反，我认为逻辑实证主义不可能振兴，或者说，更多的对于科学发展的历史意识可以使库恩的工作做得更好。

哲学的意义：20世纪的遗产

作为结束，我想着重谈一谈我本人与欣蒂卡在解释20世纪思想上的最后一个差异点。毋庸置疑，20世纪哲学是在康德和先验哲学的阴影下发展的。我们继续生活在关键性的转折中。但是，我们也生活在尤其是后期维特根斯坦开启的概念世界中，在这个世界中只不过**有着不同的生活形式**和许多我们所有人都感兴趣的语言游戏。多元主义是一个新的哲学所予，作为严格科学的哲学必须适应新的景观。

有一个对于作为专业学科的哲学的威胁没有讨论，但是我认为它正在深深危害着作为追寻真理的哲学，这就是试图对哲学研究进行国际评估的构想，好像哲学研究是一门量化科学研究学科。这在那些大学的科研主要由国家资助的国家尤其突出，像在大多数欧洲国家，在澳大利亚，但是它正在蔓延。按照这种设想，可以根据"成果"客观地评价哲学，成果可以根据重要性来排名并据此在相应排名的期刊上发表，哲学院系可以根据某种"优秀"概念来客观地排名，对它们的研究生可以进行排名，如此等等。所有这些都是以粗糙的量化、影响因子以及高引用指数等为依据。我认为，这种伪科学的衡量哲学的产出及其影响力的尝试将要深深地危害哲学实践，必须予以抵制。否则，真正的哲学将会被驱赶出学院，大学中实践的将是一种毫不相干的东西，就像在笛卡尔抗议"学校"的那个时代。

最后，我想以一点希望来结束本文。正如欣蒂卡通过其在国际哲学共同体供职所认识到的,重要的是要承认我们这个时代的哲学的全球性质。如果我们不接受那种认为哲学严格地来讲是指希腊哲学的观点,那么哲学在不同的国家意味着不同的东西。我们需要考虑其他文化的智慧传统并且反思我们自己的文化的智慧传统。对于哲学的下一个巨大挑战会成为真正国际性的;这将涉及大量的解释学挑战。虽然西方科学目前是一种全球现象,但是不同的文化显然仍旧具有截然不同的和适应力很强的知识体系和进路,需要加以进一步的研究和反思。这是哲学的真正未来所在。

Dermot MORAN:
REPLY TO PROFESSOR JAAKKO HINTIKKA'S
"PHILOSOPHICAL RESEARCH: PROBLEMS AND PROSPECTS"
(*DIOGENES*, No. 242, 2014)

注：

[1] 本文的最初版本是在美国哲学协会太平洋分会于 2010 年 4 月 2 日在旧金山召开的"特邀研讨会：哲学研究的状况与前景"上作为对亚科·欣蒂卡的回应而提交的。我要感谢美国哲学协会的组织者，还要感谢同组的达勒·雅凯特和分组讨论会主持人博亚纳·马戴诺维奇，以及亚科·欣蒂卡教授，感谢他颇有见地和大度的答复。

[2] 参见欣蒂卡，2005。

[3] 该会议 10 卷本的文献汇编的内容可在如下网址查找：http://www.bu.edu/wcp/index.html。

[4] 参见奥克希尔和哈恩，2006。

[5] 参见乔姆斯基（1959）《评 B．F．斯金纳的言语行为》一文。该文以同标题并加上新序重新发表于利昂·A．雅各博维茨和默里·S．迈伦主编的《语言心理学读本》（纽约，1967：142—143）。关于斯金纳和意识，参见巴尔斯，2003：5—25。关于行为主义最近的复活，参见科特里尔，2000。

[6] 沃森，1925：3—6。

[7] 参见丘奇兰德，1986。

[8] 参见安斯库姆，1975。

[9] 丹尼特，2003：32—33。

[10] 例如，参见萨哈维，2005；西韦尔特，2008：840—843；以及法卡斯，2008。

[11] 赖尔，1949。

[12] 参见帕托奇卡，1991。

[13] 据说，这则通告被钉在美国哲学家吉尔伯特·哈曼在普林斯顿的办公室门上。伯纳德·威廉斯在《哲学为什么需要历史》（载于《伦敦书评》第 24 卷第 20 期，2002 年 10 月 17 日，第 7—9 页）一文中详细讲述了这个故事。亦参见罗马诺，2003。关于一种慎重的讨论，参见索雷尔和罗杰斯，2005。事实上，哈曼确认他确实在他门上贴了一条这样的告示——戏仿南希·里根发起的"对毒品说不"运动。

[14] 参见英格拉姆和巴格拉米安，1986。

[15] 这封信发表于胡塞尔，1989：240—244。

[16] 胡塞尔：1989：240，引文系笔者所译。

[17] 胡塞尔：1989：185，引文系笔者所译。

[18] 参见蒯因，1981。

[19] 罗蒂，1979：377。

[20] 参见赖特，1992。赖特还捍卫一种被称为"真理多元主义"的观点，这种观点断言一个命题具有不止一种标志它为真的属性，参见赖特，2001：751—788。总的来讲，赖特认为真理的构成在不同话语中是不同的。关于对赖特观点的批评，参见威廉森，1994：130—144。威廉森认为，一种多元主义的真理观会造成某些逻辑运算如合取和析取的无意义。

[21] 参见塔斯基，1944：342—360。

[22] 关于将真理既视为一种一元单一属性又视为一组多元属性的令人关注的论述，参见林奇，2009。关于一种出色的批判讨论，参见塔普波莱，2010：1193—1198。

[23] 阿多诺，1973：320。

[24] 布卢门贝格，1981。

[25] 参见布卢姆，1973。

[26] 参见比尼，2007。

[27] 丹尼特，1984：12。

[28] 阿芬那留斯，1891。

[29] 参见塞拉斯，1997，《经验主义与心智哲学》，理查德·罗蒂撰写序言，罗伯特·布兰顿撰写导读。关于塞拉斯究竟是什么用意的新近讨论，参见奥谢，2002：490—503。

[30] 石里克，*Allgemeine Erkenntnislehre*（《普遍认识论》，1918）。该书第二版修订版由 A. E. 布隆伯格和 H. 费格尔译为 *General Theory of Knowledge*（《普通知识论》，1985）。石里克在修订版中删去了他关于胡塞尔的大部分讨论，将其批判压缩为一个段落，参见石里克，1985：139。关于石里克的批判的讨论，参见莫兰，2010：235—265。

[31] 石里克，1979：323。

[32] 石里克，1979：291。

[33] 石里克，1979：295。

参考文献：

阿多诺，T., Adorno, Theodor（1978）*Dialectique négative*, traduit de l'allemand par le Groupe de traduction du Collège de philosophie, Paris: Payot。

安斯库姆，G. E. M., Anscombe, G. E. M.（1975）"The First Person"，收入塞缪尔·古藤普兰（主编），*Mind and Language*, ed. Samuel Guttenplan, Oxford: Clarendon Press。

奥克希尔，R. E. 和哈恩，L. E.（主编），Auxier, Randall E. & Hahn, Lewis Edwin（eds）（2006）*The Philosophy of Jaakko Hintikka*, Chicago & La Salle, Ill. : Open Court。

阿芬那留斯，R., Avenarius, Richard（2005）*Der menschliche Weltbegriff*（1891）, Boston: Elibron Classics。

巴尔斯，B. J., Baars, Bernard J.（2003）"The Double Life of B. F. Skinner"，*Journal of Consciousness Studies*, 10（1）: 5—25。

比尼，M.（主编），Beaney, Michael（ed.）（2007）*The Analytic Turn: Analysis in Early Analytic Philosophy and Phenomenology*, Londron: Routledge。

布卢姆，H., Bloom, Harold（1973）*The Anxiety of Influence. A Theory of Poetry*, Oxford: Oxford University Press。

布卢门贝格，H., Blumenberg, Hans（1981）*Die Lesbarkeit der Welt*, Frankfurt: Suhrkamp。

乔姆斯基，N., Chomsky, Noam（1959）"A Review of B. F. Skinner's *Verbal Behavior*"，*Language*, 35（1）: 26—58。

丘奇兰德，P. S., Churchland, Patricia S.（1986）*Neurophilosophy: Toward a Unified Science of the Mind-Brain*, Cambridge, Mass.: MIT Press。

科特里尔，R., Cotterill, R.（2000）*Enchanted Looms: Conscious Networks in Brains and Computers*, Cambridge: Cambridge University Press。

丹尼特，D. C., Dennett, Daniel C.（1984）*Elbow Room: The Varieties of Free Will Worth Wanting*, Cambridge, Mass.: MIT Press。

丹尼特，D. C., Dennett, Daniel（2003）"Look out for the Dirty Baby"，Peer Commentary on B. J. Baars, "The Double Life of B. F. Skinner"，*Journal of Consciousness Studies*, 10（1）: 31—33。

法卡斯，K., Farkas, Katalin（2008）*The Subject's Point of View*, Oxford: Oxford University Press。

欣蒂卡，J., Hintikka, Jaakko（2005）*Selected Papers*, 6 volumes, Dordrecht: Springer。

胡塞尔，E., Husserl, E.（1989）*Aufsätze und Vorträge 1922-1937*, hrsg. v. Thomas Nenon & Hans-Rainer Sepp, *Husserliana* XXVII, pp. 240—244, Dordrecht: Kluwer。

英格拉姆，A. 和巴格拉米安，M.（主编），Ingram, Attracta & Baghramian, Maria（eds）（2000）*Pluralism: The Philosophy and Politics of Diversity*, London: Routledge。

林奇，M. P., Lynch, Michael P.（2009）*Truth as One and Many*, Oxford: Oxford University Press。

莫兰，D., Moran, Dermot（2010）"Analytic Philosophy and Continental Philosophy: Four Confrontations"，收入 L. 劳勒（主编），in Len Lawlor（ed.），*Responses to Phenomenology（1930-1967）*, pp. 235—265, Chesham, UK: Acumen。

帕托奇卡，扬，Patočka, Jan（1991）"Der Subjektivismus der Husserlschen und die Forderung einer asubjektiven Phänomenologie"，收入克劳斯·内伦、伊日·涅梅茨和伊尔亚·斯鲁巴尔（主编），in Id., *Die Bewegung der menschlichen Existenz. Phänomenologische Schriften II*, hrsg. v. Klaus Nellen, Jíří Nemec und Ilja Srubar, Frankfurt: Klett-Kotta。

奥谢，J., O'Shea, James R.（2002）"Revisiting Sellars on the Myth of the Given"，*International Journal of Philosophical Studies*, 10（4）: 490—503。

蒯因，W. V. O., Quine, W. V. O.（1981）*Theories and Things*, Cambridge, Mass: Harvard University Press。

罗马诺，C., Romano, Carlin（2003）"Rescuing the History of Philosophy from Its Analytic Abductors"，*The Chronicle of Higher Education*, 11 juillet。

罗蒂，R., Rorty, Richard（1979）*Philosophy and the Mirror of Nature*, Princeton: Princeton University Press。

赖尔，G., Ryle, Gilbert（1949）*The Concept of Mind*, Chicago: The University of Chicago Press。

石里克，M., Schlick, Moritz（1918）*Allgemeine Erkenntnislehre*, Berlin: Springer。

石里克，M., Schlick, Moritz（1985）*General Theory of Knowledge*, 2nd rev. ed., trans. A. E. Blumberg and H. Feigl, Chicago, Ill.: Open Court。

石里克，M., Schlick, Moritz（2003）*Forme et contenu. Une introduction à la pensée philosophique*, trad. fr. par Delphine Chapuis-Schmitz, Marseille: Agone。

塞拉斯，W., Sellars, Wilfrid（1997）*Empiricism and the Philosophy of Mind*, Cambridge, Mass.: Harvard University Press。

西韦尔特，C., Siewert, Charles（2008）"Review of Dan Zahavi's *Subjectivity and Selfhood: Investigating the First-Person Perspective*"，*Philosophy and Phenomenological Research*, 77（3）: 840—843。

索雷尔，T. 和罗杰斯，G. A. J.（主编），Sorell, Tom & Rogers, G. A. J.（eds）（2005）

Analytic Philosophy and the History of Philosophy, Oxford: Clarendon。

塔普波莱，C., Tappolet, C.（2010）"Review of Michael P. Lynch's *Truth as One and Many*"，*Mind*, 119（476）：1193—1198。

塔斯基，A., Tarski, Alfred（1944）"The Semantic Conception of Truth and the Foundations of Semantics"，*Philosophy and Phenomenological Research*, 4: 342—360。

沃森，J. B., Watson, J.B.（1925）*Behaviorism*, New York: Norton。

威廉斯，B., Williams, Bernard（2002）"Why Philosophy Needs History"，*London Review of Books*, 24（20），Oct. 17：7—9。

威廉森，T., Williamson, Tim（1994）"Critical Notice of Crispin Wright, *Truth and Objectivity*"，*International Journal of Philosophical Studies*, 2（1）：130—144。

赖特，C., Wright, Crispin（1992）*Truth and Objectivity*, Cambridge, Mass.: Harvard University Press。

赖特，C., Wright, Crispin（2001）"Minimalism, Deflationism, Pragmatism, Pluralism"，收入 M. P. 林奇（主编），in M. P. Lynch（ed.），*The Nature of Truth*, pp. 751—758, Cambridge, Mass.: MIT Press。

萨哈维，D., Zahavi, Dan（2005）*Subjectivity and Selfhood: Investigating the First-Person Perspective*, Cambridge, Mass.: MIT Press。

分析哲学在当代及未来的发展方向
——关于亚科·欣蒂卡《哲学研究：问题与前景》一文的评议

达勒·雅凯特　著
杜　鹃　译

哲学处于危机中？

在 2010 年 4 月 2 日于旧金山召开的美国哲学协会大会上，能够参加由亚当·塞内组织、联合国教科文组织支持的关于哲学研究的现状与前景的小组讨论，我备感荣幸。这一论题令我深感兴趣，有时也困扰着我。我十分感谢能有机会对亚科·欣蒂卡富有洞见的演讲做出评议，他的演讲为我们傍晚的进一步思考打下了很好的基础。

为了论证的简洁，我将因循欣蒂卡的方向并将我的发言限制在他所称的见诸斯堪的纳维亚和苏格兰——我还要顺便加上瑞士，我目前在那里的伯尔尼大学哲学研究所执掌理论哲学教席——的**理论**哲学上。就当代理论哲学而言，我首先要说的是我对于哲学的当今进程或未来方向都不存在任何焦虑。我在观念——包括但不仅限于哲学观念——的历史命运上是宿命论者。事出有因，这也适用于哲学兴趣。无论如何，哲学早在产生了自然科学之前就存在并孕育了自然科学，并且无疑将比我们和我们的学子学孙们长寿，就如任何诸如人类文化和文明的事物那样延续下去。

哲学财富的窘迫

我反对哲学目前处于方法论上的危机状况的提议，这种乐观主义有三方面原因：

（1）哲学涉及的问题是长期的**概念**难题，原则上不能通过任何自然科学充分解决；毋宁说，自然科学必须不断依赖哲学去设置逻辑解释严格性的标准，并批判性地以最低限度考察科学概念的意义和认识论地位。这在不断变化的科学领域如理论物理学和宇宙学中尤为自然。自然科学越发展，留给哲学的工作就越多，那就是对哲学反思的无限需求。

（2）哲学，即便在其理论部分上，也职业性地参与到理解**价值观**的挑战中，而价值观在其本质上对于自然科学对照观察实验方法不可见。此外，对于人类价值观的恰当理解只能随自然科学对现象经验事实不断完善的理论化和工程控制而增强并变得更为紧迫，而从不能被后者代替。

（3）同样的问题催生了我们传统中的理论哲学，从在古希腊发端时起就对不间断的研究具有启发性。困扰哲学家的论题并未消失；它们对于每一代人都具有新的含义和特有的紧迫性。

因此，我不认同欣蒂卡认为在哲学研究中存在当代"危机"的观点。我不时为哲学取得的大量新进展而感到惊喜，其现有的流派看上去不胜其多，甚至令人眩晕。在我最近编辑的《逻辑哲学》一书中——欣蒂卡也是供稿者之一——我提到了模态逻辑、自由逻辑、模糊逻辑、其他归纳逻辑、多值逻辑以及真值间隙逻辑等的激增就像**逻辑糖果店**。[1]仅仅谈到目前的哲学逻辑，我们离康德在1787年关于逻辑自亚里士多德时期起便停步不前的宣告已经相距甚远。康德写道："至于逻辑学自古以来就已经走上这条可靠的道路，这从以下事实就可以看出：自亚里士多德以来，如果人们不愿意把例如删除一些多余的细节或者对讲述的东西做出更清晰的规定当作改善归于它的话，那么，逻辑学是不曾允许后退一步的；而上述事情与其说属于这门科学的可靠性，倒不如说属于它的修饰。逻辑学值得注意的还有：它直到今天也未能前进一步，因而就一切迹象看来似乎已经封闭和完成了。"[2]（引文参考李秋零主编的《纯粹理性批判》，中国人民大学出版社，2004年，第6页。——译者注）康德描述了自亚里士多德时代到他所在的时期都占统治地位的逻辑，这种局面对于18世纪的逻辑和理论哲学倒真成了一种危机。然而,这显然不是今日的情况。

哲学中的（过度）专门化

如果有什么东西导致了欣蒂卡没有提及的、与现代科学进步并行的令人担忧的趋势的话,我尤其指的是哲学中过于狭窄的**专门化趋势**。

一个人如果不把自己的注意力、读写时间、教学兴趣诸如此类限制在某些更可操作的领域,而花在泛泛充斥着可被称作理论哲学的所有智力工作的当代画布上,那怎么应付逻辑、语义学、心智哲学、科学哲学或任何其他的分支学科的浩如烟海的著作?集中于哲学的特定领域的确会产生巨大的压力。比如,不仅集中在总的数学哲学上,而是更微观地集中于数学哲学内部的建构主义集合论上。

试图掌握如雨后春笋般涌现的文献并跟上高度专门化领域中的所有最新进展,对正在进行的讨论做出可能的贡献,或者将该领域的工作看作向着一个可能同样受局限但代表了新方向的研究纲领的出发点,这可以说是今日之秩序。我们可能会试图说服自己,除非我们在哲学的界定清晰并当下流行的极度受限的论题群中获得专长,具有声望并与之关联紧密,否则我们在这个行业将无法生存。我们有几回不对未来的博士研究生给出诸如此类的善意建议?

当我们很想这样做时,我们应当想到哲学不需要从气质迥异的自然科学那里获得出发令。我十分喜爱维特根斯坦在由所谓《大打字稿》编辑而来的《哲学评论》的前言中写道的,"这本书是为有感于其精神的人们所写的。这种精神不同于影响了我们脚下的欧洲和美国文明的巨流的精神。前者在一种向前的运动中,在建造更庞大且更精致的结构中表现自身;后者则在所有结构中奋力追求明晰性。前者试图从外围即其多样性上把握整个世界,后者试图从中心即其本质上把握整个世界。因此,前者将一个建构加诸另一个,一如既往地从一个台阶继续向上前进,而后者仍留在原地,并且它试图把握的总是一样"。[3]

我们并非必须是或必须成为完全合格的后期维特根斯坦主义者来欣赏他在科学带领我们的文明所走的路以及哲学以其独特的方式和方法论所选择的多条道路之间所做的区分。这里不详述我的哲学工作,它不止一次被描述为折中主义，对此我有时一笑了之，有时懊恼不已。而更不愿意听到的微词则是"杂而不精"。毕竟，我认为这是在哲学中可以因循的合法道路之一，尽管日趋更甚的专门化在当代是大势所趋。

杰伊·罗森堡曾经通过与医学专业的类比描述他自己学习哲学的进路，即**通才**的进路。我极为满意"折中主义"这个词。我认为哲学对我和许多其他哲学家而言，是一个寻求理解的，或者也可说是寻求启蒙的个人研究。我认为，这就是为什么哲学家不像穿着实验工作服的科学家团队，前者不会轻易聚集成研究团队，然后投身于研究项目，以求炮制一些令其他大多数哲学家点头称赞的结果。在哲学中不这么做，也不应当这么做。不这样做的充分原因可追溯至哲学的起源。科学家报道新发现，哲学家发表宣言。至于"折中主义"的标签，反正就我而言，仅代表我自己，我很乐意接受。我追求我的兴趣，并且作为一名逻辑学家，我能肯定地告诉你，我的兴趣就是我的兴趣。

词与观念的类别

下面，我将从更为批判的角度谈一谈欣蒂卡论述的细节。从我刚刚提及的可以明显看出，我并不完全认同欣蒂卡的观点，即认为今日的哲学研究在某种程度上处于危机之中。

在我看来，观点的多样性和多元主义是哲学的命脉，并且我们今日显然比以往任何时候都要更多地拥有这种多样性。不是所做的所有事都能符合每个人的哲学口味，要害之处正在于存在着迎合众多不同哲学见解的众多描述工作。如果我们将现在在哲学中完成的工作与20世纪——著名的专业哲学家屈指可数——的产出进行比较，即便只是随便调查一下近年任意一年在该领域出版的著作，调查一下世界范围内每个季度举行的众多关于哲学论题的会议，那么我们可以轻易地得出结论，即哲学在今日更为活跃繁盛，并比哲学史上的任何以往时期都具有更为不同的有趣的发展方向。

诚然，欣蒂卡关注的并非近期哲学出版物的**数量**。他也可能将哲学在当代的多产看作他描述的问题的另一种症状。这毋宁说是关于完成的工作的**质量**问题。然而，此处我同样必须声明，对于今日大多数理论哲学著述在技术纯熟度与论证的严格性上的普遍提高，我比欣蒂卡更为乐观。很难想象在观念的探险中还有什么比这更加激动人心。

分析哲学在当代及未来的发展方向——关于亚科·欣蒂卡《哲学研究：问题与前景》一文的评议

欣蒂卡将他提及的当代哲学研究中的危机的具体含义解释为缺失方向，而指导方向的是"对可以为哲学研究出目标并为达及目标打开大门的观念的觉识"。我同样看不到这点，除非欣蒂卡希望存在一种更为统一的方向而非丰富的哲学观念和随之而来的哲学研究方向，除非他希望的可能是他自己的特殊观念所追求、所指引的**特殊**方向。不过，欣蒂卡在提问"哲学的'刺激方案'可能是怎样的？"时，在建议哲学需要对自身重新定位后，加入了重要的限制，尽管是放在括弧中，"（除了必然会引起争论之外）"。

也许这番话仅仅是作为一种试探策略。无论如何，我为欣蒂卡预期的出发点而担忧，他认为由于在"整个世界"中都存在着这类危机，而哲学"可以被视为整个世界的缩影"，因此在哲学中或许也存在着危机。首先，我并不完全确定哲学可以被理解为整个世界的缩影。即便如此，我更加不确定的是有充分理由认为整个世界中发生的任何事情都可能多多少少在哲学中得到直接反映。在任何这样的反映中也许存在着几年、几十年或几个世纪的时间间隔。此外，存在着反证说明哲学就像具有创造力的文学和艺术一样特立独行，独立于"实在"世界中发生的一切。比如，据我了解，在文化发展的黄金期我们从来找不到哲学的繁荣，只有当文化开始衰落时，尤其是在衰落已成为法则的文化白银时代才能找到哲学的繁荣。古希腊、罗马以及法国、德国、英国和美国的哲学，无疑符合这一模式。这种值得我们思考的类比无疑存在于哲学和在政治、经济以及引人注目的社会运动中发生的事件之中。问题在于这种类比可以走多远，这种类比究竟被认为有多大的准确度，以及这种类比究竟会被严肃对待到何种程度。因此，我没有发现强烈的理由去预期**可能**在**当代**哲学研究中存在危机，仅仅因为近年在自由市场经济中发生了一些问题，或者发生如苏联解体那样的巨变。即便能够以社会-科学的方式得出这样的关联，我仍然需要更有力的证据证明一切所谓的相似都不是纯粹偶然的。

至于哲学观念和为了哲学研究目标而设的方向，我自己的看法是此时此刻我们就遨游其中。我想补充的是，哲学观念正以更大的规模涌现，表现得更加复杂、精微和巧妙，与之伴随的是对概念替代物及关于令人惊奇的一类崭新哲学观念的历史先例的较以往更好的理解。这些出现在今日哲学中的观念和方向可能不都是甚至绝大部分不合欣蒂卡之意。它们可能并不代表他拥护的那些观念，或者是他想要追寻的哲学研究方向——当然，那完全是另一桩事情。欣蒂卡在他的职业生涯中卓有成效地获得了对其在观念市场中所做的哲学贡献的关注，并当之无愧，而这是我们这些在哲学的工作园里劳作的每个人都有权获得的。

我所谓的哲学在观念和方向上的财富所遭遇的窘迫是考虑到关于下列论题的当代近著：心智哲学和行为理论的意向性；意识研究；逻辑中的内涵论以及逻辑和语言哲学中的内涵论，它打破了外延论自弗雷格、罗素和早期维特根斯坦（我对上述哲学家极为敬仰，我将在后文补充说明）加诸哲学的束缚；数学哲学中的建构主义、物理主义以及内在主义；弗协调逻辑及辩证逻辑中的前沿工作；计算机化证据理论；共相形而上学中的特普论（trope theory）；人工智能（诚然尚在进行中，尽管带有刺耳的噪音）；关于心理因果关系的竞争理论；相对同一性以及更为一般的同一理论、遗传同一性理论（theories of genidentity）以及时空对象的持久化；指涉理论以及限定性描述语理论；格赖斯会话含义意义分析；逻辑可能世界中的严格指示词及同一性。凡此种种，举不胜举。

哲学和科学中的研究范式

普遍的情况提出了一个进一步的问题，即哲学在其本性上是否不总处于欣蒂卡描述的"危机"局面中。也就是说，在其本性上，哲学在其研究中是否看上去并非近乎缺失研究方向，该方向来自一套有价值的占主导地位的指导观念。因为，哪里有断言并创制一组给定观念的哲学动力，我们都可以在那里期待一个恰恰反对这些观念的对等力量。当我们在思考自己时代的哲学时，也许总会见树不见林，除非当哲学超越了它之前的先入之见并耗尽了至少对之前的方法论的兴趣和所花费的精力。

人们在审视哲学社会学及其元哲学时可能会半信半疑地得出这样的结论，即看上去推动哲学进步——只要其看上去是在进步——的统一观念最终都不过是后来的哲学史学家们过于简单的发明。贝克莱、休谟和里德具有欣蒂卡今日发现缺失了的那种观念吗？在我研究这些哲学家时并没有遇到这样的证据，即他们曾经将自身设想为参与到一个共同的研究项目中，而非以各自独特的方式拒斥20世纪刻板的唯理论。休谟可以将贝克莱视为其尝试从哲学中清除抽象的一般概念或者是质疑广延无限可分性的可理解性的同路人，但是，休谟同样向莱布尼茨、尼古拉·德·马勒丢以及其他哲学家致敬，而他在哲学上对他们普遍持有异议。

人们也许会猜想，哲学如果没有欣蒂卡描述的当代危机会不会更好。我认为，此处提出的重要元哲学问题是，为了具有独特历史的哲学的繁盛，在哲学家们致力于开拓概念空间的独特一角时，哲学家们是否应该合作参与到没有欣蒂卡意义上的危机的那种哲学研究**纲领**中，或者哲学家们是否应该**竞相**发掘在思想争论的最深层次上的极端以及极端的相遇。我不想妄称知道这些问题的答案，但是，从我已经论述过的观点，显而易见我颇为倾向后一种选择。

当人们将哲学研究的现状与17、18、19世纪的状况进行对比，很难断言我们比之前的这些时代更差。在那些时代，诸如纯粹理性、经验论或者说康德或黑格尔的批判先验唯心论这样的——借用库恩用于自然科学史的术语——专一"范式"，为当时哲学中需要做的创造性工作定了调。而在当今这些观念和研究纲领的百花齐放中，我看不到一点令人沮丧的信号。我认为，应该为所有这些欢呼。我只希望我能与之齐头并进。让它在自己的时代、凭自身的分量而繁盛兴旺，盛衰涨落，并逐步被更好的观念而取代。我尚未看到任何迹象表明这一过程已经进入了停滞或僵局。基于我在许多领域对哲学不断进行的偶尔的、不系统的试水，我的结论毋宁说，一切安好。

作为寻求真理的哲学探究

在这一点上让我们来简要考察一下欣蒂卡提出的有关理论哲学的现状与典型趋向的两个主张。欣蒂卡痛惜当代哲学家在讨论**真理**时缺乏哲学敬意或兴趣。他说："在我们这个时代，哲学家活动的主导范式并不是科学探究，而是对圣典的解释，或者也许是对伟大的世界文学作品的创造性解释。"我想没人会否认，在分析哲学的宝藏中存在着超出历史研究的以解经为导向的研究。此外，我完全同意欣蒂卡的观点，即放弃对哲学真理的追寻并不被看好。然而，我并不认同欣蒂卡提出的这些事实。

我所了解和阅读的当代哲学家，对哲学致力于揭示真理、将其系统化并传达的作用丝毫没有沾染后现代犬儒主义的污名。这一重大断言的证据是什么？至少在我看来，这对于理论哲学家而言是一个完全合理的问题，即是否存在比如真理这样的事物，真理是否可以达及，等等。认识论中存在相似的情况，长期以来人们认为，在认识论中对知识的获得或先天拥有的可能性持有普遍怀疑并捍卫这样的怀疑是恰当的。相似地，在宗教哲学中，颇具说服力的哲学无神论在今日无论如何不会被看作超出了负责任的哲学反思的界限。

那么，这也在原则上适用于比如真理这样的概念。举个例子，就我自己在认识论方面的工作而言——可能也会让欣蒂卡感到震惊，但我认为有充分理由——我提出尽管真理**概念**对于界定其目标的证成概念而言至关重要，并因此暗示对知识概念至关重要，但是，真理概念在对知识的分析中所发挥的作用，是作为一种我用康德术语所称的**规范性**概念而非**构成性**概念。无论如何，真理作为知识的**条件**，我认为应该从对知识概念的恰当分析中删除，除非它以还原的方式履行了这样的责任，即作为知识的一个真正条件充当最大限度可在实际上获得的证成的条件。这部分地避免了我所谓的**认识论虚伪**，在实践中，我们并不寻求任何超出我们最佳的科学证成手段的超越意义上的真理。将真理从知识的传统定义中整理为被证成了的真实信念的理由是：（1）我们因此可以用一种有趣的方式避免盖梯尔举出的反例；（2）我们宣讲我们追求知识的实践，它所引发的争论通常用采取最好的证成而非独立可获取的真理来平息；（3）我们通过在知识概念的分析中将三个条件（有时为回击盖梯尔而扩展为四个）消减为两个来更好地满足"奥康的剃刀"提出的要求；（4）我们无须在我们所能达及的最好的证成之外，再寻求真理作为某种额外的条件；并且（5）通过之前的真理条件为代价来强化证成条件，我们避免了知识所需的证成轻易得到满足的那种运用。[4]

在这一点上我最欣赏的相关文学参考出现在豪尔赫·路易斯·博尔赫斯1970年的小说《布罗迪报告》的一个段落中，他描述了他在可能是想象的旅途中关于在认识方面特殊的认识主体的经历："普通人说他们拥有随意将任何人变成一只蚂蚁或海龟的能力；一个在这份报告中注意到我的怀疑的人向我展示了一座蚁穴，就像那就是证据似的。"[5] 知识所需的证成显而易见是某些比这更强的东西；尽管，在对知识的传统分析中，我们需要做的一切就是为我们相信自己知道的无论什么东西提供**某种**保证或证成。

我认为，反对真理作为知识的本质而提出这样的理由完全是在分析理论哲学的合法实践之内的。另外，从我的修正分析来说，知识的概念并不包含真理,这是**真**的;同时,知识并不需要与最佳的可获取证成相反的真理,我们可以没有真理而获得知识,这也是**真**的。如果这种重新设定知识概念的努力方向有什么优点,那么它将说明,某种程度上摈弃了作为条件而非概念的真理的认识论中的可靠工作在原则上没什么是哲学上要不得的。

研究哲学史还是制造哲学史

欣蒂卡还对哲学史近来的进步嗤之以鼻。他列出了新近针对弗雷格在逻辑、数学哲学以及语言哲学的某些最重要建树上的异议单。他谴责他所说的"能够理解早期哲学家的观念的最大收益是能够诊断出他们的错误并加以改正"。

坦率地说,我完全不赞成欣蒂卡这部分论述。我认为,针对像弗雷格这样多年受分析传统力捧的思想家存在着一种可以理解的强烈抵制。而在我看来,弗雷格的确留给我们一笔防止哲学困境及错误方向的遗产,我指的是包含罗素对限定摹状词的分析,从而我们可以恰当地定义数的概念以及其他许多东西,但这遗产还伴随着所有危及在逻辑和哲学语义学中自由思考的弊端,这是弗雷格的思想不小心带来的坏处。

这里存在一个两难。要么是弗雷格犯了具高度影响力的错误而最近研究弗雷格的学者们正在关注,欣蒂卡抱怨的也是这个错误;要么弗雷格没犯错误。如果弗雷格**没犯**错误,那么我们就应该为他辩护并澄清是非。但是,如果正如我确信的那样,弗雷格**犯了**错,那么我关于弗雷格的异议单将比欣蒂卡提到的要长得多,这样,作为负责任的哲学史家的我们如何能够充耳不闻?如果我们要将解释的准确性与哲学承诺相结合,而又像欣蒂卡正确建议的那样不将二者混为一谈,那么我无法理解欣蒂卡是如何能始终轻视历史学家、逻辑学家以及哲学家为了揭示弗雷格的错误转向而付出的努力。

不仅如此,在欣蒂卡论述的后面部分,他对塔斯基做出了完全同样的批评。我正好对欣蒂卡在此针对塔斯基所说的绝大部分抱有同感,并且,我再次走得更远。但是,为什么对塔斯基的抵制在欣蒂卡看来能够接受,而对弗雷格不行?尽管我认为弗雷格和塔斯基在哲学上都有许多要负责,在我看来,弗雷格比塔斯基更应受到近期的至少某些抵制。允许我们用关于批判某位哲学家的先入之见来使我们看不到他的积极成就,将显而易见是一个重大错误。但是,我找不到任何充分理由在保护弗雷格的同时来宣布对塔斯基的大围猎。

关于塔斯基，欣蒂卡也正好有相似的评论："有充分的理由去培养对这类悖论（比如说谎者悖论和堆悖论）的觉识和理解：它们具有历史重要性，并也可能是将学生们引入他们应该探索的疑难的最佳途径。然而，事实上，大部分传统悖论都有明确的解答，这意味着将它们作为严肃的研究课题的做法近乎是荒谬的。"**如果**解答本身更为**一致**，一下子就解决了大部分的悖论，**或者**如果所有迄今提出的解答并未提出关于它们自身的哲学问题，那么这也**会**是我的观点，但事实并非如此。是的，我们可以"解决"悖论，比如说谎者悖论，如果我们想要对此付出每个具体的解答要求的哲学代价。悖论总是吸引着新老逻辑学家的哲学想象，这强有力地证明了这个事实，即我们不能简单地将逻辑史上的精彩篇章翻过而继续新的一页。欣蒂卡对塔斯基的批评已经表明，对于许多哲学家之前认为他们已经通过塔斯基关于真理的"语义学"概念翻过了说谎者悖论的篇章，他没有做好接受的准备。[6]

逻辑实证主义作为哲学危机解决方案的一种模式

欣蒂卡最后似乎流露出对逻辑实证主义时代的怀旧，那时的哲学家对诸如研究纲领以及推动哲学进展所因循的方法论具有共同的承诺。欣蒂卡认为，那个纲领的实质并未消亡，或不必消亡，我赞同地认为，自从逻辑实证主义在大多数哲学家中失宠，那个钟摆可能朝着相反的方向摆动幅度太大了。

无论实证主义者们有什么好主意，它们都无疑应该被回收利用。至于逻辑实证主义核心的意义标准——按照这个标准，审美判断和伦理判断从纯粹的行为心理学角度无论被判断为荒谬还是用感情来解释都显得十分笨拙，我自己不想看到那一天重现。在我看来，实证主义实验及其失败从历史上看的重要之处在于对19世纪后康德主义的无度（诸如"否定在对永恒的包含中否定了自身"）的努力清算，以及前者显示出的无力维持一种有关字面意义的分析及经验的合成概念。我对新实证主义举起维也纳小组放弃的旗帜的前景并不特别乐观。维也纳小组的成员品格卓群——欣蒂卡无疑比我更为清楚——拒绝将自身认同于任何统一运动的一部分，他们中的大部分极力抵制被贴上任何诸如"逻辑实证主义"或"维也纳小组"的标签。

至于欣蒂卡自己对其认定的当代理论哲学"危机"的解决办法，我不做评论。我热爱欣蒂卡所做的。我只是不想自己做。我有自己的工作，它产生于我自己的哲学视角。我并不想加入别的哲学家的规划来躲避当代分析哲学中的危机，而我首先并不赞同事实上存在着这样的危机。我认为，欣蒂卡的研究纲领提出了对一系列并不明显相关联的哲学问题的令人敬佩的进路，并且，欣蒂卡在追求这些理念时做出了重要的工作。在我看来，他在哲学上的工作是最有前途的标志之一，标志着当今哲学**并未**陷入任何一种方法论危机。欣蒂卡描述的任务显然需要积极发展。无论如何，我认为欣蒂卡的研究纲领只是众多有价值的当代哲学规划中的一部分，处于如此之多的其他正在进行的有趣议程之中。我希望它——正如我对许多可做比较的互相竞争的当代工作所希望的——会不断进步并凭借自身的力量成功地成为一种新的元哲学范式，而不必回到任何类似逻辑实证主义的、在思想体系和方法论上都思路狭窄的时代。

Dale JACQUETTE:
CONTEMPORARY AND FUTURE DIRECTIONS
OF ANALYTIC PHILOSOPHY: COMMENTARY ON JAAKKO HINTIKKA,
"PHILOSOPHICAL RESEARCH: PROBLEMS AND PROSPECTS"

（*DIOGENES*, No. 242, 2014）

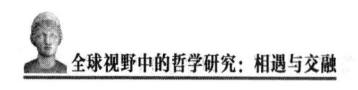

注：

[1] 达勒·雅凯特主编，《逻辑哲学》导论（阿姆斯特丹：爱思维尔，2007），第2—5页。欣蒂卡论文，《何为逻辑？》，与加布里埃尔·桑杜合著，第17—39页。

[2] 伊曼努尔·康德，《纯粹理论批判》，诺曼·史密斯译（纽约：圣马丁出版社，1965），Bviii。

[3] 路德维希·维特根斯坦，《前言》，《哲学评论》，拉什·里斯编，雷蒙·哈格里夫斯及罗杰·怀特译（芝加哥：芝加哥大学出版社，1975），第7页。

[4] 我在最近的三个演讲中阐释了对没有真理的知识概念的分析："知识概念中的证成和真理条件"、认识论大会上的"对证成的重探"（瑞士日内瓦大学，2010年3月25—27日）；哲学讨论会上的"没有真理的知识"（瑞士纽沙泰尔大学文学与人文科学系哲学所，2010年11月16日）；"反对认识论虚伪"（丹麦哥本哈根大学哥本哈根-隆德社会认识论工作室）。

[5] 豪尔赫·路易斯·博尔赫斯，《布罗迪报告》（1970），收入《小说集》，安德鲁·赫尔利译（伦敦：企鹅图书，1998），第405页。

[6] 我对说谎者悖论提出几个不同的解决方案并为之辩护，见拙文《说谎者悖论和元悖论》（*Sats: Nordisk Tidsskrift for Filosofi*，1，2000，第93—104页）；《否定说谎者》（《波兰哲学期刊》，1，2007，第91—98页）；《重申否定说谎者》（《波兰哲学期刊》，2，2008，第143—157页）；《说谎者悖论以及内涵语境下的替换问题》（《波兰哲学期刊》，4，2010，第119—147页）。

[7] 我十分感谢亚科·欣蒂卡和德莫特·莫兰在美国哲学协会大会上关于"哲学研究的现状与前景"的小组讨论上对我的评议。该会议于2010年4月2日在旧金山召开，小组讨论受到联合国教科文组织支持并由亚当·塞内组织。

参考文献：

博尔赫斯, J. L., Borges, Jorge Luis（1972）«Le rapport de Brodie», dans *Le Rapport de Brodie,* Paris: Gallimard。

欣蒂卡, J. 和桑杜, G., Hintikka, Jaakko & Sandu, Gabriel（2007）"What is Logic？", 收入 D. 雅凯特（主编）, in D. Jacquette （ed.）, *Philosophy of Logic. Handbook of the Philosophy of Science,* pp.17—39, Amsterdam: Elsevier。

雅凯特, D., Jacquette, Dale（2000）"Liar Paradox and Metaparadox", *Sats: Nordisk Tidsskrift for Filosofi,* 1：93—104。

雅凯特, D.（主编）, Jacquette, Dale(ed.)（2007a）"Introduction", 收入雅凯特, D., in Id., *Philosophy of Logic. Handbook of the Philosophy of Science,* pp.2—5, Amsterdam: Elsevier。

雅凯特, D., Jacquette, Dale（2007b）"Denying the Liar", *Polish Journal of Philosophy,* 1（2）：91—98。

雅凯特, D., Jacquette, Dale（2008）"Denying the Liar Reaffirmed", *Polish Journal of Philosophy,* 2（1）：143—157。

雅凯特, D., Jacquette, Dale（2010）"Liar Paradox and Substitution into Intensional Contexts", *Polish Journal of Philosophy,* 4（1）：119—147。

康德, I., Kant, I.（1993）*Critique de la raison pure* [1781/1787], éd. fr. Tremesaygues et Pacaud, Paris: Puf。

维特根斯坦, L., Wittgenstein, Ludwig（1975）*Recherches philosophiques,* trad. de Jacques Fauve, Paris: Gallimard。

答莫兰和雅凯特

亚科·欣蒂卡 著
杜 鹃 译

  我十分感谢能有这个机会回应莫兰和雅凯特教授的评议,原因如下,一是感谢他们对我简要发言的睿智并具指导性的回应;二是使我有机会试着澄清并完善我诚然并不完整的论文。

  我显然未能澄清的一件事是我论文的意图。我并非要比较个别哲学家或哲学运动来评价不同哲学本身的方法论进路,以便厘清这些进路向哲学思想的未来允诺了什么。无论我提出的是哪种批评和建议都不是比较性的,而是多样的传统所固有的。我并不是主张对逻辑实证主义的"回归",无论这意味着什么。我所指出的是对逻辑实证主义进行批评的人的荒唐之处,他们拒斥在哲学中运用逻辑工具。这与不同学派及"信条"无关。对于诸如蒯因和戴维森这样被过高评价的哲学家,我本该批评得更多。他们只是对逻辑口头应付,而没有理解逻辑观念在哲学探究中的真正力量。我并不想简单批评(或赞美)塔斯基或弗雷格,而是指出影响其工作的哲学重要性的关键预设。我丝毫没有反对海德格尔运用非推论语言表达文本意义。但是,我的确反对海德格尔声称的所有推论思维都无力表达文本意义。这不单纯是一个论述技巧问题。这关涉海德格尔最为核心的信条,包括他与胡塞尔的关系(正如马丁·库施已经指出的)。这点无关绝对历史真相的相对性或可信问题。如果某些解释学哲学家不拒斥逻辑(这不是我声明的),那就皆大欢喜了。但是,除非他们走出密室并有意识地拒斥海德格尔的方法论立场,逻辑对他们的解释学事业就没什么用处。

同样，莫兰教授提出许多现象学家有时已经遵循了我所提议的策略，他无疑是正确的。他们分析我们无意识认知过程的输出结果而不仅仅想要追溯其假定未经处理的输入。这样对于现象学来说就更好了。但是，我并不是批评胡塞尔的追随者不这样做，而是指向胡塞尔现象学的方法论正典所说的对直接所予的还原。如果现象学转向都做不到这点，还有什么方法可以？

我还感到非常高兴的，是有机会重申我的评议者似乎不认为十分严重的危机现实及其深度。我自己近期持续的研究对我在此的判断提供了明显的确证，直接体现在分析哲学家的方法论中。自从弗雷格开始，实际上所有哲学家使用的逻辑就是公认的量化理论，又称为"传统"一阶逻辑。这种逻辑被认为是数学理论使用的逻辑，尤其是在集合论中；它是雅凯特教授为其丰富性欢欣鼓舞的几乎所有模态逻辑的外延核心。这种逻辑被认为是哥德尔和塔斯基的著名不完全性及不可证明性定理所使用的。尤其被认为是自然语言的量词逻辑。

这种逻辑最终被证明是有缺陷的。弗雷格时代的数学家们一般在其推理中使用的是本质上更为丰富的逻辑。即便他们没有将这种逻辑形式化，它仍然得到明确而且规范清晰的应用。弗雷格不理解这种逻辑，尤其是他没能把握量词表达变元之间的依赖与独立的作用。因此，他所推行并被此后几乎所有哲学家使用的传统量词逻辑是有严重缺陷的。

使用一种极为贫乏的逻辑显然并非谬误。但是误导了弗雷格的这种思想方式，包括对公认的一阶逻辑的穷尽性的信念，具有灾难性的后果。正是它引发了集合论悖论以及随之而来的整个基础危机（Grundlagenkrisis）。哥德尔及塔斯基的不完全性定理在很大程度上仅仅是弗雷格肇始、他们实际选择追随的逻辑贫乏性的征兆。它们仅仅是狭义技术角度上的逻辑研究奖品，但实际上却是哲学家追寻自己逻辑的结果。因此，对逻辑在哲学中的整个功能做出彻底的重新考察是合宜的。

这一危机在数学基础中更为严重。在大约80年里，集合论主要作为一阶公理理论被接受。这并不比对公理方法的误用更好。这一方法的目的是将一类构造作为公理模型来研究。现在，一阶理论模型是具体对象的构造，而非集合的构造，而后者是集合论本该考察的。对于前者的研究如何能产生对后者的恰当理论，从未被解释清楚过，事实上，也是不可能的。

当下的方法论谜题在不那么概念化的哲学研究领域显得没那么非此即彼，

但仍然很清晰。对于直觉的误用就是一个恰当的例子。

很难避免这样一种怀疑,即这一危机说到底部分上是一个道德问题,是职业道德的失败。这一失败是双面的。一方面,不难看出维特根斯坦对大部分当代哲学思考的最深抵制在于:后者缺乏对其发问的意义和重要性的强烈觉识。我的论文及我的评议者提及的真理论提供了一个例证。现今正在进行的大多数讨论都是基于这样一个假设,即塔斯基关于真理不可定义性的定理是关于该主题的定论。这显而易见是错误的。莫兰教授说"与塔斯基相反,欣蒂卡认为,可以对话语的每一层次定义出真"。此处的论题不是信念的问题。我完全了解,真理可以对塔斯基处理的这种话语定义出真,不,是已经定义出真,并且被哲学家们视为我们自己的概念体系的核心部分。这种可定义性并不说明任何这些所谓的真理论是对是错,而是迫使我们去重新考虑这些理论的全部。然而,哲学家们却简单忽略了这一新情况。原因何在?除了对人们热衷的观念的基础不得不重新思考时的不便之外,还有什么其他原因?人们很容易从中提出这样的问题,哲学家们究竟有没有认真努力地探寻真理是否可定义。

另一个道德失败的最清晰证据可能也在与哲学相关的领域。数学中著名的千年难题之一就是本质上属于逻辑问题的、可计算性理论中的 P 对 NP 问题。我最近问一位正好是数学学会主席的著名逻辑学家:"如果你们学会宣布举办一场对这一问题提出解决方案的演讲,会发生什么?"他毫不犹豫地回答:"门可罗雀。"研究者们失去了对他们自己解决这类问题的可能性的信心。这些问题被留给有组织或非正式的专家团队。那些独自处理难题的个人被视为骗子或怪人。

哲学中的难题并非如此界线分明。但是,想一想某人严肃声称给出了对亚里士多德形而上学或康德的数学哲学的确定解释。其他学者的回应会是重新评价整个的解释学问题,还是把这种评价作为"仅仅是另一种解释"而存档并继续生产对文本的"解读",仿佛一切仍未改变?我认为我的读者能够提供答案。

Jaakko HINTIKKA: RESPONSE TO MORAN AND JACQUETTE
(*DIOGENES*, No. 242, 2014)

1950—2000年间的科学哲学：
我们（本该）了解的一些事

哈罗德·I. 布朗 著

李红霞 译

20世纪的前50年中，逻辑经验主义主宰着科学哲学，直到50年代开始丧失其主导地位。这种变化主要归因于两个因素。首先，逻辑经验主义者一直未能成功解决其自身的框架下产生的问题，尤其是提供一种有关确证的形式说明，以及一种满足经验主义结构的理论术语分析。其次，科学史领域涌现出大量研究，说明即使是最为成功的科学的发展，也远比之前假设的更为复杂和不确定。蒯因（1951）和威尔弗里德·塞拉斯（1948，1953a，1953b，1954）提出了一些新问题，但直到50年代快结束的时候，才形成一种普遍的认识：某些方面错得很严重。接下来事情的发展以令人震惊的速度进行。我们可以列举6部主题重叠的著作，这些著作在4年之内来自于不同的思想背景：汉森（1958）、波兰尼（1958）、图尔敏（1961）、费耶阿本德（1962）、库恩（1962）和普特南（1962）。这导致了大量新的研究，并要求一种新的哲学框架，从而可以取代逻辑经验主义，指导科学哲学中的问题及其可接受范围内的解决。正如古廷（2009：151）提到的，目前很显然这种要求失败了，而且最近一直是讨论热点的好几个问题大多已经从活态文献中消失。然而如果这一工作彻底从活跃着的科学哲学家们的记忆中消逝，将是非常不幸的，因为有一些重要的有关科学和科学哲学的教训是我们本该了解的。我打算从我自己的视角对这些教训进行描述，以一个曾在这一时期生活和工作过的人的视角。毋庸置疑，这一尝试总会多少有些我个人的特质：其他人将从这些活动中总结出不同的教训——甚或根本就无所谓教训。但我要说，我在这里讨论的教训非常重要，应被纳入当前的工作。首先我将聚焦理论选择的问题——尤其是认为理论评价应该只能由逻辑和证据决定这样一种观点。这又为我们带来其他几个问题。

方 法 论

形式逻辑——特别是新的数学逻辑提供的强大工具——构成了逻辑经验主义研究的中心议题。尝试看看通过这些工具可以成就多少东西，无疑是项有价值的工程，至少可以得出一个主要的结论：即承认尽管逻辑承担了有关理论选择的所有规范性说明的中心部分，单凭逻辑和证据还不足以决定理论选择。为了可以在这一环节集中探讨逻辑，我将暂时假设我们在评价理论时拥有大量没有问题的相关证据。

这里立刻产生了一个问题：这一新的逻辑是演绎推理的逻辑，但理论选择要求我们超出演绎的范围，因为有趣的概括和理论远非只是一种证据的陈述。在寻常的术语中，演绎是非扩展性的，而理论选择需要扩展性的归纳。这一差别导致人们对就归纳进行一种纯粹形式的说明的目标产生了最初的怀疑，并且对这一目标的追求更加深了这一怀疑。这一问题在两次关键发展中突显出来，每一次发展都产生了大量的著作。

第一次发展带给我们所谓的"确证悖论"（亨佩尔，1945）。这一悖论以最明显和直接的方式具体说明了**被认为**是某种概括的确证性证据的东西往往会导致一个令人惊讶的结论。简言之，亨佩尔提出，"所有 A 都是 B"这一形式下的普遍性概括由既是 A 又是 B 的事项来证实，也就是说，由概括的主词和谓词都对等的事项来证实。（这种概括被是 A 但不是 B 的事项反驳，这被认为是没问题的。）但这一概括在逻辑上是与它的逆否命题"所有非 B 都是非 A"等值的，按照设定的标准，这一命题由任何既不是 A 又不是 B 的事项来证实。在标准的例子里，"所有乌鸦都是黑的"将从每一个观察到的既不是黑的又不是乌鸦的事项中得到经验的证实，比如我的褐色桌子。许多人觉得这无法接受，然而包括亨佩尔在内的一些人认为，如果正确地加以理解，这一结论是正确的。需指出的是，这一问题发生在任何有关确证的程度或力量的问题产生之前。

第二次发展是古德曼（1955）的"新归纳之谜"，这一理论实际上将概念的改变带进了有关确证的讨论。重要的是要记得古德曼旨在驳斥认为我们可以在句法的层面对归纳进行**完全的**说明这一论点。通过从"所有翡翠都是绿的"转变为"所有翡翠都是绿蓝的"，古德曼引入了一种替代的概括，和原初的概括相比，这一概括有不同的谓词概念，对在某个未来的测试中可能会被观察到的情况提供了不同的预测，但就在既定的纯粹句法标准中可获取的证据而言，这一概括得到了与原初概括同等的确证。这里需要特别强调两点。首先，古德曼自己的结论是，语法标准必须附加一种额外的考虑来予以补充——在他看来，要考虑这些谓词用法的先前历史。其次，古德曼的挑战现在可以被视为迈向一种更广泛的挑战的第一步，即考虑到科学史中现实的概念改变而产生的挑战。我会讨论这一主题。古德曼所建议的解决方案也和我在这一节将简要讨论的进路不谋而合。但在此之前，我想先介绍另外一个有关理论选择的问题。

当我们关注如何为可获取的证据范围之外的主张提供肯定的支持之时，就会产生上面所提到的问题。但是，正如波普尔所强调的，对假设进行证伪只需要演绎逻辑。波普尔同意，在有证据的情况下，理论评价只应取决于逻辑，但坚持认为逻辑是非扩展性的。因此他拒斥为概括或理论提供肯定的支持这样的想法。然而当我们从一个命题中可以演绎推理出一个可试验的结果，而证据表明这一结果是错误的时候，我们就有理由拒斥这一命题。而且，从结论的错误论证到前提的错误，这本身就是一种演绎论证。但这种对证伪的关注，进一步限制了逻辑在对理论选择进行说明时的作用。在最有趣和重要的情况中，要推导出一个可试验的结论，往往需要多个前提。发现从这些前提中推导出的结论是错误的，可以确定我们的前提中有些出了错，但无法告诉我们有多少前提出了错，或出错的前提是哪些。

应对逻辑作为理论选择基础的局限性的一个做法已经被古德曼预见到了。塞拉斯、图尔敏、库恩和普特南在这一进路基础上用不同的术语提出了更多详细的改良进路；康德是这一进路的鼻祖。康德也关心休谟所指出的逻辑的失败之处。事实上，休谟强调归纳不是演绎。因此，试图将过去的连接词属性投射到未来，并不是逻辑上必然的。无论我们有多少种有关 A 和 B 相互联系的情况——二者一起发生或是连续发生——它们在新的情况下不会共现的断定在逻辑上也是连贯的。休谟不承认其他的逻辑形式,因而得出结论说,我们的理智中没有理由认为 A 和 B 将会保持着联系。康德的回应是引入一种新的逻辑形式——先验逻辑。[1]为了我们的目标,我们可以将这种有关扩展逻辑的主张搁置一边,而只关注一个结果:先天综合命题。这种命题对我们所经验的世界做出实质性断定,因而包含一致性否定;可以预料有很多情况与这些断定相矛盾。但这些断定是先天建立的,因而不屈从于经验的反驳。因此,如果我们遇到一种似乎挑战了先天综合命题的情况,比如说对一个事件我们无法找到原因,我们认为是研究者的错,而非命题的错。对康德而言,先天综合命题在科学研究中发挥双重作用:它们对我们所经验的世界(对康德而言就是科学研究的领域)做出实质性断定,它们还构成了科学方法论的一部分。它们告诉我们应该问什么样的问题,应该将什么样的答案作为正确的来接受。

逻辑经验主义者拒斥先天综合命题这样的观念。他们视为当然的是,所有的命题要么是先天分析的,因而包含非一致性否定,要么是后天综合的,服从于经验的反驳。塞拉斯完全了解这一观点的历史渊源,质疑了这一观点。塞拉斯在一种关于意义和概念框架的理论背景中提出他的进路,他(1953b)认为框架包括就其固有的意思而言真的但非分析的命题。但和康德不同,这些命题不被视为经证明的结果,而是当我们接受一个框架时赋予其一种特殊地位的命题。如果我们找到拒斥这一框架的理由,这种地位就可以被撤回。但如果这样一种断定使用得当,会发挥同康德的先天综合命题一样的方法论作用。

我们在普特南的理论中找到了一种和塞拉斯的提议近似的观点,普特南认为有一种未命名的第三类命题,不适合标准的经验主义二分法。普特南是在明确回应蒯因对分析命题的拒斥。由于蒯因的出发点是标准的经验主义二分法,他得出结论认为只存在综合命题,尽管当这些命题遇到反驳时我们并不总是同样地对待它们。更确切地说,蒯因的整体论意味着我们对拒斥哪个命题有所选择;我们保护我们语料库中的一些命题,是出于实用主义的考虑,比如拒斥某个命题会在我们的认知网上留下何种程度的破坏。然而当我们继续依照经验调整我们的信条时,这一认知网中的任何命题都将有被拒斥的可能。普特南则力主另一个不同的选择。他既接受分析命题的存在，也接受综合命题的存在，但坚持我们的认知实践需要第三类命题，这类命题不屈从于简单的反驳，指引我们的研究，但随着证据的累积又保持着重新考虑的开放性。

在塞拉斯、普特南和蒯因看来，命题是作为科学家所做决定的结果来扮演这一特殊角色的，而这些决定是可以被修改的。许多认识论研究想当然地认为这种决定在认识论上是含糊的。除了分析命题之外，只有建立在证据和逻辑基础上的命题拥有真正的认识论合法性。康德与这种传统一拍即合。但20世纪后半叶产生的一个核心论题是这种选择是不可避免的。没有这种选择，就不可能有富有成效的科学研究。我们会看到，有些人将它视为对科学的认识论价值的挑战，但也可以将它视为对有关认识的可接受性的陈旧观点的挑战。

图尔敏的"自然秩序理想"提供了这一核心论题的另一个版本。库恩的范式观念中至少有一部分也是如此。该观念的一个问题在于，库恩在其范围中包含了太多东西，而其中之一是承认有效的研究需要科学家暂时接受这样的命题，它们既服从于经验的挑战，同时又免受这种挑战的伤害从而可以组织研究。

这里我们还发现了为什么我正在检视的这种普遍进路已经从当前的讨论中消失的原因。认识论传统引导我们去寻找一种算法，这种算法将决定什么时候一个命题该被赋予这种特殊地位，什么时候拒斥则是适当的。而对那些以新的方式追寻科学哲学的人而言，共同的主题则是，这种要求是不合适的，由相关群体的成员所做的公共决定是我们所应期待或所需要的全部。但这一观点的支持者并没有以科学哲学群体的大多数成员可接受的方式给出相应的回答。尤其是，对于在没有算法的情况下以何种理由来接受或拒斥并取代被保护的命题，其支持者并没有提出一种可接受的规范性说明。

证　　据

尽管逻辑经验主义者对观测报告的确切性质进行了广泛的争论，他们还是理所当然地认为，我们通过感觉获取的证据是独立于我们所接受的理论的。近来的研究告诉我们，获取证据的过程比设想中的要更丰富复杂，但也更不安全。这些讨论中产生的一个核心论题是：我们所获取的证据本身在几个方面受到我们理论的影响。

让我们从一个明显的例子开始：当我们明确地检验一个理论的时候，这个理论会指导我们选择去搜寻哪种证据。这有可能导致研究者忽视那些对其他项目很重要的证据源，但这有助于集中注意力，促进有成效的研究。为什么如此？假设我想要描述我正在工作的这个房间。任务是压倒性的，如果不出于某些原因只关注房间里的特定事项，毕其一生也完不成任务；而关注哪些事项则取决于我此刻的兴趣。那么这也适用于科学中的证据收集，指引证据的追寻的是关于什么值得检查的特定观点——从几个方面而言，这些观点都是当前起作用的理论的功能，包括那些并不是我们当前所要检验的理论。例如，科学家们寻求更强大的粒子加速器，研究有关宇宙微波辐射的细节，是因为目前起作用的理论显示这些很可能是有价值的证据源。如果没有适当的理论，我们就没有理由以这样的方式来寻求证据，没有手段来设计相关的工具，也没有依据去解释结果。我们也没有方法去评价任何偶然引起我们注意的事项的意义。

这些例子突显了有关科学的一个中心点。科学家总是在致力于寻找有关自然的各个方面的新的、更精确的证据。当前可用的理论指引着这一过程。除了刚才提到的例子，理论还提供了创造望远镜的理由，用于从绝大部分电磁波谱中搜集信息，这是我们通过肉眼无法发现的。最近，科学家还引入了中微子望远镜，带我们超越了电磁波谱的范围。我们制造了电子显微镜、扫描显微镜，以及我们的先辈想象不到的其他类型的显微镜。所有这些工具丰富了对理论的经验限制。因此，现在很多领域的理论比以往的理论面临严苛得多的检验。这样一来，理论指导下的经验研究产生了一个复杂的局面：它产生了比许多人期望的更不确定的结果，并且（我们将看到）使理论评价复杂化，但它也增强了收集证据的能力，这对于推进科学是根本性的。

这些考虑令一些人对这种证据的意义产生了怀疑，但这是错误的回应。对理论的依赖的确打破了某种有关经验证据性质的多少有些幼稚的观点，但并没有消除证据的认识论意义。如果我们指出理论指导证据的收集但不能决定这一过程的结果，其原因之一就会明了。工具的设计是为了和独立于我们的理论之外存在的自然世界的方方面面进行互动，这可能会（而且是经常如此）产生挑战现存理论的结果。太阳中微子实验的历史是近来一个令人印象深刻的例子（详细的介绍参见巴赫恰勒，1989，富兰克林，2001）。第一次这种实验被明确地设计为通过测量太阳的高能电子中微子到达地球的速度，来检验已被接受的恒星能量生成理论。这一理论由雷蒙德·戴维斯提出，就在物理学家自信能够探测中微子几年之后；已被接受的有关中微子的性质和行为的理论是设计工具设备以及解释结果的关键。但从实验的第一次运行开始，结果就一直比预期的低很多。这导致又设计了对更大的能量范围敏感的新探测器，可以探测其他类型的中微子，可以搜集之前的探测器无法搜集的信息。在20世纪90年代末期，经过了约30年的研究之后，物理学家群体得出结论，问题不在于一开始打算检验的理论，而在于设计工具时所采用的有关中微子的理论。一旦我们开始了与自然某部分的互动，这种类型的结果就永远都有可能出现。

有时候一心专注研究的科学家并不是在明确地检验一个理论，但却发现了异常现象。19世纪发现的天王星和水星的计算轨道和观测轨道之间的冲突是经典的例子，冲突以不同的方式得到了解决。但这两个行星的轨道只有在牛顿理论提供的预期背景下才是异常的。若没有这一理论背景，所观测到的轨道就只是会被输进数据库，而不会引起进一步的思考。理论可以将相对平凡的观测转变为重要的证据，这不过是其中一个例子。如果有适当的背景，即便是某种特殊情况下什么也探测不到也可以成为证据。如果有人从我的研究室搬走一把椅子，我会在进房间的时候立刻注意到。而对这个房间里的通常摆设不熟悉的人可能注意不到有什么特别。在中微子物理学中，由于中微子是不带电的，中微子通过探测器时有时候会被识别出来，因为照片的某个特定位置上没有图像。

这些反思表明，评价经验结果的意义远比逻辑经验主义者设想的要困难。最显著的情况发生在经验结果与预测的结果不同之时。正如我们已经指出的，这种结果显示，在得出这一预测的一系列前提中不知道哪儿出了差错。现在清楚的是，我们必须把对工具的理解也包含在这一系列前提中。迈克尔逊－莫雷实验提供了这一论题的另一个重要变异。按照一开始的设计，该实验的目的是比较有关地球如何穿过以太的两种不同观点。实验的结果支持了其中一个观点——正是迈克尔逊期望驳倒的那个观点。这一结果现在被重新解释为表明了不存在以太，但迈克尔逊的新工具的设计和解释采用的是光的波动理论，当时如果没有以太该理论就没有意义。因此我们现在对实验结果的理解在当初做实验的时候是没想到的。实验的设计是为了在两种理论中选择其一；现在两种理论都被摒弃了。

这种模式并不是这个例子独有的。当牛顿在《原理》第三卷讨论世界的体系的时候，他在哥白尼和布拉赫的观点之间建立了竞争，并得出结论认为两种观点都是错误的。[2] 构成我们太阳系的事项围绕太阳系的质量中心（牛顿认为是宇宙的中心）旋转。尽管如此，牛顿还是认为哥白尼的观点比布拉赫的观点更接近正确。

我们已经看到，即使是在经验结果明显地与预期相冲突的情况下，仍然可以灵活地决定用于预测结果的哪一个假设必须被重新考虑。包括蒯因在内的一些人认为这一结果允许我们无论证据如何都可以保护任何所选择的假设。另一些人更是进一步认为这种灵活性削弱了经验证据的认识论力量。但对于这两种主张，有两点必须要指出。首先，它承认如果经验结果与预测不一致，我们语料库中的某处就需要进行一些修改。只要我们在从事科学研究，结果就不能被无视。其次，正如格林伍德（1990）所指出的，我们所做的任何修改都有可能产生进一步的经验结果，并服从于进一步的检验，该检验未必会和预测的一样。在太阳中微子的例子中，结果导致了对中微子的一种新理解，以及新的预测，现在正要接受检验。尽管我们从未遇到过证据和方法论需要某种特定选择的情况，但我们的确不能完全自由地维护任何我们想要维护的假设。而且，值得再次强调，尽管理论在证据搜集中的普遍作用使得经验结果比曾经以为的更加不确定，但这些理论扩展了我们以新的方式与自然互动的能力，并因此丰富了对我们理论的限制。与自然互动的结果会继续对未来的研究提供限定条件，即使对这些结果的解释已经改变了。

现在让我们考虑一下理论指导支持研究的另外一种方式。自从1800年威廉·赫歇尔发现了太阳红外辐射以来，我们已经认识到，物理世界的很多东西无法单凭我们的感觉被发现。然而我们也发现，在我们感觉范围之外的东西——比如说放射线和基因——往往在决定自然如何行为方面起主要作用。结果，最近科学在几个领域实现的进步（下文我将进行讨论）比之前几千年中研究我们轻易观察到的东西所获得的进步都要大。理论指导的研究是我们进入这一中心研究领域的唯一方式。

证据依赖理论还有一个更微妙的方面。与评价一个特定理论相关的经验结果，一定是用这个理论的概念来进行描述的。有时候相互竞争的理论会形成对一系列证据的不同描述。这一点的意义在我们讨论概念的改变之后就会变得更加清晰。

概念的改变

概念的改变是贯穿我所讨论的这一时期的一个核心论题。这一论题的讨论提出了一些我将论及的伪问题，但也带给我们有关科学如何发展的重要教训。问题的关键在于新概念的引入不能完全还原为旧的概念。对于认为一系列直接来源于经验的基本概念为所有的科学概念提供了经验内容的早期逻辑经验主义者而言，这种问题是不可能产生的。任何新的概念都是这些基本概念的新组合，因而可以不丢失丝毫内容地被转译成基本概念，这就消除了不同理论之间任何明显的概念差异。这一论点之所以不成立，是因为对于为什么科学概念所体现的远不止是证据——用来认识概念的具体情况——的总结，它无法解释其中的玄机。逻辑经验主义者的应对是一系列的撤退，在不断的撤退中，经验概念和理论概念之间的关系变得越来越薄弱和不直接。后期进路的有些版本承认理论概念的部分内容来源于一个理论中概念之间的系统关系。这就转而为这样一种主张提供了一个开始的契机，即概念的内容仅仅来源于这些系统关系，理论将意义强加于经验之上（详见布朗，1979，第三章和布朗，2007）。我将通过首先指出概念改变的三种形式来探讨出现的这些问题。

第一种形式相当直接：消除曾经是科学一部分的概念，连同与这些概念相关联的术语。著名的例子包括燃素、热素，以及亚里士多德的自然位置观念，但这一现象的范围多少是隐藏着的，因为许多被摒弃的概念只有特定时期的历史学家熟悉。我要增加一个不太为人所知的例子，即**先父遗传**：有关女性的第一个孩子的父亲会影响她之后所有孩子的假设。在19世纪的英格兰，实践中的动物饲养员和更理论化的生物学家都认为这是一种证据充分的现象。例如达尔文有意将先父遗传解释为其有关遗传的泛生论的一个功效。

第二种概念改变的形式也很直接，连同新的术语一起发生于我们引入一个先辈没想到的新概念之时。这些概念的出现是由于真正的新发现。明确的例子包括熵、费米子，以及逆转录酶。

最复杂的概念创新的类型，发生于新概念的内容与旧概念的内容相重叠而旧的术语得以保留的时候。考虑一下**行星**这个概念。在哥白尼之前,这一概念有两部分的内容。其一,所指的行星即五个天体——水星、金星、火星、木星和土星;有时候也包括月亮和太阳。其二,行星被挑选出来,是因为它们看起来每年沿着非圆形的轨道围绕静止的地球旋转。按照定义,地球不是一颗行星。一旦哥白尼革命得到巩固之后,行星被定义为(相当接近)围绕太阳旋转的天体;地球只是其中一颗行星。行星的定义特征和先前行星的概念化中的一个关键事项的状态都发生了改变。而且,太阳和月亮现在被清晰地排除在行星的种类之外。但与旧框架之间仍存在连续性,因为五个主要的行星保持状态不变。

或许讨论最多的例子是**质量**概念从经典力学到相对论的转变。经典意义上认为质量不随着速度而改变。牛顿在进行与**重量**的对比时引入了质量;他没有像相对论那样考虑到质量有赖于速度的可能性。与旧观点之间的连续性保留在新的不变的**静止质量**概念中,即质量在许多低速度的情况下基本上还原为静止质量的事实,保留在质量依然具有测量加速度阻力之功能的事实中。但区分质量与静止质量在经典力学中毫无意义;体现在新的方程式 $E=mc^2$ 中的质量与能量之间的关系在经典力学中也没有意义。这种概念连续性和概念创新的组合使得这个例子一直是讨论的焦点。

光速(**真空**中)c 提供了一个没怎么讨论过的有启发意义的例子。在经典力学中,这一速度没有特别意义;在相对论中这一速度发挥了多种多样的新的、基础性的作用。最重要的是,光速 c 对任何观测帧而言却是不变的,而其他的速度是相对的。这就需要修改复合速度的公式,修改匀速运动框架之间转换规律的法则,需要一个新的多普勒效应的公式,以及其他的改变。事实上,光速 c 出现在这一新理论的几乎每一个主要公式中。这里也存在与旧框架之间的重叠:光速 c 的量值没有变化,其特殊作用往往只在高速度的情况下有实际意义;其他情况下经典公式依然符合要求。概念创新,尤其这第三种,引发了一些被广泛讨论的问题。

首先,在适合现有概念框架的新发现和引发框架改变的发现之间似乎存在区别。例如,将地球重新划归为行星是一个根本的改变,新行星的发现不会破坏后牛顿时期的框架;它无须打破旧的框架。在熟悉的思维方式看来,这种情况要求一个可以使我们区分两种情况的法则;这样的法则还未产生。

尽管一些人将这种无法找到适当法则的失败视为那些讨论概念创新的人的主要失败，但或许还有一个不同的、更为根本的教训我们应该了解：这种寻求一个法则的做法是错误的前进道路。相反，在许多情况下，我们有关这某一论题的思维方式发生了多少有些激烈的改变。有许多有关根本改变的清晰事例，也有很多有关不改变框架的新发现的例子，但两者之间无法划一道清晰的界线。许多人会说若对于这两类情况没有一个原则上的区分，我们将面临武断的选择和思智上的混乱。我将挑战这一观点，并进一步主张由法则驱动的选择和武断的决定并非唯一的两个选项。但首先我想介绍一下其他一些由关注概念创新所引起的问题。

传统的经验主义者个别地考虑概念问题。每一个基本概念都独立于其他概念，而我们所介绍的更为复杂的概念可以分别还原为基本概念。我已经指出，在后期的讨论中，许多逻辑经验主义者远离了这种观点，承认系统关系在决定概念内容中的某些作用。这种观点也是塞拉斯著作的中心，并体现在普特南有关规律集群概念的观念之中。费耶阿本德和库恩有时将这种观点发挥到极致，认为决定着概念内容的就只有系统关系。但将系统关系引入概念改变中产生了两个更进一步的问题：需要一套标准来决定由什么构成单个的概念系统，并防止我们陷入一种吞噬一切的整体论，以及不可通约性的问题。下面我将探讨这后一个问题。

不可通约性是由科学革命关涉深刻的概念改变这一论点所引发的最受争议的问题。现在经验证据的地位成为核心论题。如上文所指出的，对于与评价一个理论相关的大量证据而言，这些证据必须用该理论的概念来进行描述。但如果概念内容完全由一个理论的概念之间的内部关系来决定，那么不同的理论就会体现不同的概念系统。因此，似乎就不存在什么与两个理论的评价都相关的数据了。真正的比较就变得不可能，甚至连两种理论相互竞争的意识都不再清晰了。

要克服这种担忧需要两个步骤。首先，要注意到该问题部分产生于一种有用的隐喻——科学理论是一种语言的观念——在其有用的范围之外的延伸。科学理论体现了概念和一个技术词汇表，这些在某种程度上限定了实践者思考其主题的方式。学习一个理论的过程一部分是学习它的语言。但科学理论存在于一个更广阔的文化和语言的共同体中，这一共同体通常被相互竞争着的理论的各自拥护者所共享；这提供了争论者可以援引的资源。这种资源往往使得富于创造力的思想家以从他们偏爱的理论的概念中分离出来的方式来描述相关的情境。伽利略提出的一个实验就是个好例子。从高塔上扔下的物体的行为提供了地球每日自转的重要反证。从亚里士多德物理学的角度来看，扔下的物体朝着地球的中心垂直落下。因此认为，如果地球在物体下落时正在自转，物体就不会落在塔脚下，而是落在一段相当远的距离之外。[3] 既然所有人都认为物体落在塔脚下，这似乎就反驳了地球自转的论点。伽利略认识到，出于这样或那样的原因，运动着的地球与亚里士多德的物理学不相容，他找到了一个替代理论。按照他的解释，下落的物体分享了地球的运动，因而的确会落在塔脚下。由于高塔实验无法提供支持哪个理论的理由，伽利略提出了一个相关的实验：将一个物体从运动着的船的桅杆顶端扔下。按照亚里士多德的解释，物体将落在船的尾部；按照伽利略的解释，将落在桅杆脚下。在两种情况中，物体落在哪儿都是由独立于相互竞争的理论的语言来进行描述的。在船上，有关物体落在哪儿的评估可以由一个独立的、对两种理论都不了解的裁判来进行。而且，对伽利略预测的确证可以提供试图理解他是如何达成这一预测的动机。

在讨论有关迈克尔逊－莫雷实验的解释时，我们遇到了相似的情况，这里有一个所有人都同意的明显的结果。

有时候"理论作为语言"的隐喻被这样一种奇怪的观点所加强，即人们在认识论上被他们的语言所限制，无法在语言的界限之外进行思考。即使面对着掌握双语的人这样司空见惯的证据，以及掌握多种理论的科学家的例子，比如说教授经典力学的科学家却从事量子理论的研究，这样的观点依然存在。[4] 重要的理论创新者往往是他们所要取代的理论的大师。伽利略在提出轮船实验时就利用了这种知识。

让我们来到上面提到的第二个步骤。逻辑经验主义者关注明确表述的理论和观测报告之间的关系；原则上，有关研究者产生这些结果的认知过程的任何考虑，都被视为是无关紧要的。但研究者是通过具备许多丰富的认知技能进入研究状态的人；没有这些技能，任何研究都是不可能的。这些技能提供了解决很多困扰逻辑经验主义者及其所谓后来者的问题的钥匙。库恩最终在不可通约性的问题上迈出了这一步，他承认人们可以学习不熟悉的框架，尽管这可能需要付出巨大的努力（2000：220）。

那么，如果我们打算理解科学如何运行，并达成对其认识论意义的适当评价，我们就必须将人类的认知能力考虑在内。尽管这是我们所可能发现的对逻辑经验主义视角的最大程度的背离，只要对演绎推理进行一些反思就会突显逻辑经验主义者进路的局限性。因为既定的一系列前提蕴涵一个结论的事实，并没有使这种关系成为人类知识的一部分。而只有当我们中的有些人**意识到**这种关系时才会如此。换言之，无论命题之间的涵蕴关系是否是一个客观事实，只有那些我们意识到的客观事实会成为人类知识的一部分。在数学这种演绎推理至高无上的地方，我们需要证明。证明不创造逻辑关系，它们向人类论证这种关系的存在。而且，证明必须适合人类的认知能力。我们一开始具有某些认识简单逻辑关系的能力，然后经由一个过程来学习更复杂的关系，即借助较简单的步骤来将前提和结论联系起来。常常是证明起来很困难，有些涵蕴关系即使是最优秀的数学家的努力也可能在几代人甚或几个世纪的时间里无法证明。在费马大定理提出大约300年之后，最近才（对少数密切关注这一证明的人）证明了特定的一组前提蕴涵这一定理。我们无法要求人类就该认识某个存在的涵蕴关系。这超出我们的能力。

一旦这一原则被确定，很显然，科学提议的达成和评价在每个阶段都有赖于我们的能力。事实上，当我们更多地了解到我们的能力和局限时，科学得到了提升和充实。来看两个例子。第一，双盲测试有其历史（卡普特查克，1998）；只是当研究者意识到并不总是显而易见的人类的局限的时候，双盲测试才成为某些领域方法论的一部分。第二，尽管我们的感觉只允许我们发现物理世界中某一有限范围内的事项，但这并没有阻止我们想象我们无法感知的事项的存在，并学着和它们互动从而了解它们。不一样的存在，不一样的能力，或许就无法做到这一点。

对我们认知能力的反思令我们超越了这样一种观点，即认为人类的心理是通往知识道路上的障碍，应当尽可能严格地予以排除。我们的认知能力是我们认识力量的来源。的确，正如认知心理学家自20世纪70年代就指出的，在我们的认知行为中有很多规范的失败。但这一评价之所以成为可能，就是因为我们中的一些人发现了适当的规范，根据规范我们可以评价有问题的行为。

基于这些考虑，让我们回到语言和不可通约性的问题。显然使用语言的能力属于人类的基本能力。儿童可以毫不费力地学会他们的地方语言；在多语言社群中抚养的儿童可以学会多种语言。人们遇到另一种语言的人，会迅速产生一种洋泾浜式的混杂语言，如果互动一直保持，就会在一两代内发展成为一种成熟的语言（一种克里奥尔语）。即使成年人也可以学会另一种语言，尽管——正如所有的人类成就一样——有些人比其他人更擅长。

我们也具备创造和学习无法还原为旧概念的新概念的能力，这对科学的进步是至关重要的。相当多的科学研究都包括创造和尝试新的概念，因为我们发现旧的框架中存在理论缺陷，因为我们与自然的互动让我们面对面接触到之前想不到的现象。尽管引入新概念的需要令科学的发展复杂化，我们的这一能力还是必不可少的资源，没有它科学就不可能存在；它并非科学的连贯发展的障碍。

出于同样的考虑，我们得以应对猖獗的整体论的威胁。在某一特定时间，一个概念系统中暗含的联系没有给我们压力，因为研究者关注在更窄的范围，并没有挑明这些含义——尽管发现之前未被视为相关联的主题之间的联系有时候对科学的发展很重要。另一个经典问题也是相同的进路。存在一些前后矛盾或被认为是前后矛盾的理论，比如说玻尔的原子理论。演绎逻辑的基本结果告诉我们每一个命题都蕴涵在一个矛盾中，但实际从事研究的科学家并不以这种方式来使用这种理论。相反，他们限制从这种理论中导出的结论的范围，即便同时意识到前后矛盾是个缺陷并寻求一种替代理论。

尽管这里我一直在讨论概念的不可通约性，文献还包括第二种形式的不可通约性：相互竞争着的理论可能体现了评价理论的不同标准。在已经讨论的方法论诸方面的基础上，可以预见到这一点。作为科学的中心规范，因果律的地位提供了一个令人印象深刻的例子。很长时间里传统将寻找原因视为科学的中心功能，因此把量子论——在主要的解释上——看作是不可接受的。其他人的回应是摒弃这种规范。这不是唯一的情况。从历史的语境来看，没有什么比目的论从物理学然后从生物学中的消除，或引入对我们无法感觉到的世界部分的系统研究更极端。基本方法论的重新评价是不间断的科学发展的一部分，也正好处于我们认知能力的范围之内。

让我来总结一下这节内容的主要结果。首先是承认概念创新（连同方法论创新一起）是科学发现过程的中心特征。有关自然（包括我们自己在内）我们了解到我们的先辈想象不到的东西。我们的心理——我们的认知能力——提供了使这种科学成为可能的主要资源。尽管我们的心理伴随着缺陷，但我们也一直在（通过科学研究）了解这些缺陷并寻找方法来克服它们。在追求科学的过程中忽视人类认知的作用，只会阻碍这条通往适当的科学理解的道路，妨碍学习如何更好地追寻科学发现的目标。[5]

社 会 资 源

很明显科学是一种社会事业。科学的发展历经多代人的时间；每一阶段的研究者在前人研究的基础上进行建设，即使结果是对之前的研究进行修正。在一定时间里，信息和技术分散在多个个体之中，富有成效的研究往往需要对这些信息和技术进行整理和组织。在一些领域，比如说高能物理学领域，理论家和实验者之间有一个相当严格的区分，这就是需要大量专业知识的一个直接结果。当前有些实验需要特别大规模的团队。有些情况下，对大规模团队的需求是由于所涉及的研究量特别大。报告桀粒子一生的第一份实验论文耗费了差不多280个人年，有99位作者（哈德维希，1991）。报告顶夸克存在证据的首批论文中的一篇有500位作者；这些人中包括拥有各种各样技能的人。我们在手册中查阅数值或使用现成的硬件或软件时，我们就是在利用社会资源。此外，个体经常过于迷恋他们自己的观念，以致注意不到对别人而言可能很明显的问题。

尽管科学有这种明显的社会基础，但主导认识论的还是这样一种个人主义的观点，认为追寻知识仅仅和个体思想家在其私人的想法中可以建立的东西有关。当库恩在其有关范式的初始概括中纳入一种社会因素时，许多哲学家的反应是这只不过是社会学——甚至是暴民统治的主张——不是认识论。尤其是对于逻辑经验主义者而言，任何有关社会因素的考虑都与科学哲学无关；社会因素侵入研究会妨碍正常的科学发展。

相当多的社会学家认同这个结论，并将科学的社会基础视为对许多科学的认识论证书提出挑战的理由——当然不包括他们自己的。结果发生了"科学大战"，但其中有两个关键项被忽视了。第一，科学的社会面只不过是我们追寻有关世界的知识这一过程的一个特征。它必须与我们所提到的其他特征包括逻辑、证据和技能相平衡，相整合。成功的科学需要所有这一系列因素，我们一直在探讨的这些争论中有许多都犯了一个通病，即过分强调其中一个因素。

第二，我们未认识到科学的社会基础提供了关键的资源，没有这些资源研究将无以为继。这里伴随这些资源也存在缺陷，但我们不能通过无视它们来避开这些缺陷。在这节第一段所提到的资源之外，我还要增加一条，即最近几十年来通信的快速发展大大增强了追寻科学的能力（也伴随着重大的危机）。现在科学家可以轻易获取大量更广泛的证据和信息，用于分析批判他们的理论和他们的证据搜集程序的来源也得到了扩充。我们再一次发现，对科学的追寻比之前所想的要更为复杂，更不确定，而人文科学家的一个研究特征——这让一些科学哲学家忧心忡忡，实际上在科学的追寻中发挥了积极作用。

进　　步

在我所考察的这个时期，有关科学进步的本性，甚至科学进步是否存在的问题尤为突出。在很大程度上，对进步的质疑来自早先有关科学发展的过度乐观主义的观点的动摇。例如，既然有那么多例子显示曾经得到公认的理论因错误而被摒弃，被新理论取代，而新理论后来又被发现是错误的，我们就无法简单地将进步定义为真理的累积。[6]适当的回应是针对成就和进步的愿景去寻找一种更为谦卑和细微的观点，同时认识到评判进步的适当标准在不同领域是不同的。我将探讨几个例子。

技术领域发生了很多情况，其中不乏在明确标准的测量下取得进步的清晰例证。一旦一种新技术被发明出来，我们就似乎有强大的能力去提升它。例如，随着时间的推移，我们学会了制造更为可靠、比旧时汽车更少消耗燃料的汽车；计算机变得更加迅速，小巧，更加强大；外科手术比之前更加安全有效。一些技术进步直接影响了理论科学的发展。随着我们发现世界充满了我们无法用肉体感觉发现的东西，我们就学会了设计工具来使得我们可以与这些对象互动，增加我们可以用于检验理论的大量证据。我们还学会了制造工具来提升我们的证据搜集的精确性，即便是在可感知的领域。这些能力都随着计算机力量的增强而得到了加强；在一些领域，如果没有这种计算机力量，现代实验就不可能。技术因此提升了我们追寻真理的能力，即便在很多领域我们不能保证可以达到或接近真理。

在我们预测实验结果的能力方面，我们也发现了明显的进步，这一点我们可以从观测中，从我们实践活动的结果中发现。例如，物理学家可以预测将临界质量的 U235 放在一起的后果，而不用经反复试验找出来。在理论科学中，得到提升的预测为开发新的理论检验方法提供了一个动机。数学的发展是这一增进的预测能力的主要源头。当代的学生学习一个学期的微积分就可以轻松解决 17 世纪难倒了世界上一些最优秀头脑的问题。这种发展扩展了我们进行预测和评价预测的能力，即使是在并不致力于构建数学理论的领域。

目前为止所提到的成就促进了有效研究的发展。这包括对指导该研究的那个理论提出挑战的研究。数学和技术上获得了多次发展之后，我们才认识到一点，即水星轨道的近日点每世纪 22 弧秒的异常变化可以对尚存的最成功的科学理论构成严峻挑战。

有关进步的最困难的问题是我们是否有能力评价我们是不是正在逐渐了解自然在**一些领域**是什么样。在一些领域中，毫无疑问我们正在获得这种知识。只需提到几个例子，比如有关我们这颗星球上的各种大陆块和文化，有关人类的解剖和生理，有关宇宙中各种各样的东西，我们比先辈了解得更多。最困难的问题出现在那些数学物理学的领域，这些领域被广泛认为是对于预测能力和支持新技术而言最基础、最成功的。在量子论的关键情况下，我们有一个借以知道如何将测量和预测联系起来的形式主义，是设计晶体管——和所有因此成为可能的技术——以及磁共振成像设备等的基础。但当我们试图在量子层面确定自然的样子的时候，我们发现只有分歧和悖论。这里并不清楚我们是否比先辈们知道得多，甚至不清楚我们是否真的知道了很多。

科学是理性的吗？

20 世纪后半叶的很多争论表现为对科学之理性的评价。这里我避免使用这一术语，因为它产生的混乱比洞见多。一系列问题的产生是因为"理性的"及其同类词被用于描述太多不同的事物。我所考察的大部分工作都集中于科学的过程上。然而这里我们也必须小心，因为如果一个过程具备某些特征，我们有时候会将它描述为理性的，即使行动者并没有意识到这一点。在这种用法上，人们可能会无意间盲目地卷入有关理性的争论之中。

即使我们更为狭窄地只关注科学家在决定是否接受一个理论作为其研究框架的一部分，或认为它值得进一步的检验，或弃之不用时都考虑了些什么，有关理性的语言仍然带来了令人混乱的负担。传统上将"理性的"与"逻辑的"等同的做法尤为突出。我们已指出，康德试图通过引入一种新的逻辑形式来捍卫科学的理性。逻辑经验主义者不接受这一举动，他们只承认有限范围的理性。例如，卡尔纳普（1956）认为，理性的决定只发生在一个框架之内，而框架的选择是非理性的。这一备受推崇的观点可以作为一个理由解释为什么在许多人看来，科学的历史表现为框架的改变这一论点就等于是在宣称科学并非完全理性的。"理性的"与"社会的"截然对立也被视为理所当然，但我们已经看到社会因素对科学的进步至关重要。我无意进入这些常常是言辞之争的争论，而是在陈述我们应该了解之事时避免使用这一术语。我认为这一术语上的选择并没有妨碍我讲述任何实质性内容。

结　　论

既然新的研究对科学哲学的既定观点提出了挑战，那么将这一挑战解读为对科学本身的认识论价值的攻击这样的当下反应也就不足为奇了。时间和反思会带来不同的评价。现在再次明确的是，科学研究比曾经想象的更复杂，其结果也更不确定。但一旦理解了这一点，许多一开始被视为科学的威胁的东西可以被看作科学发展必不可少的资源——尽管这些资源存在缺陷，在使用时必须多加小心。这包括在相当一段时间内保护所选择的观点免受挑战的抉择。这会产生用心专注的研究——可能该研究本身就会导致重新考虑所保护的这些观点。这些资源还包括增加了科学的范围和力量的由理论指导的研究、引入和吸收新概念及随之而来的思考一个主题的新方式的能力，以及利用遍布社群成员之中的资源的能力。所有这些都经由个体带入研究中的各种技能而传播。

最后，我想强调一个在上述讨论中暗含的论题：科学是一种需要时间的不间断的探索，常常是很长一段时间。随着研究的进行，惊讶是常态。科学的一个核心认识论价值就在于它们不断找出可能产生惊讶的情况——甚至是导致目标和科学方法改变的惊讶。许多哲学家想寻找决定适当的科学程序的永恒法则。或许这种法则存在,但找到它们的任务至少和在永远不屈从于挑战的科学之中找到结果一样困难。如果能找到一种方法论可以让我们避免所有的错误,那自然好,但这超出人类的能力之外。相反,科学已经发展出了一种认识错误和修正错误的异常强大的手段。这方面的能力是科学精神的中心特征。

Harold I. BROWN: *PHILOSOPHY OF SCIENCE CIRCA 1950-2000:*
SOME THINGS WE（SHOULD HAVE）LEARNED
（*DIOGENES*, No. 242, 2014）

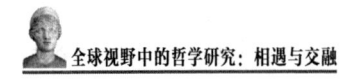

注：

[1] 看一眼康德第一批判（《纯粹理性批判》）的目录就会突显这部著作有多少章节专注于所谓的新的逻辑部分。

[2] 布拉赫认为地球是静止的，行星围绕太阳旋转，而整个复合体围绕地球旋转。当牛顿讨论这一主题时，实际上托勒密的观点已经死亡。

[3] 用当代的数字，对于比萨这一纬度上的一座 300 英尺高的塔而言，这个距离应该是比 9/10 英里少一点。伽利略一度采用了更慢的降落速率给出了一个降落的时间，给出了一个比 9/10 英里多一点的距离。

[4] 库恩大约在 1983 年开始强调这一点。参见库恩，2000，第 53、77、238 页。

[5] 17 世纪和 18 世纪的经验主义者不认为我们的心理与理解人类的知识无关，尽管他们主要是认为，我们的心理是限制我们的知识范围的一个源头。系统地摒弃心理的作用是 20 世纪发展起来的分析认识论的一个特征。参见普赖斯（1940）为将所有的心理因素从休谟的认识论中排除出去所进行的系统尝试。

[6] 我希望有一点是清楚的，即我们不能将进步定义为逐渐接近一个领域的真理——某个我们不知道的真理，可能需要引入我们尚未想到的概念。

参考文献：

巴赫恰勒，J., Bahcall, J.（1989）*Neutrino Astrophysics*, Cambridge：Cambridge UP。

布朗，H. I., Brown, H. I.（1979）*Perception, Theory, and Commitment*, Chicago: University of Chicago Press。

布朗，H. I., Brown, H. I.（2007）*Conceptual Systems*, Oxford and New York: Routledge。

卡尔纳普，R., Carnap, R.（1956）"Empiricism, Semantics, and Ontology", in *Meaning and Necessity*, pp. 205—221, Chicago: University of Chicago Press。

费耶阿本德，P., Feyerabend, P.（1962）"Explanation, Reduction, and Empiricism", 收入 H. 费格尔和 G. 马克斯韦尔（主编），in H. Feigl and G. Maxwell（eds）, *Minnesota Studies in the Philosophy of Science*, III, pp. 28—97, Minneapolis: University of Minnesota Press。

富兰克林，A., Franklin, A.（2001）*Are There Really Neutrinos? An Evidential History*, Cambridge MA: Perseus。

古德曼，N., Goodman, N.（1955）*Fact, Fiction, and Forecast*, Cambridge MA: Harvard UP。

格林伍德，J., Greenwood, J.（1990）"Two Dogmas of Neo-Empiricism", *Philosophy of Science*, 57：553—574。

古廷，G., Gutting, G.（2009）*What Philosophers Know*, Cambridge: Cambridge UP。

汉森，N. R., Hanson, N. R.（1958）*Patterns of Discovery*, Cambridge: Cambridge UP。

哈德维希，J., Hardwig, J.（1991）"The Role of Trust in Knowledge". *Journal of Philosophy*, 88: 693—708。

亨佩尔，C., Hempel, C.（1945）"Studies in the Logic of Confirmation", *Mind*, 54：1—26, 97—121。

卡普特查克，T., Kaptchuk, T.（1998）"Intentional Ignorance: A History of Blind Assessment and Placebo Controls in Medicine", *Bulletin of the History of Medicine*, 72：389—433。

库恩，T. S., Kuhn, T. S.（1962）*The Structure of Scientific Revolutions*, Chicago: University of Chicago Press。

库恩，T. S., Kuhn, T. S.（2000）*The Road Since Structure*, Chicago: University of Chicago Press。

波兰尼，M., Polanyi, M.（1958）*Personal Knowledge*, Chicago: University of Chicago Press。

普赖斯，H. H., Price, H. H.（1940）"The Permanent Significance of Hume's Philosophy", *Philosophy*, 15：7—3。

普特南，H., Putnam, H.（1962）"The Analytic and the Synthetic", 收入 H. 费格尔和 G.

马克斯韦尔（主编）, in H. Feigl and G. Maxwell（eds）, *Minnesota Studies in the Philosophy of Science*, III, pp. 358—397, Minneapolis: University of Minnesota Press。

蒯因, W. V., Quine, W. V.（1951）"Two Dogmas of Empiricism", *Philosophical Review*, 60: 20—43。

塞拉斯, W., Sellars, W.（1948）"Concepts as Involving Laws and Inconceivable Without Them", *Philosophy of Science*, 15: 287—315。

塞拉斯, W., Sellars, W.（1953a）"Inference and Meaning", *Mind*, 62: 313—338。

塞拉斯, W., Sellars, W.（1953b）"Is There a Synthetic A Priori?", *Philosophy of Science*, 20: 121—138。

塞拉斯, W., Sellars, W.（1954）"Some Reflections on Language Games", *Philosophy of Science*, 21: 204—228。

图尔敏, S., Toulmin, S.（1961）*Foresight and Understanding*, New York: Harper & Row。

交叉于康德主义、现象学及新经验主义路径的先天、客观性和判断：
向朱利奥·普雷蒂致敬

保罗·帕里尼　著
萧俊明　译

朱利奥·普雷蒂（2002）认识论思想的一个众所周知的方面在于，它是诸多不同哲学思潮所涌现出的主题的交叉点。在这些思潮当中，实用主义、康德主义、现象学和逻辑经验主义占据着显著的位置。有鉴于此，但凡了解与这些思辨取向相关的最新研究动向的人都应该明了，普雷蒂关注这些思潮并非出自一种轻率的折中主义（或者有人可能想象为一种文化的浅薄涉猎）。他对逻辑经验主义与康德主义之间所形成的多重关系进行了广泛的探究，而且，在一段时间内，逻辑经验主义与现象学之间的关联程度同样开始得到理解：贯穿于鲁道夫·卡尔纳普思想中的现象学要素因此而得以阐明，与胡塞尔的批判对抗在石里克知识概念的创制中所产生的作用得到了评估。[1] 普雷蒂绝非意大利哲学地方主义的典型，更不会做卑躬屈膝于外国思想的样板，他在其著述中探查和追寻着一条路径：即在胡塞尔现象学与逻辑经验主义（被认为继承了许多来源于康德的立场）之间进行一种理论综合的路径。这也是其他那些与维也纳小组和柏林小组关系密切的哲学家，如奥斯卡·贝克尔、古斯塔夫·伯格曼以及尤其是费利克斯·考夫曼[2] 以各自不同的方式所探寻的路径。

为表示对普雷蒂思想的这一本质性的和难能可贵的方面的敬意,我想暂且不去审视现象学、康德主义以及逻辑经验主义之间的关系。无论如何,一篇简要的专论不足以完全涵盖这个论题:因此,以下的评论不敢妄称是关于这一问题的定论。这些评论的目的充其量是抛砖引玉,激起其他反思。根据我对标题中所提及的论题(先天、客观性和判断)所进行的研究,我想以删节的甚至是纲要的方式概述一下一种可能的理论研究的大致轮廓。我希望以此来建立几个线索,它们可能有助于鼓励将仍然活跃在当今后实证主义文化氛围中的若干哲学取向绑定在一起。我希望这样可以有助于系统地探讨一个我认为对理解哲学在20世纪的历史演化至关重要的领域。

先　　天

我将从质料先天(material a priori)问题开始。这个问题显然要回溯到石里克与胡塞尔之间就综合地或质料上先天的(synthetically or materially a priori)判断(断言)而产生的分歧:胡塞尔"发现"、维特根斯坦质疑、石里克公开驳斥的判断。关于这一论题的争论显示出某些重要元素。

1. **争论的要点**。我们后来认识到,这场争论的起源可在以石里克为代表的唯名论思潮中找见。正是这种唯名论导致这位《广义认识论》的作者去批判关于本质主体和本质直观的现象学命题。其实,在胡塞尔那里,正是借助于本质直观才能够建立关于两种本质真理的理想定律,即关于逻辑和数学的本质真理——他称之为**形式和分析真理**——和通过想象力的自由变更方法获得的有关特定感官领域(例如声音和颜色)的直观内容的本质真理——他称之为**质料上和综合地先天的**。所有这些"现象学真理"既支配着直观的想象可能性,也支配着事物的有效状态的本体论可能性。就此而论,它们除了允许构建纯粹逻辑的**形式本体论**,还允许构建**质料**[3]区域本体论。批判性文献恰恰广泛地集中于这一点上,因为,为了捍卫适合于逻辑经验主义的关于先天的语言学理论,石里克声称,这些质料先天实际上是分析和形式断言,它们扎根于陈述它们所用语言的逻辑语法,甚至扎根于规范相关语词用法的规则(石里克,1969a,1969b)。

争论产生了第二个要点:这关系到关于争论的性质的严重意见分歧。不仅所有的评释者不能就应该被视为胡塞尔(米拉格利亚,2006)所引证的现象学命题中的质料先天之例证的判断或断言达成共识,而且更重要的是,这些分歧至少在一定程度上回到了初始的不一致:这就是说,回到了对于用来厘定这些所谓质料上先天的断言("每个声音都有一种强度和质量"或"一个表面不能同时是红色和绿色的"之类)——与其本身就是逻辑-分析性的断言("如果正在下雨而且天气寒冷,那么正在下雨","所有单身汉都是单身汉","所有单身汉都是未婚男人","一个堕落的男人不值得尊重")相比较而言——的词语的不同解释方式。换言之,产生这种不一致的主要缘由在于缺乏明晰性、和谐性,甚至缺乏理解逻辑/非逻辑、先天/后天、分析/综合、形式/质料这些对立的术语对子的方式。有些评释者实际上认为,沿循我们所考量的胡塞尔和石里克思想的这些方面,便可能对这些两分做出不同的厘定,最后对存在不同于形式先天的质料先天得出或者赞同或者反对的结论。[4]

产生于争论的第三个要点如下:石里克和其他新实证主义者在维特根斯坦的影响下,最初将他们的立场基于一种逻辑真理和分析性概念,这种概念过于狭义因而不能说明严格意义上的逻辑-形式类的同义反复陈述句(例如,"如果正在下雨,那么就正在下雨"和"所有单身汉都是单身汉",这些陈述句可以还原为这样的逻辑形式:"如果 P,那么 P",所有 A's 都是 A's)以及有时被称为"根据本质谓述"为真的陈述句,例如:"所有的单身汉都是未婚男人。"(蒯因,1977: 109s., 128)[5] 这个将波尔查诺同胡塞尔连接起来的非常精致的传统始终对这些区分有所意识。另一方面,将维特根斯坦与逻辑实证主义连接起来的论证线路仅仅是随着时间,而且在塔基斯和蒯因的语义学进路的压力下,才达及一种能够说明根据本质谓述的真理(truths by essential predication)的分析真理描述(只要一个真理基于语言或语言使用规则)。这就是卡尔纳普在20世纪50年代试图要做的事情:他会坚持认为,一种语言要彻底确立,就必须整合句法-语义规则,这些规则以特别的"意义公设"支配其表述的语法形成和逻辑变换。他派给这些公设的任务是,确定部分或整体内涵性(同义)的等价关系,从而使本质谓述真理("所有单身汉都是未婚男人")与逻辑-形式真理("所有单身汉都是单身汉")形成一致(卡尔纳普,1956)。

争论的第四个也即最后一个要点关联到赋予胡塞尔视为综合地(质料上)

先天的命题的地位。显然是受惠于彼得·西蒙斯（1992：371—376），我们现在认识到，要理解质料先天理论，必须要考虑胡塞尔效仿波尔查诺对分析断言类做出厘定的方式，他将分析断言类再分为如下两个子类：（1）**逻辑分析真理**，或严格意义上的分析真理（也称为"同一"真理或"同义反复"真理）；与（2）**宽泛**意义上的分析真理。第一类真理是这样的命题：在这些命题中，**所有**不属于逻辑词汇的概念（或语词）可以不改变命题的真值（salva veritate aut falsitate）进行替换。例如，命题"正在下雨或不下雨"（"P 或非 P"），"如果正在下雨，那么正在下雨"（"如果 P，那么 P"），"一个快乐的单身汉是一个单身汉"（"一个是一个 B 的 A 是一个 A"）是逻辑（或严格）意义上的分析真理，因为我们无论使用什么语词来替换"正在下雨"、"单身汉"和"快乐的"，它们都仍然是真的。另一方面，第二类真理，即宽泛意义上的分析真理是这样的命题，在这些命题中，以肯定形式出现的观念或概念中**至少有一个**可以替换而不会因此影响命题的真值。因此"一个堕落的男人不值得尊重"这一命题是宽泛意义上的分析真理，因为它含有的概念中只有一个（在这个例子中**男人**这个概念）可以被其他任何概念（例如，被天使或实体概念）所替换，而命题不会变为假的。[6]

这种区分与卡尔纳普和蒯因传统所做的逻辑真理与本质谓述真理之间的区分并不吻合。宽泛地讲，并且不去探究与指涉问题相关的细节，[7]我们可以说"一个单身汉是一个单身汉"（"A 是 A"），"一个快乐的单身汉是一个单身汉"（"一个是一个 B 的 A 是一个 A"），"每一个对象都是一个单身汉或一个非单身汉"（"每个对象是 B 或非 B"）这类逻辑真理也是波尔查诺和胡塞尔意义上的逻辑（或严格）分析真理。另一方面，我们不可以说，他们的宽泛意义的分析真理（例如"一个堕落的男人不值得尊重"）可等同于本质谓述真理如"单身汉是未婚男人"。这就是西蒙斯评论两种分类之间的关系的原因所在，他注意到"无论是胡塞尔还是波尔查诺，都没有超过他们之前的康德或莱布尼兹：谁都不能令人满意地解决**暗含**或**隐含**分析性问题"（西蒙斯，1992：374，黑体为笔者所标）。它关联到本质谓述真理的分析性问题，这种真理既不类同于"一个单身汉是一个单身汉"或"一个快乐的单身汉是一个单身汉"之类的断言（严格意义上的分析真理），也不类同于"一个堕落的单身汉不值得尊重"之类的断言（宽泛意义上的分析真理）。按照西蒙斯的看法（1992：374），恰恰是这种失败可能成为蒯因的分析性批判的起因。

除了这个被公认为根本性的问题之外，在这里令我们关注的要点包含了这样一种论调，即按照波尔查诺－胡塞尔关于逻辑分析真理的定义，"一个表面不能同时是红色和绿色的"这类命题既不能被视为严格意义的分析真理，也不能被视为宽泛意义的分析真理。的确，如果我们用"圆的"或"猩红色的"来替换"绿色的"，那么这个命题就变成假的。按照某些包括西蒙斯本人在内的评释者的看法，"断定**红色的**概念包含了**不是绿色的**特征"不是似真的；那么一旦认识到这一点，这种类型的断言则完全不同于根据本质谓述的断言（"一个单身汉是一个未婚男人"），甚至不是**隐含分析**断言。正是在这一点上，体现出胡塞尔的命题——存在着先天（或质料上先天）综合命题——的力量所在，因而也体现出石里克针对他的批判的弱点所在。

2. 存在质料先天吗？ 如果我们根据我们刚才指出的**全部**四个要点将这些视为所谓的"质料先天"，那么我认为我们会遇到极为棘手的认识论问题。我们发现自己实际上面对一个每一选项都有为难之处的备选方案。

（1）第一个选择是追随西蒙斯的解释，即质料先天不能被还原为波尔查诺－胡塞尔式的分析真理，但是最终宣称肯定形式是似真的，按照肯定形式，"**红色的**概念包含了**不是绿色的**特征"（而西蒙斯则否认这个陈述句的似真性）。因此，我们将"没有任何东西可以同时是红色和绿色的"这一陈述句当作一个判断（甚至一个断言），它的否定形式必然被视为一个概念（或语言）不一致的表述，即一种概念（或语言）的被替换使用情况。但是，在这种情况中，这个**断言**不是波尔查诺－胡塞尔意义上的分析断言，而表现为隐含分析断言：它的真，如同"单身汉是未婚男人"这一陈述句的真，取决于与相关语词关联的概念或意义。这些概念或意义的性质说明了陈述句的先天性质，以及它对经验对象的普遍和必然有效性。

这样一种立场可以基于胡塞尔的那些解释。胡塞尔的解释认为现象学分析的功绩，在于表明产生于言说者的语法和语义能力的限制根源于这样的事实，即"任何呈现于**我们的经验**的具体对象"都展现了本质的、结构的属性（科斯塔、弗兰奇尼和斯皮尼奇，2002：75）。那么，以这种姿态表明对事情的立场，意味着肯定两件事情，一是产生有利于胡塞尔的作用，一是产生有利于石里克的作用。

如果沿循第一种肯定，我们则不能理解我们归于某些表达式（例如"红色的"一词）的、并不指涉这些表达式反映的概念（例如"红色的"概念）所依托的本质直观的意义。

因此，现象学分析的主要功绩，与其说是重新确立了新经验主义所否弃的先天综合命题，不如说澄清了新经验主义的另一个命题的局限性：这个命题认为，哲学的语言学取向应该允许借助被认为无需任何特定的哲学澄清的观念——例如，定义、约定或语义–语言规则的观念——快速解决概念形成以及判断和断言有效性等问题。[8] 既然给予胡塞尔这种肯定，那么我们必须同等地肯定——这一次是与石里克形成一致——如果"红色的"一词的意义来源于"红色的"概念的内容，而且这个概念（因缺乏一个更好的词）是"结构的"，并不单纯是分类的，那么被认为是质料上先天的断言的否定形式（例如"一个事物不能同时是红色和绿色的"）与其说表达的是信念层面上的不一致，不如说表达的是对相关概念的不当理解和对相关语词的歪曲使用。即使不赋予这些真理一种逻辑–分析性质——无论是严格意义上的还是宽泛意义上的，亦是如此。

（2）另一方面，第二个选择是坚持认为，诸如（红色）这样的概念（以及谓词）是纯分类性的，因为它们所起的作用只是把红色的东西归为一类以区别于绿色的东西，对于是红色的与是绿色的事实之间的关系不具有任何结构意蕴。在这种情况中，一个事物不能同时是红色的和绿色的判断（或断言）当然是综合性判断；但是宣称其综合性意味着承认，这个判断（或断言）可能与它所包含的概念的内容并不矛盾（换言之，并不违反某条语义规则）就被否定了。那么，这样一种情况在逻辑上是可能的，也就是说，是不矛盾的，即便事实上可能是假的：确实存在某种同时是红色的和绿色的东西，而且"红色的"不再指示一个蕴含着指涉（红色）概念所包含的概念结构的问题。因此，这一判断（或断言）真值上的不一致不再是概念上（或语言上）的不一致，而是信念不一致。

然而，从这里产生了一个确实让质料先天的赞成者极其为难的问题。的确，如果——尽管我们刚刚说过——这些赞成者认为，这些断言的真是先天保证的，因而这些断言对于经验对象具有一种普遍的和必然的有效性，那么他们自己则面对一个石里克不能忘记的障碍,这与康德不得不借助一组先验论证来说明先天综合判断之可能时所面对的障碍如出一辙(石里克,1969a:21—23;1979,Ⅱ:162—164)。换言之,甚至现象学家也不得不去反思如何可能对综合或质料先天做出说明,并且必须努力通过创制适当的判断形式来证明其有效性。

从19和20世纪的科学发展来看,这种证明问题变得更加尖锐。我们知道,这些发展导致了康德的先天综合判断的危机,并且重新质疑这样的判断或断言的可能性:这些判断或断言虽然具有给定的内容,但可能对经验对象享有一种普遍的或必然的有效性,同时将经验对象置于我们的知识的任何潜在发展所产生的矛盾之外。按照我的理解,通过坚持强调经验主义概念形成理论的缺陷,或者强调将现象学命题置于任何可以接受或共享的分析性意义上的逻辑-分析断言之中的困难,不能消除或绕过这个障碍。尽管石里克和其他新实证主义者的批判有其局限性,但是这种批判是建立在严肃哲学推理的基础上的,与导致这些哲学家否认康德的先天综合判断的哲学推理是一样的。因此,从认识论上讲,重要的一点在于认识到,胡塞尔回过头来求助本质直观、想象力的本质变更以及被动综合可否为这些所宣称的质料上的先天判断(或断言)确保一种有效性,这种有效性是一种法理上(de iure)而非只是事实上(de facto)的有效性,它关涉对象本身,而非只是我们关于这些对象的现象学经验。

这受到了石里克的质疑:在石里克之后,其他许多人,包括我本人在内(帕里尼,2002,2006)坚持了这种质疑。[9]此外,如果考虑到蒯因就先天与后天、分析与综合之间的区分展开的批判,那么我们必须注意到,局面会因此而变得更加复杂,无论是关联到石里克的还是胡塞尔的解决方法。我认为,如果要重新确立这些区分,就必须将它们重新连回到认识证明的逻辑结构,最终达到一种能够按照证明语境的变更而变更的相对化或语境化的先天。但是,这意味着将任何绝对特征从先天中消除。实际上,就是将先天整合进一个网络模型。考虑到断言在不同的认识证明语境和不同的科学理论中所发挥的不同功能作用,这种网络模型将一种偶然特征归于任何断言性要素,并且试图保持我们刚才提到的区分(以及是记录语句的陈述与不是记录语句的陈述之间的区分,详见下文)(帕里尼,1998)。因此,甚至充分检验的事实断言(正如科学史所教导我们的!)也可以被提升到语境上的先天定义或原理的层面。

如果需要，只需想一想比如狭义相对论中的光速不变原理（帕里尼，2011：112—117，127—128）。

客 观 性

先天的本性，特别是先天综合判断的地位标志着现象学与康德进路之间的根本差异。从这些差异中涌现出了两种理解知识和客观性的构成的方式。这两种方式尽管在某些方面有共同之处，其实是截然不同的。让我们先看看趋同点：首先，康德和胡塞尔共同认为，认知过程需要直观和智性（或知性）的共同运作。这个命题成了胡塞尔与石里克（他对胡塞尔的批判也有一些不一致的地方）之间的主要分歧点之一。在石里克看来，直观与知识无关而与"享受生活"有关，但在胡塞尔以及康德看来，这两个要素在知识中会合，其中一个是概念的，另一个是经验的和直观的。石里克和胡塞尔确实都认为，认识某个事物需要识别（recognition）层面的运作；但是，与石里克相反，胡塞尔认为识别不仅蕴含着一种对概念的参照，而且蕴含着一种对直观的充实（intuitive filling）的参照。正如罗贝塔·兰弗雷迪尼所写道（2003：50—51），尽管"识别一种红色的感觉并不是规定一个直观行为的一个充足条件，但无论如何都是一个必要条件"。我们不可能不经验看见某种红色的东西的感觉"是怎样的"（借用托马斯·内格尔的一个表达式）就识别一个红色的对象。这就是为什么"从现象学的角度将规定或辨别一个知觉对象（一个简单的知觉行为的结果）与识别一个对象（一个意义行为与一个知觉行为合取的结果）区别开来是可能的"原因所在（兰弗雷迪尼，2003：50—51，49，参见帕里尼，2002：第二章，2012：96—104，2014）。

康德和胡塞尔都使用了"构成"和"先验"概念。在他们看来，使用这些概念的事实表明排除了这样一种可能性，即求助一个与任何同认知主体性的现象经验的关联相脱离的自在对象，而无论这种关联是参照多样化的感觉杂多建立的（如同在康德那里），还是植根于将我们的判断与经验连接起来的"动机关联体"（如同在胡塞尔那里；参见兰弗雷迪尼，2004：171—172，2006a：91—93）。显然，后一种情况中所指的经验并不是卡尔纳普的《世界的逻辑构造》的原初经验：而是按照意向性理论的术语定义的一种经验，因而是通过质料性内容（hyletic contents）与意向性形态之间、能思要素（noetic elements，意向作用）与所思要素（noematic elements，意向内容）之间的结构或分析性区分定义的。[10]

最后，我们在康德那里、也在胡塞尔那里找见了"一般对象"概念。康德在《纯粹理性批判》的一个著名段落中介绍了这一概念："很容易看出，这个对象必须被设想为一般的某种东西＝x"，接着又补充说，构成对象概念的那种统一性"就不能是别的东西，只能是表象的杂多之综合中意识的形式统一性"（康德，1998：A104—A105）。至于胡塞尔，几位现象学评释者尽管未必就理解"所思"概念的方式达成一致，但在胡塞尔关于（认知）所思的描述中发现了一种回到一般对象 x 观念的关联。[11] 这就是为什么这些评释者中有人宣称，在胡塞尔的"存在"中也有一个"直接谓词"。两位哲学家都认为，存在并不是指一个以实在谓词为形式的概念（即一个可以被附加到关于一个事物的概念的概念），而是指一个以"仅仅是关于一个事物的设定"的谓词为形式的概念（莫汉蒂，1996：29）。

然而，一个不可忽略的差异将胡塞尔与康德区分开来。通常强调的是，被动综合和质料先天理论由于是关于一个嵌入现象学经验的先天的理论而导致胡塞尔坚持认为，客观有效性和真理要求"所思的意蕴与我们经验过程的展开不矛盾"（莫汉蒂，1996：29）。另一方面，康德的先验构成不仅是以将种种经验整合为一种统一的客观经验为其标志，而且以某种构成主义为其标志。也就是说，这种整合假设了某些有关可能经验的规则。[12]

在康德那里，认知不仅需要一种经验的质料直观成分，而且需要一种与知性自发散发的各种思想形式相关联的概念结构化。正是这样我们才能达及认知客观性和经验对象（或现象对象）的层面，从而符合先天综合判断的至上原则（"**一般经验的可能性**的种种条件同时就是**经验对象的可能性**的种种条件"，康德，1998：A158＝B197）。通过适当的论证（空间和时间概念的先验阐明、范畴的演绎以及纯粹知性的原理证明）来确立这一原则的事实导致康德认为，他已经证实先天综合判断如何可能。他认为，先天综合判断之所以可能是因为它们产生于作为感觉材料的统一或综合之始初的种种感性和知性形式：正是这种统一构成了我们对于经验对象的**认识**——也即对于作为**已知**对象和区别于自在之物或依其本身来考虑的事物的现象对象的**认识**。我谈及关于经验对象的**知识**的构成是为了防范某些关于康德文本的解读，这些解读超出了正当的解释分歧，错误地解释了唯心主义－主观主义意义上的先验知识论：好像康德直白地坚持这样一个荒谬命题，即正是我们的理性或我们的心智产生全部知识对象。顺便说一句，这种命题产生了在哲学上非常粗浅的种种形式的实在论。[13]

无论如何，不管解读上可能有怎样的差异，康德的认知客观性的构成的构成性质是确定无疑的。我们只需想一想康德是如何探寻真实知觉与虚幻知觉、幻觉与实在、梦幻与觉醒之间的界线。所有这些区分都是根据一个作为一种（来源于主观的）形式要素和来源于经验的质料要素之综合的认知概念建立的：但是我们必须强调这一事实，即形式要素产生于知性也就是认知主体性的自发性行动。就如我们，比如在《未来形而上学导论》的"附释三"中读到的，真实与梦幻之间的区别并不是通过与对象相关的表象的性状来确定的，因为无论这两者中哪一个是梦幻表象都是相同的，而是通过这些表象依照种种规则（Regeln）的相互联结确定的，这些规则将这些表象集中于关于一个对象的概念中，规定它们能否共存于一个单一的经验中（康德，1995：290）。[14]

事实上，在康德那里，这是指对于不能只基于直观的判断的真势评价，我将回过头再谈这一事实。我们不妨暂且只做一回顾，即后康德的科学发展确实导致新经验主义者去挑战断然给定的判断规范和原则的可能性；但是这些判断规范和原则无论如何没有回归为一种朴素的经验主义概念，即会否认可以组织经验材料构成一个认知客观性的概念和原则的作用的经验主义概念。我们只需想一想石里克和赖欣巴赫有时不一致和有时一致地坚持的同格概念、构成和同格原则，以及同格定义或约定；这就如同许多立场观点一样，尽管相互之间存有差异，但是整合了康德和约定论来源的构成主义类型的主题。我们还只需想一想《世界的逻辑构造》关于物理世界的学说：除了拒斥先天综合判断之外，卡尔纳普在这一学说中求助于可以将可感性质赋予空间点和时间瞬间的方法论原则，从而去构成或构建蒯因在"经验主义的两个教条"一文中所陈述的"和我们的经验相符合的最懒散的世界"。[15]

在结束这个论题之际，我想强调的是，认知的主观和构成要素一直保留着其充分的重要性，即使是在新经验主义危机之后。对于诸如科学理论的经验次规定性和理论与经验关系的整体论特性这样的论题的认识论反思，实际上引出了这样一个命题,即这种关系是三元性的。换言之,它是由三个部分构成的:(1)交予经验检验的判断,(2)诸如某些记录陈述中所记录的经验内容,(3)具有语言(先天分析判断)、理论(相对化或语境化的先天综合判断)以及方法论(简单性、紧致性、熟悉性等)特性的一系列判断预设(帕里尼,1998:第二章)。

判　　断

所有这些把我们引向了判断问题。我们已经看到,在康德以及胡塞尔看来,认识蕴含直观和概念方面的整合。在康德看来,这种整合必须避免这样一种情况,即一个判断的真或假(或者,在任何情况下,对于一个判断的接受或拒斥)违背了进行判断的机能的规范或原则。在某些被判断为有效先天的抽象思维形式与经验内容之间必须实现一种平衡(我称之为"反省平衡")。因此,在康德的传统中,认知客观性观念和真理观念获得了一种价值论维度,恰恰是这种价值论维度回过来关联到对判断的规范和原则的尊重。然而,在这个论题上产生了非常值得关注的争论,争论的主角一方是新康德主义者海因里希·李凯尔特,他批判了现象学意向性理论,另一方是马丁·海德格尔,他在1925年关于时间概念的讲座课中驳斥了李凯尔特的批判,与胡塞尔站到了一起,并且为日后在《存在与时间》中发展的真理理论以及在《康德与形而上学问题》中对康德的真势概念的评价奠定了基础。

为了确保清晰性,我将从论证的结尾开始,按照逆反秩序来展开。让我们列举《存在与时间》中的一个著名例子,海德格尔在这个例子中阐明了其作为**去蔽**(aletheia)或揭示的真理观念:一个人决定验证他身后墙上的图像挂歪了这一判断是真是假。这个人,海德格尔说道,将转向墙以确定判断的真假:

> 意指的存在者(Das gemeinte Seiende selbst)如它于其自身所是的那样显示出来,这就是说,它在它的自我同一性中存在着,一如它在陈述中所展示(entdeckt)、所揭示(aufgezeigt)的那样存在着。表象并不被比较,既不在表象之间进行比较,也不在表象同实在物的关系中进行比较。证明涉及的不是认识和对象的符合,更不是心理的东西同物理的东西的符合,然而也不是"意识内容"相互之间的符合。证明涉及的只是

存在者的被揭示的存在（Entdeckt-sein），只是那个如何被揭示的存在者。被揭示状态的证实在于：陈述之所云，即存在者本身，作为同一个东西显示出来。证实意味着：存在者在自我同一性中显示。（海德格尔，1976：288—289 = 218）

这种理解真理的方式连回到关于康德真理概念的不完全的或部分错误的解释。与新康德主义者所确认的相反，海德格尔在康德那里没有看到对于认为真理是一个摹本或**知与物的符合**（adaequatio intellectūs ac rei）的传统（对于新康德主义者来说，朴素的）真理学说的任何超越。相反，康德会保留这一学说（海德格尔，1976：285—286 = 215；1991：12—13）。然而，海德格尔忽略了这一事实，即康德只是将这一古典符合论作为真理的一个**唯名定义**接受，因为它没有对确定一个否定判断真假的标准说出任何东西。另一方面，就真理的**标准**而言，康德公然宣称，它必须既反映知识的质料条件，也反映知识的形式条件——后者转而表现在逻辑-分析条件（一般逻辑原则和确保判断不矛盾性的分析判断原则）和逻辑-先验条件（一套允许判断宣称一种客观有效性的先天综合原则）中（康德，1998：A57—60；B82—85；参见帕里尼，2011：第1章，第2章第2节）。

关于这方面，我想强调的是，这种海德格尔式的真理概念以及与之相关联的对康德的解释，都植根于海德格尔在1925年的讲座中反对李凯尔特的方式。海德格尔在这些讲座中表明，他清楚地意识到胡塞尔的意向性理论带有一种知觉的可感要素与它们的对象指涉（红色的感觉与被感知的红色，听到的声音与女高音歌声的知觉）之间的区分。这诱导他一方面（正确地）拒斥李凯尔特的批判，但另一方面（错误地）拒斥全部康德和新康德主义的客观性理论。更准确地讲，海德格尔反对李凯尔特的观念，按照这种观念，"认识的对象是一种价值"。为了试图证明指向胡塞尔的批判的荒谬性，海德格尔已然在使用一个非常近似于上文提到的《存在与时间》中的图像的例子：

> 按照李凯尔特，当我感知一把椅子并且说"这把椅子有四条腿"时，这一认识的意义就是对一种价值的认定。即使人们有最好的意向也不能在这种感知断言的结构中找见任何类似于价值的这种东西。因为我并没

有指向表象，更没有指向价值，而是指向实际被给出的椅子。（海德格尔，1979：第5节，1992：33）

无疑如此，至于李凯尔特是否或在多大程度上错误地解释了胡塞尔以意向性、因而以拒斥任何对象本身与对象的心智表征之间的对比为中心的概念这一问题，我们不再重新讨论。毫无疑问，关于图像或椅子的判断的真是建立在这一判断与图像或椅子相符合的基础上。同样毫无疑问的是，人们的意向在这种感知中所指向的那个东西是图像或椅子。然而，正如我们在真实知觉与不真实知觉、梦幻与现实之间的区分中所看到的，这种相合或符合的确立并非只源自于感知中所给出的东西（不妨想一想著名的谬勒-莱尔错觉的线段，这些线段看上去长度不同，其实长度是相同的）。如果这同样适用于对于挂图像的方式、对于椅子有几条腿、对于线段长度的判断，那么对于关于病毒或中微子的判断又有什么可说的呢？我们一定会承认，为了评估真假，或者只是为了任何综合判断的经验相合，必然要详细说明在进行证明的情形中将交予经验检验的判断与"记录"经验判断联结起来的关联，无论它们可能有多松散。但是我们必然同样明确地承认，某些经验判断——每一次都是在规定的受控情形下——将会像海德格尔就图像或椅子为我们提供的解释那样，只因为一个知觉"证据"，只因为知觉中即刻给出的东西而不得不被接受或拒斥。然而，所有这些阻止不了判断——甚至像有关椅子或图像这样的判断——的有效性并不只产生于知觉所给出的东西，因为这最终，由于多种多样的原因，可能是欺骗或幻象。

总之，知觉不能作为确定我的知觉中哪些是真实的，哪些是欺骗性的唯一和独一标准来求助，因为我发觉自己在这两种情形中都面对着以知觉的形式给出的某种东西（因而不是怀疑论论证！）。判断的真理标准不能只还原为知觉给出的东西。相反，这个标准必须吸收一种对于带有一套相对先天原则的判断之一致性的评价。这些原则形成了一组判断最可理解的、最一致的、最简单的和最紧致的结构。这的确是康德在做出如下陈述时按照其自己的方式所确认的东西：

> 因为真理或者幻象并不在被直观的对象中，而是在关于被思维的对

象的判断中。因此，人们虽然可以正确地说，感官不犯错误，但这并不是因为它们在任何时候都正确地做出判断，而是因为它们根本不做判断。所以，无论是真理还是谬误，从而还有诱使人得出谬误的幻象，都唯有在判断中，也就是说，唯有在对象与我们的知性的关系中才能发现。（康德，1998：A293：B350）

对于墙上似乎挂歪了的图像或者有或没有四条腿的椅子的判断的有效性，并不只取决于感官直觉（对经验）给出的东西；判断的有效性还取决于这个判断可能以整体论的方式与之关联的一组可能判断（并且这组可能判断涉及，例如衡量的工具甚或运作）。而且对于常识判断而言是有效的，对于科学而言就更不必说了，是同等有效的；这就是说，对于我们的科学知识浓缩和聚合于其中的、复杂的、抽象的、非常精密地相互关联的一组判断而言，是同等有效的。毫无疑问，这种丰富的和多重关联的结构需要以某种方式建立在经验判断的基础上，这些经验判断，视认识证明的情形而定，则依据直观经验被接受或拒斥（如果只是暂时的）。同样毫无疑问的是，至少在我看来，这些直观经验必须按照胡塞尔的意向性理论来理解和解释。但是，这并不妨碍这样一种意识，即对于其他判断的评价还要依赖于具有一种语言的、理论的和方法论的性质的假设，这些假设构成认识证明的展开所沿循的轴线（认识相对主义与相对化先天；参见帕里尼，1998：第2章）。

构成我们的知识——按照一种在我看来应该具有网状性质的模式（帕里尼，1998：第3章）——的要素中，没有一个能够宣称具有绝对的有效性。甚至记录判断（或断言）都可能在某个特定的情形下被视为可根据经验接受或拒斥的基线判断（因而被用于对于其他判断或断言的经验控制），但在另一种情形下被质疑而支持在这种不同情形下被视为具有基线性质的其他假设和判断（或断言）。在我看来，一种现象学认识对象理论应该考虑这个具有普通知识尤其是科学知识特征的方面。就科学知识而言，现象学理论甚至应该试图说明我们对于科学的历史动力所了解的东西，也就是其具有连续性和逐步扩大的方面，连同其明显是中断的变革和断裂的方面。

由此，我以为，可以看到，现象学、康德传统、新经验主义以及后实证主义之间的综合或整合对于产生一种科学和知识通论的重要性。如果我们要在这个领域有所进展，我们无疑会表现得谨慎。探究认识论问题的现象学进路与作为康德（和约定论）传统的继承者的新经验主义进路，由于深刻的兴趣分歧而充满活力，这种兴趣不同似乎导致现象学家去阐述一种关于作为意向行为的知识的理论，导致新经验主义者通过从认知同格的角度解释理论与经验之间的关系对当代科学哲学进行了初步指点。但是，我们在过去几十年所了解和理解的东西表明，这两种进路在各自的领域中不断地创制种种论题和视角，它们的成果并不是简单地允许，而是有效地要求被作为一个更为宽泛的概念的组成部分相互整合在一起。这就是我们为什么要特别赞赏某些诸如奥地利裔美国人费利克斯·考夫曼和意大利人朱利奥·普雷蒂这样的作者的努力的原因所在，他们从20世纪40年代末就察觉到了这种整合的可能性，并且力争通过他们的著述来实现这种整合。

Paolo PARRINI:
A PRIORI, OBJECTIVITY, AND JUDGEMENT CROSSING THE PATHS OF KANTIANISM, PHENOMENOLOGY AND NEO-EMPIRICISM: A TRIBUTE TO GIULIO PRET1
(*DIOGENES*, No. 242, 2014)

注：

[1] 自 20 世纪 70 年代中期以来，论述新经验主义与康德哲学之间的关系的文献得到了极大的丰富。而专门探讨新经验主义与现象学的关系的研究却不多见。关于这方面的综述，参见帕里尼（2012，2014）。

[2] 尤见考夫曼（1940，1941，1978）。关于考夫曼，参见施塔德勒（1997）和许默尔（2003）。古廷（1971）做过一次试图整合逻辑经验主义与现象学的有趣尝试。

[3] "每一区域本质决定着'综合的'本质真理，即那些以区域本质为基础、作为这个属的本质的真理，但它们不只是包括在形式本体论中的真理的特殊形式。……（这些概念）以本质普遍性表示那些'先天地'和'综合地'必然属于该区域外延内一个别对象的特殊形式。……如果人们想与康德纯粹理性批判一致（尽管在基本概念上极为不同，彼此的差别并非排除一种内在的类似性），我们就应当用先天综合知识来理解区域的公理；而且我们有如此多的不可还原的、作为区域的知识类"（胡塞尔，1950：第 16 节，37—38）。这个论题在题为"关于整体与部分的学说"的第三研究中已经提出（胡塞尔，1984：227—300）；另参见谢尔顿（1988）和利文斯通（2002：248—252）。

[4] 范德皮特（1984）支持胡塞尔，不支持石里克；谢尔顿（1988）则捍卫石里克。

[5] 历史上值得关注的一个术语可追溯至施特格米勒（1957：292），他提出"形式分析陈述"这个表达来表示逻辑真理，"质料分析陈述"来表示本质谓述真理。

[6] 显然，综合断言（例如"上帝是无所不知的"和"每个三角形都包含两个直角"）是这样的命题，即在命题中似乎没有任何"观念自身"由于得到真的命题仍然真，假的命题仍然假的结果而受到随意的修改。

[7] 西蒙斯给出的关于逻辑 - 分析真理的"波尔查诺 - 胡塞尔"厘定得到了不同专家的强化。笔者不想勾起那些对这个厘定有影响的非常微妙的问题，因此，将关注点局限于皮亚扎（2004：241s），他阐述了一些恰到好处的评论，并且提供了一份文献目录指标表。

[8] 正如保罗·利文斯通写道："无论一个规则可能多么具有普通用法的特征，如果它间接指涉对象、属性或经验之间的特殊和预先存在的排斥与包容关系，那么它们仍然不是纯约定性的或规定性的。"（2002，262）某种相同的情况在引入原始相似性识别观念时的理论与观察区分中得到证实（帕里尼，1998：Ⅲ/4—5，带有对托马斯·库恩、玛丽·赫西以及罗贝塔·兰弗雷迪尼著作的进一步指南）。

[9] 关于质料先天的可能性，参见皮亚扎（2004）论证充分的立场。皮亚扎从这样一种观念出发："石里克与胡塞尔之间真正的争论焦点不应在于接受胡塞尔或石里克对于分析/综合的区分、进而接受——或各自否认——先天综合命题的存在是否更为方便这样的

问题，而应在于是否存在任何其他关于先天证明——作为对石里克捍卫基于意义的证明的替代——的**说明性**描述这样的问题；这种证明为这一假定留有充分的余地"——诸如那些肯定质料先天的命题可能具有丰富的信息性（皮亚扎，2004：248—250）。

[10] 关于胡塞尔与《世界的逻辑构造》之间的关联，尤其关于现象学和卡尔纳普理解经验的方式的研究不胜枚举。其中包括 V. 迈耶、T. 皮亚扎、J.-M. 罗伊、G. 罗萨尔多·哈多克、T. 里克曼以及其他人的著作。关于这一问题的简要概述，参见帕里尼（2012：86—95）。

[11] 例如参见莫汉蒂（1996：24，29）、弗勒斯达尔（2006）、欣蒂卡（2006）。兰弗雷迪尼（2007）讨论过康德和胡塞尔著述中的认知问题。这个问题是罗克莫尔（2011）著述的核心。

[12] 尽管石里克的意见不同，他曾劝告卡尔纳普使用**构建**一词而不要用**构成**，以强调批判知识论与《世界的逻辑构造》工程之间的距离。卡尔纳普的工程不仅是构成性的，而且，按照当今更好的理解，受惠于另一位石里克不大尊重的哲学家的思想很多，胡塞尔的现象学（帕里尼，2011：86—95）！

[13] 即便英语文献中坚持以**心智制造自然**公式进行简约解释的那些人也不能否认，在康德那里，心智只产生自然的**形式**方面，而不是**质料**方面，并且不是从存在的意义上，不是通过意志的因果性产生它。正如康德在著名的第 14 节 "向范畴先验演绎的过渡" 的开头明确表明的， "表象" 并不是从 "**就存在而言产生自己的对象**" 的意义上规定或构成先验对象，因为这根本不是 "凭借意志" 所产生的心智因果力问题，而是从可能把 "**某物作为一个对象来认识**" 的意义上来进行规定的（康德，1998：B125）。

[14] 康德在《对唯心论的驳斥》的附释三中表达了同样的思想： "从关于我们自己的某种确定的意识的可能性要求外部的实存，并不能得出外部事物的任何直观的表象同时包含着这些事物的实存，因为这种表象完全可能纯然是想象力的结果（无论是在梦中还是在妄想中）；……至于这个或者那个自以为是的经验是否纯然是想象，则必须按照它的特殊规定并且通过与一切现实的经验的标准进行对照予以查明。"（康德，1998：B278）

[15] 关于石里克和赖欣巴赫对于先天综合判断的立场，尤其参见帕里尼（2002：第 4 和 7 章）。关于卡尔纳普和蒯因的立场，参见卡尔纳普（1961：第 103—105 节）（1961：39—40）。

参考文献：

卡尔纳普，R., Carnap, R.（1956）"Meaning postulates" [1952], 收入 R. 卡尔纳普，in R. Carnap, *Meaning and Necessity: A Study in Semantics and Modal Logic*, Chicago: University of Chicago Press, pp. 222—229。

卡尔纳普，R., Carnap, R.（1961）*Der logische Aufbau der Welt. Scheinprobleme in der Philosophie* [1928], Hamburg: Felix Meiner。

科斯塔，V.、弗兰奇尼，E. 和斯皮尼奇，P., Costa, V., Franzini E., and Spinicci, P.（2002）*La fenomenologia*, Turin: Einaudi。

弗勒斯达尔，D., Føllesdal, D.（2006）"Hintikka on phenomenology"，收入 R. E. 奥克希尔和 L. E. 哈恩（主编），in R. E. Auxier and L. E. Hahn（eds），*The Philosophy of Jaakko Hintikka*, Chicago: Open Court, pp. 373—387。

古廷，Gutting, G.（1971）"Husserl and logical empiricism"，*Metaphilosophy*, 2: 197—226。

海德格尔，M., Heidegger, M.（1975）*Gesamtausgabe*, Frankfurt am Main: Klostermann。

海德格尔，M., Heidegger, M.（1976）*Sein und Zeit* [1927], in *Gesamtausgabe 2*, Frankfurt a. M.: Klostermann [English trans. *Being and Time* by Joan Stambaugh, Albany: State University of New York Press, 1996]。

海德格尔，M., Heidegger, M.（1979）*Prolegomena zur Geschichte des Zeitbegriffs* [1925], in *Gesamtausgabe 20*, Frankfurt am Main: Klostermann。

海德格尔，M., Heidegger, M.（1991）*Kant und das Problem der Metaphysik* [1929], in *Gesamtausgabe 5*, Frankfurt am Main: Klostermann。

海德格尔，M., Heidegger, M.（1992）*History of the Concept of Time*, trans. Th. Kiesel, Bloomington: Indiana UP。

欣蒂卡，J., Hintikka, J.（2006）"Reply to Dagfinn Føllesdal"，收入 R. E. 奥克希尔和 L. E. 哈恩（主编），in R. E. Auxier and L. E. Hahn（eds），*The Philosophy of Jaakko Hintikka*, Chicago: Open Court, pp. 388—391。

许默尔，W., Huemer, W.（2003）"Logical empiricism and phenomenology: Felix Kaufmann"，收入 F. 施塔德勒（主编），in F. Stadler（ed.），*The Vienna Circle and Logical Empiricism, Re-evaluation and Future Perspectives*, Dordrecht: Kluwer, pp. 151—161。

胡塞尔，E., Husserl, E.（1950）*Ideen zu einer reinen Phänomenologie und phänomenologischen Philosophie* [1913], 收入 E. 胡塞尔，in E. Husserl, *Gesammelte Werke*, iii, The Hague: Nijhoff。

胡塞尔，E., Husserl, E.（1984）*Logische Untersuchungen* [1900], 收入 E. 胡塞尔，in E.

Husserl, *Gesammelte Werke*, xix -1, The Hague: Nijhoff。

康德, I., Kant, I.（1995）*Prolegomena zu einer jeden kunftigen Metaphysik, die als Wissenschaft wird auftreten können* [1783], in *Kants Werke*, Akademie Textausgahe, iv, Berlin: Walter de Gruyter & Co, pp. 253—383。

康德, I., Kant, I.（1998）*Kritik der reinen Vernuft* [1781/1787], in *Kants Werke*, Akademie Textausgabe, iv & iii, Berlin: Walter de Gruyter & Co [English trans. *Critique of Pure Reason*, trans., ed. P. Guyer and A. W. Wood, Cambridge, UK: Cambridge University Press, 1998]。

考夫曼, F., Kaufmann, F.（1940）"Phenomenology and logical empiricism"，收入 M. 法伯（主编），in M. Farber（ed.）, *Philosophical Essays in Memory of Edmund Husserl*, Cambridge, MA: Harvard University Press, pp. 124—142。

考夫曼, F., Kaufmann, F.（1941）"Strata of experience"，*Philosophy and Phenomenological Research*, 1: 313—324.

考夫曼, F., Kaufmann, F.（1978）*The Infinite in Mathematics: Logico-Mathematical Writings*, ed. B. McGuinness, Dordrecht: Reidel。

兰弗雷迪尼, R., Lanfredini, R.（2003）"Schlick and Husserl on the essence of knowledge"，收入 P. 帕里尼、M. 萨蒙和 W. 萨蒙（主编），in P. Parrini, M. Salmon, and W. Salmon（eds）, *Logical Empiricism. Historical and Contemporary Perspectives*, Pittsburgh, PA: University of Pittsburgh Press, pp. 43—57。

兰弗雷迪尼, R., Lanfredini, R.（2004）"Fenomeno e cosa in sé: tre livelli di impossibilità fenomenologica"，收入 R. 兰弗雷迪尼（主编），in R. Lanfredini（ed.）, *Fenomenologia applicata. Esempi di analisi descrittiva*, Milan: Guerini, pp. 155—173。

兰弗雷迪尼, R., Lanfredini, R.（2006a）"La nozione fenomenologica di dato"，收入 R. 兰弗雷迪尼（主编），in R. Lanfredini（ed.）, *A priori materiale. Uno studio fenomenologico*, Milan: Guerini, pp. 59—94。

兰弗雷迪尼, R.（主编），Lanfredini, R.（ed.）（2006b）*A priori materiale. Uno studio fenomenologico*, Milan: Guerini。

兰弗雷迪尼, R., Lanfredini, R.（2007）*Filosofia della conoscenza*, Florence: Le Monnier。

利文斯通, P., Livingston, P.（2002）"Husserl and Schlick on the logical form of experience"，*Synthese*, 132: 239—272。

米拉格利亚, R., Miraglia, R.（2006）"Dove iniziano gli a priori materiali? Schlick, Wittgenstein e le radici di un equivoco"，收入 R. 兰弗雷迪尼（主编），in R. Lanfredini（ed.）, *A priori materiale. Uno studio fenomenologico*, Milan: Guerini, pp. 95—120。

莫汉蒂, J. N., Mohanty, J. N.（1996）"Kant and Husserl", *Husserl Studies*, 13: 19—30。

帕里尼, P., Parrini, P.（1998）*Knowledge and Reality. An Essay in Positive Philosophy*, Dordrecht: Kluwer。

帕里尼, P., Parrini, P.（2002）*L'empirismo logico. Aspetti storici e prospettive teoriche*, Rome: Carocci。

帕里尼, P., Parrini, P.（2006）"A priori materiale e forme trascendentali della conoscenza. Alcuni interrogativi epistemologici", 收入 R. 兰弗雷迪尼（主编）, in R. Lanfredini（ed.）, *A priori materiale. Uno studio fenomenologico*, Milan: Guerini, pp. 15—39。

帕里尼, P., Parrini, P.（2011）*Il valore della verita*, Milan: Guerini。

帕里尼, P., Parrini, P.（2012）"Fenomenologia ed empirismo logico", 收入 A. 奇米诺和 V. 科斯塔（主编）, in A. Cimino and V. Costa（eds）, *Storia della fenomenologia*, Rome: Carocci, pp. 81—110。

帕里尼, P., Parrini, P.（2014）"About the parting of the ways: three roads or four? Schlick's reviews for the *Vierteljahrsschrift für wissenschaftliche Philosophie und Soziologie* and Husserl's phenomenology", *Philosophical Inquiries*, ii（2）: 141—177。

皮亚扎, T., Piazza, T.（2002）"Fenomenologia nell'*Aufbau*? Carnap, Husserl e la costituzione del mondo", 收入 R. 兰弗雷迪尼（主编）, in R. Lanfredini（ed.）, *Forma e contenuto. Aspetti di teoria della conoscenza, della mente e della morale*, Milan: LED, pp. 85—112。

皮亚扎, T., Piazza, T.（2004）"The quest for the synthetic a priori: Husserl's and Schlick's debate revisited", 收入 A. 赫鲁德齐姆斯基和 W. 许默尔（主编）, in A. Chrudzimski and W. Huemer（eds）, *Phenomenology and Analysis. Essays on Central European Philosophy*, Heusenstamm: Ontos-Verlag, pp. 233—256。

普雷蒂, G., Preti, G.（2002）*Écrits philosophiques. Les Lumières du rationalisme italien*, Textes choisis et présentés par L. M. Scarantino, Paris: Cerf。

蒯因, W. V. O., Quine, W. V. O.（1961）"Two dogmas of empiricism" [1951], 收入 W. V. O. 蒯因, in W. V. O. Quine, *From a Logical Point of View*, Cambridge, MA: Harvard University Press, pp. 20—46。

蒯因, W. V. O., Quine, W. V. O.（1977）"Truth by convention" [1936], 收入 W. V. O. 蒯因, in W. V. O. Quine, *The Ways of Paradox and Other Essays*, Cambridge, MA: Harvard University Press, pp. 107—132。

罗克莫尔, T., Rockmore, T.（2011）*Kant and Phenomenology*, Chicago: The University of Chicago Press。

石里克, M., Schlick, M.（1925）*Allgemeine Erkenntnislehre* [1918], Berlin: Springer。

石里克, M., Schlick, M.（1969a）"Gibt es ein materiales Apriori？" [1930], 收入 M. 石里克, in M. Schlick, *Gesammelte Aufsätze 1926-1936*, ed. F. Waismann, Hildesheim: Georg Olms, pp. 19—30。

石里克, M., Schlick, M.（1969b）*Form and Content. An Introduction to Philosophical Thinking* [1932], 收入 M. 石里克, in M. Schlick, *Gesammelte Aufsätze 1926-1936*, ed. F. Waismann, Hildesheim: Georg Olms, pp. 159—249。

石里克, M., Schlick, M.（1979）*Philosophical Papers*, ed. H. L. Mulder and B. F. B. Van de Velde-Schlick, Dordrecht: Reidel。

谢尔顿, J., Shelton, J.（1988）"Schlick and Husserl on the foundations of phenomenology", *Philosophy and Phenomenological Research*, 48: 557—561。

西蒙斯, P., Simons, P.（1992）"Wittgenstein, Schlick and the *a priori*", 收入 P. 西蒙斯, in P. Simons, *Philosophy and Logic in Central Europe from Bolzano to Tarski*, Dordrecht: Reidel, pp. 361—376。

施塔德勒, F.（主编）, Stadler, F.（ed.）（1997）*Phänomenologie und Logischer Empirismus: Zentenarium Felix Kaufmann*, New York: Springer。

施特格米勒, W., Stegmüller, W.（1957）*Das Wahrheitsproblem und die Idee der Semantik*, Vienna: Springer。

范德皮特, Van de Pitte, M.（1984）"Schlick's critique of phenomenological propositions", *Philosophy and Phenomenological Research*, 45: 195—225。

论有时：禅、现代性与当代

詹姆斯·亚当·雷德菲尔德　著
杜　鹃译

>……如果古典研究不是不合时宜的，亦即反对我们的时代并由此，但愿，为了未来时代而对我们的时代有所作用，我不知道它在我们的时代还会具有什么意义。
>
>——尼采，《历史学对于生活的利与弊》（1983 [1874]: 60）

那是2009年2月下旬加州伯克利的一个阳光明媚的周六上午。就在10点10分，作为伯克利禅修中心（BZC）的犹太裔住持，慈祥的八旬老人宗纯禅师（Mel Weitsman）步入禅堂（zendo）。里面坐着50位多半受过大学教育的中年中产修行者，盘腿端坐在围成环形的黑蒲团上。宗纯禅师向释迦牟尼像献上一只花蕾，坐进放置于佛坛边高台的蒲团上，在棕色僧袍的领边别上无线话筒。他的学员们双手合十，做出感激的手势：指尖并拢，距鼻端几英寸。他们低颂：

>无上甚深微妙法[1]，百千万劫[2]难遭遇。我今见闻得受持，愿解如来[3]真实义。

"早安"，宗纯禅师开始了熟悉的仪式。
"早安"，学员们齐声应答。一种温暖的静默笼罩了整个房间。

"大家能听见我说话吗?"宗纯的话筒发出杂声。一位志愿技师——宗纯的学员,也是附近的加州大学计算机程序员——跑上台进行调试。"嗯,我总愿回到我们最基本的修行",宗纯接着说,"所以,今天上午我想讲一讲'只管打坐'(shikantaza)。我们必须不断提醒自己我们的修行实际上是什么以及我们如何描述它……"[4]

外面一辆救护车呼啸着飞逝而过。整个世界熙熙攘攘,忙忙碌碌。宗纯的学员们双手叠放于腿上,等待老师的忠告。

禅与现代

我将效仿韦伯的"文人习气"(韦伯,2003:129),从物质条件开始谈起。宗纯认为,"我们必须不断提醒自己我们的修行实际上是什么",以此回应伯克利禅修中心社团中弥漫着的焦虑。储蓄告罄,工作告吹;修行者的子女为完成大学学业而心焦,而孙子辈则想知道他们何时能去探访大学校园。退休者为能否承受医疗保健而焦虑;而那些退不起休的人则担心他们的健康难以为继。如此这般的关切在危机来临时的美国中产阶级中十分典型。但是,宗纯并不关注这些物质条件,而是关注它们的历史前提和精神含义。通过运用禅宗语言重新描述经济危机,宗纯关于"只管打坐"——他关于静坐静思修行的日本曹洞宗理想模式——的讲座实现了一种问题化:"将给定的东西转化为一种质疑"(福柯,2006:118)。具体而言,宗纯将现代经济的时间结构问题化。这种经济以不远的未来为中心,而禅宗则以而今(present)为中心。经济经验使主体以将会如何(what will be)的期待为基础,而"只管打坐"则使主体扎根于是什么(what is)的觉识中。宗纯用来表达这一对比的用语并不为禅宗所独有。正如莱因哈特·科泽勒克认为的,朝向未来的目的论时间性是现代历史性本身一直以来的特征。这一元历史问题贯穿于我对宗纯讲话的谱系解读中。[5]

但是,宗纯将禅宗与现代时间的对比——在尼采的意义上"不合时宜"——并未终结他通过将现代性与禅宗传统的截然相对而对现代性的问题化。毋宁说,宗纯认为,现代经济的时间结构在其学员们修行打坐时总是已然活跃在他们体内。在宗纯看来,端坐在黑色蒲团上呼吸着的身体的生命节奏由两种时间构成。他称之为"吸气"与"呼气"。从现象学上讲,吸气对应于"意向"

时间性，而呼气对应于"注意"时间性。意向，如同经济一样，以自我为中心，取向未来，并区分自我及其对象。相比之下，注意时间性是非目的论的。它重新定向于现在。听任未来发展，并使主客体达到纯粹和直接的和谐。在宗纯看来，身体的常态在意向和注意之间摇摆。但是，尤其是危机时期的现代经济，制造了一种不平衡——它将身体推向意向并使呼气变得短促。只有"只管打坐"能够使心灵、呼吸和主体重新平衡。通过使意向的世界恢复到注意，禅宗的修行以留意当下来对抗危机。

目前的进展还算顺利。但是，为什么在宗纯看来曹洞禅的主体能够实现这种"只管打坐"的和谐，即自我在时间中的暂时悬置呢？在回答这一问题的时候，他对经济危机本身的问题化成了问题。他暗示说，"只管打坐"实现了一种普遍及自然的规范性理想（"真如"，shinnyo），而不是仅仅认为"只管打坐"天然地源于一种沉静的内在状态。他于是将"真如"奠定于一种有争议的对佛教本体论的解释。在宗纯看来，主体的"本心"或"真我"是使主体得以体现"只管打坐"的"真如"——摆脱语言或概念的中介——的本体论基础。但是，曹洞禅中的"本心"本身就是一个带有历史偶然性的、具有特定含义的术语和概念。在日本最近的批判佛教运动中，这一概念的普遍主义的、反批判的和虚无主义的话语功能受到了激烈的争议。

我将会说明，由于其他的背景差异，在美国批判佛教并不是特别受人关注。但是，这揭示了一个问题，即美国和日本的曹洞禅尽管存在日渐增长的差异，但仍然彼此共享。这也是一个时间性问题。诸如"本心"这样的术语指涉一种自然主义本体论，[6]以觉悟已经包含在主体之中这样的观念为基础。实际上，自然主义的隐喻让这一自我在从"潜在"到"现实"的关系中着力于自身。主体意识到自己是前定的超验理想的内在形式。这种自然主义往往忽视现代存在的特定历史维度。尽管历史事件——比如经济危机——促使对诸如"真如"这样的规范的乞灵，这些规范的基础（心之"本"）自身却是被历史变革排除在外的。这有助于传统自我繁殖，但它却无助于与自身的极端修辞相符，这种非同一性处于一切存在的核心之处。

要矫正这种保守倾向，我最后将考虑两种与禅宗佛教相似的实践：尼采的《不合时宜的沉思》和拉比诺的"当代人类学"。这两种质疑模式——邻近"潜在/现实"模式——都共享一种时间敏感性，这种时间敏感性审视并重新想象一种现代问题的"虚拟"主体。一个虚拟主体为了即将到来的时代将如何在现代看待现代时间呢?

"经验"和"期待":现代性的时间性

科泽勒克在其论文集《未来之过往:历史时间语义学》中,将"经验"与"期待"(2004a:255—275)定义为"纯粹形式上的"以及"元历史的"范畴。这两个范畴共同标识了任何历史主体性的界限。它们"指出了一种人类学条件,历史一旦缺少这种条件就无法可能或不可想象"。由于这些范畴还"体现了过去和未来",因此任何历史时间性都可以通过与它们关联的方式而得到界定。经验是生活记忆的场所,"现在的过去"。它是储存在传统、制度以及个人中的事件的储备。期待是一种虚空但活跃的可能性,"未来已制造了现在;它将自身指向尚未,指向未被经验的"。[7] 科泽勒克认为,现代性作为一个纪元(die Neuzeit)可以被视作一种新的时间性(eine neue Zeit),在这种新的时间性中,期待与经验分离并开始主宰后者。过去不再支配未来;未来获得了一种新的能力来吸收并改造过去。中世纪经验囿于静态时间性之中,局限于末世的终极视域,现代性却断裂了这一传统的时间,添加了"加速度"的"系数"。一个"不远的未来"的新空间已经开启。在这一空间中,"理性的预测",而非天启的"预言",成为了做出真理断言的主要模式。[8] 科泽勒克将这一转变归因于"现时代的持续结构,这种结构可以被视作历史人类学的组成部分:亦即我们正被卷入一种未知的未来,其节奏使我们总处于一种喘不过气的状态中……"(1988:3)这种现代的不远未来是一种自我延续的霸权目的论,其种种预言具有同一个名称:进步。

尽管这一论证对现代元历史批评者而言鲜有新意,[9] 但它仍可能使那些批评者惊讶地发现,曹洞禅的住持也位列他们中间。身着棕色僧袍以莲花坐姿端坐于伯克利禅修中心佛坛上的宗纯,后面还有两张面孔作为背景:永平道元(13世纪的曹洞宗创始人)和铃木俊隆(宗纯有名的老师,他在权力归花年代使禅宗在美国湾区及更广地区得以推广)。宗纯在讲课时不断援引铃木和道元。当宗纯放声朗读时,铃木的声音几乎与宗纯自己的声音浑然一体:

那么（宗纯翻开一本织有日本纹饰的锦面封皮的书，沉默良久），铃木俊隆以这样的方式来描述"只管打坐"。他说，"'只管打坐'，我们的坐禅，就是去做我们自己"。[10]嗯，那是一个有意思的表述。你怎么才能"就做自己"？（铃木说：）"当我们不期待任何事之时，我们就能做我们自己。"我们怎样才能真正存在于这一刻，不去期待下一刻的某些东西？我称之为"谦和之心"。谦和之心意味着你的心灵像镜子一样完全开放，无论眼前看到什么都没有攫取的期待，没有对"接下来是什么"的期待。这就叫作"心静"。（铃木说：）"这就是我们充分活在时间的每一刻的方式。而且，这一修行永远延续……"

宗纯和铃木在此将"只管打坐"界定为现代"期待"的反题。"只管打坐"就是仅仅成为且完全成为一个人当下所做的一切的这种修行。就坐禅而言，这就是保持正直、呼吸并注视精神表象和物理刺激的流动。[11]"只管打坐"，宗纯说，"意思是'只是坐着'"。[12]在"只管打坐"时，主体感知着（或者，宗纯可能会说"受持着"）而今的起起落落，就像呼吸的起伏，而不是期待另一个经验。自我的需求得到了短暂的释放。主体被鼓励去轻轻把握每一个时刻，而不是去攫取一个渴求的对象，这种把握之轻像打坐时的两个拇指：既不压在一起，也不分离。

相比于现代性的期待时间性——尤其是在经济危机的历史时刻，"只管打坐"获得了一种崭新的、不合时宜的力量。在伯克利禅修中心的静思中，当已届中年的身体开始反抗长达几个小时的"只管打坐"的尝试时，宗纯的学员们会盼望开几个电话会议，出售股票，或至少查查电子邮件。但是，在"只管打坐"修炼中，身体或经济所激发的浮躁被置于同一水平。它们是被纳入经验的"期待"的要素，而不是可以征服经验的要素。正如英国的法云慈友禅师所说，坐禅时的坐立不安是"自我不肯皈依的一种测量"（鲁里，2002：99）。手机是禁止带入静思的。有偿工作被诸如打扫厕所和削萝卜皮这样的正念劳作所取代，后者被限定在"工作能得以用正念完成的时间中"。所有其他活动——诵念、鞠躬、行走、烹饪、供馔以及进食"恰好斋"（oryoki）——都同样被正式化并被限定时间，使得学员们可以投身于他们的体验中。这种紧张和受限的活动的节奏由铃声打断，这铃声召唤学员们去禅堂边的小屋里与宗纯"独参"（dokusan）。在"独参"中，宗纯会询问他们进行得如何，但是学员们的口头解释与宗纯的判断没多大关系。"独参"小屋仅容许最赤裸的内在性；整个心灵都可以通过身体而得到辨识。无论是过去的创伤还是良好的意愿都不能使主体的真实性不被看到。宗纯对学员的动作的形式——其姿态、准时性、小动作等等——关注最为敏锐。以其对修行者的存在如何在其修行中显示出来的训练有素的敏感性，宗纯"测量"学员的自我并解释它对学员在禅修中心之外的生活中的意义。宗纯会以隐秘的话语总结"独参"：一个"公案"（kōan）或一句"转语"。[13] 学员通过思考这些谜团，至少可以从其惯常的期待、欲望、抗拒和疑虑中转移注意力。

在这种教学实践的背景下，我们也许可以更好地理解宗纯为什么在一开始就通过在现时代（"期待之梦"）和"只管打坐"的清晰愿景之间创造一种元历史两分法来表达其对学员们的集体状况的诊断：

> 因此，我（对"只管打坐"）想了很多，因为我们有很多期待。我们建立起一个期待之梦，然后相信我们的期待，再后在难以满足我们的期待时感到痛苦……

对宗纯而言，"期待之梦"指的不单是经济，还有放大了的美国社会（他经常为"寻求快乐之梦"[14]叹息）。当他的学员们"相信"了这个梦——当他们试图以期待作为其体验的基础，他们便开始依附于未来。但是，由于未来从定义上来讲是偶然的，这种态度不可避免地导向痛苦。[15] 只有全身纹丝不动的"只管打坐"能反作用于现代性期待的未来。

总而言之，宗纯似乎主张一种对元历史的对立，而不是在禅与现代之间的调解。现代性将主体写进了朝着临近的终点驱动的线性历史中，而禅却将过去及未来的道德效果固定于现在。虽然历史性本身并不必然与禅对立，而现代历史性却明显如此。但是现在，宗纯的讲座将从这种一般诊断转向禅与这一现代危机时刻的理想关系的具体处方。在这一过程中，他将使禅与现代之间的调解成为可能。在宗纯看来，它们尽管相互对立但并非截然不同。事实上，它们之间的调解恰恰潜在于坐禅的结构中。

"意向"和"注意":一种现象学时间性

目前为止,我们已经知道宗纯是在元历史的意义上将禅与现代性进行对照。但是,这种对照的范围却并不清晰。我们尚不能确定,这一问题是仅限于现代历史性的时间性还是是所有的历史存在模式所固有的。令人感到意外的是,当宗纯开始指出禅是如何回应现代"期待"问题时,他僵硬的两分法开始动摇。禅与经济具有一个公倍数:人的身体。

当我们拥有很多时,我们就会沉迷在对很多的拥有中。而当我们不再拥有这么多时,梦想就会破灭。然后我们就缩减规模。大自然就缩减。大自然始终在扩张、缩减,扩张、缩减。当动物拥有充足的地盘、食物等,种群就开始扩张。而当干旱来临,当各种各样不支持种群的条件出现,种群就会缩小……因此,我们有扩张的梦想,而当扩张之梦完结我们为了不被束缚地生存而不得不收缩。仅仅是(对自己说),"现在是时候缩减了。现在是时候节约了。现在是时候一天吃一餐了"。一无所有。磨练。超越。

宗纯通过将经济描述为一种自然过程并将其学员们描述为具体化了的自然存在者,使得禅与现代性之间的调解成为可能。他的用语"大自然就缩减"(他加的着重号)在这方面格外关键。他知道,许多学员会将"缩减"这个用语与湾区的公司联系在一起。其中有些人就会在宗纯讲座后的用茶时间在院子里抱怨,他们因为公司的缩减而丢了工作,或是因为市场的"收缩"而损失了他们的不动产投资。在宗纯看来,坚称他们需要缩减并收缩("一天吃一餐")是一个大胆的教学举动。只有当宗纯能把他的学生们与经济过程联系起来,而不是让他们与后者对立,才能够超越单纯的说教。宗纯深化了这一调解 - 静思(medi[t]ation),为此,他提醒他的学员们注意,呼吸如同经济一样,也是一种"扩张"和"收缩"的自然节奏:

"只管打坐"意味着"就是这样。就在此时。就在此地"。既不思考过去也不思考未来。它只是完全地存在于而今,就在现在,就在此刻。时空在此时此地相遇。并且，我们可以通过呼吸最为清楚地经验到。我一直这么说（宗纯笑起来）。吸气是吸入，或者说苏活，也就是区分。呼气是释放，也叫告终，亦即"合而为一"。所以，在呼气中我们释放并与宇宙合而为一，不再区分。而当我们吸气的时候，我们分辨并苏活，将所有的形式赋予生命。吸气是"有分别三昧"（differentiated samadhi）；呼气是"一行三昧"（samadhi of oneness）。这是我们生命的两面，也就是生与死。我们吸气得以苏活，即所谓"生"。我们呼气得以释放，即所谓"死"或"释放以合而为一"。死亡就是"合而为一"。出生被称作"区分"。这是一枚硬币的两面。我们生命的两面……因此，这一进一出的脉动，出生与释放，就是我们真正的生命。永不停息的生命……

这些重要讲话将宗纯对现代性的问题化的场域从元历史范畴转置为他的学员们自己的身体。他对现代性的时间性的诊断发生了一个彻底转变。它不再简单是现代的不远未来对禅的纯粹而今的支配问题。毋宁说，坐禅修炼融合了主体身体在每一个单一又永恒重复的时刻上的两种时间性。"只管打坐"的逻辑仍旧不同于现代性的逻辑，但是现在，这两种逻辑的辩证综合，而非简单的对立构成了作为整体的主体。

为了描绘这一调解的全景，借用西方[16]现象学传统的术语重新描述"只管打坐"的时间结构是不无裨益的。的确，宗纯的"吸气"和"呼气"的关系紧密对应着梅洛-庞蒂视为在知觉活动中相互配合的两种时间性即"意向"与"注意"之间的相互作用。[17]这两种时间性兼有主体性的三个要素：涉身性（在坐禅中，受限于姿态、目光和呼吸）、知觉以及自我意识。意向和注意将一种整体的、相互强化的结构赋予主体的心灵、身体和知觉。它们的时间辩证在自我的自发意义上综合了禅与现代时间性，尽管这种自我是一种没有固定特性的自我。

对梅洛-庞蒂而言，"意向"是这样一种时间模式，"在现在的确定性中……超越现在的现在性"。心灵的意向性模式被一种对积极存在的意志所驱使，"……预先（将现在）假定为一系列回忆中的一种无可置疑的'前存在'"。正如科泽勒克的现代历史性的加速目的论时间，"意向"将现在推延至未来。它因此剥夺了现在的呈现，将其从生活时间的不确定的、具有内在关系性的流变（柏格森的"绵延"）中抽离出来。通过感知行为，意向使"客观性"及"自我的统一"的一种单方面意义成为可能。意向将自我固定在一个外在于经验的任意点上。然后，它围绕这个点创造了一种时间连续统，理性方法和进步可以（毫不喘息地）沿着这个连续统行进。[18] 用宗纯的话来复述这一过程，就是"吸气是分别"：在现在和未来之间，在主体和客体之间。在现在吸入的一口气意味着在未来的呼出。此外，它划定了一种形式；它将含有这种气的自我/有机体与空气本身、本地情境以及其他生命形式分离。正如宗纯所说的，"当我们吸气时，我们分辨并苏活，将所有的形式赋予生命"。人类形式标记着一种"分辨"——一个被强加在（短暂的）屏息之间的自我，一个为了精神与世界、内在与外在之间的缝隙而抗争的有机体——在这样的缝隙中，它仍然是一个（转瞬即逝的）分立的个体。[19]

然而，正是这一分辨的结构需要并包含着它的对立面。正如伯克利禅修中心的学员们在禅堂一天两次诵念的《心经》所言："色即是空，空即是色。"在吸气之后，自我紧张而带有目标性的自决松懈下来。身体开始在一个静止点上休息："合一"。呼吸的这种"扩张和缩减"运动就是宗纯经常称为的"每一刻的生与死"。在生与死之间"是我们真正的生命。持续不断的生命……"[20] 当意向展开为"注意"，吸气就化作呼气。

梅洛-庞蒂将"注意"界定为一种"依然'虚空'但已经确定的意向"。就像意向一样，注意只要是主动而非被动的状态，它就是确定的。然而，它又是虚空的，因为与意向不同，它并不假设一个现在已经指涉的并因此可以被推延的未来。注意通过三个环节充当知觉的决定因素。首先，它颠倒了意向时间性的矢量。它固定的不是一个分立的自我，一个能够在之前/之后的线性序列中自身感知其他对象的自我，"注意的第一种运作就是为其自身创造一个……可以被'审视'的……场域"。在这个场域中，身体充当主体的躯体图式。主体的躯体图式充当主体对感觉材料或"给定之物"（données）的过滤系统以及主体以知觉形式解释这些材料的机制，而不是简单地在一个时间和经验由此进行的非存在点上假设主体的"自我"。其次，主体的注意通过将世界映射到其身体图式上，而转变了主体的感知空间。从模糊的"视域"出发，知觉的对象成为了场域中的"图形"（figure）。每一个图形都是意识之中的一个独特事件，它按照一种"原始结构"将所谓的知觉给定要素联系在一起。[21] 最后，注意将给定之物的一连串型构（figurations）串在一起；每一个新图形都抹除掉旧材料并转化为下一个。正如电影高速移动的画面创造了关于运动的幻觉，这种"转变综合"[22] 不仅使知觉，也使作为一个完整整体的"意识"成为第一位的。[23] 注意带来的结果，除了更为敏锐的知觉外，更是在主体层面上的一种悖论式的内在统一性，一种无须确定自身而能确定事物的统一性。主体作为一个被悬置在一个个交替出现的时刻之间的默认的连续性出现。不是心灵的一种特殊状态，而是这种处于状态之间的流动运动，"这种从不确定向确定的转变，这种在新的意义的统一性之中对自身历史的每一刻的重塑，才是思想本身"。由是，梅洛－庞蒂以明显的黑格尔口吻，描绘了从一种模糊视域向身体场的辩证演化，从而使感觉材料可以被描绘为知觉对象，并导致在其关于自我意识的整体（尽管是不明确的或"虚空的"）基础上对这些分立的对象的最终扬弃。

"转变综合"在实践中如何起作用的一个例子与宗纯对"只管打坐"的理解十分具有可比性。当身体上的一个点被触动，梅洛－庞蒂说，意识一定能聚焦于该点的准确位置，而不会在这一过程中忘记自身。意识得以这样做，是因为它将对那个点除去位置的所有感知都仅仅作为偶然的"表象"。因此，点的位置（相对于对其的知觉）成为了主体的唯一"不变量"，而主体将该点的位置以不同形式呈现给自身。"注意的行为之所以能够为这一不变因素定位，是因为主体退离了表象的变化。"我们甚至可以说，这一由注意施行的精准确定创造了这个点。它将一个单独的图形隔绝在可以说是故意不确定的身体场中。用黑格尔的话来说，这个点只有对意识显现时才成了一个图形本身。意识反过来似乎成为了一个有界而灵活的未具体化的整体。

类似地，在伯克利禅修中心的坐禅指导中，主体被训练去关注他们身体图式上的五个点：他们的"坐骨"，牢固地支撑着他们坐在蒲团上；他们的双手，轻柔地合拢做"宇宙手印"（the cosmic mudra）；他们的脊柱，保持正直以使呼吸自由流动；他们的丹田（hara），气在那里循环；他们的鼻孔，呼吸的感觉在那里流入流出。学员们在分心时经常讲"手印聚气"，在感到疲劳时挺直脊柱，或在感到呼吸变得短促慌乱时说"回归丹田"。最常见的是，他们会说"回到呼吸"，而这逐渐成为（宗纯说的）"完全存在于而今，就在现在，就在此时"的同义词。当他们定入"只管打坐"，他们将体验到他们的视域压缩为一个单一的点的时刻：他们的鼻孔，第一个人类生命的圣经式形象。每次呼气吸气的感觉连同其间微小的停顿，都由从其他方面来看是无动于衷的场域——他们静止的身体鲜明地突显出来。他们进入了道元所谓的"身心脱落"（shinjin-datsuraku）的状态中，这种状态引发了关于自身活着的一种活生生的感受。在"只管打坐"中，一种涉身的节律成为心灵感知世界的媒介。意识通过将呼吸积极地感知为在完整的整体中把握的单一图形而不是一种感觉材料，可以说开始被其自身的生命所担保。正如宗纯关于"只管打坐"所写的，"如果你完全投身于一项活动，那么宇宙就会与你相遇并肯定你，在你与宇宙之间不再有隔阂"（见鲁里，2002：148）。一种同义反复的主体/客体的纽带得到了确定；用黑格尔的话说，同一性和非同一性的同一，或用曹洞禅的话说，"相同与相异的和谐"（参同契，sandokai）[24]。

总而言之，意向/注意或吸气/呼气的辩证时间性抵消了科泽勒克关于期待与经验的现代辩证法。它通过三方面做到这一点，而这都无需宗纯以元历史的方式将禅与现代性对立起来。与之相反，所有这三种辩证抵消都将现代性的时间性包含进了静思的身体，从而使这两种时间本体论之间的调解成为可能。首先，"只管打坐"通过重新将"期待"界定为呼吸的一种自然的然而是单方面的"扩张"而将其吸收。扩张或吸气的时刻——期待出现的时刻——成为了身体正常运作的一种自然而短暂的阶段。其次，"只管打坐"通过呼气的释放——换句话说，通过死亡——缓和了吸气以自我为中心的锋芒。意向的非连续的连续统——制订投资、工程和期望所沿循的时间轴——通过注意的不断缩减而得到缓和。最后，这两种时间性并不能简单地并列共存。它们需要一个共同基础，也就是梅洛-庞蒂所说的"意识"，宗纯所说的"本心"，或者人们常说的"自我"。正如呼吸着的身体将空气吸入呼出，这种虚空的具体知觉集合也是虽不确定但必定极其重要的一个整体。它调解着意向和注意而并不把二者视作同一。它的循环时间性将现象保存在其差异之中，否定现象，综合它们的转变，并将其作为时间性自身统一性的图形而扬弃。在每次吸气时，主体的动作驱动随之出现；在每次呼气时，动作对象退回为关于所是的细微觉识。一种对于心灵本身的模糊感觉在心灵收缩和舒张的运动中搏动着。

"真如"与"本心":成问题的曹洞禅本体论基础

在上文对"只管打坐"的现象学解释中,我们看到宗纯是如何通过将禅与现代性的时间性还原为一个共同术语即身体来调解二者。在身体之中,这两种时间性的表面冲突实际上在彼此强化。它们的辩证法也没有简单将自身抵消。毋宁说,它确认了心灵循环往复的整体性,这种整体性意识到自身成为了涉身性和感知得以出现的基础,而并不知道其自身的构形甚或其准确的场所。然而,当我们目睹"只管打坐"中出现的这一基础(宗纯引人共鸣地称为自我"被宇宙的完全确认")时,任何一个熟悉佛教教义的人都无可非议会产生怀疑。一个作为对无我的彻底辩护和对内在本性(小我,atman)的批判而兴起的传统怎么会产生"意识"或"自我"?将"只管打坐"的经验奠基于某种本体论为什么是必需的,何况还是关于个体主体本身的自我存在的本体论?

通过退回到萨特"存在先于本质"的学说或海德格尔的"现象学先于本体论"来解决这一矛盾未免太过容易,因为这意味着存在的真理可以从经验的结构中推导出来。甚至更容易让人将禅看作一种纯粹的现象学并摒弃它对于存在本身的重要性,如果只是因为(按照禅宗传统的反理智修辞)我们会怀疑这些重要性仅仅来自于我们事后对一种无需辩护或批判的静思经验的理性化。宗纯本人,就像许多禅宗大师一样,甚至可能会支持这一观点。正如他常说的,"存在和时间是相同的"。现象学和本体论也是同广延的、重叠的领域,因此,前者的生活直接性使关于后者的抽象理论成为不相关的。[25]类似地,尽管宗纯的确给他的学员们提供了"只管打坐"的定义,但是,他以同样的口气坚称这一定义不能被用于将这一理想所关涉的关系具体化或限制它所包括的经验的范围。"可以用多种方式描述'只管打坐'。但是,它作为一种描述却是难于理解的,因为它不是一种事物。它是我们的整体临在。'只管打坐'是我们的整体临在,时时刻刻。"真正的"只管打坐"甚至可以包含那些看上去对其而言的绝对他者:概念化的、理性的、目的论的或时序的思想。[26]但是,尽管现象学明显偏好福尔称为的"顿之修辞"(rhetoric of immediacy),它却在禅宗中找不到像在西方哲学中的那种优先权。正如历史上的释迦牟尼的洞见据说来自于他的静思体验,学者们也将这些洞见设立

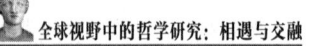

在释迦牟尼自己的历史时期中部分重建的本体论辩论中。何况，任何从静思体验中得出关于存在的推论的坐禅修炼解说，也会在上述论辩中反映出一种历史观点，而不是对在修炼本身中发生的一切的单纯描述。因此，历史界定的本体论先于现象学。[27]

我们可以用两种方式解决这一问题的事实说明，这个问题被错误地提出了。如果我们回到社会实践领域——在这里，这些概念上的对立还发挥着作用——就会发现宗纯（可能意在克服它们的矛盾）本人都不满于纯粹的现象学之禅，不满于仅仅告诉他的学员们"整体临在"如何可能以及如何发挥作用。他接下来讲到原因。他这样做便可以为他的学员们的坐禅体验指定一种本体论基础，在这种体验之中，学员们模糊的"自我"取得了一种本地栖居和命名。

> "只管打坐"是我们的整体临在，时时刻刻。这就是为什么它是坐禅的实质。并且，它就是单纯地与我们的本心同一。正如六祖慧能所说，"我们永远不能偏离我们的本心"（"一切法不离本心"）。我们的修行不能偏离我们的本心。道元称此为"只管打坐"……

值得一提的是，对宗纯而言，他的学员们体验"只管打坐"的能力似乎并没有以核心的大乘佛教概念即空（śūnyatā）为基础。毋宁说，它以"本心"为基础，他也将这种本质称为"真我"，在曹洞禅中经常称之为"佛性"或"本觉"。在曹洞禅的话语中，尽管这些术语具有不同的含义，它们却具有相同的作用。它们使主体的体验建立在一种不变的纯粹基质之上。在其之下是绝对和非时间的实在；在其之上是主观及现象领域的相对实在。[28] 这就是如来藏（tathāgata-garbha）学说的结构：佛性的"种子"、"母体"、"子宫"或"胚胎"。在曹洞禅中，静思的生活体验——在其中被感知到的现象获得了一种似乎以宇宙的意象确认自我的明晰性——经常通过调动这一学说来证明关键的"自性"（tathātā）是一切偶然事物的根基。[29] 即便当这种根基/本质被表明是"空"的，它在我们观察它涉及其他本体论断言时是如何发挥作用时仍保有一丝积极性。佛教谈论的某些空似乎并非那么空。[30]

近年来，如来藏学说受到了东京驹泽大学国家佛学教育和研究中心的两位著名的文本史学家的批评。袴谷宪昭（前曹洞宗和尚）和松本史朗坚持认为"如来藏不是佛教"。[31] 他们竟至认为，禅只要是以如来藏为基础，那么也"不是佛教"。[32] 在松本看来，诸如"本心"那样的如来藏观念都是"基体"（dhātu-vāda）："一个产生杂多现象的单一的、实在的场所"。[33] 松本将"基体"（他自创的梵文新词）在维柯的断定真理的基础场所的意义上译为场所（topos）。袴谷沿用了松本在场所上的批评，将"批判佛教"和"场所哲学"对立起来。[34] 袴谷坚信自反批判而非具体化的场所。他甚至将"觉悟"重新定义为"思考"。在批判佛教和主流曹洞禅对峙中的文化风险在其日语语境下更为明显。袴谷和松本认为，"基体"概念受到滥用从而产生了难以想象的后果。他们认为如来藏学说、民族歧视[35] 和"日本主义"（nihonshugi）意识形态之间具有强烈的关联。[36] 其他学者对这种将"基体"观念——曹洞禅（沙夫，1993；维多利亚，1997）和京都学派哲学（柄谷行人，2005）[37] 中都有此种观念——与日本帝国主义相联系的观点也表示认同。

当然，这些争论无论在日本多么重要，它们都不会带来如今宗纯在伯克利关于经济危机所说的任何社会风险。美国禅经由一种独特的"伦理学问题化历史"而演进（福柯，1990：13）。正如宗纯在关于经济危机的开示中所说，美国佛教徒经常使用如来藏学说来回应西方社会问题，而不是掩饰这些问题。[38] 毕竟，只要宗纯和他的日本同行都断言心灵的确包含一种内在本质，他们就都继续依赖于道元在他的时代批判的基础本体论，在道元的批判下，这种基础本体论不过是"自然主义……即觉悟是内在于心灵的……观念，并且实在在任何情况下都是包罗万象的"（克利里，1993：27）。正如克利里继续说的，对于道元而言，中世纪日本的"自然主义"因其提供了避免"修证"的借口而提出了一个问题。[39] 不过，在当今的日本，松本主张，"'自然主义'只会带来无为的自然状态"（1997：403）。但是，如上所言，当我们将这种比照扩展到美国，社会背景中的一个关键差异就显而易见了。尽管宗纯主张的似乎是自然主义的本体论，他并未否认对于自我教化的需要。他经常做出悖论似的断言，声称觉悟是"原始的"，但只有在修行中才能实现。[40]

让我们总结一下我们对日本和美国曹洞禅基础的、自然主义的如来藏学说所做的比较。既然这两个传统共有的这一学说却发挥着相异甚至相左的社会作用，我们就应该通过哲学化地描述它提出的问题而非通过合并它们各自的社会作用来批判它的本体论含义。为了在我们论证的更广范围重新描述，我们应该对献身于这种特定禅本体论的主体得以或无法栖居的特定历史存在模式进行评估。

不要忘记，在宗纯对现代历史性的"期待"时间性的元历史批判中，他是反对一般的历史本体论还是反对具体的现代历史性中的线性目的论，是含糊不清的。在此处——尽管他并未这样说——宗纯似乎采用了前者，一种更强的主张。"本心"假设了一种超验的因而是非历史的理念的绝对时间性。在英语中，"本觉"（hongakushiso, original enlightenment）中的"本"的含义既在时间上在先又在本体论上是先天的。通过"只管打坐"的修行，禅的主体被认为从本质演进到了"实现"（始，shigaku）。就宗纯的观点而言，似乎正如《大乘起信论》（证实"本"的这一含义的最早文本）所言：

> 本觉义者，对始觉义说；以始觉者，即同本觉。（峡田义人，1967：37）

因此，禅"觉"被描述为（用福柯的话来说）主体的"回想"经验。[41] 自我将自身召回自身；它们已然原本的（original）关系通过实现其内在潜能而变得原初（originary）。对觉的这一颂扬将主体设定为一种对象；它将积极的内核或"本心"放回主体存在的核心中。

我们找到了相关的哲学问题。如果觉是一种位于个体之内的本质，那么它的历史性又在哪里？将这种关于如来藏的自然主义本体论与任何的历史本体论相调和似乎充满困难。显而易见，心灵作为本质不受诸如其历史时代的时间性结构这样的偶然因素的制约。时间性不再与现象学生存的自然韵律相关，而是与一种本体论（简单的）相对层面有关，后者相对于一种更为基础的非时间性本质。由是，"只管打坐"的主体体验证实的与其说是而今时刻不如说是纯粹的、非历史的直接性。

当我们可能不情愿去宣称任何历史性（更不用说现代性的历史性）的首要性时，人们可以想象各种伦理问题可能来自于一种如此虔敬的反历史的本体论。像曹洞禅学员这样的自然化主体怎样将革新性的差异容纳进他存在的结构中——无论这些差异是来自于社会上的他者、集体价值观还是历史"事件"？[42] 缺乏这样的差异，他的存在又如何能改变？通过这样将"历史的"

与"相对的"等同,曹洞禅似乎将其"本心"转变为一个既先于时间又外在于时间的场所。

不合时宜的沉思:朝向一种虚拟主体

我尚未着手讨论曹洞禅是为了要就其本身来批判它,这也是唯一应该采取的批判角度。这将需要我去解释更多的矛盾变量并按一种传统对论辩做出仲裁,这种传统是,遵循其自己的原则及格劳乔·马克斯关于一个俱乐部(洛杉矶山顶乡村俱乐部——译者注)及其成员的著名格言,我出于极度的尊重而难于自我认同。相反,最后,让我们试着重新想象禅的自然主义学说,不是作为不可磨灭的永恒的、非历史的存在理念,而是作为对于我们开始时讨论的现代历史性的基础问题的一种不合时宜的反思。正如如来藏,潜在-现实的轴线——一种对于起源和隐含意义的探寻,一种进化的或进步的目的论——长期以来刻画着关于自我认知的现代叙事。如今,人文科学中的一种新的质疑模式如何能够反思这种对历史的滥用?在何种时间形式中,通过诸如禅这样的传统进行思考可以有助于我们重新想象一个并不实现一种自然潜能、并不实现一种本质或揭示一种起源的历史主体?

尼采在题为《不合时宜的沉思》(*Unzeitgemäße Betrachtungen*)的著作中提供了一条通路。虽说 Betrachtung 经常被译作"观察",然而按照杜登词典,它的词根 trachten 的意思是"考虑、琢磨、力争"。在中古高地德语中,这一词根获得了一种反思的含义(与 nachdenken 近似但更为主动)。按照格林兄弟的《德语词典》,这个词在19世纪将这两个含义都保留了下来。"考虑和深思(contemplate)",译为反身动词,变成了"认为某人……",为了免于与被动的"沉思"(meditation)相混淆——对于沉思的普遍误解——Betrachtung 译作带有"固执的意图"的"故意用矛盾修饰的'活跃深思'"(雷德菲尔德,收于拉比诺,2009:27)可能会更好。对尼采而言,沉思的时间性就是"永远不能变得完美的一种不完美的时间"(1983 [1874]:61)。就像生命本身,人类在时间中运动;它需要的不是对处境的认同而是迅速地适应现实。"历史"的这一含义——通过思想追求自我,随着事物的变化改变姿态和关注点——对尼采为着"生命"的"批判历史"来说至关重要。与"丰碑式"起源的浮华或对文化遗产"古文物研究"式的敬畏不同,批判模式的"历

史"不是对自我的一种测量,而是测量

> 一个人、一个民族、一种文化的可塑能力……以独特的方式从自身之中发展出来,将过去及异己的东西改造并化为己有,治疗创伤,弥补损失,替换破碎的模式的能力。(1983 [1874]: 62)

与作为谴责的批评的严格否定工作——往往为了一种抽象的、理想化的目的——不同,沉思体现了一种可以调解禅的传统与现代性的时间模式。它从不合时宜的角度反映了当今的问题以期从一种新的方向来折射它们。

类似地,在加州大学伯克利分校,沿循着宗纯的不合时宜的沉思,一种基于田野工作的沉思模式正在建设之中——保罗·拉比诺的协同"当代人类学"。[43]这一后方法论探究的时间性被描述为一种"虚拟的不合时宜的模式"(拉比诺,2008: 49)。在拉比诺(沿循德勒兹)看来,一种虚拟模式"邻近"一种潜在性模式。[44]其思想模式颠倒了潜在-现实的时间性,目的在于"不再向内看而是不断地向外做"(2008: 50)。在邻近历史的虚拟空间中——"当代"或"正在成为不远未来的不久的过去"——一种不合时宜的探究将传统时代和现代都折射出来。这种折射,不是为了以过去的多样性来面对作为时代的现代性(经典的人类学行动),而是为了折断现代性无间隙的线性和进步期待。在这一过程中,当代揭示了仍在所谓的现时代之中循环的传统时间性的不同层面。这表明,相同的当下元素("事实")可以按照不同原则进行组合。从这一崭新角度出发,"传统"和"现代性"作为"过去的移动比率"而非作为个别的时代而重现(拉比诺,2008: 2)。像人类学家和受调查者一样,他们在同一时刻保留了不同的时代:一种永远不完美的时间的共在。正如宗纯禅师关于"只管打坐"讲到的,"如果我们说,不存在自我,那不够恰当。如果我们说,存在着一个自我,那也不够恰当。因此,它既不是这一个也不是另一个也不在二者之间"。使我们受现在及运动中的时间的启发而思考下去的,不是任何特定历史认同的封闭,而是对一系列脉动着的图形的这种严格邻近。

致谢：

感谢保罗·拉比诺对形成了这篇文章的人类学论文的建议。同样要感谢丹尼尔·赫勒－罗森、任博克、袴谷宪昭、瑟耐克和宗纯禅师的支持，以及尼克·兰利茨对本文初稿的仔细阅读和劳伦斯·泰西耶在法语翻译上的建议。

James Adam REDFIELD: BEING TIME:
ZEN, MODERNITY, THE CONTEMPORARY
（*DIOGENES*, No. 232, 2011）

注：

[1] 这一词有至少两个主要含义："现象"；"法则"或"教诲"。

[2] 吠陀一劫。

[3] 对释迦牟尼的一种称呼；参见注 [29]。

[4] 当笔者用现场速记记录写完本文后，学生们将宗纯的讲课贴到了他们的网站上（2009-02-28）：berkeleyzencenter. org。省略号表示笔者所做的编辑；笔者获得了宗纯准许引用其谈话。

[5] 如同福柯和尼采，笔者将"谱系学"看作类史：一种反对"元历史意义和无限目的论的理想配置"（福柯，1977：140）而非历史的历时探寻实践。

[6] 笔者指的不是"自然主义"一词在西方思想中的多样含义。在本文中，"自然主义"应该只在下文谈到的禅思想家的层面来理解。

[7] 科泽勒克以一种更为严格的语义学进路，通过"历史"一词的谱系学发展了他的"经验空间"（Erfahrungsraum）概念（科泽勒克、孔兹等，2004b：647—658）。同样应注意利科对这两个范畴的运用（1985：308—309）。

[8] 准确地说，它是"尚未精确可控的未来，不能被准确地测量或可测量"。对这一开放未来的掌握"几乎是安全机制的基本特征"（福柯，2007：20）。

[9] 比如朗西埃（1994），德塞尔托（1988）。

[10] 宗纯引用铃木的开示《心静》（收入铃木，2002：5—7）。

[11] 公元2世纪的大乘佛教徒龙树在其关于因果性的解释中提出了这一点，他认为"行者"的存在与其"行"没有不同（参见加菲尔德，1995：124—135）。

[12] 字面意思是"就是坐着"，就像击中靶心的箭矢（片桐大忍，收于鲁里，2002：103）。

[13] 公案（kōan）一般是绝境（"一只手拍手的声音是什么？"）。然而，它们往往有知性的动机和结构（沙夫，2007）。相反，转语（tengo；参见赖特，2000：85）往往是说教的语句（"不要忽视因果"）。不同教派对二者的实践是不同的。关于曹洞禅的公案历史，参见海因（1993，1999）。对于公案的社会学解释，参见卢曼和富克斯（1989）。

[14] 就像萨林斯讽刺的，"一个将生命视作追求快乐的人一定是极为不快乐的"（2002：17）。他也许会赞同宗纯对石器时代经济的倡导，"通往富足的禅路"（萨林斯，1974：2）。

[15] 卢曼尤其将现代时间判断为格外的偶然（1998）。

[16] 可能还不止是"西方"！卢斯特豪斯（2002：1—29）和任博克（2004：79—81）论述了最近在佛教现象学的语境中回应梅洛-庞蒂的更富创造性的某些尝试。

[17] 在这一节的其余部分，对梅洛-庞蒂的所有引用都出自其《知觉现象学》，尤其是"注意和判断"一节（1962 [1945]：30—60）。

[18] 在梅洛-庞蒂看来（1962，第一章），笛卡尔的自我明显是"意向"意识的范式。

[19] 作为曹洞宗的访问住持，赖利观察到这一效果，在伯克利禅修中心宗纯讲课前的几星期前的一次讲座中，"美国人知道了怎样吸气，但却不擅长呼气"。

[20] 在康吉扬看来，生命由于其抗拒"一种与其环境的漠然关系"而与死亡相反（1989：549）。生命是"对于惰性和漠然的积极反对"（1966：173）。

[21] 梅洛-庞蒂使用了一个等式的例子：图形（x = y）将数量置于一种确定关系中，与大小无关。参见胡塞尔关于"理想客体性"（1999：127）的论述。胡塞尔认为，理想客体性恰具有这一结构。

[22] 参见沃尔夫森关于这种"对现在的持存、印象以及预存的综合"的令人回味的阐释（2005：xxix）。

[23] 正如丹尼尔·赫勒-罗森说明的（2007：32—34），"意识"的统一是一个相当晚近的观念。亚里士多德想象过但从未设定过一个"常识"来汇集知觉的所有特殊性。

[24] 参见铃木关于这种禅宗礼仪诗的开示，由宗纯禅师编辑（1999）。

[25] 道元在他的《有时》一文（收于西屿愚道和长藤，1994：109—119）中提出了这种同延图式，但是批判佛教徒对其经典的真实性的这一部存在争议（海因，收于哈伯德和斯旺森，1997：251—285）。

[26] 金熙珍（2007）一部最近关于道元的著作文雅地应对了这一观点。

[27] 这一问题对佛教研究的最新创新至关重要（福尔，1991，1993；麦克雷，2003；赖特，2000：104—119）。

[28] 如来藏经常与龙树关于"二谛"的基本大乘理论相混合（参见加菲尔德关于这一理论的评论，296—299）。但是，由于如来藏（a）在本体论层次之间制造了明显的等级次序并（b）在这些层次之间设置了一种时间延期，而龙树的理论没有以上二者——参见伍德（1994）关于龙树的虚无主义解释，事实上，这两种立场是对立的。

[29] 这个词在禅宗传统中至关重要。它指的是对事物之"如是"的看法。正如宗纯在其讲课之初所言，佛陀被称为如来。就像理查德·贝克——铃木禅师的一位法嗣——写道，如来是"'循道，从真如返回或就是真如、如是、是、空、完全完满的人'"（收入铃木，1970：13）。大多数学者从梵文指示语那（tathā）中推导出真如（tathāta）和如来（tathāgata），而某些学者将那解释为儿童指着一个对象说"那个！"的拟声手势。相似地，真如指示着一种关于直接性的纯粹的、本质的先验经验。这一词与卡巴拉神圣无限（Ein Sof）的有力对照，参见沃尔夫森（2009：109—111）。

[30] 尽管我的确在影射奥韦尔，但是关于这一点的相关引证来自格里菲斯的专著（1986）。

[31] 哈伯德和斯旺森中的松本（1997：165—173）。

[32] 参见哈伯德和斯旺森中斯旺森的讨论（1997：3）。

[33] 参见哈伯德和斯旺森（1997：171）。

[34] 出处同上：56—80。

[35] 出处同上：339—356。

[36] 前引书中的松本：356—374。

[37] 柄谷行人对于京都学派"美学"的批评揭露了后者的"基体"观：一种具体化的虚无主义，用"垂死之眼"观看世界（2005：117）。这种美学在京都学派的西谷启治那里是显而易见的，他将日本思想等同于禅，将道元与"原我"的观念混为一谈（1982：108，164）。

[38] 举例而言，伯克利禅修中心的副住持，也是一位美籍犹太裔曹洞禅僧人，在其人权行动主义中动用了许多明显的如来藏观念（参见他的最新著作，瑟耐克，2010）。

[39] 从文献学来看，袴谷宪昭否认道元与自然主义的任何等同（参见哈伯德和斯旺森，1997：121—122）。

[40] 他经常引用道元的早期文本"普劝坐禅"："道本圆通、争假修证。宗乘自在、何费功夫。"（参见伯克利禅修中心网站上的译文以及其他道元文本的译文，这些文本在禅修中心社团中最为有用。）宗纯认为，道元的问题不是修辞上的。觉悟是"原始的"，但无论如何要在修行中实现。宗纯称这一禅宗修行的原理为（在美国禅宗中明显的？）"有意义的悖论"意义上的"公案"。

[41] 柏拉图自反性的这一模式"通过反思灵魂的本性而找到接近真理（本质真理）的方式"（福柯，2005：406）。

[42] 萨林斯（1985）。

[43] 斯塔夫里亚纳基斯（2009）。关于这一自然发生的时间性的相关解释包括奥热（1994）以及从黑格尔到恩斯特·布洛赫，参见詹姆森（1991：307）和科泽勒克（2004a：90，95，99）的"非同期的同时代性"。

[44] 关于"邻近性"，参见拉比诺（2008：35—54）。关于德勒兹对于"虚拟"的早期界定，这一界定在其对柏格森的解读中对应于"纯粹回忆"的绝对过去，参见1968：49—50，55—56。

参考文献：

奥热，M., Augé, M. （1994） *An Anthropology for Contemporaneous Worlds*, Amy Jacobs, trans., Stanford CA: Stanford UP。

康吉扬，G., Canguilhem, G. （1966） *Le normal et le pathologique*, Paris: PUF。

康吉扬，G., Canguilhem, G. （1989） "Vie" [1974], in *Encyclopedia Universalis*, t. 23: 546—553, Paris: Encyclopedia Universalis。

康吉扬，G., Canguilhem, G. （2000） "Epistemology of Biology", in *A Vital Rationalist: Selected Writings from Georges Canguilhem*, F. Delaporte, ed., pp. 67—91, New York: Zone。

克利里，T., Cleary, T. （1993） *Rational Zen: the Mind of Dōgen Zenji*, Boston: Shambhala。

德塞尔托，M., de Certeau, M. （1988） "The Historiographical Operation", in *The Writing of History*, Tom Conley, trans., pp. 56—115, New York: Columbia UP。

德勒兹，G., Deleuze, G. （1968） *Le Bergsonisme*, Paris: PUF。

福尔，B., Faure, B. （1991） *The Rhetoric of Immediacy: a Cultural Critique of Chan/Zen Buddhism*, Princeton NJ: Princeton UP。

福尔，B., Faure, B. （1993） *Chan Insights and Oversights: an Epistemological Critique of the Chan Tradition*, Princeton NJ: Princeton UP。

福柯，M., Foucault, M. （1977） "Nietzsche, Genealogy, History", in *Language, Counter-Memory, Practice*, D. Bouchard, ed., pp. 139—165, Ithaca NY: Cornell UP。

福柯，M., Foucault, M. （1990） *The History of Sexuality*, Vol. 2: *The Use of Pleasure*, Robert Hurley, trans., New York: Vintage。

福柯，M., Foucault, M. （2005） *The Hermeneutics of the Subject*, Graham Burchell, trans., New York: Palgrave MacMillan。

福柯，M., Foucault, M. （2006） "Politics, Polemics and Problematizations" （interview with Paul Rabinow）, in *Ethics, Subjectivity and Truth: the Essential Works of Michel Foucault*, Vol. 1, P. Rabinow, ed., pp. 111—121, New York: New Press。

福柯，M., Foucault, M. （2007） *Security, Territory, Population: Lectures at the Collège de France, 1977-1978*, Graham Burchell, trans., New York: Picador。

加菲尔德，J. （主编），Garfield, J. （ed.） （1995） *The Fundamental Wisdom of the Middle Way: Nāgārjuna's Mūlamadhyamakakārikā*, New York: Oxford UP。

格里菲斯，P., Griffiths, P.（1986）*On Being Mindless: Buddhist Meditation and the Mind-Body Problem*, La Salle: Open Court。

峡田义人，Hakeda, Yoshito S.（1967）*The Awakening of Faith. Attributed to Aśvaghosha*, New York: Columbia UP。

海因，S., Heine, S.（1993）*Dōgen and the Kōan Tradition*, Albany NY: State University of New York Press。

海因，S., Heine, S.（1999）*Shifting Shape, Changing Text: Philosophy and Folklore in the Wild Fox Kōan*, Honolulu: University of Hawaii Press。

赫勒－罗森，D., Heller-Roazen, D.（2007）*The Inner Touch: Archaeology of a Sensation*, New York: Zone Books。

哈伯德，J. 和斯旺森，P.（主编），Hubbard, J. & Swanson, P.（eds）（1997）*Pruning the Bodhi Tree: The Storm over Critical Buddhism*, Honolulu: University of Hawaii Press。

胡塞尔，E., Husserl, E.（1999）*Cartesian Meditations*, Dorion Cairns, trans., Dordrecht: Kluwer。

詹姆森，F., Jameson, F.（1991）*Postmodernism, or, The Cultural Logic of Late Capitalism*, Durham NC: Duke UP。

西谷启治，Nishitani, Keiji（1982）*Religion and Nothingness*, Jan van Bragt, trans., Berkeley: University of California Press。

金熙珍，Kim, Hee-Jin（2007）*Dōgen on Meditation and Thinking*, Albany, NY: State University of New York Press。

柄谷行人，Kōjin, Karatani（2005）"Overcoming Modernity", in *Contemporary Japanese Thought*, R. Calichman, ed., pp. 101—119, New York: Columbia UP。

科泽勒克，R., Koselleck, R.（1988）"Preface to the English Edition", in *Critique and Crisis: Enlightenment and the Pathogenesis of Modern Society*, pp. 1—5, Oxford: Berg。

科泽勒克，R., Koselleck, R.（2004a）*Futures Past: On the Semantics of Historical Time*, Keith Tribe, trans., New York: Columbia UP。

科泽勒克，R., Koselleck, R.（2004b）"Geschichte, Historie", in *Geschichtliche Grundbegriffe: Historisches Lexikon zur politisch-sozialen Sprache in Deutschland*, R. Koselleck, W. Conze, & O. Brunner, eds, pp. 593—717, Stuttgart: Klett-Cotta。

鲁里，J. D.（主编），Loori, J. D.（ed.）（2002）*The Art of Just Sitting: Essential*

Writings on the Zen Practice of Shikantaza, Boston: Wisdom Publications。

卢曼, N., Luhmann, N. (1998)"Contingency as Modernity's Defining Attribute", in *Observations on Modernity*, William Whobrey, trans., pp. 44—63, Stanford CA: Stanford UP。

卢曼, N. 和富克斯, P., Luhmann, N. & Fuchs, P. (1989)"Vom Zeitlosen: Paradoxe Kommunikation im Zen-Buddhismus", in *Reden und Schweigen*, pp. 46—69, Frankfurt: Suhrkamp。

卢斯特豪斯, D., Lusthaus, D. (2002) *Buddhist Phenomenology*, London: Routledge。

麦克雷, J., McRae, J. (2003) *Seeing Through Zen: Encounter, Transformation and Genealogy in Chinese Chan Buddhism*, Berkeley: University of California Press。

梅洛-庞蒂, M., Merleau-Ponty, M. (1962 [1945]) *The Phenomenology of Perception*, New York: Routledge。

尼采, F., Nietzsche, F. (1983 [1874]) *Untimely Meditations*, Cambridge: Cambridge UP。

西屿愚道和长藤(主编), Nishijima, Gudo & Chodo, Cross (eds) (1994) *Master Dōgen's Shōbōgenzō*, Vol. 1, London: Wisdom Books。

拉比诺, P., Rabinow, P. (2008) *Marking Time: On the Anthropology of the Contemporary*, Princeton NJ: Princeton UP。

拉比诺, P., Rabinow, P. (2009)"Foucault's Untimely Struggle: Toward a Form of Spirituality", *Theory, Culture & Society*, 26(6): 25—44。

郎西埃, J., Rancière, J. (1994) *The Names of History: On the Poetics of Know-ledge*, Hassan Melehy, trans., Minneapolis: University of Minnesota Press。

利科, P., Ricoeur, P. (1985) *Temps et récit*, Vol. 3: *Le temps raconté*, Paris: Seuil。

萨林斯, M., Sahlins, M. (1974) *Stone Age Economics*, London: Tavistock。

萨林斯, M., Sahlins, M. (1985) *Islands of History*, Chicago: University of Chicago Press。

萨林斯, M., Sahlins, M. (2002) *Waiting for Foucault, Still*, Chicago: Prickly Paradigm Press。

瑟耐克, A., Senauke, A. (2010) *The Bodhisattva's Embrace: Dispatches from Engaged Buddhism's Front Lines*, Berkeley: Clear View。

沙夫, R. H., Sharf, R. H. (1993) "The Zen of Japanese Nationalism", *History of Religions*, 33(1): 1—43。

斯塔夫里亚纳基斯, A., Stavrianakis, A. (2009) "What is an Anthropology of the Contemporary?" http://anthropos-lah.net/documents/concept_labor/。

铃木俊隆, Suzuki, Shunryu (1970) *Zen Mind, Beginner's Mind*, New York: Weatherhill。

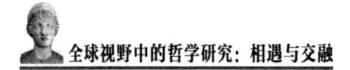

铃木俊隆, Suzuki, Shunryu（1999）*Branching Streams Flow in the Darkness: Zen Talks on the Sandokai*, Sojun Mel Weitsman Roshi, ed., Berkeley: University of California Press。

铃木俊隆, Suzuki, Shunryu（2002）*Not Always So: Practicing the True Spirit of Zen*, New York: Harper Collins。

维多利亚, D., Victoria, D.（1997）*Zen at War*, New York: Weatherhill。

沃茨, B. A., Watts, B. A.,（1957）*The Way of Zen*, New York: Pantheon。

韦伯, M., Weber, M.（2003）"Science as a Vocation",in *From Max Weber: Essays in Sociology*, C. W. Mills and H. H. Gerth, eds, pp. 129—156, New York: Oxford UP。

沃尔夫森, E. R., Wolfson, E. R. (2005) *Language, Eros, Being: Kabbalistic Hermeneutics and Poetic Imagination*, New York: Fordham UP。

沃尔夫森, E. R., Wolfson, E. R. (2009) *Open Secret: Postmessianic Messianism and the Mystical Revision of Menahem Mendel Schneerson*, New York: Columbia UP。

伍德, T. E., Wood, T. E. (1994) *Nagarjunian Disputations: a Philosophical Journey through an Indian Looking-Glass*, Honolulu: University of Hawaii Press。

赖特, D. S., Wright, D. S. (2000) *Philosophical Meditations on Zen Buddhism*, Cambridge UK: Cambridge UP。

任博克, Ziporyn, B.（2004）*Being and Ambiguity: Philosophical Experiments with Tiantai Buddhism*, Chicago: Open Court。

中篇

东方的探寻：走向融合之道

礼或曰仪式礼节：
儒家人类行为哲学导言

南京熙　著
李红霞　译

　　本文旨在提出有关儒家的礼（仪式礼节）的概念的一种解释，并在儒家礼的概念基础上提出一种新的有关行为和心的哲学。这种新解释将使我们对人的本性和伦理学有一个新的审视。礼的概念是《论语》中最经常被讨论的核心概念之一。礼是儒家学说所独有的，在西方伦理学中没有任何与之对应的东西。尽管西方的译者们曾提出各种不同的译法，但没有一种译法传达出礼的概念中所包含的有关人类行为和心身关系的独创的、深刻的洞见。

　　为了阐明这一概念的全部意义，诸如《论语》、《孟子》、《荀子》和《礼记》之类的所有外延的文献都应该进行检视。考虑到本文有限的篇幅，这一任务可以限制在以下三个方面：（1）集中讨论《论语》中的段落，尝试建立儒家有关人类行为的主要论点；（2）比较儒家有关人类行为的观点的特征与西方观点的特征；（3）借助哲学家维特根斯坦和俄国心理学家维果茨基的语言理论来论证儒家的观点。本文是通过用西方语言理论支持东方伦理学观点来融合东西方哲学的一种尝试。

　　在西方哲学的传统中，灵魂的存在、结构及其不朽性早在公元前5世纪就已经是被集中讨论的主题内容：苏格拉底宣讲灵魂的关照；柏拉图在他的许多对话中（《斐多篇》《理想国》《斐德罗篇》，等等）都讨论了灵魂的本性和命运。相比之下，孔子很少讨论心。这一事实表明心的概念本身并没有被视为一个主要的哲学命题。与"心"这个词在《论语》(北京大学图书馆，1992：110)中只被提到六次相比，值得注意的是礼的概念是《论语》中最经常被讨论的概念之一，另一个是仁的概念。礼是人类行动或行为的一套规范，而不是心的规范。这一事实为本文提供了主要的动机：为什么孔子认为礼或曰仪式礼节是比心更重要的一个哲学命题？

我的基本假设是礼的概念与儒家有关心的观点密切相关。西方哲学家们认为拥有心和理智是人与动物的本质差别，而儒家所持的信念是人与动物的区别在于他们独特的行为方式。

我们借以与其他人进行互动和沟通并构建出一个生活世界的社会媒介是身体行为而非心。西方思想家设定心主要是认识实在或掌握真理的认知能动者，而儒家主张心主要是一种行为能动者。也就是说，心是语言表达和行为的内因，其主要作用在于协调我们的行为和其他人的行为。儒家的心只有当它在行为和语言中得到实现的时候才能有意义和客观状态。儒家的心所面对的不是世界，而是其所在社群中其他人的心。从这个意义上说，心主要是社会和行为导向的（芬格莱特，1972）。总之，礼或者说礼仪上适当的行为是心的实现。

《论语》中的礼

1. 礼的平常性和无所不在

儒家认为，礼是通常而言人类行为的典型特征。某些诸如功利主义、享乐主义和社会契约论之类的西方伦理学理论的基本理念在于人在日常生活中是自私的，他们行为的原则是满足自我主义的欲求，而这样的理念对于儒家来说是陌生的。对儒家的思想家来说，人在日常存在中基本上是有道德的，他们所作所为如同伦理存在：做人就意味着讲伦理。这一看法是包含在礼之概念中的一部分含义。不仅是在正式的典礼场合，比如婚丧或祭祖，要求遵循仪式礼节；甚至在日常生活中，礼也应当被遵从，实际上也的确如此。因此，即使我们在吃饭或落座——这些只是被视为一种物理和生理行为——的时候，我们作为人也应该遵守仪式礼节，实际上也的确如此。

君子无终食之间违仁。(《论语》，4.5)

席不正，不坐。（《论语》，10.12）

我们真的是即便在吃饭和落座的时候也遵守仪式礼节吗？若果真如此，为什么？尽管吃饭和落座是我们和动物共有的行为，但我们人并不像动物那样吃东西或坐下：我们煮熟米饭，用勺子或用右手来取餐，而且选择适当的坐姿。用餐礼仪是需要遵守的最基本礼仪。儒家对礼的无所不在的信念在下面这个段落中得到更清晰的宣示。礼的行为是人的生活世界的基本构成要素。人的世界就是礼的空间：

非礼勿视，非礼勿听，非礼勿言，非礼勿动。（《论语》，12.1）

我们实际上遵守规范性准则这样一种信念在正名论中得到更普遍更正式的表达：我们的自然语言中的语词如果被正确使用，便拥有规范性力量；而从我们遵从这些语词的指引这个程度上来说，我们的确遵从着伦理规范。由于礼构成了人类的生活世界，它在人类生活中是无所不在的。人类的生活空间并不仅仅是一个交易场所，其间不同的自我利益在慎思理性指引下通过社会契约得到协调。它是人的空间，在这里，某些源于我们自己作为人的自我意识的伦理态度和价值引导着我们的生活。仁、敬、礼就是这些态度和价值。如果我们的邻居在他们的行为或言谈中不遵守仪式礼节，我们就会闭上双眼，也不会去听他们的言论。同样地，如果我们在与社群其他成员有关的行为或言谈中不遵守仪式礼节，我们就不会得到他们的回应或引起他们的注意。通过否定后件推理可知，既然我们实际上确实要与其他人沟通和交换行为，那么我们在日常生活中大多要遵守仪式礼节。

2. 心与身的统一

上文中我们曾提到，孔子在《论语》中很少讨论心的概念。并不是因为他对心不感兴趣。而是在他有关心的概念中，心是礼的行为者。它协调一个社会中的人类行为；它是某种需要在礼之中实现的东西。与之相比，西方所理解的心的首要任务是寻求真理和认识实在。儒家的心是不可分割地与身体相连的。礼的行为是心的表现：借用索绪尔的术语，儒家的心和身的关系类似于一个语言符号的所指和能指之间的关系（索绪尔，1966：67）。

在古时候，儒家学者曾是负责监督宗教庆典的国家官僚（蔡仁厚，1994：21）。他们意识到不仅宗教庆典而且日常的人类生活活动都有仪式性的方面。他们将这一洞见概括为礼的概念，并将这一概念建立为核心的伦理原则。仪式性的庆典预设了某些看不见的实体监管着我们生活的特定方面。礼的概念则形成于这样一种信念，即我们的生活总的来说由某些看不见的价值或原则所引导；而且，人类的行为，即便是日常生活中的行为，都是为了实现这些价值的努力。

作为礼的概念的基础，儒家强调身体和行为在心之上，这一点体现在：儒家的道德修养坚持修身或社会自我而不是修心。

为什么他们将身优先于心之上？下述这些考虑或可提供一个答案。为了使我们的心对他人产生意义并引起他们的反应，我们的心理活动必须通过语言或身体行为表现出来。后者是我们借以与其他人互动的一种社会媒介：我们向其他人传达我们的思想、意向和情感。

对儒家而言，心的主要作用在于协调我们的社会行为。人类伦理努力的目标并非要达到或实现某些神圣的或超验的价值，而是要通过礼仪上适当的行为（礼）在这个世界上构建一个人类的伦理的领域。与很大一部分追求达到哲学上的最高级的西方哲学（维特根斯坦，1953，§192：77）不同，儒家不相信这种最高级。对他们来说，实在和真理，甚或是"道"都存在于我们日常生活世界的比较级中。

对心身统一的信念构成了礼的概念的基础。心和身不可分割地相关联于人类行为之中；仁慈的心（仁）和礼仪上适当的行为（礼）是彼此的必要和充分条件：没有仁心，我们就无法遵守仪式礼节；只有我们检视其他人的行为时才能读懂他们的心。

> 人而不仁如礼何，人而不仁如乐何。（《论语》，3.3）

一方面，仁心对于遵守仪式礼节是必要的，另一方面，礼的实践可将人的心转化为仁心，因此守礼的结果是对自然自我的克服。

> 克己复礼为仁，一日克己复礼，天下归仁焉。（《论语》，12.1）

有关心和身的关系，我们应当从上面这句话中注意到，对于仪式礼节的遵守来自对我们的自然自我的控制，而且会影响整个社群的心。上述段落中的"己"指的是自然的、本能的自我。处于一种自然状态的自我是不确定的、混沌的，以至于这样的自我无法避免彼此间的冲突。通过用文化模式（文）来塑造和控制这样的自我，我们可以将我们原始的心转化为仁心，将我们无定形的行为转化为礼仪上适当的行为，而这些又会反过来教化其他人的心。

我们并非生而具备仁心。仁心是教养和学习的结果。儒家学习和认识的主题内容并不是实在或真理，学习的目标也不是获取所谓的客观知识。我们应当学习和认识的是圣人堪当典范的言谈和行为，或经由传统传承下来的文化价值和规范。教养和学习的结果被总结为礼的体系，用来控制并指引我们的行为。

博学于文，约之以礼。（《论语》，12.15）

儒家学者与西方思想家一致认为拥有心是人区别于其他动物的本质差别。但正如上文所提到的，西方的心主要是认知的能力，而儒家的心是施行伦理行为的能力。人之所以能以完全不同于动物的方式生活和行为，是因为人具备仁心。

按照孔子的理解，人的言行是心的能指。正是由于这种不可分割的关系，我们可以通过检视其他人的行为来解读他们的心。

察言而观色。（《论语》，12.20）

不知言，无而知人也。（《论语》，20.3）

诸如"察言""观色""知言""知人"这样的表达暗指我们可以通过密切观察其他人的言行来解读他们的心，一个人的言行是心本身的表达，或者更确切地说，是心本身的实现。

3. 礼与社会和谐

当我们意识到我们是人这个事实之后，仁的心就形成了，礼的行为也就被施行了（《论语》，12.1，7.30）。而且，为了与我们社群中的其他成员一起生活，我们应将这种意识扩展到他们那里。后面这个步骤就是儒家有关类推扩展（恕）的原则。正如朱熹的评注，恕意味着"推己及人"，或将我们自我尊重的态度扩展到其他人那里。我们的言行应当来自对其他人人格的尊重，我们的行为应当考虑到语境和情势，从而可以与其他人的行为相和谐。这种和谐可以使我们达到我们的社群所共享的共同利益。

  礼之用，和为贵……知和而和，不以礼节之，亦不可行也。（《论语》，1.12）

  恭而无礼则劳，慎而无礼则葸，勇而无礼则乱，直而无礼则绞。（《论语》，8.2）

大多数人在大多数情况下都是以一种合乎礼的方式来施行日常行为的：他们以一种社会意义上适当的方式吃饭，落座，睡觉和穿衣。如果说我们实际上都是以一种礼仪上适当的方式来说话和施行行为的，这要归因于漫长的社会化进程中已经内在化于我们之中的程式。然而，我们总是不断遇到新的情况，需要反思式的深思熟虑。无论是在宫殿中谒见大公的时刻，还是遇到盲人的时候，都应当做出对他人应有的尊重和对情势的谨慎考虑。孔子在《论语》第10章第4节中所描述的谨慎举止可以在这一语境中理解。[1]

  入公门，鞠躬如也，如不容。（《论语》，10.4）

我们的社会行为与他人的社会行为保持和谐的方式类似于游戏者通过交换游戏行为来引导一场动态的、和谐的、妙趣横生的游戏。类似地，遵守仪式礼节不仅令人类生活的领域变成伦理的领域，而且还将这个领域变成一个更愉悦更和谐的空间。

  人而不仁如礼何，人而不仁如乐何。（《论语》，3.3）

兴于诗，立于礼，成于乐。(《论语》，8.8)

若我们的心受到《诗经》中诗篇的激发，我们就会通过遵守仪式礼节而立足于社会，这使得整个社会充满了令人愉悦的和谐。上述这些句子以一种简洁的方式表达了被激发的心、仪式化的行为，以及和谐社会之间的关系。[2] 我们可以将社会比作一个管弦乐队，其中不同的音乐家坐在一起演奏一首和谐的交响乐曲，各自演奏各自的部分。尽管他们各自的乐器不同，但他们可以演奏同一首乐曲的原因在于每一位音乐家都尊重其他演奏者，并遵从交响乐的规则。再打一个比方，我们可以将我们在一个生活空间中的文化活动比拟为一个游戏中的行为：正如维特根斯坦和索绪尔所指出的，文化是一套语言游戏，或一种棋类游戏（维特根斯坦，1953；索绪尔，1966：22，88）。

我们可以将以上所述的《论语》中有关礼的主要论点总结如下。

（1）作为人类行为的一种本质特征，礼是平常的和无所不在的。

（2）礼是人性的一种表达和实现。

（3）礼是社会之心的一种社会化和客观化形式，是一种内在的外在。[3]

（4）礼是我们借以与其他人以一种和谐的方式交流我们的言行的一种社会媒介，从而我们可以将我们的社会转化为一个愉悦的、美的空间。

语言依赖和人类行为的仪式性

1. 对礼概念的一种论证

我们日常的人类行为真的是仪式性的吗？下面的论证将支持对该问题的肯定回答。

A. 人类行为是依赖语言的。

B. 语言活动是语言游戏。

C. 人类行为是语言游戏的游戏行为。

D. 语词是仪式的基本块，因为它们是表达或实现人类价值的规范或规则。

E. 因此，语言游戏中的行为是仪式性的。

F. 所以，人类行为是仪式性的。

关于前提 A，我们可以从俄国心理学家维果茨基有关语言和行为关系的观点中得到支持。维特根斯坦的语言游戏理论和索绪尔的语言学理论可以支持前提 B。从 A 到 B 可以得出论点 C。论点 D 需要一些讨论。游戏行为是平等地位的游戏者之间的互动活动，而仪式性庆典是对某种实体或某种高阶价值表达尊敬的演出。然而，如果我们可以接受儒家的正名论，我们就可以将语言活动视为一种仪式。语言是负载价值的：某一社群中的自然语言不仅仅是一种与社群中其他成员进行沟通的工具；它还根植着为了与他人一起生活和互动所要遵守的最基本规范。因此，说一个社群的自然语言就是一种最基本意义上的仪式遵守行为（论点 E）。从 C 和 E 可以得出结论 F。

2. 维果茨基的语言理论：语言学习和行为控制

人类行为真的是依赖语言的吗？维果茨基的心理学将有助于我们回答这个问题，并支持心和身的统一。儿童在社会中遇到的第一个经历就是社会化。社会化的第一步也是最基本的一步就是语言学习。事实上，社会化是在整个生命历程中一直在进行的一个过程，正如我们的语言学习和语言活动是终其一生的活动。

根据维果茨基的理论，语言的习得给儿童的行为带来了质的变化。他主张，语言不只是一种社群成员间的沟通手段（人际媒介），它还是一个孩子的心借以与他自己的意识和身体建立关联的媒介（个人内心的媒介）。语言是心的一种主要工具，借此心形成意识并控制它自己的身体（维果茨基，1978：89—91）。

通过向成人学习语言，儿童习得了一种与成人进行沟通的方式。迟早他们会将习得的语言内在化，并将其作为一种工具来使用，以塑造更高的智力能力，比如说间接的知觉、意向性的注意、慎思的记忆，以及概念性的思维。内在的语言通过提供一种可以确定他们行为样子的工具，反过来可以令儿童调整他们自己的身体（维果茨基，1963：第 108 页及以下诸页）。语言学习的这后一方面对于我们的讨论来说是很重要的。

语言的习得给儿童的行为带来了以下变化。在前语言阶段，儿童是环境的被动反应者；拥有了心的工具，他们就成为积极的能动者；通过用语言将世界和行为概念化，他们将包括他们自己的身体和行为在内的世界对象化。现在，他们可以对将要做出的行为进行深思熟虑，可以制订计划，可以在不同的选项间进行选择。在语言的帮助下，他们将自身从感觉的奴役中解放出来，成为自由的能动者。

一旦行为的样子被语言确定下来，行为就转化为叙事的一部分，并处于一种社会语境中。它们形成了一个意义的网络和一种社会叙事。因此，我们的行为一旦被语言所概念化，就与其他各种已经由语言赋予了社会形式的行为、事件和客体产生了关系。处于社会坐标之中的我们的行为受到意义网络的约束：它们成为针对它们的合理性、社会适当性、语境敏感性，或伦理正当性所进行的评判的主题内容。

当儿童开始意识到他们的行为受到其所属社群的意义关系的约束时，他们就接受了这样一个事实，即为了成为社群的一员他们应当在这种约束之下施行行为。他们的行为应当具备其社群可以理解的形式和意义，而且在大多数情况下也的确如此。他们的行为对其社群而言是可理解的这一事实意味着，儿童以社群可接受的方式施行行为。

语词是强大的存储媒介：它们存储了一代代积累起来的社会记忆。这些记忆中最重要的记忆之一便是社群成员所遵守的一套规则和他们所珍视的价值。因此，当儿童学习一个社会的语言时，理所当然他们已经被设定成按照内在于语言之中的社会规则和价值来施行行为。简言之，他们遵守他们所习得的语言所属的那个社会的仪式礼节（礼）。

总的来说，维果茨基的理论在涉及礼的概念方面包含以下几种含义：

（1）人类行为是依赖语言的；

（2）我们的行为一旦被语言确定下来，就会成为社会意义网络的一部分；因此，我们的行为方式就会受到这些意义的约束，我们的行为就会转化为礼仪上适当的行为，也就是说转化为礼的行为；

（3）我们的心利用习得的语言来控制我们的身体和行为，将身的领域整合进心的领域；从而达成心与身的统一。

3. 正名论

儒家思想的核心论点之一就是正名论。正名论最早由孔子进行了简要表述（《论语》，12.11 和 13.3），后来由荀子进行了更为充分的阐释（《荀子》，22）。该理论的核心是，名称或语词不仅仅是事物的标签，还是通过发挥规范性力量来指引和约束我们行为的规范。

为了更好地理解语词的规范性，让我们来看几个原始基础词汇，比如"妈妈""爸爸""好吃的"，或"恶心的"。学会这几个词的儿童可以在几个音节的帮助下吸引母亲的注意,也可以很容易地要到想吃的东西。但迟早儿童会意识到,如果他打算使用这些词的话,他就已经进入了一个他被迫要遵守的规则的领域。这些词当然是儿童称呼周围世界里的事物非常便利的工具。然而,这些词也规定了甚至是强加于语言使用者某些特定的行为、思维和情感方式:这些由语词所强加的规定性的或管控性的规则是语词意义的本质部分。

礼的概念与正名论紧密相关:遵守仪式礼节就在于像日常语言所规定的那样行为,像其他事物被命名的方式那样来对待它们:被称为"统治者"的人就应该像统治者那样行为,大臣就应该像"大臣"这个词所规定的那样来开展工作。

> 君君,臣臣,父父,子子。(《论语》,12.11)

这些句子并不是同义反复。它们是要提醒我们,"君"和"父"这些词是基本的和根本的社会规范,它们强制执行某种特定的行为方式。日常语言的这种规范性力量是漫长的语言进化史的结果,在此过程中,语言使用者已经在语词中灌输了行为、思维和情感的方式。这些方式构成了该语言社群共享的生活形式,而且已历经了漫长而艰难的许多代人的演进式考验而得以幸存下来。

4. 维特根斯坦的语言游戏理论

西方传统普遍认为,人天生具备认知的心智能力来寻求真理和认识实在。语言仅仅被视为我们的心向他人进行表述和传达的一种工具,表述和传达其所思所想以及通过认识论上的努力而获得的作为实在的东西。维特根斯坦批判了这种坚持心和真理优先的传统观点,并认为(1954),语言统治着我们的生活,我们的文化就是一系列语言游戏,我们的心是语言活动的结果因而是社会性的。如果包括我们的行为在内的我们的生活活动是一套语言游戏,那么我们的行为就是遵守规则的活动,因此是仪式性的。

假如我们的行为是语言游戏的一部分,那么为了找出我们的行为具备哪些特征,就需要我们分析一下语言游戏的结构。游戏具备下述特征。

(1)大部分游戏有一个游戏者彼此之间进行游戏的媒介物,比如足球游戏中的足球。这一媒介物建立起最基本的和最全面的规则,从而从根本上管控游戏者的活动：在进行游戏的时候，足球运动员不得用手触碰足球。

（2）游戏者的游戏动作只能以一种客观的方式来理解。否则，他们的动作就不会引发其他游戏者的反应。这意味着对每一个游戏而言，都存在一种适当的方式来解释游戏者的动作。

（3）游戏的本质及其规则是在游戏的漫长历史中形成的，并以游戏者之间内在化的共享记忆的形式而存在。

（4）游戏者的意向为了在游戏中获得意义，应该外在化为其他人看得见的游戏者的身体行为的形式：游戏者的行为是其意向的体现。

（5）游戏者的意向及其身体行为本身并不具备任何意义。它们只有在服务于所有游戏者达成共识和共享的特定价值的时候才是有意义的。游戏的这最后一种特征使得游戏行为变成仪式性的。

从这样分析出来的游戏的这些结构性特征出发，我们可以推断出以下有关游戏者、游戏行为和游戏场域的结论。

（1）游戏中施行的所有行为都是遵守规则的行为。

（2）只要游戏者施行遵守规则的行为，并且这些被遵守的规则服务于所有游戏者共享的特定价值，那么游戏者就被视为有意义的能动者来对待和被尊重。这样一来他们就应当有别于游戏的局外人。

（3）游戏行为的特性不在于它们可见的外形。它们并不是它们显现出来的样子，而是游戏者内在意向的表达，或更确切地说是这些意向的实现。它们的特性应当在游戏场域和语境的背景下进行解释。游戏中的身体动作是依赖语言的，因为它们的特性是由游戏语言所决定的。

（4）游戏的场地并非游戏者在其中交换身体动作的可见空间。游戏的真正场域散布于游戏者的心中。而当游戏者在彼此间交换那些体现于行为的可见形式之中的意向的时候，这种尽管是不可见的心理场域就转化为客观的、社会的空间。

（5）游戏中的游戏者通过交换游戏行为追寻共同的目标或价值。

*

我们所生活的社会并不是一个时空上可见的空间，而是一个心的社会。我们的行为作为我们的意向的实现或体现，是仪式性的；因此，它们是礼的行为。我们人类大多要遵守社会礼节，也就是说，我们施行礼的行为，并且在道德上是善的，正如孟子所坚持的那样。然而，这种道德善并不是我们天生本性中的一个特征；它是培养的结果，是社会化的结果，是天生本性与文化社会化的结合（性伪之合），正如荀子所主张的。

对大多数西方思想家而言，国家或社会是对发生冲突的自我利益进行妥协的社会契约的结果。他们主张，为了成为伦理的，我们人类应当超越这个现象世界，努力达到某些哲学上的或伦理学上的最高级，比如善的理念、内在善、绝对命令，等等。

儒家有关日常生活世界的概念则完全不同。日常生活世界已经是一个伦理的维度；这个比较级的世界本身就是真实的、负载价值的。一旦被社会化，我们的日常行为大多要转化为仪式礼节，这也是为了达成我们社群的共同价值而进行的努力。相对而言，我们的日常生活世界作为一个整体是价值的领域或礼的空间。

Kyung-Hee NAM: LI（礼）, *OR RITUAL PROPRIETY:*
A PREFACE TO A CONFUCIAN PHILOSOPHY OF HUMAN ACTION
（*DIOGENES*, No. 248, 2015）

注：

[1] 我们可以将孔子的谨慎之心与巴厘语的 Lek（羞耻）进行比较，参见格尔茨，1973：401—402。

[2] 参见巴厘人有关人类行为的看法，格尔茨，1973：400。

[3] 该表述借用自宇文所安，1992：27。

参考文献：

安乐哲、罗思文（主编），Ames, R. T. & Rosemont, H.（eds）（1998）*Confucius' Analects: A Philosophical Translation*, New York: Ballantine Books。

蔡仁厚, Cai Renhou（1994）《孔孟荀哲学》, trans. into Korean by B.-D. Cheon, Seoul: Yemoonseowon。

芬格莱特, H., Fingarette, H.（1972）*Confucius: The Secular as Sacred*, New York: Harper and Row。

格尔茨, C., Geertz, C.（1973）*The Interpretation of Cultures*, New York: Basic Books。

陈汉生, C., Hansen, C.（1992）*A Daoist Theory of Chinese Thought: A Philosophical Interpretation*, Oxford: OUP。

诺布洛克, J.（主编），Knoblock, J.（ed.）（1988—1994）*Xunzi: A Translation and Study of the Complete Works*, Stanford: Stanford UP。

宇文所安, Owen, S.（1992）*Readings in Chinese Literary Thought*, Cambridge: Harvard UP。

北京大学图书馆（主编），PKU Library（ed.）（1992）《论语索引》, Beijing: Peking UP。

索绪尔, F., Saussure, F.（1966）*Course in General Linguistics*, trans. W. Baskin, New York: McGraw-Hill。

维果茨基, L. S., Vygotsky, L. S.（1978）*Mind in Society*, trans. A. Kozulin, Cambridge, Mass.: Harvard University Press。

维果茨基, L. S., Vygotsky, L. S.（1963）*Thought and Language*, M. 科尔等人主编, eds M. Cole et al., Cambridge: MIT Press。

维特根斯坦, L., Wittgenstein, L.（1922）*Tractatus Logico-Philosophicus*, Frankfurt: Suhrkamp。

维特根斯坦, L., Wittgenstein, L.（1953）*Philosophical Investigations*, trans. E. Anscombe, Oxford: Blackwell。

韩国语境中的儒家思想与女性主义

金荷淑 著

李红霞 译

让儒家思想不仅在东方也在西方的当代语境中站得住脚,这越来越受到人们的关注。一些人将儒家伦理作为建立在一种个体自由和绝对自由的原子论概念基础上的西方自由传统的可替代方案来提出,并主张,摆脱了其在应用中的历史偶然性的儒家思想的本质特征确保弥补了西方自由主义理想的空白。有些人甚至主张,儒家思想是与女性主义站在同一边的。

本文中,我探讨一个最近的观点,即儒家思想和女性主义是相容的,以及一个甚至更为激进的观点,即儒家的女性主义是可能的。李晨阳(1994)声称,因其典型的父权因素而著称的儒家思想与女性主义相容的基础在于它们的关键共性,即关怀伦理。我认为,若要让儒家思想可以与女性主义相容,那么前者必被改造到丧失其主要特征的程度,如果儒家思想在李晨阳所说的意义上与女性主义相容,那么任何提出某种人道主义价值和原则的宗教或哲学都是与女性主义相容的,而不论它是多么持久深入地充当反女性主义传统的意识形态角色。

两千多年以来,儒家思想对远东社会的几乎所有部分都有相当大的影响,包括政府、教育、一般价值体系以及艺术。即使当某些宗教比如佛教在一个社会中流行的时候,儒家思想还是提供了政治理想和教育理想。儒家思想绝不是一个统一的思想和价值体系。也就是说,它的持续发展产生了多个思想派别,其中发展于11、12世纪的新儒家思想最引人注目。然而公平而言,各种儒家流派主要都基于一个相对统一的儒家理想,这一理想足以将它们统称为一个哲学统一体，即儒家思想。

值得指出的是，儒家思想不仅作为一种哲学，而且还作为一种强有力的政治意识形态在远东许多文化的历史上发挥了作用，尤其是朝鲜王朝这个历时500多年的韩国最后一个王朝。儒家思想对许多韩国人而言确实还是一种活的力量，以及为他们的日常生活提供文化基础的现实。儒家思想的这一层面使得很难脱离儒家思想在多种不同语境中的应用对人们日常生活产生的影响的具体历史，将它只是作为一种基于某些形而上学和伦理学价值或原则的哲学来评价。此外，如果这个历史是对某些类别人群（例如女性和社会地位低下的人）的压迫史，那么就必须问一问：儒家思想对这一历史的展开有直接或间接责任吗？如果有责任，它是如何证成这种压迫的？

众所周知，儒家思想作为一种政治意识形态是以父权思想为特征的。它将**三纲**（父亲和儿子之间的关系，君主和大臣之间的关系，丈夫和妻子之间的关系）作为基本的社会网。**纲**这个词意指一张网中其他绳索所系附的主绳。因此，父亲就成为儿子所依附的主绳，同理君主和大臣以及丈夫和妻子之间的关系也是如此。这里君主、父亲和丈夫与他们的对应者相比占据一个较高的位置，就形而上学的、道德的、社会的，或是法律的意义而言都是如此。

或许有人会辩称，三纲的学说是汉朝末期才产生的，而不是孔子和孟子的时期。因此，古代儒家思想被认为是不含有任何反平等主义因素的。然而，即便是孔子和孟子的思想也预设了封建制度和社会等级的存在。孔子的伦理基本上是倡导**仁义**政治的大臣和**君子**的伦理，与经由法律和惩罚的治理形成对比。按照孔子在《论语》中所言，"为政以德，譬如北辰，居其所而众星共之"（孔子，1963，2.1：22）。以及，"道之以政，齐之以刑，民免而无耻；道之以德，齐之以礼，有耻且格"（孔子，1963，2.3：22）。

李晨阳辩解称，儒家思想中仁这一人道主义概念的本质方面比如"仁慈、爱、利他主义、和蔼、慈善、同情心、宽宏大量、仁心、人道、人性、完美品德、善良、真正的人、最好状态的人"（1994：72），可以脱离其应用的一般历史语境，脱离父权的道德规范，因为这些规范是体现在构成了以父权为基础的封建政治制度的礼的各种规则之中的，因此孔子和孟子作为仁的哲学的提出者，对于它压迫女性的历史并不负责。然而，我不明白某一特定哲学如何可以脱离其应用的历史，尤其是在它已经作为一种道德和政治意识形态贯穿其历史一直在证成一个等级制社会制度和对某些特定人群的压迫的时候。这种情况不同于古雅典人的情况，古雅典人相信民主但承认奴隶制是因为前者没有被用作一种意识形态来证成后者。如果基督教学说作为一种意识形态来证成种族歧视，或者民主证成奴隶制，那么无论基督教还是民主都不能免于为其压迫的历史负责。如李晨阳所宣称的，儒家有关人性的原则不仅适用于女性，而且也被用来证成压迫女性的礼的规则，将这些规则辩解为天道或是人性的真理。仁这一概念的问题在于它在孔子的语境中没有被清晰地定义。尽管普遍认为，仁接近于一种抽象意义上的爱、同情心、人性或仁心，但孔子总是通过一些具体的语境和例子来解释这一概念，有时会根据学生的不同而使用不同的术语。李晨阳宣称正是这种回应了个体特殊需求的特殊主义的形式赋予了儒家思想作为关怀伦理学的力量。

……他（孔子）对问相同问题的不同人给出了不同的答案，因为他考虑到了具体的情况（《论语》，11.22）。另一方面，关怀伦理学家，尤其是那些相信关怀是分等级的人，必须应对像父母子女、夫妻、朋友和邻居这样亲近关系的人。为了能够以一种适当的和有效的方式表示关怀，一个付出关怀的人必须将这些不同类型的关系或"角色"都考虑在内。可以说，一个人如果不能理解这些关系之间的差异，就无法很好地进行关怀。一个人关怀孩子的方式是多少有别于他关怀父母的方式的，而关怀父母的方式可能不同于关怀其他老人的方式，因为他们每个人都是特殊的个体。（李晨阳，1994：134）

斯塔批判了李晨阳的观点，他认为儒家伦理并不是特殊主义的伦理学，因为它更关注特殊社会角色所需要的关怀，而不是个体在现实世界中的各种特殊需求。在儒家伦理中，关怀所表现的特征是与社会角色一致的。因此在严格意义上，儒家伦理并不是关怀伦理学，而是德性伦理学，即强调诸如孝、忠、仁、悌（兄弟之爱）这样的性格特征，以及强调在对德性和人格的共有理解基础上发展好的性格特征。李晨阳反驳了这一批判，他宣称儒家伦理是基于角色的关怀伦理学，以仁的概念为基础，并可以对女性主义伦理产生意义。然而，如何定义一个社会中人的角色？在传统社会中，按照人的社会地位来定义他们的特殊角色的是礼而不是仁。只要儒家伦理重点关注角色，它们就无法摆脱从过去的父权和等级制传统中传续下来的道德规范。或许有可能为女性创造新的角色，但并不是可以从无到有一蹴而就的。新角色要在从过去传承下来的特定语境中产生。因此，李晨阳坚持认为基于角色的关怀伦理学和仁的伦理学（连带礼的新形式）对于男性和女性都适用，这是前后矛盾的。

如果儒家价值体系中的某种特殊类型的社会角色需要某种特殊类型的关怀，那么关怀对于个体的真正需求来说可能并非总是自发的或真实的。当个体需要关怀时，他或她想作为一个完整的人来被关怀，而不是作为一个老师或一个母亲，也就是说，不是作为一个带有某种预先确定的社会角色的个体，这个社会角色或许只能代表他或她的某些表面部分。在这种意义上，儒家伦理是建立在由群体的一般社会角色所确定的群体规范基础上的关怀伦理学，而吉利根的关怀伦理学是建立在个体规范基础上的。这一差别对女性主义伦理学有重要意义，因为儒家伦理严重依赖过去规定社会角色的一般规范性规则和原则，而当代关怀伦理学依赖个体的特殊需求。

至于李晨阳所指出的仁的要点，重要的是要指出仁的概念精确反映了礼——实际上，可以说仁是礼的内在化德性，而礼是仁的外在表达——而且通常具体体现在对孝悌、良知、利他主义和信任等儒家价值的关注上。按照孔子的说法，"克己复礼为仁"（孔子，1963，12.1：38），以及"其为人也孝弟，而好犯上者，鲜矣；不好犯上，而好作乱者，未之有也。……孝弟也者，其为仁之本与"（孔子，1963，1.2：19—20）。

这里包含两个哲学要点：第一，就仁并非独立于礼的概念进行定义这一点而言，儒家思想是要对压迫女性的历史负责的，因为这些极其多样的礼就是使这一历史成为可能的原因，礼是随时间变化的，而且是区分（基本上是在等级制基础上）人群尤其是区分富人和穷人、男性和女性的关键因素。在远东的不同文化中，由于礼治而非法治的政治理想，礼（作为特定语境中充当特定家族或社会角色的特定个体该做什么的具体的道德指导原则和训诫）在实践中发挥法律的功能。个体曾在礼的名义下被惩罚和剥夺社会特权，因为他们生活在一个道德最大化的社会。事实上，礼法的概念反映了儒家文化的这一方面。

第二，儒家的仁的概念预设了一个大的父权制家族的存在，家族中父亲（通过复杂的血亲家族关系排序的年长者）和男性成员拥有比母亲、年轻成员（年长和年轻成员的确定不仅基于他们的年龄还基于家族关系的次序）和女性成员更高的地位。若没有家族体系，那么就无法找到实现仁的语境。李晨阳指出，"一个仁人必须首先爱他的父亲和长兄，然后扩展开来再爱其他人。孟子说，'老吾老，以及人之老；幼吾幼，以及人之幼'"（李晨阳，1994：79）。在儒家的语境中，多数道德规范都是在家族和社会关系的语境中进行安排的，因此一个在家族关系之外的男人或女人都没有机会成为一个道德个体。传统上婚姻对男人和女人来说非常重要，尤其是对女人而言，因为她们被寄予的期望是没有家族之外的社会关系。然而，即便是未婚男人也被视为其家族的一个丑闻以及对其父母不敬的最坏的一种形式。道德不是一个人自主决定其自我意志的事情，而是特定关系中一个人要实现对他人的道德责任（或用更轻松的话来说，关怀他人）。

这种以家族和关系为中心的伦理对女性的歧视由来已久，因为家族的典型特征是父权制的，而社会关系是通过男性关系进行等级制排序的。即使在当代社会，至少在仍然保留了关系伦理的韩国，男性之间紧密相连的社会关系对有意从商或从政的女性而言仍然是最大的障碍之一。尽管 2012 年选出了一位女性担任新总统，韩国女性政治家和官员的数量仍然少得令人感到羞耻（与相似经济发展水平国家相比要少得多）。许多雇主有意避开女性，因为他们认为女性拥有的商业人脉要比男性少。此外，男性雇员在与他们的女性同事共事时常常感到不自在，因为他们不习惯将女性视为与他们同等的人。他们从小就被教育将女性视为不同的存在（常常只是作为可能为他们生孩子的人）。例如，有一个古老的谚语说七岁之后不能与异性同坐。

人们或许可以辩称，仁（作为一种基本的道德德性）也可以在不预设一个父权制家族体系的前提下独立存在，一种新形式的儒家思想可以被发展出来。然而，若儒家思想摆脱了它被应用于其中的家族结构的语境，它就必然失去其"儒家"的特有特征之一，即三纲和五伦的体系。任何建立在仁的道德理想即仁慈、人性或关怀等一般价值基础上的伦理都不会与其他类型的关注仁慈、爱、喜爱、利他主义和关怀等一般道德价值的伦理有太大差别。没有以一个有次序的家族体系为前提的孝和悌，仁将简化为对重要他人的简单喜爱或关怀之情。那么儒家伦理的主要主张就是"首先爱你的家族成员，然后将这种爱推及其他与你有关的人"。这是一种关系伦理学的论点,就像诺丁斯(1984)提出的理论模型。与当代关系伦理学不同,儒家伦理没有提出对于家族成员或重要他人的简单的爱。相反,它们强调对于他人按照他们的社会角色进行划分的等级式的爱。爱的关系不是相互的,而是按照人们在社会等级或家族网络中所扮演的不同角色来界定。表达爱和关怀有适当的和不适当的方式。在许多情况下,为特殊角色所建立的情感和特殊关怀方法模型几乎是强加于扮演这些角色的人的。通过或明或暗的道德教育,一个人慢慢理解了该如何按照他们的社会角色和地位来关怀他人。总的来说,远东的语言严重依赖于复合词和敬语表达,这些词和敬语的运用按照家族和社会中的等级关系来变化。这在韩国语言的情况中尤其如此,因为在远东的国家中,韩国是受儒家思想影响最大的。

然而,人们或许可以辩称一种无视传统家族和社会等级制的新形式的儒家思想可以被创造出来,这样儒家伦理就可以变成与女性主义伦理学相容的关怀伦理学。李晨阳认为儒家思想有许多与女性主义关怀伦理学共同的地方,指出二者都将它们的道德观建立在非契约关系、具体关怀情境和特殊行为规则的基础上,而不是建立在独立个体之间的契约关系、正义和普遍原则的基础上。他声称儒家思想之所以参与了对女性的压迫,原因在于儒家学者已经"将女性排除在仁的实践领域之外,因为他们不相信女性是像男性一样的完全的人"(李晨阳,1994:84)。然而,儒家思想与女性主义关怀伦理学有很多共同之处这一事实是否说明儒家思想由此可以与女性主义相容,这一点并不清晰,因为儒家思想与那些强力支持父权制和反女性主义的伦理学也有很多共同之处。此外,斯塔(2002)主张儒家伦理并非关怀伦理学(因而并非女性主义伦理学),而是建立在人与人之间角色关系基础上的德性伦理学。李晨阳回应说儒家伦理是"基于角色的关怀"伦理学,因此可能存在不同形式的关怀伦理学。然而,我坚决认为儒家的基于角色的关怀伦理学与女性主义伦理学是不相容的,因为儒家社会中的角色是在一个精心编织的、反映了其等级制和父权制的社会体系中被严格定义的(李晨阳,2002)。

若断言儒家伦理是一种广义上的关怀伦理学并不牵强。然而,并不是所有的关怀伦理学都反映了女性主义伦理学。在远东的许多文化中,儒家伦理(作为关怀伦理学)总的来说是男性伦理,李晨阳也指出了这一点。一个仁的人常常被称为一个**君子**,而不是一个**小人**,并且比小人拥有更大的关怀他人(比如行**仁**)的力量。关怀他人并被关怀着是君子的特权。就像一个父亲关怀他的妻子和孩子,一个儒家的君王被期望关怀所有他的臣民。女性被期望关怀他人但不包括那些家族之外的人,她们只有在处于家族和婚姻关系界限之内的时候才被关怀。如果一个儿媳能在孝的名义下关怀她的公婆,就会被认为是活得成功。儒家社会中的道德敏感性严重依赖等级关系。人们对他人产生的不同道德态度取决于他们的社会和家族等级。

要指出的是,尽管社会等级在儒家文化中扮演关键角色,但女性不太可能意识到这种社会等级,因此她们更有可能产生出一种她们自身之间相互平等的感觉。远东同性个体之间的关系比西方的更加亲密,因为这里性别隔离被广泛实行,导致在许多个体群体中产生了性别隔离社会,包括小学中学群体以及甚至是大学生群体。尽管男性也有亲密的社会关系,但他们更有可能意识到家族或社会等级。如果在女性之中也存在等级,那决定这种等级次序的通常是她们的男性伴侣或家族成员。

以男性为导向的儒家文化导致了女性在道德上从属于男性。女性被认为是没有道德自主性的,因为她们被束缚于狭隘定义的家族关系角色,比如作为一个女儿、一个妻子、一个母亲,或者一个儿媳。女性的这种道德从属地位集中体现在韩国传统社会针对女性的三从之道这一概念中:女性终其一生必须先要服从她们的父亲,然后服从她们的丈夫,最后服从她们的儿子。

行仁或关怀他人的道德能力总的来说是属于男性的,而在新儒家的语境中,这种能力又被认定为宇宙产生万物的美德。一个仁的人就是能够与宇宙统一的人。儒家学者认为小人和女性在这种能力方面是严重欠缺的,尽管他们指出小人可以通过道德努力成为君子。因此,断言儒家关怀伦理学与女性主义伦理学在一个关怀他人的能力(作为一种道德能力)被视为某些男性的特有特征的文化中是相容的,这是前后矛盾的。并不是所有形式的关怀伦理学仅仅凭关怀伦理学这一点就能成为女性主义的。女性主义伦理学必须可以提升女性作为女性的意识,乃至把她们从某些形式的压迫中解放出来。吉利根的关怀伦理学促成了一种环境,在这一环境中女性可以确信她们的道德能力以及她们在这一能力上的优势。关怀伦理学只有在女性由于感知到她们关怀他人的能力而成为道德主体的时候才可能成为女性主义伦理学。儒家文化中的关怀与其说是一种女性价值不如说是一种男性价值。我没有发现儒家伦理（作为对于男性的关怀伦理学）对于女性而言尤其有解放意义，也不理解为何儒家思想可以在关怀伦理学的名义下变得与女性主义相容。

*

现在我提出如何在儒家传统中设想女性主义伦理学的问题，对身处远东的人来说很难脱离这一传统，因为这一传统是深深植根于他们的文化之中的。我主张在儒家文化中，以正义为中心的伦理学可以很好地发挥女性主义伦理学的功能。由于缺乏广泛的社会联系并面临劣势，女性在社会竞技场中比享受由广泛社会联系带来的特权的男性更能意识到正义的必要性。儒家社会中的女性主义伦理学必须将平等、公平和个性作为首要价值，以纠正父权制儒家意识形态的漫长传统所导致的非正义。如果儒家女性主义是可能的，儒家思想就必须扩展自身将正义伦理学吸收进来。

正如并非所有形式的关怀伦理学都是女性主义的，并非所有形式的正义伦理学都是女性主义伦理学。正义伦理学可以成为女性主义的取决于它们对待女性问题的方式。应对儒家社会中各种形式的压迫和歧视需要伦理学关注平等和不依赖任何等级的相互认可。被强迫关怀别人到了自身被剥夺了被关怀（甚至是被自己关怀）机会的程度的女性，应当对自己的权利和需求有更清醒的认识。如果儒家思想可以变得和女性主义相容，那么只有当儒家伦理补充了对女性和小人的地位的意识的时候。即便是吉利根和诺丁斯也指出，女性要获得道德上的发展，就必须关怀她们自身并意识到她们自己的需求和权利：

> 当对于关怀的考虑从一种不许伤害他人的指令扩展到社会关系中一种理想的责任感的时候，女性开始将她们对关系的理解看作道德力量的一个源头。但权利的概念也会通过增加一个考虑道德问题的第二视角来改变女性的道德判断，结果就是判断变得更加宽容和不那么绝对。（吉利根，1982：149）

伦理自我就是我的实际自我和被想象为关怀者和被关怀者的我的理想自我之间的一种活动着的关系。它产生于对关系的基本认可；即将我与他人自然而然地联系起来,又通过他人将我与我自己重新联系起来的关系。由于我关怀他人并被他人关怀着,我就能够关怀我自己。(诺丁斯,1984:49)

除非女性有被关怀的机会并由此来关怀她们自己,否则关怀就不是一种伦理上的理想,而只是奴隶伦理学的一个因素。儒家思想若要在当代民主世界行得通,就必须得到作为正义伦理学的女性主义伦理学的补充。在像韩国这样的儒家社会中普遍实行的关怀伦理学是男性伦理学,它在一个彻底的意义上将男性视为唯一的道德能动者。对当代儒家社会中的女性而言,社会现实仍然是模糊不清的,因其长久以来处于作为一种父权制制度的儒家思想的阴影之下,这一制度加强了生物决定论和女性的道德他律。

Heisook KIM: CONFUCIANISM AND FEMINISM IN KOREAN CONTEXT

(*DIOGENES*, No. 248, 2015)

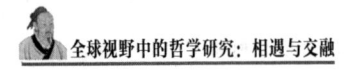

参考文献：

孔子, Confucius（1963）"The Analects", 收入陈荣捷（主编）, in Wing-Tsit Chan（ed.）, *A Source Book in Chinese Philosophy*, pp. 18—48, Princeton, NJ: Princeton University Press。

吉利根, C., Gilligan, C.（1982）*In A Different Voice*, Cambridge, Mass.: Harvard University Press。

李晨阳, Li, C.（1994）"The Confucian Concept of *Jen* and the Feminist Ethics of Care: A Comparative Study", *Hypatia*, 9（1）: 70—89。

李晨阳, Li, C.（2002）"Revisiting Confucian *Jen* Ethics and Feminist Care Ethics: A Reply to Daniel Star and Lijun Yuan", *Hypatia*, 17（1）: 130—140。

孟子, Mencius（1963）"Mencius", 收入陈荣捷（主编）, in Wing-Tsit Chan（ed.）, *A Source Book in Chinese Philosophy*, pp. 51—83, Princeton, NJ: Princeton University Press。

诺丁斯, N., Noddings, N.（1984）*Caring*, Berkeley: University of California Press。

斯塔, D., Star, D.（2002）"Do Confucians Really Care？ A Defense of the Distinctiveness of Care Ethics: A Reply to Chenyang Li", *Hypatia*, 17（1）: 77—106。

论倾向：从"诚"的概念展开的分析

丁大铉 著
萧俊明 译

一、倾向主义所面临的困难

休谟和倾向主义关于因果性的说明面临什么困难？一方面，休谟的说明根据相近性、时间上的先后、恒常连接以及偶然性解释了因果关系，并且根据因果关系中不包含关于必然性的经验印象的事实否认了任何模态概念。但是，休谟的说明没有说服力，因为它与普通直觉不符。另一方面，许多倾向主义者并不把因果性解释为对象或事件之间的关系，而是解释为倾向属性之间的关系。有些走得更远，试图根据相互性、同时性、遍在性以及整体性来解释倾向属性。然而，这种分析也是反直觉的，只不过维度不同。

这些倾向主义者所面临的困难可以更加具体地来描述。试想一下冰块冷却柠檬汽水与柠檬汽水融化冰块的过程。冷却和融化是两种力量的表现，即两种力量通过互动产生的"相互"产物（威廉斯，2010：31）。两张倚靠在一起保持直立的纸牌构成了一个因果"同时性"的事例（莫尔纳，2003：192—193；马丁，2008：185）。这些事例所产生的问题之一是相互性和同时性的因果性如何可能。这些不同的倾向属性如何合作产生一个具有如此复杂性的统一结果？这可称为"和谐问题"。

关于因果性的倾向主义分析的另一个困难可称为"整体性问题"。C.B.马丁（2008：181）认为倾向因果性是"无所不在的"，因而断言"大多数诚实倾向状态大多是在其他倾向状态出现的条件下度过生命的，后者的表现就在于阻止前者做出其表现……这是一个繁忙的世界"。世界上的事物的全部属性，即它们的倾向都是在其表现和不表现中相互关联的。

对于和谐和整体性问题的探讨至少从三个不同的视角来展开。首先，莫尔纳（2003：223），然后是芒福德和安于姆（2011：193）提出了一个关于不可分析的原始模态的观念。接着，他们借助于因此而获得的必然性概念判断认为，真是一种模态原始形式，倾向力量是真之制造者。这种原始主义以这样一种情况作为支持：在这种情况中，任何因果分析都会失败——或者是因为分析没有预设一种模态倾向，结果是虚空的；或者是因为分析包含了一种模态概念，但因而是循环的。原始模态战略似乎把和谐和整体性问题推回到必然性层面，但是问题并未消失。海尔（2010：69—70）为了接近必然性概念愿意把性质与力量等同起来。但是，这种等同尝试本身似乎需要更多的说明。

第二，威廉斯（2010：96—97）细致研究了语义整体论如何可以说明倾向主义所包含的和谐和整体性问题。某一个人体系中的一个信念的意义取决于这个体系中所有其他信念的意义，其某一信念的改变将会影响所有其他信念的意义。类似地，每一种力量的具体的决定性质取决于它所在的力量体系中其他力量的具体的决定性质。这似乎是一个有希望的开始，虽然关于语义整体论的描述不够充分使其失色不少。必须增添一些东西以表明语义整体论本身如何发挥作用。

第三，莫尔纳（2003：62—74）超越了 F. 布伦塔诺的意向性论断，将意向性概念延展到身体领域。他试图用意向性概念来说明倾向主义属性所起的作用。本文试图对其可行性进行评估，为此不妨对这一论断做一追述。

二、"诚"论断

以下的主要论断是：倾向的意向性即是这些倾向之诚。这一假设的一个明显优点在于，诚概念之丰富足以让我们在拒斥传统的心身对立区分的同时仍然承认心的复杂性。这一假设可以更精确地表述如下：

  诚论断（IT，Integrationality Thesis）：任何诸如倾向的实体都有诚，因而诚是一种力量，即一种在与所有其他力量互动的情况下实现它所含有的目标的力量。[1]

那么如何根据诚来解释意向性？我们如何能够通过理解诚概念（notion of integrationality）的概念结构来解释普遍应用于包括倾向在内的所有实体的意向性？我们可以对诚概念做出第三人称用法与第一人称用法之间的区分。诚的第三人称用法（the third-person use of integrationality）被视为静态的[2]；诚的第一人称用法（the first-person use of integrationality）则更加主动，将各种不同体系的元素（某人自己的体系——S_1与其他人的体系——S_2，S_3……）提取出来合成一个新体系，在新体系中，这些不同元素进入诚的状态（put into integration），就如在谓词语法中所见到的。[3] 固然，诚者（integrator）自身自然地倾向于完整保存其自己的体系 S_1。但是，通过这种主动的诚的过程，实体经历了适应和成长。从第一人称的角度来看，诚不是对一个实体的客观事态的描述，而是其自己所参与的活动。我们所谓的"诚者"是遍在的，与所有其他诚者互动。笛卡尔将这个诚者称为"心"，将它只局限于人的心智力量。但是，诚论断允许任何诚者具有心的力量。如果这一假设成立，那么"心"则不是指称一个单一实体如人心的能力，而是指称所有任何复杂程度的实体——从原子或细胞到人或宇宙——的能力。

这两种立场之间的差异是明显的。笛卡尔主义者认为，他们可以理解思想与物质之间的区分。按照他们的观点，认为人没有身体可以存在是能够成立的，而认为人没有思想可以存在是不能成立的。身体取决于人，但思想不取决于人。他们将这一逻辑应用于其他事物并得出结论认为，人是一种思想存在，而其他非人事物不是。当然，结果是二元论。但是，笛卡尔的模态论证是有缺陷的，因为只有在现实世界中一个具身的个人才思想。区分不同的无实体的思想存在是否有任何同一的标准？也就是说，如果两个不同的个人持有不同的观点，那么可以根据他们的不同的心智内容来区分二人。但是，如果两人具有完全相同的思想，那么如何区分他们？然而，诚论断持有一种有机的世界观，坚持认为人与所有其他事物之间具有连续性，身心倾向是互成的（integrated with each other）。诚是人的心身的一种力量。

如果将进化论作为一种说明物种起源的选择来阐述，连续性论断则更加有力。不妨把进化论当作一个假设。那么，这就迫使我们不仅承认我们身体的进化，而且承认我们心智的进化。我们能够看到人类历史与其他实体的历史是连续的：如果进化反映了充分适应的物种的历史，那么历史则表现了智性的和适合的生命形式的进化。

进化论产生于进化过程的生存者的观点，从这个意义上讲，它是乐观主义的。当然，进化过程中是有斗争和痛苦的。但是，自然界进化过程的结果是有益的，以致生存者有机地相互关联起来。当我们从这个视角去看待自然，我们必然感知到自然中的一种最终和谐，或许是一种宇宙和谐。诚概念表达了这样一种内在论的乐观主义：一个实体的诚正在实现一个此时与其周围的事物产生关联的主体所处的某种情境之最佳。

诚概念并不排除冲突因素。相反，它有时需要剧变或大地震，如果必要的话，刻骨的仇恨或悲惨的战争。我们知道，关怀和同情会缩短达到和平或和谐的理想境界所需的时间。

在本文的余下部分，我将提出可能有助于诚论断成立的三个假设：意向性是一个模态倾向元素；信息为诚（information is integrational）；适合是一个倾向指向。

三、意向倾向

芒福德和安于姆（2010）提出了一个关于因果关系的阈限说明。他们将原因当作朝着结果的倾向，并且选择阈限进路而不是模态进路。当一个结果的原因积累达到必要的阈限时它便发生了。这里是沿着因果力量的线路来理解阈限的。因为他们认为因果力量是多基因的（多重原因的互动导致同一结果）和多效性的（一个单一原因导致多重结果）。他们关于阈限的概念澄清的是，因果力量包含力量的加减。当一根火柴被划着取火时，它是通过力量的加减被划着的：加上的是，可点燃的火柴头、正确的划火柴方式、氧气的存在，等等；减去的是，迎风、过度潮湿以及诸如此类的事物。

值得仔细研究的是芒福德和安于姆如何为他们的阈限观点论证。当他们详细描述因果力量的作用时，他们不允许我们进一步提出问题，追问这些不同的力量如何如此和谐地和整体地相互合作。他们还批评了莫尔纳的身体意向性概念。莫尔纳认为身体意向性提供了理解因果力量如何产生作用的手段，而芒福德和安于姆（2011：186，188）认为意向性肯定不能说明一种倾向，应该反其道而行。他们认为反其道而行就是采取自然主义的方式。

对于莫尔纳的重要批评体现在芒福德和安于姆对于"自然主义"一词的用法中。他们的自然主义不是卡尔纳普试图将倾向性还原于其中的自然主义。他们的自然主义非常开放，足以容许莫尔纳的自然主义发挥作用，但是他们不愿意接受莫尔纳根据意向性来说明倾向的设想。显然，芒福德和安于姆认为，根据倾向说明意向性是自然主义的，而根据意向性说明倾向不是自然主义的。看起来，他们似乎是以一种传统类型的二元论为预设，按照这种二元论，意向性是心智的而倾向是身体的。

芒福德和安于姆超越了卡尔纳普的自然主义，对倾向与意向性之间的关系是肯定的，但是他们未能面对倾向主义所包含的和谐和整体性问题。然而，莫尔纳则敢于根据倾向来说明因果关系，进而将和谐与整体性包容进来。他认为意向性是倾向的标识。在他看来，意向性容许一种结构，而倾向则具有指向性、遍在性以及整体性。

莫尔纳通过提出意向性是一种倾向的标识，倾向对其表现的指向性即是意向属性的指向性，展示了这样一种整体性结构（参见莫尔纳，2003：61，81；芒福德和安于姆，2011：185）。但是，不仅表现中的而且不表现中的倾向属性之间的关系性质是什么？当莫尔纳（2003：43）在试图延展心智意向性概念从而使身体也可以具有意向性力量之后承认（心身）两种意向性之间的差异时，一个类似的问题浮现了。为什么莫尔纳关于倾向主义的总体框架的论证并没有产生他想要的作用？

莫尔纳的战略究竟出了什么问题？当莫尔纳提出意向性是倾向的标识时，他关于这一观点的论证是基于一种心身意向性之间的类比。他想表明，身体意向性也具有与心智意向性相同的特征，即其对象可以是存在的或不存在的，可以是模糊的，是被指向的，以及可以在指涉上是含糊的（莫尔纳，2003：63—66）。但是，正如他所承认的，这种类比是脆弱的，不应推进得太远（莫尔纳，2003：68）。

莫尔纳的问题确实不在于他的论证，而在于他所采取的自下而上的战略。对于这类问题采取任何自下而上的战略，似乎都要求坚持传统的心身区分。然而遗憾的是，这种隐含的要求与莫尔纳要摆脱心身区分的明确目标不一致。因此，莫尔纳关于意向性的说明的一个备选方案是，在坚持其意向性是倾向的标识的论断的同时采取一种自上而下的战略。

自上而下的进路如何能够被证成？莫尔纳基于心身类比的论证大概表明，他关于意向性是倾向的标识的论断只是偶然的。但是，要使莫尔纳的论断更加有力，就必须证明它是必然的。为这一目的而提出的建议如下：将"倾向"定义为一种表现的力量。假定倾向不是意向性的，那么一种倾向要么应该是一种神秘力量，要么应该是一种由某种外在主体操纵的力量。但是，这些选择是不可接受的，因为它们意味着倾向不可能按照我们所能理解的东西——与定义相反的东西——行使其力量。因此，倾向不是意向性的是不能成立的，所以倾向必定是意向性的。意向性是倾向的一个模态元素，自上而下的进路是可接受的。

四、诚的信息观

关于世界的信息观至少有两个版本。一个版本认为，人所看到和经验的一切是一个有待解释的文本。这可称为"知识版本"。它衍生于与康德先验知识论相关的观念。知识版本需要一场哥白尼革命，因为它认为客体是由主体的语法构成的，从这个意义上讲，客体依赖于主体。按照知识版本的观点，任何客体都不允许以其自己的和自律的方式与其他客体进行互动。信息观点的另一版本认为，世界上存在的任何事物，无论是一块岩石，一棵植物，还是一只鸟，等等，都构成了一个系统，这个系统通过信息与其他事物的系统互动。[4]一块石头或一朵花接受来自其周围事物的各种各样的适当输入，并提供相关的输出。这个"信息处理版本"值得关注，因为我认为这个版本对于诚论断如何产生作用提供了见识。

德雷特斯克（1988）无视人为表征与自然表征之间的最终差异。前者可以被还原为后者，而后者，在他看来，是基本的。他肯定地认为，人的心智内容因此可以从自然主义的角度来说明。这种表征产生于它与它所处的事态的依赖关系。[5]这种自然表征会在人类生理学中看到，这就是德雷特斯克所谓的"原始信念"。德雷特斯克的依赖关系最终可以在环境信息概念中找见。按照环境信息概念，a和b两个系统是以这样的方式耦合的，即F(a)与G(b)相关，因而为信息智能体传递b即是G的信息（弗洛里迪，2010）。

米立肯的战略（1993）是进化论的而不是因果论的。她认为，生物存在物的正常功能（以及它们的目的论）已被确定。这就是说，当人以我们的思想方式思想时,这个思想过程所包含的东西不是以某种神秘的方式而是通过进化确定的。在她看来,运用表征的过程与表征和确定表征内容的方式是相同的。

查默斯(1996)走得比德雷特斯克更远,提出了某种形式的泛心论。按照这种泛心论,岩石不具有信息处理系统,因而既无意识也无经验。但是,当岩石由于受高温或低温的影响而热胀冷缩时[6],它们处于包含着一个准意识系统的信息状态。这些不是现象感受质,而是某种原始现象感受质。

这三位哲学家以不同的方式阐述了各自关于心智内容的自然主义(丁大铉,2001:169—240)。尽管对他们的自然主义版本的阐述有欠充分,但他们共有的信念是,人的意向性不是区分人与动物的标准。他们程度不同地站在进化论的立场上,以更广阔的语境说明了人的意向性问题。我将从诚的角度来描述这一语境。

德雷特斯克的原始信念、米立肯的正常功能以及查默斯的原始现象感受质,都是为了使某些人类表征自然化而提出的。如果这三位哲学家勾画的自然化纲领是可行的,那么他们的纲领所预设的东西将会被证实。唯独身体倾向可以将这些观点统合起来。

五、适合作为一种倾向指向

适合概念似乎是一个可以充分表达诚论断的案例。威廉斯(2010:84)似乎认同这一点,因为他认为,倾向力量由于具有相互合宜的合适度通常必然通过相互作用来产生表现。按照他的观点,通过力量互动而产生的和谐表现表明了一种展现相互性、内在性和本质性的适合关系(威廉斯,2010:89)。

威廉斯并未对适合概念做任何详细分析,但是他所做的部分描述表明适合可能是一个三元谓词:就 R 而言,P 适合 Q。就其平面结构而言,凸适合凹。对于适合的这种解释符合我们的日常经验和我们对适合的直觉理解,但是对理解倾向的奥秘并无多大帮助,因为将适合解释为一个三元谓词——威廉斯似乎赞同这种解释——是一种关于诚的第三人称说明,而不是第一人称说明。

幸运的是,已有其他哲学家就关于适合的第一人称说明提出了不无帮助的见解。例如,路德维希·维特根斯坦对于"适合"有多种不同的用法。或许他关于适合的观念中最重要的元素是这样一种观念:适合先于使用。例如,当我们想知道一个语句的主语时我们会问:"谁或什么?"维特根斯坦(1958:§137—139)提出,问题与作为回答的主语不是由使用而是由适合决定的。

古德曼拒斥那种认为适合是一个物理或形式概念的观念，而选择了这样一种观点：适合是一个语言学概念，它在语言中的诸成分之间产生作用（古德曼，1978：132，138—140；古德曼和埃尔金，1988：46，158）。戈德曼（1986：151—154）认为，世界并不是作为一个类化前的整体呈现于我们。虽然真是非知识的，但是他认为我们构建了一个关于适合的标准，以便知道，例如我们穿的衣服是否合适。人的知识行为起始于一个尚未概念化的世界，但终止于可轻易概念化的世界。

这三位哲学家有某些共同之处，维特根斯坦关于发现的观念，古德曼关于人的创意的观念，以及戈德曼关于人的概念化的观念表明适合是一个四元谓词：就 R 而言，P 使自己适合 Q。[7] 我们可以说，就穿衣而言，戈德曼教授使自己适合他儿子前几天在商店为他过生日买的衣服。类似地，就温度平衡而言，橙汁的冷却使自己适合冰块的融化（反之亦然）。

然而，这三位哲学家将他们的适合概念局限于人类经验层面。我们可以从威廉斯那里汲取一个更宽泛的适合概念，并创制一种从诚的角度对谓词进行的解释。更具体地讲，我们不妨考察一下以下三个关涉适合的诚概念如何在世界中产生具体作用的问题（一个是概念的，另外两个是经验的）。

第一，要注意，属性例示概念是令人困惑的。我们可以说"红色的属性在这只苹果中得到例示（实例化、表现）"，但是谁是主体，谁做例示工作？主体的备选者是这只苹果、红色属性或其他某个神秘的外部行为者。那么，如果假设红色属性倾向于这样一种表现难道不合理吗？当红色属性例示自身时，它是根据适合表现来例示的，它的表现应该具有某种适合语法。

第二，我们不妨提出这样一个问题，即一个原始社会是如何具有其初始语言的？原始语言可能是由于原始表达的合宜性而产生的，而原始表达产生于人们具体的生活形式中的基本需要和欲望，这样假设难道不合理吗？生活形式难道与诸如获取食物、住所、衣物、承认他人和被他人承认，以及相互沟通这些现象没有关联吗？从事一种生活形式作为一项活动不仅包含某一描述"真"的东西的特定方式，而且包含各种整体性方式；不仅包含智能，而且包含健全的关系。这些人类整体经验和关系的方式是在合宜性结构中构建的，如果不是只在真的结构中构建的话。

第三，考虑一下生物科学的新近发展。格赖斯的自然意义概念需要加以认真地研究，或许应该允许自然意义与非自然意义之间产生一种更紧密的关联，而不是坚持二者之间的专有区分。作为倾向指向的适合概念有可能使格赖斯的两个不同意义产生关联，让二者共有同一适合逻辑。生物科学家以诸如此类的表达来谈论事物："蛋白质分子氨基酸序列的遗传密码""基因型与表型之间的信息关系的对称性""诸如细胞程序性死亡之类的遗传程序"。哲学家如何能够理解这些表达？如果我们将这些表达当作格赖斯式的自然意义的一个实例，那么它们就不难理解。然而，如果我们想保持两种意义之间的连续性，那么就需要根据对所涉生物状态的描述而不是根据自然与非自然之间的类比来说明这些表达。[8]

作为倾向指向的适合概念是根据描述来说明这些表达的可选方案之一。一旦我们允许这些生物倾向属性发挥适合作用，那么这些表达其实可能是描述的而不是类比的。

*

本文以比照休谟和倾向主义关于因果性的说明作为开头。但是，行文至此可以看出，倾向主义视角与休谟的说明并非截然对立，因为倾向主义超越了休谟的形而上学。倾向主义力图将因果概念加以延展，使之具有更广泛和更丰富的适用性。为了这一目标，倾向主义否弃了公认的意向性概念、心物对立以及独立的物理事物，等等。

以上我试图通过提出诚论断来将各种不同的倾向主义观点联系起来。我的目的是要对倾向主义中的某些重要概念做出有益的描画。如果我的观点是站得住脚的，那么实在就是一个由"诚"形成的整体，而物理主义和二元论则是将当今实在的某些方面加以绝对化的表现形式。面对经验科学新理论的发展，传统的因果性和意向性概念需要修正，因此，诚的视角会产生一种新的自然主义。[9]

Daihyun CHUNG: DISPOSITIONS:
AN INTEGRATIONAL ANALYSIS
(*DIOGENES*, No. 248, 2015)

注：

[1] 我关于"诚"的概念受惠于至少三个来源。第一个来源是孔子的诚概念，汉字"诚"是由"言"字（语言、逻各斯、原理）和"成"字（实现、完成、成功）组成（丁大铉，2007）。第二，李光世在一次交谈中向我建议说"诚"可译为"integration"。第三，是咸锡宪的"种子的形而上学"，诚的概念在其中发挥了重要作用："所有信念之根本是这样一个信念，即我与所有他人是一"（咸锡宪，2009：17）。有些学者对于孔子的"诚"的理解与我在本文提出的"integrationality"不同。例如，理雅各（1971：50—55）将"诚"译为"诚实"，而诚实是伦理的和以人为中心的，不是本体论的和普遍的。

[2] 其谓词形式应该是："被动式的诚（Integrated）（$e_1, e_2, \cdots, e_n$）"。

[3] 其形式应该是"主动式的诚（Integrating）（$e_1, e_2, \cdots, e_n$）S_1，（$f_1, f_2, \cdots, f_n$）S_2, S_3"。

[4] "万物源于比特"（it from bit）的观念表明，任何事物都是信息性的，回应"是或否"类型的问题。参见惠勒，1990。

[5] 一种表征与事态之间的依赖关系不是个例（token）c 与个例 f 之间的关系，而是类型（type）C 与类型 F 之间的关系。因此个例 c 的发生指示个例 f，但是这个个例指示不是必然的。语境可能影响指示关系，虚假表征是允许的。

[6] 热胀：适合（岩石 t、热温度、岩石 t+1、大小）。冷缩：适合（岩石 t、冷温度、岩石 t+1、大小）。

[7] 换言之，适合在如下公式中是一个四元谓词：适合（a_t, a_{t+1}, b, c 诸方面）。

[8] 不妨注意一下对 1962 年诺贝尔生理学或医学奖获得者沃森、克里克、威尔金斯的表彰："因为他们发现核酸分子结构及其对生物中信息传递的重要性"（弗洛里迪，2010：76）。但是，弗洛里迪本人却坚信公认的自然意义与非自然意义之间的区分，认为生物信息概念是隐喻的而不是经验的（弗洛里迪，2010：79—81）。

[9] 本文的初稿曾在 2012 年庆熙大学倾向与心智研讨会（5 月 30—31 日）上宣读。为使初稿进一步完善，与会者给予了鼓励和帮助。我对与会者表示感谢，尤其感谢郑凯元教授、崔成浩教授、约翰·海尔教授以及约翰·迈克尔·麦圭尔教授。

参考文献：

伯德，A., Bird, Alexander（2012）"Dispositional Expressions"，收入 G. 拉塞尔和 D. G. 法拉（主编），in G. Russell & D. G. Fara（eds），*The Routledge Companion to Philosophy of Language*, pp. 728—740, London: Routledge。

查默斯，D., Chalmers, David（1996）*The Conscious Mind*, Oxford: OUP。

郑凯元，Chen, Kai-Yuan（2009）"Semantic Dispositionalism, Idealization, and Ceteris Paribus Clauses"，*Minds and Machines*, 19（3）: 407—419。

崔成浩，Choi, Sungho（2009）"The Conditional Analysis of Dispositions and the Intrinsic Dispositions Thesis"，*Phil. and Phen. Research*, 78（3）: 568—590。

丁大铉，Chung, Daihyun（1997）《맞음의 철학 – 진리와 의미를 위하여》（《适合哲学：真理与意义》），Seoul: Cheolhakgwa Hyeonsilsa。

丁大铉，Chung, Daihyun（2001）《심성내용의 신체성》（《心性的内容及其身体性》），Seoul: Acanet。

丁大铉，Chung, Daihyun（2007）"Intentionality of Cheng（诚）: Toward an Organic View"，*Philosophy and Culture*, 2: 33—40。

孔子，Confucius（1971）*Analects, The Great Learning and The Doctrine of the Mean*, trans. James Legge, Dover: Clarendon。

克拉克，R., Clarke, R.（2010）"Opposing Powers"，*Phi. St.*, 149（2）: 153—160。

戴维森，D., Davidson, D.（1980）*Essays on Actions and Events*, Oxford: Clarendon。

德雷特斯克，F., Dretske, Fred（1988）*Explaining Behaviour: Reasons in a World of Causes*, Cambridge, MA: MIT Press。

弗洛里迪，L., Floridi, L.（2010）*Information: A Very Short Introduction*, Oxford: OUP。

弗洛里迪，L.（主编），Floridi, L.（ed.）（2004）*Philosophy of Computing and Information*, London: Blackwell。

戈德曼，A., Goldman, Alvin（1986）*Epistemology and Cognition*, Cambridge, MA: Harvard University Press。

古德曼，N., Goodman, Nelson（1978）*Ways of Worldmaking*, Indiaanpolis: Hackett。

古德曼，N. 和埃尔金，C. Z., Goodman, Nelson & Elgin, Catherine Z.（1988）*Reconceptions in Philosophy*, Indianapolis: Hackett。

海尔，J., Heil, John（2010）"Powerful Qualities"，收入 A. 马默多拉（主编），in A. Marmodoro（ed.），*The Metaphysics of Powers*, pp. 58—72, London: Routledge。

金在权, Kim, Jaegwon（1966）"On the Psycho-Physical Identity Theory", *American Philosophical Quarterly*, 3（3）: 227—235。

金相奉, Kim, Sang-bong（2009）《함석헌과 씨알 철학의 이념》（《咸锡宪与种子哲学的理念》），《哲学研究》, 109: 1—27。

理雅各, Legge, James（1893）"Translator's Prolegomena", in *The Chinese Classics, I: Confucian Analects, the Great Learning, and the Doctrine of the Mean*, pp. 50—55, Oxford: Clarendon。

马丁, C. B., Martin, C. B.（2008）"Power for Realists", 收入 J. B. 培根、K. 坎贝尔和 L. 莱因哈特（主编）, in J. B. Bacon, K. Campbell & L. Reinhardt（eds）, *Ontology, Causality, and Mind: Essays in Honour of D. M. Armstrong*, pp. 175—185, Cambridge: CUP。

米立肯, R. G., Millikan, Ruth Garrett（1993）*White Queen Psychology and Other Essays for Alice*, Cambridge, MA: MIT Press。

莫尔纳, G, Molnar, George（2003）*Powers. A Study in Metaphysics*, Oxford: OUP。

芒福德, S. 和安于姆, R. L., Mumford, S. & Anjum, R. L.（2010）"A Powerful Theory of Causation", 收入 A. 马默多拉（主编）, in A. Marmodoro（ed.）, *The Metaphysics of Powers*, pp. 143—159, London: Routledge。

芒福德, S. 和安于姆, R. L., Mumford, S. & Anjum, R. L.（2011）*Getting Causes from Powers*, Oxford: OUP。

塞尔, J. 和佩里, J., Searle, John & Perry, John（1994）"Intentionality", 收入 S. 古藤普兰（主编）, in S. Guttenplan（ed.）, *A Companion to the Philosophy of Mind*, London: Blackwell。

香农, C. E., Shannon, C. E.（1998）*The Mathematical Theory of Communication* [1949], Urbana: University of Illinois Press。

惠勒, J. A., Wheeler, J. A.（1990）"Information, Physics, Quantum: The Search for Links", 收入 W. H. 祖雷克（主编）, in W. H. Zurek（ed.）, *Complexity, Entropy, and the Physics of Information*, pp. 309—336, Redwood City, CA: Addison-Wesley。

威廉斯, N. E., Williams, N. E.（2010）"Puzzling Powers. The Problem of Fit", 收入 A. 马默多拉（主编）, in A. Marmodoro（ed.）, *The Metaphysics of Powers*, pp. 84—105, London: Routledge。

维特根斯坦, L., Wittgenstein, Ludwig（1958）*Philosophical Investigation*, New York: Macmillan。

孟子的同情的政治意蕴

沙林伊·阿伦哈庄萨　著

李红霞　译

  在学者们看来，孟子的政治思想是孔子道德政治观念的一种扩展。孔子只是提供了一种理想的政治状态，即由一个具备道德修养的统治者来统治。但他没有明确地讨论用仁进行统治是如何可能的。在《论语》中，孔子曾解释说仁或仁慈就是"爱人"，那么如果要在政治领域实行仁，就要"举直错诸枉"（《论语》，12.22）。[1] 如果一个统治者用德行治民，那么民众的行为就会得到矫正，就会"……近者说，远者来"（《论语》，13.16）。孟子有关用仁或同情进行统治（仁政）的观念，就是他对于同情如何可以成为政治领域的一种实践指导进行更详细说明的尝试。然而，有关《孟子》中同情的研究主要集中在诸如同情心或恻隐之心的特征、同情与仁的德行之间的关系、同情的道德心理学等这样的伦理问题上（比如，金明锡，2010；陈倩仪，2004；安玉善，1998）。孟子有关同情在政治中的作用的看法尚未得到足够的研究，尽管他的道德哲学是为了回应他那个时代的关键政治问题和论争而试图扩展孔子的道德政治的结果。在孟子生活的战国时期，一些中国思想家参与了有关为大型陌生人社会培养一种社会纽带的可能性，以及如何在冲突和混乱的时代统治国家的大辩论。[2] 他们明白武力、收益和自身利益是唯一重要的东西。与相竞争的其他思想家关注寻找策略以提升他们的自身收益和国家军事力量不同，孟子宣扬通过统治者的德行和道德修养进行统治。他的人性本善论被认为是一种道德情操政治学可能性的理论支持。即使所有人在心中都有四种道德倾向，即恻隐之心、羞恶之心、恭敬之心、是非之心，孟子提出，恻隐之心或无法忍受看到别人的苦难的心是统治的基础。他说，"人皆有不忍人之心。先王有不忍人之心，斯有不忍人之政矣。以不忍人之心，行不忍人之政，治天下可运之掌上"（《孟子》，2A：6）。[3] 为什么孟子将同情作为一种统治的情感基础来依赖？为什么用仁进行统治（下文统称为"仁政"——译者注）应当是极端利己主义时代的一种政治政策？孟子是如何批驳反对观点从而为有同情心的统治进行辩护的？在本文中，我检视了孟子有关政治领域的同情的观点，以便阐明他有关仁政的观念。为了阐明同情的政治意蕴，我们除了将孟子的有同情心的统治这一观念视为通过提供更多实践指导和现实策略方面的细节对孔子道德政治进行延伸之外，还要把这一观念视为他针对其他相竞争观点而进行的辩护，即针对杨朱学派的自爱和墨家的普爱。

在战国时期，存在各种对立观点，但杨朱学派的利己主义和墨家的爱无差别是孟子批判的主要目标。[4] 他说，"杨氏为我，是无君也；墨氏兼爱，是无父也……杨墨之道不息，孔子之道不著，是邪说诬民，充塞仁义也"（《孟子》，3B：9）。对他来说，有义务捍卫先贤之道，反对杨朱学派和墨家的极端观点。大部分有关孟子批驳杨朱和墨子的研究都强调了人性本善的理论以及对于《孟子》3A：5中提到的一本或二本的争论，而没有考虑他对于杨朱学派和墨家思想的政治意蕴的回应（李景林，2010）。墨家的普爱的政治意蕴包含极端的自我牺牲以及公共生活和私人生活之间无偏袒的无差别。这解释了为什么孟子说墨之道会导致我们抛弃我们自己的父母。看起来墨家倡导普爱的理念，不仅是为了挑战儒家的裙带关系，而且还为了成为可供大型陌生人社会选择的社会粘合剂。[5] 墨家认为人们更喜欢和信任实行无偏袒的关怀的政府或统治者，而不是有偏袒的关怀，因为无偏袒的关怀将比一个有偏袒的关怀的政府带来更多的收益。相反，对杨朱学派来说，一个人应当完成自己的本性，保护本真，而不应卷入任何危及自己身体和生命的危险中（葛瑞汉，1990：13）。杨朱学派极端的个人主义意味着隔绝一切社会参与和政治责任感。万百安认为，杨朱不是严格的利己主义者（egoist），而是认为"人本性上只对自己感兴趣"的私利主义者（privatist）。"一个人追求自身利益包括去做将自己的健康和寿命最大化的事情,或许还包括谨慎地满足身体的欲望。"(万百安,2007:211)这里追求自身利益还包括爱自己的家庭。这就解释了为什么孟子指责杨朱学派,因其立场有可能导致否定自己的君主,即便不是因其否定自己的父母(万百安,2007:209)。

在《孟子》中,大部分统治者都询问孟子有关如何给国家带来收益的问题。如果杨朱学派的利己主义意味着上文所提到的私利主义,那么我们可以说王与孟子之间的这些对话暗含着一种自爱和利己主义的立场。尽管只有很少的几段话直接提到了墨家和杨朱学派(参见《孟子》,3A:5,3B:9,7A:26,以及7B:26),孟子给这些统治者的回答还是说明了他是如何回应二者以及与二者进行论争的。我的主要观点是,对孟子来说,基于同情的统治与自爱和普爱是相容的。[6]换言之,同情可以成为统治的实践指导,从而在不压制统治者的自身利益和快乐的情况下来规制民众甚至是陌生人。如果统治者培养他自己的同情心,他的自身利益和各种快乐就可以由同情来引导,接下来成为与民众一起延伸和共享快乐的指导。

在下一部分,我将首先澄清孟子思想中的同情概念,我将通过两个著名的故事来进行这一澄清。

孟子有关同情的两个范式性事例

在《孟子》2A:6和6A:6中,孟子说仁的情感特征就是恻隐或同情,[7]但他并没有给出这一术语的明晰含义。下述著名段落被认为表明了他对于恻隐和同情态度的描述:

> 人皆有不忍人之心。先王有不忍人之心,斯有不忍人之政矣。以不忍人之心,行不忍人之政,治天下可运之掌上。所以谓人皆有不忍人之心者,今人乍见孺子将入于井,皆有怵惕恻隐之心。非所以内交于孺子之父母也,非所以要誉于乡党朋友也,非恶其声而然也。(《孟子》,2A:6)

> ……王坐于堂上,有牵牛而过堂下者,王见之,曰:"牛何之?"对曰:"将以衅钟。"王曰:"舍之!吾不忍其觳觫,若无罪而就死地。"对曰:"然则废衅钟与?"曰:"何可废也?以羊易之!"……曰:"是心足以王矣。

百姓皆以王为爱也,臣固知王之不忍也。"……"王无异于百姓之以王为爱也。以小易大,彼恶知之?王若隐其无罪而就死地,则牛羊何择焉?"王笑曰:"是诚何心哉?我非爱其财。而易之以羊也,宜乎百姓之谓我爱也。"曰:"无伤也,是乃仁术也,见牛未见羊也。君子之于禽兽也,见其生,不忍见其死;闻其声,不忍食其肉。是以君子远庖厨也。"[8](《孟子》,1A:7)

万百安(2007:248)解释恻的意思是"为……感到悲伤",隐的意思是"苦难"。所以恻隐的意思就是"为他人的苦难感到悲伤"。但孟子在描述同情的特征时也使用**不忍人**这一术语,即一颗对他人的苦难易感的心。为了理解孟子有关同情的看法,要将恻隐与**不忍**联系起来。陈倩仪(2004:177)写道,"不忍人之心指的是无法忍受看着别人受苦的心,其中包含了一种想去做点什么帮助减轻痛苦的欲望"。信广来(1997:49)解释恻隐是"被他人的内在或现实苦难所触动的能力"。当它和**不忍**联系起来时,它还意味着"对于无论是不是自己造成的他人苦难的无法忍受"。信广来指出不忍这一术语也出现在段落1A:7中,这意味着**不忍**的态度不仅限于针对人类(出处同上)。它包含一种不去伤害有感觉的生物的欲望,以及被感动从而想要解除它们的苦难。

即使恻隐被译为同情,区分它与一些相近情感比如同感、移情和怜悯的不同特征也是重要的。与其他相近情感相比,同感似乎与同情共有更多的重要关键特征。达沃尔(1998:261)将著名的孺子落井故事中刘殿爵对**恻隐**的翻译理解为同感或同感式关怀,而不是同情。对他来说,同感"(a)是回应一些明显会威胁或妨碍个体的利益和安康的东西,(b)将这个个体本身视为对象,(c)包含对这个个体的关怀,以及由此对他的安康的关怀和以他为由的关怀。看到有小孩有掉落的危险,人们会关心他的安全,并不只是为了他安全的缘故,而是为了**他**的缘故。人们关心的是**他**。对于小孩的同感是关心他的一种方式"。或许同感和同情之间的差别只是不幸的程度。斯诺(1991:197)认为,同感涉及对一个更广范围的不幸的反应,包括那些伤害不是那么大的和不那么重要的不幸。比如说我们对在陌生城市迷路的人会有同感,或者对因为交通堵塞而错过和朋友的约会的人有同感。在这种意义上,如果想要指明的是一种关心他人安康的反应或态度，我们可以将同感和同情互换使用。

移情所关涉的是通过等同于他人或想象自己站在他人的立场，来与他人共有同一种情感。如果一个人移情到一位哀悼她死去的儿子的母亲身上，就会感受到和她相同的悲伤。移情有时候体现为情绪感染（达沃尔，1998：263—264），比如我们走在欢乐的人群中即使不明状况也能感到快乐。移情与负面情感和正面情感都能联系起来。我可以与我正庆祝婚礼的朋友进行移情，但我却不能感受到对于她的快乐的"同情"。相反，同情只是对他人的负面处境的一种反应。移情和同情之间的关键区别在于同情需要有缓解他人困境的欲望，而移情则不需要这种处境。

同样地，怜悯也不需要相信和想要缓解受害者的负面处境的欲望。负面处境可能会由被怜悯的对象自己或不可控的不幸所引发。怜悯意味着对情感对象的屈尊和优越位置。这里优越性指的是一种更有利或更高级的位置，并不一定与社会地位相关。比如好客的人会怜悯没有朋友的人，健康的人会怜悯艾滋病受害者，富人会怜悯乞丐。更具体地说，表示怜悯的行动者相信他或她不会经历像被怜悯的对象所经历的那样的负面处境。表示怜悯的行动者似乎是一个观察者，他或她将自身的易感性与受苦的对象所经历的东西保持一定的距离（斯诺，1991：196—197）。怜悯的羞辱和屈尊的态度可以解释为什么人们有时候对被当作怜悯的对象来对待感到愤怒或不喜欢。

相反，表示同情的行动者不需要处在一个比被同情的对象更好或更高的位置。一个人无论在什么位置都会同情海啸的受害者。同情的核心方面在于对其他人安康的一种利他主义关怀。和怜悯不同，表示同情的行动者有一个信念，即"那可能会是我"（斯诺，1991：197）。努斯鲍姆（1996：31—35）认为，同情需要认同对象的痛苦，或至少想象自己有和受害者一样的可能性和易感性。类似地，布卢姆（1994：176）提出，同情涉及想象处于其他人的处境的能力。他写道，"……同情之中所涉及的想象式重构在于想象其他人在他们的性格、信仰和价值观之下正在经历的东西，而不是想象我们自己在他们的情况下的感受"。然而，同情的程度有赖于将自己想象为其他人，包括相信自己有可能经历不幸，这似乎并不是必要条件。有时我们可以感受到对陷入狗肉交易的狗的痛苦和挣扎的同情，以及对残暴的强奸的受害者的同情，而不需要将自己想象为受害者或相信我们会经历他们的不幸。关键点在于同情是一种关注他人而非关注自我的情感。我们对于他人苦难的易感性和认识可以感动我们，使我们不考虑自身的痛苦和烦恼情绪就去关心他或她的安康。[9] 出于这个原因，**恻隐**的意思似乎更接近于同情，而不是其他类似的情感。

来看一下孟子讲述的孺子落井和齐宣王赦免牛的故事。孟子没有宣称任何人看到一个无辜的孩子有危险的时候都要赶紧去帮他。他只是宣称一个人会为此惊慌并自然而然地被感动表示同情，而不是首先想到自身利益和自身的好处。一个人在看到孩子处于这种想象中的场景时感到惊慌说明同情并非产生于私欲的反思和考虑，包括自身的立场和烦恼，而是产生于一个人对于如果让这一悲剧发生无辜的孩子将会经历的危险和严重痛苦的易感性和认识。在宣王的例子中，宣王救牛不是因为想象自己处于牛的境地感受到痛苦，也不是因为直接经历了牛的痛苦。而是，他对于牛的生命的关心来自看到它吓得退缩，以及牛被他所伤害这个念头给他带来的痛苦。我们可以说，一个人看到或获知所关心的人或有感觉的存在受到内在伤害所产生的无法忍受的痛苦，就是**恻隐**的本质特征。

这两个故事经常被解读为孟子有关道德心理学和道德形而上学的论述。但孟子在这些段落中对于**恻隐**和同感态度的描述是在政治语境中进行的，有其政治意蕴。我们可以看到，在孟子讲述孺子落井的故事之前，他曾介绍先王都有一颗无法忍受在他们统治民众的时候看着他人受苦的心。而且，所有人都有这颗和先王一样的心。如果我们想了解隐藏在同情之治背后的圣贤之王的敏感的心，我们可以通过在想象无辜孩子受苦时探视我们自己的内心来理解它。同样地，在段落 1A：7 中，孟子探视了宣王在赦免牛的时候的内心，因为他发现宣王对牛的同情和一个真正的王在统治民众的时候的同情心之间共有一些重要的方面。如果宣王想要成为一个真正的王，他可以将这颗同样的心延伸到他的民众那里。考虑到赦免牛的事例和真正的王统治民众的情况之间共有的同情的方面，我们就可以理解同情是如何在政治领域得以体现和培养的。从这个角度来说，这两则著名的寓言就是范式性的事例：它们不仅说明了孟子思想中有关同情的道德心理学和道德形而上学，还涉及对于统治者的同情的基本方面和态度的要求。

在这两个故事之间有一个关键区别。它们表明，恻隐的对象可以是一个陌生人，或行动者对其负责的某人。在宣王的例子中，牛被视为王的附属物。他意识到他是上级，有权处死或赦免牛的生命。当牛吓得退缩时，王意识到他是造成牛的苦难的主因，而且他还是唯一有权解除牛的痛苦的人。因此他对于牛的同情不仅是因为无法忍受看到牛的痛苦，还因为意识到关心牛是他的责任和义务。而一个人看到无辜孩子落井时，并没有关心这个孩子的任何义务或职责。这个孩子不归任何一个看到这一场景的人监管。因此，惊慌和同情的情感并非源于一个人意识到自己有减轻孩子苦难的权力和责任而感到痛苦，而是源于对他人安康的利他主义关怀倾向。这些差别明显意味着，当统治者实行仁政时，同情可以体现在两个不同的政治领域。第一个就是统治者和他的臣民之间熟悉的领域或关系。宣王对牛的同情和真正的王对子民的同情二者之间共有的重要方面就是牛和子民是王的下级，从属于王。他们的安康有赖于统治者的支持和命令。宣王有权杀死或赦免牛。同样地，统治者有权力和能力去解除其子民的苦难。某个统治政策可能使民众生活艰难或促进民众的安康。宣王无法忍受看到牛被他伤害。同样地，如果宣王将这一同情心延伸到他的子民身上，他当然不能容忍看到**他自己的**子民**因他**而受苦。这里，作为统治者对于民众的义务和职责是根据统治者易感和敏感的心，而不是根据冰冷的利益的算计来加以解释的。在我看来，这表明了孟子是如何详细阐述孔子的这一理念的，即，当统治者在政治领域实行仁的时候，他会"举直错诸枉"。孔子意识到政府组织和官员有权力和权威做出决策和规制民众。统治者对于其子民的仁或爱就体现为约束那些会给他们带来巨大伤害的不正直官员。孟子认可孔子的政治理念，并通过集中关注统治者的同情心来说明这一理念。

然而，统治者的同情不应仅限于他的子民，还应该延伸到大的外来陌生人社会。换言之，一个有同情心的政府或统治者会关心所有人的安康，无论是不是因特殊关系他有义务关心他或她，无论这不幸是不是咎由自取。此外，为了在政治领域培养仁，统治者需要在就近的熟悉的领域践行它，然后将它逐步延伸到其他领域。这就解释了为什么孟子主张在培养仁的德行时，我们只是将我们的心延伸到其他的情感对象。他说"人皆有所不忍，达之于其所忍，仁也……人能充无欲害人之心，而仁不可胜用也"（《孟子》，7B：31）。

在政治领域，孟子为基于道德情操和德行的统治提供了论证，而没有陷入极端的墨家的利他主义和杨朱学派的利己主义。我们可以看到，即便是统治者的关怀也可以从他的亲属和亲近的官员开始，从他准备要优先履行自己对他们的职责开始，这无疑显示了一种自身利益，但他的同情可以延伸到他自己的子民甚或他的王国之中和之外的陌生人。这表明了孟子对孔子有关统治者吸引远方来人的神奇力量的观念的延伸。在《论语》中，叶公询问有关统治的事情。孔子说，"近者说，远者来"（《论语》，13.16）。在《孟子》1A：3中，梁惠王询问孟子有关如何增加人口的问题。我们可以看到他的回答详细阐述了用同情进行统治如何可以令近邻的人愉悦，并且还可以不加强迫地吸引远方的人。孟子说梁国人被惠王的好战所伤害并感到畏惧。即使王试图通过迁移粮食欠收地区的人口来缓解饥荒，远方的人也不会被吸引过来成为他的臣民，因为他的乐趣只是服务于他自己，而没有满足民众的需求和乐趣。对孟子来说，统治的基本原则是通过"所欲与之聚之，所恶勿施尔也"赢得人心（《孟子》，4A：9）。这句话充分说明孟子将孔子的黄金法则延伸到政治领域（陈荣灼，2014：173）。黄金法则或恕被认为是仁的方法，显示了孔子有关同情的观念（拜恩，2013：61—73）。如果王停止嗜杀并践行恕，"民归之，由水之就下，沛然谁能御之？"（《孟子》，1A：6）

要知道在战国时期，增加人口的统治政策是稳定国家主权的战略之一。军队部署、资源和装备都需要大量的人口。古时候大多数的王都关心如何增加人口，如何吸引邻国的人口。根据儒家的反对者墨家的说法，混乱来自区别。补救措施在于无偏袒的关怀。而且，墨家似乎认为无偏袒的统治是吸引人口的良策，同样也是为大型社会培育社会纽带的良策。从墨子的"看护人论证"我们可以看到，如果一个人被统治者派往一个遥远的国家，他会更愿意托付一个无偏袒的人来照顾他的家庭，因为这个人将会像对他自己的家一样毫无区别地照顾它。万百安（2007：180—181）认为，这个论证会失败，因为在饥荒的情况下，一个无偏袒的看护人也将无法拒绝照顾其他的陌生人。按照墨家的原则，他将不得不把食物分给其他人，即使只有足够维持他一家生存的食物。偏袒的看护人应当是一个更可取的选择。我们可以看出，在回应增加人口的政治问题时，孟子有关仁政的观念也可以是对墨家无偏袒关怀的一个挑战。

同情作为一种政治指导

对孟子来说,一个好的政府意味着"不忍人之政"(《孟子》,4A:1)。同情不仅是理论意义上统治的情感基础,它还可以成为现实政策的政治指导。支持民众的安康和赢得人心是孟子的政治哲学的基本原则。他说,"仁言,不如仁声之入人深也。善政,不如善教之得民也。善政民畏之,善教民爱之;善政得民财,善教得民心"(《孟子》,7A:14)。在《孟子》中,有一些段落说明了统治者或政府如何对民众行仁的细节。我们可以通过考察这些段落来了解同情如何成为一种政治指导。对孟子来说,一个好的政府或统治者应当贯彻至少三种政策。第一种是有关减缓民众的苦难和约束伤害民众的官员的政策。在战国时期,饥饿和战争作为民众苦难的主要原因,源自统治者的好战和扩张领土的野心。孟子指出,那个时候的统治者迫使民众在农忙季节停止劳作,令他们无法收获土地,照顾家庭。结果,民众遭受寒冷和饥饿,家人分离失散。致使民众遭受饥饿和失去家庭无异于用武器和暴政杀死他们(《孟子》,1A:4—5)。在与梁惠王的一次对话中,孟子建议王应该放弃好战,不对导致饥荒的粮食歉收问责,而应当减轻赋税和惩罚,允许民众在农忙时节从事收割,以及当有人死于饥荒时为民众分发必需品(《孟子》,1A:3—5)。在惠王的例子中,孟子指出为了在统治中开始践行一颗同情之心,王应当首先意识到他的好战和腐败政府是民众苦难的主要原因。

即使连年的战争给民众带来了伤害和苦难,孟子认为并不是所有的战争都能避免。但不得不进行的战争只有"正义的战争",这种战争不是服务于统治者及其子民的利益,而是为了帮助解除敌国民众的苦难,令他们免于被其自己的政府所虐待。孟子说,"……以万乘之国伐万乘之国,箪食壶浆,以迎王师。岂有他哉?避水火也。如水益深,如火益热,亦运而已矣"(《孟子》,1B:10)。显然,一场战争正义与否的标准基于统治者的同情,这种同情已延伸到针对其他国家民众或"陌生人"的政治境况。除了对其他国家的民众表示同情之外,为这些人提供的帮助也将最终削弱敌国,从而在不同国家之间建立一种新的力量平衡。这样,一种有同情心的统治作为道德德行的例证可以达到一种"人道主义的"目标,也是一种"现实的"国家政策,可以使得统治者的地位以及民众的安康在本国内以及在其他国家"成为可能"。

这里值得注意的是，即使统治者的同情可以覆盖他自己的子民以及远方的其他陌生人，也不意味着所有这些人都在墨家关怀的意义上被平等地、无偏袒地对待。信广来（1997：31—32）认为，墨家的关怀并不需要感情。这里无偏袒的关怀指的是一种有益于人和避免伤害人的非情感的意愿。他认为墨家的**兼爱**应被翻译为"无差别的关心"，而不是"普爱"，后者暗含了对有特殊关系的对象的一种态度。但儒家的理想统治用仁和有修养的心作为指导，这意味着无偏袒的同等的关怀是不能被追求的。接下来的问题是一个仁慈的统治者将如何对待民众，他们所有的困境都需要得到缓解。在这种情况下，苦难的严重程度需要被优先考虑。孟子主张，那些遭受严重苦难的人应首先得到帮助。孟子的这一考虑与美国学术界一位领头的道德哲学家的观察不谋而合。根据努斯鲍姆（1996：31）的说法，同情需要"相信苦难很严重，而非无关紧要；相信苦难并不是主要由于这个人自身难辞其咎的行为所导致"。并没有明确地说恻隐是仅限于针对严重的可怕的不幸的回应。然而，当孟子讨论统治者或政府的同情的时候，他强调一位仁慈的统治者不会给民众带来严重的伤害。他说，"杀一无罪，非仁也"[10]（《孟子》，7A：33）。

努斯鲍姆（2014：195）认为，同情还需要"一种幸福论的判断，即将受苦的人视为感受到这种情感的人的生命的重要部分"。有时候我们对那些与我们生命或安康中所珍视的东西相呼应的东西会有一种强烈的情感。我认为，当他建议政府应当优先考虑四类人的苦难的时候，孟子也认同同情的这一特征。他说，"老而无妻曰鳏。老而无夫曰寡。老而无子曰独。幼而无父曰孤。此四者，天下之穷民而无告者。文王发政施仁，必先斯四者"（《孟子》，1B：5）。在儒家伦理中，家庭关系被视为要达成善的伦理生命最重要的部分。这四类人就是失去家庭的爱和关怀而受苦的人。没有人会否认这种苦难的严重程度。儒家首先推行家庭中的仁，就是为了培养我们想象失去家人和所爱之人的痛苦的能力。对孟子来说，如果统治者忽视了这些人或给民众带来了这些严重的伤害，他就不再具备作为统治者的资格（《孟子》，1B：6）。

第二种政策涉及为民众的安康和道德需求提供支持。对孔子而言，一个仁的行动者不仅关心他人的安康，还会帮助他们实现他们的道德人格。他说，"……夫仁者，已欲立而立人，已欲达而达人。能近取譬，可谓仁之方也已"（《论语》，6.30）。孟子建议在为民众提供教育和道德需求的支持之前，他们的福利应当得到政府的充足供应,借此孟子在政治领域扩展了这种同感态度的观念。他相信"无恒产而有恒心者,惟士为能。若民,则无恒产,因无恒心。苟无恒心,放辟,邪侈,无不为已。及陷于罪,然后从而刑之,是罔民也"(《孟子》,1A:8)。因此,一位有同情心的统治者无法忍受自己给民众设陷阱(即"罔民")。他会决定提供充足的手段来支持民众的福利,然后敦促他们追求教育和道德之善(《孟子》,1A:8,3A:3)。然而,要赢得人心并不意味政府应当满足他们所有的乐趣。孟子建议,政府应当满足他们的基本物质需求,组织资源和体制从而为他们在家庭和社会关系中践行仁提供支持,比如被称为"井田"的土地定界政策(《孟子》,3A:3)。一"井"包括九块方地。井田中间的那块方地属于国家,而其他八块分别由八家来持有,八家共同承担照料国家所属那块方地的责任。孟子说,"乡田同井。出入相友,守望相助,疾病相扶持,则百姓亲睦"(《孟子》,3A:3)。这一政策作为一个例子,说明了有同情心的统治者将会如何通过政治和经济的组织来帮助民众实现他们的道德之善。

赢得民众包含的最后一种政策涉及孟子有关共享快乐的观念,比如与民同乐,允许民众使用公共资源,以及共享被爱和被尊重的快乐。最后这一种政策包含了仁政与杨朱学派的自爱之间的重要的共同元素,这一点需要更详细的讨论。

用同情进行统治:孟子有关共享快乐的看法

孟子认为他那个时代的政治问题源自政府道德情感的缺失,政府已经抛弃了德行可以成为力量之源的理念。他有关仁政的看法就是对于道德情操如何会在规制民众时发挥重要作用的辩护。然而,他的仁政的观念似乎不切实际,因为自身利益、物质或身体的快乐和利是战国时期唯一重要的东西。孟子不否认人类倾向于追求生存和自我满足的欲望和快乐,比如性、财富和利(《孟子》,6A:10,6A:14)。不可接受的是允许这些快乐和欲望凌驾于仁和义之上。只追求自身利益、物质快乐和利最终将陷于杨朱学派的利己主义,国家将被葬送,和谐社会无法实现。我们可以通过考察与梁惠王的一段对话来理解孟子的论证,梁惠王问孟子能否提供一些有利于其国家的手段。孟子的回答如下:

王何必曰利？亦有仁义而已矣。王曰"何以利吾国？"大夫曰"何以利吾家？"士庶人曰"何以利吾身？"上下交征利而国危矣。万乘之国弑其君者，必千乘之家；千乘之国弑其君者，必百乘之家。万取千焉，千取百焉，不为不多矣。苟为后义而先利，不夺不餍。未有仁而遗其亲者也，未有义而后其君者也。王亦曰仁义而已矣，何必曰利？（《孟子》，1A：1）

如果王只关心利，那些下级也会追求利。最终，国家就会被葬送。孟子并没有建议王摒弃他对于利的欲望。而是，他通过给出一幅儒家的理想社会如何是更值得追求的图景，来劝说王优先考虑仁和义。如果王想达到的是和谐国家，那么利就不是主要应关心的问题。尽管这段话中"利"这一术语可能不只包括个人私利，还包括公共利益，但将逐利作为目标和动机仍然是错误的一步。因为，形成悖论的是，这并不能真正为国家带来益处，大部分人倾向于追求他们自己的自身利益，而不是其他人的利益。

接下来的问题是如果我们倾向于追求自身利益，为什么仁政应当成为一种政治政策，换言之，仁政如何能够与自身利益或自爱相容。孟子通过提出共享快乐的观念回答了这一问题。这里"快乐"这一术语广义上指的是身体和物质快乐，比如财富、性和权力，包括精神快乐比如社会关系、学习、被关怀被尊重，以及帮助他人等的快乐。[11]因此，孟子有关延伸快乐的观念不只涉及为彼此利益共享物质财物，还包括由其他喜悦引发的快乐，比如被尊重和被关怀。段落1A：2和1B：1中与惠王的对话给出了关于这一点的解释。王站在池塘边吹嘘他的露台和水池，他问孟子："贤者亦乐此乎？"他的问题迂回地暗指财富所带来的愉悦。孟子回答：

贤者而后乐此，不贤者虽有此，不乐也……文王以民力为台为沼。而民欢乐之，谓其台曰灵台，谓其沼曰灵沼，乐其有麋鹿鱼鳖。古之人与民偕乐，故能乐也……民欲与之偕亡，虽有台池鸟兽，岂能独乐哉？（《孟子》，1A：2）

孟子主张，真正的愉悦只有在与他人共享快乐的时候才会产生。如果王的财富带来的是民众的苦难，那么他的愉悦就可能变成他自己的危险。古时候文王建造台池，民众为此感到高兴和喜悦。那是因为文王以德治民，民众爱戴和尊重他。统治者真正的快乐在于看到民众与他同乐，而不是他自己独乐。在这个意义上，民众快乐的源头不仅在于满足他们的物质需求，还显示了统治者的德行或统治者和被统治者之间一种繁荣的关系。

段落1B：1中孟子在和齐王对话的时候重申了这一点。齐王认为他喜欢流行音乐胜过古乐。孟子指出，如果王与民众共享快乐的话，二者之间没有什么差别。他问王："与少乐乐，与众乐乐，孰乐？"王回答："不若与众。"这句话说明对孟子来说，许多人共享相似利益的快乐要比一个人独自的快乐更多。在我看来，这是对杨朱学派利己主义的回应，该派主张，独自的快乐，即达到一种保护身体状态的快乐要比与许多人共享快乐更高级。[12] 在问过王之后，孟子更详细地解释了共享愉悦的问题：

今王鼓乐于此，百姓闻王钟鼓之声，管籥之音，举疾首蹙頞而相告曰："吾王之好鼓乐，夫何使我至于此极也？父子不相见，兄弟妻子离散。"（《孟子》，1B：1）

对孟子而言，自身利益并不是必须要摒弃的罪恶。问题毋宁在于统治者的欲望和快乐没有经过道德修养的充实。我们可以看到，赢得人心是统治的基本原则，是统治者合法性的必要条件。如果统治者以德行进行统治，他的自身利益的欲望和快乐将经由他的同情心的引导，而后就可以也成为民众的快乐源泉。

有关共享快乐的观念先前出现在《论语》中，而后孟子"传递"了孔子的这一观念并将其扩展到政治领域。在《论语》中，孔子问颜渊和子路有关他们的志向的问题。子路说："愿车马衣轻裘与朋友共，敝之而无憾。"颜渊说："愿无伐善，无施劳。"子路问孔子的志向。孔子回答，"老者安之，朋友信之，少者怀之"（《论语》，5.26）。我们可以看到，子路的回答体现了子路共享快乐的观点，即一起共享利益和物质财物，而颜渊更倾向于分享对其能力的谦逊以及不给他人强加负担。孔子是否赞同他们似乎并不明确。我们不能得出结论认为，在孔子看来，独自的愉悦以及一起共享物质财物的快乐在他有关美好生活的理想中并不是重要的部分。按道理来说，孔子希望提出的是，和谐关系的快乐应当是最重要的，因为这种快乐是包括物质快乐和其他形式的快乐在内的其他快乐的源头。如果朋友没有对彼此的信任和真诚，也无法真正拥有共享物质财物的愉悦。如果一个人不能给老人带来和平，不能爱护年轻人，他或她就无法为自己的善良感到愉悦。我们可以看到，通过强调统治者和民众之间的和谐关系，孟子将这一点扩展到政治领域。

然则，还有一种特定意义上的共享快乐在《论语》中未被强调，但在理解孟子的仁政观念以及它与自身利益的相容性时发挥着重要作用。我们已经讨论过，想象他人立场的能力是同情的一个关键特征。儒家敦促在家庭中践行仁的德行，就是为了培养一个人想象其他人有与自己相同的苦难和欲望的能力。同样地，就统治者的自身利益而言，孟子并没有否决统治者享受性、财富、食物、音乐，以及安全。因为所有这些快乐和欲望都是每个人所经历的。王自己的快乐可以帮助他想象和理解为什么这种快乐也是属于民众以及为了民众的基本需求。换言之，孟子相信所有人类共享同一种享受快乐的能力。如果统治者妨碍民众去追寻基本需求安全就是错误的。段落1B：5中与齐宣王的对话所关注的就是这一点。齐宣王从孟子那里听说了"王政"之后认为他无法实行，因为他喜欢财富和女色。孟子回答：

"昔者公刘好货……故居者有积仓，行者有裹粮也，然后可以爱方启行。王如好货，与百姓同之，于王何有？"……"昔者大王好色，爱厥妃……当是时也，内无怨女，外无旷夫。王如好色，与百姓同之，于王何有？"（《孟子》，1B：5）

这一段中的共享快乐意味着统治者意识到民众与他一样共享同一种享受快乐的能力，因此允许他们满足他们的欲望。换言之，统治者通过比较他自己与他人的快乐体验从而能够尊重民众。我们可以得出结论认为，在政治领域有三种意义上的共享快乐，即为了彼此的利益共享物质财物，在认识到他人与自己类似的享受快乐的能力和易感性的意义上的共享，以及共享被爱和被尊重的快乐。即使在儒家的统治理想中，统治者也允许追求自身利益，他的自身利益、欲望和快乐，但关键点在于承认他作为统治者有必要通过修炼同情心和仁的德行来得到培养和充实，并且行为上要做到共享快乐。

以孔子勾勒的道德政治学概念为基础，孟子阐释了同情的政治意蕴，且没有陷入两个极端，一端是杨朱学派的自爱，另一端是墨家的普爱。运用基于仁的家庭或亲近关系的模式，孟子建议将这一原则或德行扩展到整个社会，甚至是异邦人和异邦，如此一来就要重新审视对于民众来说常常意味着饥饿和贫困的征服战争。然而，孟子完全明白，无论什么时候追求自身利益都与政治息息相关。但他主动提出要充分利用人类的这一倾向来加强共享快乐的观念，尽管这乍看起来有些自相矛盾。仁政对于统治者而言并不意味着要放弃他所贪图的所有物质快乐和道德快乐，而是要确保这些快乐也成为所有人的权利，而不是只由他来实现却对其他人不利。这说明了在何种程度上孟子所主张的观点仍可作为时下的话题并可以在哲学上有很大的帮助，以更好地理解同情在与旨在促进社会中的仁的政治相关联时所发挥的关键作用。现在比以往任何时候都更需要根据孟子与他那个时代的王的对话，来复兴一场针对该主题的更复杂的辩论。

Sarinya ARUNKHAJORNSAK:
POLITICAL IMPLICATIONS OF COMPASSION IN MENCIUS
(*DIOGENES*, No. 253, 2016)

注：

[1] 本文参照的是刘殿爵翻译的《论语》（1979）。

[2] 我赞同萧阳（2006：257—261）和白彤东（2014：335）的观点，他们宣称，孟子和其他先秦儒家的道德说教应当理解为对寻找新的和谐社会形式这类政治问题的回应，以及在战国这一充满冲突的时期如何统治一个国家的方式。

[3] 本文参照的是刘殿爵翻译的《孟子》（1970）。

[4] 萧阳（2006：262—265）提出，在战国中期，商鞅（公元前390—公元前338年）是主张与孟子对立的政治哲学的中国哲学家之一。商鞅所建议的是一种基于惩罚的统治哲学，其构建源于人可以通过让他们害怕来规制他们这样一种道德心理学假设。

[5] 根据白彤东（2014：339）的看法，政治问题是先秦中国思想家的关注重点。他们那个时代的基本问题之一就是寻找新的社会纽带。如果孔子的仁的概念和孟子的同情的概念是对这一基本问题的回答，那么我们可以说，墨家的无偏袒关怀作为对儒家答案的挑战也可以是对这同一个问题的回应。

[6] 本文中我交替使用了术语"普爱""无偏袒""爱无差别"来指称墨子有关**兼爱**的理念，使用了术语"自爱"和"自身利益"来指称杨朱学派的利己主义。

[7] 例如，**恻隐**这个术语曾被译为"怜悯"（理雅各、陈倩仪）、"同情"（刘殿爵、万百安、庄锦章）、"怜悯和同情"（华霭仁），以及"同感"（刘秀生）。

[8] 这里我使用了"同情"而不是"怜悯"，是为了呼应我对孟子思想中的**恻隐**和不忍的解释。

[9] 然而，在对人表示同情的情况中，努斯鲍姆（2014：194）认为，设身处地的想象和类似可能性的想法是判断他人困境严重性的重要心理条件。

[10] 卡尔认为，同情是对受苦者可以想到的苦难"与其一同感受"，而怜悯是对受苦者没有意识到的不幸"为其感受"。显然，处于落井的边缘并非孩子的过错。孩子也意识不到内含的痛苦和不幸。我们只能宣称，受苦者对于自身痛苦和不幸的意识并不是孟子思想中被感动到表示同情的必要条件。

[11] 本文指的是陈少明（2010：180—182）提出的对于儒家的快乐的定义。我运用了某些方面来讨论如何在政治的意义上共享和延伸快乐。更多有关《孟子》中的快乐的讨论，请参见戴梅可和哈里森·黄（2008：244—269）。

[12] 陈少明（2010：180—190）认为儒家和庄子的道家持不同的有关快乐的观点。儒家宣称共享快乐，而庄子更喜欢个体的快乐并认为快乐无法被共享。

参考文献：

安玉善，An, O.-S.（1998）*Compassion and Benevolence：A Comparative Study of Early Buddhist and Classical Confucian Ethics*, New York：Peter Lang Publishing。

白彤东，Bai, T.（2014）"Early Confucian Political Philosophy and Its Contemporary Relevance"，收入沈清松（主编），in Shen, Vincent（ed.），*Dao Companion to Classical Confucian Philosophy*, New York and London：Springer, pp. 335—361。

拜恩，S., Bein, S.（2013）*Compassion and Moral Guidance*, Honolulu：University of Hawaii Press。

布卢姆，L., Blum, L.（1994）*Moral Perception and Particularity*, New York：Cambridge UP。

陈倩仪，Chan, S. Y.（2004）"Filial Piety, Commiseration, and the Virtue of *Ren*"，收入陈金樑、陈素芬（主编），in Chan, Alan KL and Tan, Sor-hoon（eds），*Filial Piety in Chinese Thought and History*, London：Routledge Curzon, pp. 176—188。

陈荣灼，Chan, W. C.（2014）"Philosophical Thought of Mencius"，收入沈清松（主编），in Shen, Vincent（ed.），*Dao Companion to Classical Confucian Philosophy*, New York and London：Springer, pp. 153—178。

陈少明，Chen, S.（2010）"On Pleasure：A Reflection on Happiness from the Confucian and Daoist Perspectives"，*Frontier of Philosophy in China*, 5（2）：179—195。

达沃尔，S, Darwall, S.（1998）"Empathy, Sympathy, Care"，*Philosophical Studies：An International Journal for Philosophy in the Analytic Tradition*, 89（2—3）：261—282。

葛瑞汉，Graham, A. C.（1990）"The Background of the Mencian Theory of Human Nature"，in *Studies in Chinese Philosophy and Philosophical Literature*, New York：State University of New York Press, pp. 7—66。

金明锡，Kim, M.-S.（2010）"What *ceyin zhi xin*（compassion / familial affection）Really Is"，*Dao: A Journal of Comparative Philosophy*, 9（4）：407—425。

刘殿爵，Lau, D. C.（1970）*Mencius*, New York：Penguin。

刘殿爵，Lau, D. C.（1979）*Confucius：The Analects*, New York：Penguin。

李景林，Li, J.（2010）"Mencius' Refutation of Yang Zhu and Mozi and the Theoretical Implication of Confucian Benevolence and Love"，*Frontier of Philosophy in China*, 5（2）：155—178。

努斯鲍姆，M., Nussbaum, M.（1996）"Compassion：The Basic Social Emotion"，*Social Philosophy and Policy*, 13（1）：27—58。

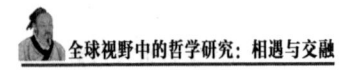

努斯鲍姆, M., Nussbaum, M.（2014）"Compassion and Terror"，收入尤尔、弗罗斯特（主编）, in Ure and Frost（eds）, *The Politics of Compassion*, New York：Routledge, pp. 189—207。

戴梅可和黄, H., Nylan, M. and Huang, H.（2008）"Mencius on Pleasure"，收入千孟思、张仁宁（主编）, in Chandler and Littlejohn（eds）, *Polishing the Chinese Mirror: Essays in Honor of Henry Rosemont, Jr*, New York：Global Publishing, pp. 244—269。

信广来, Shun, K. -L.（1997）*Mencius and Early Chinese Thought*, Stanford：Stanford University Press。

斯诺, N. E., Snow, N. E.（1991）"Compassion", *American Philosophical Quarterly*, 28（3）：195—205。

万百安, Van Norden, B. W.（2007）*Virtue Ethics and Consequentialism in Early Chinese Philosophy*, New York：Cambridge UP。

萧阳, Yang, X.（2006）"When Political Philosophy Meet Moral Psychology：Expressivism in the *Mencius*"，*Dao：A Jurnal of Comparative Philosophy*, 5（2）：257—271。

横截性、和谐与天地之间的人

郑和烈 著
李红霞 译

> 真正的理论不是做加法,而是做乘法。
> ——吉勒·德勒兹

> 仁近于乐。
> ——孔子

> 所有的音乐都是和谐的,因为和谐是音乐存在的首要条件。
> ——米盖尔·杜夫海纳

我们不是一个,我们是多个。我们生活在大千世界,既是人与人之间的,也是物种与物种之间的世界。这是多元文化的世界,已被引领到全球化和一个美妙的新世界。公共哲学的任务,在我看来,是在公共论坛上就国家的和全球的紧急事务进行对话。我们时代最紧急的事务是寻求及建立**和平**的问题,一方面是不同文化或文明之间的和平,另一方面是全人类和自然之间的和平。本文所探究的是一种全新的思维方式即横截性在面对多元文化和全球化时的作用。在这个多元文化和全球化的时代,没有任何一个文化或任何一个物种应该对其他文化或物种扮演霸主角色,无论是通过帝国扩张抑或通过人类中心论的主宰(物种歧视)。

哲学家重新开始通过创造新概念来理解一直处于变迁中的世界。在今天这个多元文化和全球化的世界，公共哲学极需创造新概念来探索变化中的现实。新的概念往往是已经蕴含在变化着的现实本身之中。我指的是横截性是个开创性的概念。它被认为是针对按照德勒兹的精神来转变多元文化和全球化的世界所给出的实践应答，对德勒兹而言，"真正的理论"不是做加法，而是做乘法。伴随没有终结或者说"不可完结"的广阔概念领域而来的是两可性，在语源学意义上是指"二者皆备"，而非"二者选一"。为描述其关于日常社会文化的生活世界（Lebenswelt）的开创性现象学，胡塞尔20世纪30年代中期启用凤凰从灰烬中升起的隐喻，本着这一精神，卡尔文·O.施拉格认为横截性为我们的新千年带来了普遍性的替代物。作为一种全新的思维方式，这类似于在另外的地方（横向地）挖了一个新洞，而不是一直（纵向地）挖一个洞，越挖越深，看不到出路。总而言之：通过横截性的方式，我就将"赌注"作为黄金机会，去创造一个新的本体论、新的文化、新的伦理，以及新的政治，也就是说创造一个新的世界。

横截性原本是个几何学概念，指的是任意矩形中的两条斜线的相交（就像铁路轨道交叉标识中的X），希腊字母标识为chi（X），并衍生出**相互交织意义上的交叉**（chiasm）世界。作为一个哲学母体，横截性将"真理"所置入的大背景，既**跨越**又**超越**了单个文化、单个物种（人类和非人类的）、单个学科，以及单个感官系统的边界。在横截性的范式中，对于"真理"问题的探寻是跨文化的。因此横截性（transversality）的拼写来自"跨普遍性"（trans [uni] versality）。横截性的面孔经常戴上欧洲中心主义的面纱或面具。除此别无他法，因为所有的哲学，欧洲的或其他的，都将普遍性或普遍真理构想为文化解释或文化政治。效仿米歇尔·福柯1978年访问日本的做法，面向未来的新哲学产生于东西方的相会或交融，但不是一致重合。通过将观念和价值的全球错流及交流推行到最大化，横截性还将全球化作为一个非化约、非种族中心主义的过程来传播，也就是说，是非掠夺性的事件，以观念和价值的杂交化或克里奥耳化为旨归。杂交化既非完全东方的，也非完全西方的，而是某种介于中间（日语称 naka）的东西。换言之，它将是文化间的。此外，它还将是物种间的、学科间的、感官系统间的。

这种新浮现出的横截性的面孔，其最恰当的形象或许是那尊著名的粗木制佛教法师雕像，目前陈列在京都国立博物馆，雕像的面孔呈现出一种觉醒

（悟，satori）的新曙光，标志着一种新的本体论、文化、伦理，以及政治统治全球的开始。从法师雕像旧面孔中间（naka）的裂缝之中，出现了一个填隙的隐约可见的面孔，表示现存世界的一种蜕变及其重新评价。出现的新面孔这一意象象征着弥勒佛（Maitreya，未来的"悟者"）或中道——横截性的第三个使能项，注定要航行于文化间边界交错的汹涌水域——的到来。

和谐有助于促进和平。换言之，正如音乐促进和谐那样，和平是和谐的音乐。通过和谐的方式，我们促进和平，和平就是人与人之间以及物种之间关系的和声学。下面的公式勾勒了横截性、和谐和人类之间的三重关系：

横截性←→和谐←→天地之间的人

听觉是用以描绘音乐的声音特征的。听觉固有的特征是同时发生、全球化、综合式，以及社会化，而视觉则是顺序发生、本地化、分析式，以及孤立化。因此颜色和声音是两种完全不同的人类感官系统和世界的组织模式。在人类的视觉和听觉体验之间，存在质的差别。由于音乐是有组织的声音运动，声音的空间性（音景）在音乐的调子中最能得到充分实现。颜色并不与客体分离，而声音则会脱离声源。换言之，颜色是客体的附属属性，而声音不是。颜色与客体一起处于一个单一的位置，是可定位、可本地化的，而声音一旦脱离了声源，就没有明确的拓扑性质或确定性，尽管其声源是可以定位的。声音从来不是传向一个方向，而是传向任何方向。它既不是"这里"也不是"那里"，而是**任何地方**（也就是说，无固定位置或无所不在）。

区别颜色（看）和声音（听）并不是说它们之间是无关的。例如，我们会说音调的**色彩**以及颜色的**调子**。事实上，存在感觉的交际或联觉。根据天生失聪失明的海伦·凯勒的体验，我们很难分隔五官的"调谐"功能，因为它们是彼此协助并加强的。我们听到美景，看到音调，尝到音乐，闻到风暴，等等。只有从身体是感知的参与中心这一角度，我们才能理解莫里斯·梅洛－庞蒂有关世界是由与身体感知一样的东西构成的这一深刻观念。在每一个感知行为中，身体都参与到世界中。每一个感知都是感觉联合体（即联觉）的一个实例或环节，并被包括在身体的协同作用之中，即感官系统之间的协同作用。在身体这个肉体场域中，感知的本地化表现为具体地看、听、闻、触、尝这个或那个事物。身体是有感知力的主体，绝不是一个惰性质量块。这样，作为肉体的身体在能"回应"世界之前已经可以"创作"世界了。

和谐促进了不仅所有男人女人之间，而且宇宙中所有非人类的存在物和物体之间神圣的和平共处。和平共处的理念或许可以称为同步性或互即互入的连续体。我所说的同步性或互即互入，是指在宇宙中一切都是相关联的，任何事物都不是孤立地存在的，也无法孤立地存在。

和谐是音乐的精髓，而音乐是审美极致，因为所有其他艺术都渴望达到音乐的条件。贝多芬甚至宣称，音乐所给予的启示比所有哲学和智慧加在一起都要多。对罗伯特·伯顿——他17世纪的著作《忧郁的解剖》是百科全书式的——而言，音乐是医治悲伤的灵魂和忧愁的心灵之痼疾的良药。据他所说，音乐治疗胜过哲学家和医生的处方。年轻的弗里德里希·尼采接受了希腊文献学教育，他在其首部主要著作《悲剧的诞生》中，将音乐——或许是从古希腊的mousike（表演艺术）意义上而言，包括口述诗歌、戏剧、舞蹈和音乐——评价为审美极致。对他来说，单单音乐就可以证成作为一种审美现象的世界。在这种意义上，世界是由音乐审美"测量"的（在希腊语metron的音乐意义上），音乐审美的首要存在条件是令我们**适应**人类和非人类世界的节律。按照海德格尔的说法，通过情绪（Stimmung）——与声音（Stimme）相关——人类发现自己"存在于世界之中"（in-der-Welt-sein），这个世界是与其他人一起的世界（共同世界，Mitwelt），同时也是作为环境的世界（周围世界，Umwelt）。

希腊意义上的数学，也与音乐紧密相关。在毕达哥拉斯学派那里，音乐和数学共同寻求统一的和谐概念。对毕达哥拉斯和古代毕达哥拉斯信徒而言，"一切都是数"或"数是一切事物"的理念，从看不见的**和谐**以及世俗**和谐**的意义上讲，应该是宇宙（uni-verse，全－篇）的完美秩序。文艺复兴时期，雕刻在一个方形和一个圆形之内的维特鲁威风格人体也是微观世界与宏观世界**和声**的象征，而列奥纳多·达·芬奇通过运用圆形几何结构在《乔康达夫人画像》（蒙娜·丽莎）中获得了一种和谐的微笑。因此对毕达哥拉斯而言，八度和音（1∶2）、四度和音（4∶3）和五度和音（3∶2）的**比率**或和谐比例，应该被用以完善数学的秩序。这些比率中的数字——1、2、3和4——总和是10，是对毕达哥拉斯而言的完美数字。对毕达哥拉斯来说，这种数学的秩序揭示了自然（天体）世界和道德世界的**和谐**——无论是各自还是二者一起都被称为"天体音乐"。古代毕达哥拉斯信徒还提到水、气、土、火的"圣四"结构（四列十全，tetraktys）——天体联合。

这里最值得关注、最切合我们讨论的是，和谐是最高程度的音乐性：它构成了将现实理解为社会过程（也就是说，互即互入）的音键，因为只有存在社会性的地方，才存在现实，而没有社会性的地方，就没有现实。这是中国式思想体系——包括中国、韩国和日本的儒家思想、道家思想，以及佛教禅宗思想——本体论原则的精髓。我曾用**关系本体论**这一术语来概括中国式行为和思维方式的特征。由于音乐是声音的"家族"，所以作为音乐之极致的和谐不是无差别者的一体性，而是**差异的多者**之间的复调和弦或管弦乐法。

孔子认为，仁**近**于乐（参见《礼记》），乐体现了和谐。作为儒家德行伦理的最顶层德行，仁要和谐化整个人类。这样，仁就具备一种世界主义的视角。我所说的德行伦理是指那种既非义务论（康德式的）亦非功利论（边沁式的）的伦理思想。正如美是人类与自然之间的和谐，善则是人与人之间的和谐关系：不仅是伦理建立在审美基础上，而且和谐也兼具审美和伦理的主题。因此，和谐不仅是审美的基本原理，还是社会的基本原理。

仁和音乐之间的确存在一种近似关系。我们可以谈及"人性的音乐"——借用赫伯特·芬格莱特的最恰当表达。[1]然而，仁的世界主义植根于孝，即，仁是一种"有根源的世界主义"。如果说"孝的音乐"可以比作演奏二重奏、三重奏、四重奏或五重奏，那么"人性的音乐"就可以比作演奏整个管弦乐曲。孝代表了儒家德行伦理以及关系本体论的主调。儒家的五种关系（五行）中，孝是最基础最首要的。在仁完全达到之前，一个人首先必须做到孝。实际上，仁和孝不是分离的，而是同一种关系的两个方面。用孔子论证孝的首要性的话来说，就是一个人要远行，则必须从近处开始，或者一个人要登上高峰，必须从较低的地面开始。

在我多年前解读有关希腊-罗马宗教的性质时，偶然发现一种有趣的引人注目的方式，将虔诚（pietas）定义为"绝对的相互性"。这则虔诚的故事是这样说的：一位母亲在狱中服刑，监狱建在一座旧庙的废墟上。她的"忠诚的"女儿哺乳喂养她的母亲，就像在她还是婴儿的时候，她的母亲曾哺育她。这种相互行为就称为虔诚。伦敦的维尔科姆医学史研究所及博物馆收藏了24幅象牙版画，描述的是孝的24种典范行为。

其中一幅是这样的图景，一个"忠诚的"女儿正在哺乳她年老的父亲，而她的两个幼小的孩子在看着。这一具体的养育行为是孝的一个范例，体现了回报的精神。从中国式的视角看来，所有道德行为都是述行的，也就是说，它们是具体的行为，在礼仪中被具体地规定并加以实施。孝也不例外。

在我们对**世界和谐**（harmonia mundi）的讨论中，有两种类别：人之间的，以及物种之间的关系（对人的虔诚和对地球的虔诚），二者又形成了一个相互关联的循环。关于对人的虔诚，已经谈了很多了。现在我们转到对地球的虔诚的方面，它关注的是生态或环境（Umwelt）的问题。生态学或关于地球作为一个大家庭的科学，已经理所当然地成为我们的"终极关怀"。它有宗教上的重要性。它已转化为"**生存还是毁灭**"（to be or not to be）的问题。生态危机或许可以视为自然对人类的反叛（无声的反抗）。这种反叛还在坚持着：未见任何衰退的迹象。它是各个地方人类状况的永久固化。这个地球，我们的居住地，已经令人恐惧地逐渐变成一个不适宜居住的、危险的、破败的、不可持续的地方，甚至对所有地球生物而言是致命的地方，无论是大的小的生物，人类还是非人类。如今这以全球变暖的形式呈现。古印度《薄伽梵歌》的经典语句对今天地球的状况做出了灾难预言："我在接近死亡。"最笼统地讲，正是人类物种（物种歧视）[2]对其他生物的傲慢，要被指责为导致了自然或地球的终结。在这种情况下，有关对地球的虔诚的伦理之所以优先于有关对人的虔诚的伦理，只是因为地球的终结必然意味着历史的终结，而不是反之亦然。

罗丹的雕塑杰作《大教堂》怎样表现人之间共处的神圣性，M.C.埃舍尔的《圣言》（Verbum）就怎样表现物种间关系的神圣性。它呈现了圣经"太初有道"的观念，而道是互即互入或存在的生态连续体。因此生态学的"第一法则"基于宇宙中一切与一切相关联的理念。

根据古希腊思想中的荷马颂歌《致赫耳墨斯》，天神赫耳墨斯用龟壳创造出七弦琴，这一神话的寓意与发现宇宙是发声轨道与和谐的意义相同。作为典型审美现象的音乐与生态之间的关系体现在俄耳甫斯的嗓音中，他的嗓音直接结合了音乐和（口述）诗歌。正如传说的那样，俄耳甫斯是一名乐师或者说一名七弦琴演奏家（即杰出的"歌手"）。通过他的音乐，俄耳甫斯可以令整个自然界或——用中国式的表达法——"万物"如痴如醉并欢乐起舞。俄耳甫斯这位色雷斯的乐师令岩石、群山、河流、树木、动物和群鸟起舞。他的嗓音促成了有效的生态。他的乐器——七弦琴——承载着我们与自然永远和谐相处的誓言。赖纳·玛利亚·里尔克在他的《致俄耳甫斯的十四行诗》

中称"歌唱就是此在"（das Gesang ist Dasein）。莎士比亚《亨利八世》中的《歌》（第三幕，第一场）盛赞俄耳甫斯：

> 俄耳甫斯把他的琴弦刚一拨弄，
> 高山上的树木和冰冻的山峰
> 都对他的歌声俯首倾听。
> 他的琴声能使草木鲜花滋长，
> 就像太阳一出、甘霖普降，
> 给那里带来永远的春光。
> 万物听到了他的琴声，
> 哪怕是巨浪正在大海翻腾，
> 也会低下头来保持安静。
> 美妙的音乐就有这样的魔力，
> 无论伤人的忧愁和内心的悲戚
> 都会在倾听中进入梦乡或者安息。
>
> （这首《歌》的译文节选自刘炳善译《亨利八世》，载于孙法理、刘炳善译，《莎士比亚全集》史剧卷下，译林出版社1999年版，第383—384页。——译者注）

同样正是有关俄耳甫斯的这一传说给了克劳迪奥·蒙特威尔第创作歌剧（《奥菲欧》）——一种综合的艺术形式，效仿希腊表演艺术（mousike）的潮流，融合了歌唱、管弦乐法、戏剧和舞蹈——的灵感。之后，克里斯托夫·W. 格鲁克和雅克·奥芬巴赫步蒙特威尔第之后尘。弗朗茨·李斯特创作了一首名为《俄耳甫斯》的交响诗；伊戈尔·斯特拉文斯基以芭蕾形式赞美俄耳甫斯，这种芭蕾形式就是我们上文称为俄耳甫斯舞蹈模式的范例。尤其是贝多芬《第六交响曲》，即《田园交响曲》，在我看来，是最有说服力的。它是贝多芬对自然和乡村生活的生动描绘：农田、草地、森林和小溪；夜莺、鹌鹑、布谷鸟和黄鹂的合唱；一场暴雨；农民的盛会（乡村舞会或集市）；以及牧羊人在风暴平息时的感恩赞歌。这里不得不插一句说，波提切利的《春》在艺术内容方面效仿了音乐和舞蹈的节奏模式。

在日本文化中，不乏音景中的音乐性。以一位 17 世纪日本诗人——他研究禅，还将现代日本俳句革新为压缩的精巧的 5-7-5 音节公式——的一首著名俳句为例：Furu ike ya / kawazu tobikomu / mizu no oto（"古池塘/青蛙跃入/水声响"）。事实上，"小的"是精巧美丽的。随着青蛙跃入响起的无处不在的响亮水声，具有真正形而上学的意义：它表示的是所有宇宙元素的和谐连续体。因此声音的简单和荒远是这首俳句最基本的、总括的原理。芭蕉这首俳句中这种简单荒远的禅的意味散发并回响出"安静"（或海德格尔称为**任其自然**的东西，与**构架**相对）的声音气氛——存在或自然的季节小夜曲／"是其所是者"（诗－禅）。元素的和谐是伟大的存在连续体，其中水声的回响被诗人捕捉到，呈现了这只小小生物与自然或整个宇宙的平静、安宁，或"安详"的背景之间的和谐。此外，有关乐师俄耳甫斯的希腊传说，在日本有对应物：特别有趣的发现是，日本有关蝉丸（Semimaru）的传说与俄耳甫斯的传说相似。蝉丸是日本表演艺术家的原型和日本表演艺术（mousike）的"创始人"，他在日本文学史上激发了创作诗歌、故事和戏剧的氛围。传说中，蝉丸是一位以乞讨为生的盲人琵琶演奏者，而他的音乐天赋弥补了他的失明。因此，这样一个传说中的"具各种典型特点于一身的人"将盲人的精神"视觉"具体化了。蝉丸的最具暗喻意义的部分就是这个名字本身。语源学上，它是 semi 和 maru 的组合词。semi 是叫作蝉的那种鸣叫着的昆虫的日语词，它夏天的合唱令年轻人高兴，maru 指的是圆形或球形的东西，就像在声音的围绕之中，或者奥尔多·利奥波德在其《环河》中创造的"环"的形象。maru 还用作男名的第二部分，以及船舶名字的结尾。

和辻哲郎在诠释互即互入这一概念时，将人与人之间的关系（《伦理学》）与他们的周围（气候的）环境（风土）依照风水之道（泥土占卜）整合在一起，风水可称为一种中国式的生态－技艺。存在和时间对海德格尔所意味的东西，就是互即互入和空间对和辻的意义。这不意味着对和辻而言时间不存在。也不意味着空间对海德格尔而言不存在。相反，和辻的基础前提是，时间和空间是一起发生的。它们可以说是一种双螺旋：人类存在既不只是时间上的，也不只是空间上的，而同时是两者，即时空交错。在人类存在中，时间和空间是同时的。对和辻而言，人类存在充溢着时间和空间。

人间（Ningen）一只脚在**共同世界**，一只脚在**周围世界**。和辻坚持认为，气候不独立于历史而存在。历史也不独立于气候而存在。由于人间或作为人的概念由两个汉字组成，和辻以特殊的方式加以展开："人"（日语 nin 或 hito）和"间"（日语 gen 或 aidagara）：从汉语的语源学上讲，作为人就必须是关系的或人与人之间的（Mitmenschlichkeit）。和辻有关人间的哲学与马丁·布伯有关人之间（das Zwischenmenschliche）的说法近似。在布伯的关系本体论中，重要的是要注意到，"我-你"中的"我"和"我-它"之中的"我"绝不是同一个"我"，因为这两种关系中的"我"总是也必须是在与"你"或"它"的关系中，在与"你"或"它"的相互作用中，获得其定义的，从来不是单从自身被定义。而且，从关系本体论的立场来说，文化加强了人间或人与人之间的关系。人创造了文化，而反过来文化塑造了人。"人是什么"的问题与"文化是什么"的问题不能分割开来：二者互为蕴含。美国文化人类学家克利福德·格尔茨认为，在一粒沙之中发现天空，并非只是诗人（例如诗人威廉·布莱克）才能完成的壮举。简言之：没有独立于文化的人类本性——没有男人和女人，就没有文化，但同样地，没有文化，就没有男人和女人。在定义人间这一概念时，有关共同世界的论述也应该适用于周围世界。今天的环境危机显示，不仅气候（比如全球变暖）影响人类存在和文化，而且人类以一种和辻从不可能想象到的程度深深影响了气候。

地球是一个"身体词汇"，正如身体是一个"地球词汇"。笛卡尔脱离身体的我思（故我在）对西方现代性的社会、政治、伦理思想的危害是广泛的、不可估量的。不必成为女人或女性主义者就能意识到它的影响。身体和地球之间在一个肉体中或作为一个肉体相互内接。就其本身而言，身体本质上是一个场所名，一个有关位置的名字。若无身体，我们根本没有关于空间的概念。有一个中国式的说法叫作身土不二。它们是彻彻底底相关联的。美国生态哲学家奥尔多·利奥波德将他的"土地伦理"等同于自然保护主义的灵魂和身体，等同于自然的、野生的、自由的事物"审美收获"。由于心灵图景植根于大地图景，荒野的性质不仅是外部自然的性质，而且也是我们内部灵魂的道德观的性质。这就是利奥波德意义深远且有预见性的关于捍卫对地球的虔诚的观点，而更为重要的是，这是为什么关于自然的道德观必须优先于关于人类的道德观或者它们相互补充的原因。我认为，利奥波德呼应了差不多 9 个世纪之前生活在太平洋彼岸的中国的张载（1022—1077）的宇宙观和道德观。我发现下面这段张载的经典铭文十分优美,值得关注。因为它们不仅从宇宙学的层面定义了"天地之间的人",而且还是从家庭是所有关系之典范这一真正儒家的意义上来表述的。在《西铭》中,张载写到:"乾称父,坤称母;予兹藐焉,乃混然中处。故天地之塞,吾其体;天地之帅,吾其性。民,吾同胞;物,吾与也。"

由于身体是人类存在的物质条件,社会世界(共同世界)和自然世界(周围世界)都是涉身现象,因为我们通过身体的方式与它们相连,而且身体是所有关系中最基础的媒介,甚至优先于语言。身体不止是交流的媒介,**它就是交流**。人间并不是非实体的物质。当代中国哲学家李泽厚创造了新词"**主体性**",有别于"主观性"——我要补充一下,这是梅洛-庞蒂所乐见的——因为前者是涉身的/审美的,而后者是理想化的/认识论的。审美(aisthesis)和涉身性是同类词汇,因为前者是关于后者的话语。同时还应指出的是,"生活经验"(Erlebnis)在日本现象学中被翻译为两个汉字组成的**体验**(日语tai/ken)。汉语发音为 ti 和日语发音为 tai 的是同一个汉字**体**。

结论是:我们兜了一圈回到原点。正如梅洛-庞蒂所说,哲学的终点就是对其起点的解释。我们生活在大千世界,既是人与人之间的,也是物种与物种之间的世界。我们生活在一张关系网中,我称之为**互即互入**的关系网。公共哲学的任务——再次重申——就是投身有关紧急公共事务的对话,我已将这种紧急公共事务确定为人与人之间以及物种与物种之间关系的和平与和谐。在多元文化的全球化世界中,横截性的价值在于观念和价值的横向或跨文化交流,从而有望将世界转变为一个对所有人类而言更好的生存场所,在这里,作为地球居住者的人类,不仅在人与人之间,而且和非人类之间,都处于和平与和谐中。总而言之,公共哲学的任务就是培育关心当前紧急事务的公共意识,并唤醒和增强人们对他者的迫切的**责任感**,既包括人类的他者也包括非人类的他者。

Hwa Yol JUNG: TRANSVERSALITY, HARMONY,
AND HUMANITY BETWEEN HEAVEN AND EARTH
(*DIOGENES*, No. 237, 2013)

注：

[1] 让我引用赫伯特·芬格莱特《孔子：即凡而圣》（New York: Harper and Row, 1972）第53页中的一段文字，其中有关于音乐作为一种**表演**艺术的类比："礼的行为不仅仅是机械刻板的表演；它们微妙而明智，或多或少展示了对情境的敏感，也或多或少表现了言行举止的有机完整。这里我们以音乐为例加以说明——孔子是一位乐迷。我们把敏感与智慧的音乐演奏和枯燥乏味、匪夷所思的音乐演奏区分开来；我们在演奏中察觉到自信与和谐，或者也许还有犹疑、冲突、'伪饰'和'感伤'。所有这些，我们都是在演奏之中察觉到的，我们不必透视演奏者的心理或人格。它全在'那里'，它是公共或公开的。尽管它就在演奏之中，但如果我们并不把这演奏认为是'贝多芬第3乐章'（也就是说，从作曲者的角度来看），也不认为它是一场'公共音乐会'（从礼的角度来看），也不认为它是一种'后莫扎特式的乐章'（从音乐风格的角度看），而主要是将其作为这个特定人物的表演（从人格的角度看），那么，它对我们来说，就是显而易见的。"（译者按，此段译文节选自赫伯特·芬格莱特著，彭国翔、张华译，《孔子：即凡而圣》，江苏人民出版社2002年版，第54页。）

[2] 有意思的是要注意物种歧视一词有双重含义。首先，**物种概念**，比如"人类物种"之中的物种，是一个视觉概念，来源于拉丁词 specio（看或注视），并和希腊词理念（eidos）有关，而 eidos 源于"看见"（noeo），拉丁词是 videre。其次，它是指人类物种对其他物种的偏见。物种歧视**清晰地**体现在人类对自然的操控、掠夺和主宰之中，并在现代人的技术"世界观"中达到极致。

心的自我意识：
现象世界及其之外的心

韩慈卿 著
李红霞 译

痛惜演若达多的疯狂

人是什么？我是谁？当这些问题提出时，我们自然是聚焦于心，而非身体。这是因为我所希望认识的那个"我"就是将包括我的身体在内的外部世界作为一个整体来意识、却不作为认知对象而存在的心，而身体则是呈现在我的意识中的一个客体，就像身体之外的其他客体一样。即使我将心视为一个客体，那个正在认识客体的心也要比这个被对象化的心更为紧要。如果世界是一个我所感知到的世界，那么这个感知世界的"我"是谁？我如何认识这个"我"？

当代心智哲学家得出的结论是，感知世界却从来不被对象化的心是不存在的。[1]他们坚称，这种心实际上只是一种"幽灵"，尽管它看起来似乎存在。他们认为唯一真实的事物是我们可以感知并对象化为心之客体的事物；他们认为任何其他的事物即使看起来是真实的，也必定是一个幽灵。如果他们真的坚信这一点，那么他们都是现代的演若达多。

> 汝岂不闻室罗城中，演若达多。忽于晨朝以镜照面，爱镜中头眉目可见。嗔责己头不见面目。以为魑魅无状狂走。于意云何。此人何因无故狂走。

富楼那言：是人心狂，更无他故。

佛言：妙觉明圆，本圆明妙。既称为妄，云何有因。若有所因，云何名妄。自诸妄想展转相因。从迷积迷以历尘劫。虽佛发明，犹不能返。如是迷因，因迷自有。识迷无因，妄无所依。……如彼城中演若达多，岂有因缘自怖头走。忽然狂歇，头非外得。纵未歇狂，亦何遗失。[2]

"认识你自己！"德尔斐神庙上写着这样一句话。所有人都想认识自己，都想清晰地看到自己从而可以认识自己。事实上，令我们疯狂的正是这样一种想要看到那个看着我的我。当一个人看着自己的时候，他必须看着那个正在看着他的他，而这个过程是无尽的。正在看的那个"我"从来不能被感知到。

上述对话中演若达多的头颅就寓意着"作为一个正在看的我的心"。无状狂走的演若达多由于无法看到自己的头颅从而认为自己是一个无头幽灵，这无异于现代人由于无法看到他们的心从而认为心是不存在的。他们有一个共同的信念，即存在由客观性来证明，任何不可见的事物都是非存在。演若达多发疯了是因为他认为只有他没有头；但现代人相信心普遍不存在，因此从来不去寻找它，也不会因为没有它而发疯。或者，现代人只是无法认识到他们的疯狂，因为所有人都在四处狂奔。我们如同无法真正认识自己的幽灵一般活着。

正如演若达多的头颅那般我们认识不到其存在的心是什么？无法以第三人称的视角被对象化的心是什么？我们如何能够确认这种心的存在？

现象世界：按照语言系统构建的认知世界

心要通过活动来认识。当我发现窗外的叶子摇动，鸟儿在远处歌唱，这种看和听是通过眼睛和耳朵发生的。叶子和小鸟的歌声影响了大脑神经细胞；但我不是在眼睛之中、在耳朵之中，或者在大脑之中感知到它，而是看到和听到它们存在于外部世界。这是如何成为可能的？哪个是我的心或意识，哪个是外部世界？哪个是主观的，哪个是客观的？看和听的心存在于何处？[3]

"感觉"指的是接受诸如颜色或声音之类的刺激；"知觉"指的是注意到这些感觉，并认识到这些感觉是这种颜色或这种声音。然而感觉和知觉不是同时发生的，而是相继发生的。这不过是瞬间的事，但在那瞬间中发生了巨大的变化。发生了什么？

知觉和感觉之间的时间差意味着曾提供刺激的感觉对象在感知的那一刻已经不复存在。那么感知就是一种回忆；而被感知的世界严格说来是一个非存在的世界，而不是存在着的世界。然则我们依然相信我们正在感知世界本身；这是因为我们将感觉的对象和知觉的对象视为一个相同的对象，或一个连续的对象。然而这种同一性无法被证实。当我看到一颗位于一亿光年距离外的星星时，这样感到的星星并非一颗当前的星星，而是一颗一亿年前的星星。在每一个对象化过程中都存在时间差，而空间上被感知到的世界实际上是一个过去的世界，一个回忆起的世界，是一个似乎是真实的但实际上并不存在的"虚构世界"。在感觉转变为知觉的那一瞬间，我们转移到了这个虚构世界中。

虚构的知觉世界是我们自己创造出的虚构世界。我们通过将感觉信息组织成感知系统来构建知觉世界的方式，是以我们的记忆系统或我们的概念化系统为基础的。例如，确认刚刚飘过的是"一片暗绿色的叶子"，识别出刚刚传入耳中的是"一声清亮的鸟鸣"，这些并非是自动发生的。为了将客体感知为不同的事物，无数次相似的感觉经历以及有关这些经历的记忆是必不可少的，而积累起来的信息还必须进行比较和分类，从而通过概念化构建一个语言系统。只有通过因循语言系统，我们才能认识到我们看到的是"绿色的"而非"红色的"，是"暗的"而非"明亮的"，我们听到的是"一声鸟鸣"而非"人的声音"，是"清亮的声音"而非"刺耳的声音"。如果事物没有用语言来定义，意识就无法区别它们。那些拥有颜色方面丰富词汇量的人具备更好的颜色感觉，而那些拥有声音方面详尽词汇量的人则具备详尽的声音感觉。如果没有词汇或概念来对稍纵即逝的感觉进行分类和定义，就很难有所区别地认识事物。知觉是一种区别认知，它因循语言系统。因此知觉世界是我们根据我们进行区别的概念化系统描画出的思想世界，是我们自己创造出的虚构世界。

在感觉转变为知觉的那一刻，我们就被拉进虚构的思想世界，这个世界是我们的语言按照抽象的思想系统或语言系统构建出的。我们感知到的现象世界不是一个实际上存在的世界，而是一个按照我们的思想系统被对象化的世界，这个世界按照我们的概念化语言系统进行区别和组织。

那么，恰恰就在知觉发生的前一刻在感觉中发生了什么？恰恰在语言根据思想系统进行的区别认知发生之前我们处于一种什么状态？在按照我们的语言系统被对象化的虚构知觉世界之外还有什么？

现象世界之外：实体理论与无我理论之对比

1. 实体理论

知觉就是通过将转瞬即逝的客体识别为这种和那种从而认识它们。例如，知觉认识到某物为"叶子的绿色"，而这一认知只有基于包含了诸如"叶子是绿色的、小的、轻的"之类信息的认知系统和语言系统才是可能的。知觉按照"x 是 F"的公式发生，即"主谓"结构。换言之，认识到一个设定为 x 的某物（主词）是 F_1，F_2，F_3……（谓词），这就是知觉。通过 x 我们指代的是指称词，而通过 F_1，F_2，F_3 我们指代的是描述和定义 x 的摹状词。说知觉世界是一个由我们的概念化系统创造的虚构世界，意味着描述和定义 x 的 F_1，F_2，F_3 的谓词系统有赖于我们自身的分类系统。正如贾斯特罗效应（the Jastrow effect）所揭示的，我们将 x 感知为一只兔子还是一只鸭子有赖于我们用来定义 x 的认知系统、语言系统和谓词（见图1）。因此，探究恰恰是知觉之前的那一瞬间，或者探究在知觉的虚拟世界之外是什么，就是探究 x 在被定义为 F_1，F_2 或 F_3 之前是什么。在 x 通过我们的概念化系统被认识之前，它

图1　鸭子-兔子（贾斯特罗，1901）

是什么？

毕达哥拉斯的"数"或柏拉图的"理念"是形式或观念，它们属于概念、语言、一般范式，通过它们我们定义世界上的不同事物。我们通过这些一般概念和规范性思想系统来感知和评价世界，每一个个体事物都是由这种系统来定义和认识的。柏拉图将定义的理念和被定义的摹本、一般思想系统和个别知觉对象分别划分为理念世界和现象世界、可知世界和可见世界；然而这两个世界之间的距离并非那么遥远。这两个世界就是"我们自身的概念系统"和"被该系统感知的世界"；这是虚构的知觉世界的两个面。更为关键的是这两个世界之外的东西，知觉的现象世界之外的东西。在《蒂迈欧篇》中，柏拉图后来开始探究"一个第三类"。

> 在重新开始讨论宇宙的时候，我们需要做出比以前更加充分的划分。我们在前面划分了两个类别，现在我们必须分出第三类来……我们假定一类是有理智的、始终同一的模型，第二类是对原型的摹本，有生成变化并且可见。那时候我们尚未区分出第三类……它（第三类）以一种类似保姆的方式承受一切生成的事物。（《蒂迈欧篇》，48e—49a。中译本参见王晓朝译，《柏拉图全集》第3卷，人民出版社2003年版，第300页。——译者注）

例如，如果一片叶子（x）是绿色的（F_1），之后变成棕色的（F_2），这意味着 x 一开始由形式 F_1 来定义，接着在解除了形式 F_1 之后又被 F_2 重新定义。当进行定义的 F 发生改变的时候，被定义的叶子的颜色也发生了改变。那么就需要有一个既不同于进行定义的形式也不同于被定义的颜色的第三种的 x。在被形式或理念定义之前 x 是什么？在经由语言系统或思想系统被感知之前 x 是什么？奥古斯丁也就这一点提出了疑问。

> 变化的事物的可变性，就在于它自身能够接受这些变化的事物所变成的所有那些形式。而这个可变性是什么？是精神？是物质？抑或那个构成精神或物质的东西？（《忏悔录》，XII，6.6）

当我们感知到将 x 定义为 F 的 "x 是 F" 时，我们并不是将 x 等同于 F；我们将 x 视为某种 F 之外的东西。例如当一片叶子从绿色变成棕色的时候，我们认为叶子本身仍旧是一片叶子，只是改变了颜色。我们认为即使属性 F 改变，事物 x 也保持为一个同一的存在物。在西方的形而上学中，这种自我同一的事物被称为"实体"。实体被定义为"本身不会改变的事物，其具备的属性遵循变化属性的基本原理"。

实体论者认为我们的知觉世界就是建立在这些个体实体 x 的基础上。因此他们相信，在感觉进而变为知觉的时候客体的自我同一仍然得以保存。然而无法感知到 x 本身；因此奥古斯丁想知道这个本身是什么，是一种精神的东西还是一种物质的东西。许久之后，笛卡尔将实体 x 按照它拥有哪种属性来进行分类。如果某种属性 F 是物质的，那么拥有该属性的 x 就是一种物质广延实体（广延物），如果某种属性是精神的，那么拥有该精神属性的实体就是一种精神思想实体（思想物）。他主张无论是广延实体还是思想实体，在属性的变化之下，都存在一个个体实体，一个自我同一的 x。[4]

然而，在属性聚合的地方真的存在一个个体化的、自我同一的实体 x 来承载这些属性吗？实体 x 难道实际上不是我们的概念系统的其中一个符号，用以组织和分类属性的符号？在这种意义上说，康德的解释是，"实体"是构成我们的思想系统的"范畴"之一。[5]黑格尔强调，康德的"物自体"不可能是停留于感觉的个体 x。如果一个个体 x 停留于感觉，我们会称之为"这个"。难道我们不是将所有个体化的事物都称呼为此处此刻的"这个"？结果在所有我们期望遇到个体化实体的地方，我们看到的都是普遍性，而非个体性。黑格尔在《精神现象学》中解释说，这样我们的意识就受挫于感觉确定性而过渡到知觉。只要我们坚持实体理论，我们就会被拉回知觉世界。如果他们打算直面这样一种感觉挫败，即承认个体化实体 x 的虚空空间，他们或许已经可以看到概念系统之外的心，现象世界之外的心。

2. 无我理论

西方形而上学主张，脱离了我们的概念定义的 x 指的是一个客体的实体。即使当客体的属性改变之时，它也相信存在一个基本要素不变的个体化实体 x。佛教不相信这种在时间变化中保持同一的个体实体 x。不存在作为一种基本要素上自我同一的个体实体的自我（阿特曼），这样一种理论就是"无我"理论。

（1）非我

讨论"无我"的第一步是要认识到，在我们通常视为"我"的东西之中，并不存在自我同一的实体。身体（色）和感受（受），知觉（想）和意向（行），以及意识（识）都被设定为意识对象并且都随着时间而改变。所有这些都不是我自身（x），都是处于变化之中的属性F。从这里产生了非我理论，主张这五种的聚合体（五蕴）不是自我x。

然而，这种认为五蕴不是我（x）的非我仍然有别于无我，无我认为不存在我（x）。非我预设了自我x的存在，而无我否定了自我x的存在。

（2）无我

讨论无我的第二步是要认识到，不存在个体化的自我x。存在有关我的属性或功能，但自我同一的我x是不存在的。这里我们就达到了"无我"概念，它指示的就是我的不存在。

然而我们如何才能证明我x不存在？证明某物存在是可能的；但证明某物不存在是不可能的。因此，主张个体实体x不存在的无我理论是无法被证明的。

（3）我空

然则，假如我们去除个体事物的属性F之后剩下的只有空本身，那么我们就可以得出个体实体x不存在的结论。因此讨论无我的第三步就是要证明，当我们去除属性F之后只剩下空。如果我存在，那么在彻底去除其属性的地方必然存在我本身x；但那里却只剩下空。因此，x不是一个个体实体，而是空。由此出现了"我空"，意味着我即空。

然而，我们如何确认那个我认为我所存在的空间实际上是一个虚空空间，是空本身？我们只有在确认了这个空之后才能讨论无我。如果这个地方真的是空的，就不会有"我"来确认空，如果确认这个地方的空的我存在，那么它就不是空。我如何能够从确定的意义上来确认这个空并讨论无我？

（4）唯心

这最后一个两难困境可以通过这样一个事实得到解决，即我希望认识的空与我并没有不同，它就是我自身，我作为意识到我即空的心是存在的。我对所有关于我的属性都被去除后出现的空是有所意识的，而意识到空的心就是"我"。去除所有属性之后剩下的这个虚空空间就是我的心的空间；这个虚空空间就是我的心。我在这个虚空空间找到了我的同一性，即空。这个空的心就是"我"，它感受到我自身是空的。

在现象世界之外没有个体化的 x（无我），这个空间不如说是空的（我空），只存在意识到这个空的心（唯心／唯识）。意识到空的这个空的心就是"我"。有关在现象世界之外有什么的问题可以用"心"来回答。诸如"不存在实体"或"主体已死"的论断都产生于这个审视空的心。并不是说我只是不存在；我作为心而存在。通过空意识到"我"和通过"我"意识到空是一样的。对空的意识就是心的自我意识。

如果我的确作为一个空的心而存在，那为什么是无我呢？这个在所有我的属性被去除后才显露出的空与其他个体客体的属性被去除后出现的那个空并没有不同。因此"我"之中的空与他者在他们之中发现的空并没有不同。空之心是同一的、普遍的心，是一心。在一心中没有什么来区别和区分你和我；没有什么叫作你或我的东西。超越我和他者的区别，就叫作无我。

我之中的空与任何其他人或其他物之中的空没有区别的事实表明空是一个空，一个虚空空间，一个基底。而这意味着我的心、你的心和他的心都是同一个心，即对空的意识。我通过我之中的空体察到整体的空，而对空之心的意识导致和所有其他存在物成为一心。在我认识到自己是空的那一刻，我就能够确认所有其他人和其他物都不是个体实体 x，而是就像我一样的空的基底和空的心。

往现象之外看：与一心共鸣的感觉世界

意识到空就是要成为一个空的基底，一个空的心。只有当我成为一个接受整个现象世界的空的基底或空的心时，我才能确认我是现象世界之外的心，而现象世界是一个画在我心上的虚构世界。由我们的概念系统构建的知觉世界是一幅画在心的基底上的画，是漂浮在虚空空间的全息宇宙。在我们成为整个世界的空的基底的那一刻，我们了解了我们的现象世界是一个由我们的语言系统构建的虚构的知觉世界，而我们的心是这个现象世界之外的心。

在我感觉到自己是空的那一刻，在我认识到无我的那一刻，我超越了知觉世界。从感觉到知觉是一种从存在于那一刻向被卷入时间的流逝之中的运动，而认识到我是空、我是我的属性之外的空之心则是一种从时间的流逝之中退回到那一刻的运动。以这种方式我逃脱了语言系统以及根据时间的流逝进行建构的知觉世界。这就是回到了感觉的世界，回到了知觉之前的那一刻。

这就像是在梦的世界里徜徉了很久，突然醒了过来。正如我们醒来后知道了整个梦的世界是心的一种想象，在我们从日常世界中醒来之后，我们认识到我们感知的现象世界同样是心的一种想象。在梦里每一个事物都似乎是一个个体实体，但当我们从梦中醒来之后，梦里的一切区别都变成徒劳。如果我们走出区别，回到基底，回到空的心，则一切即一。恰恰在感知之前的那一刻，我们作为无区别的一存在于感觉之中。

以知觉的区别意识来看，叶子和看到叶子的眼睛、鸟鸣和听到鸟鸣的耳朵被划分为客体和主体，外在和内在；然而，我们感知到的颜色是叶子所在之处的颜色，而不是在我们的眼睛或大脑中感知到这些颜色，我们感知到的声音是小鸟附近的声音，而不是在我们的耳朵或大脑中感知到这些声音，这一事实证明我们的心已经在那里了。恰恰在感知发生的前一刻，眼睛和颜色、耳朵和声音存在于同一个地方，无区别地存在于感觉的世界。尽管所有一切在知觉中被划分为主体和客体、内在和外在，但所有一切在感觉中是作为无区别的一而存在的。我们并非一开始就联想到通过知觉区别开来的客观的和主观的；我们通过知觉将一开始未经区别的一划分为主体和客体、内在和外在。主体和客体、内在和外在之间的区别只有在概念化知觉，在意识的对象化过程之后才会发生。

知觉是要划分内在和外在，是要通过按照概念化的思想系统将所有事物进行对象化来区别主体和客体，而感觉是心，其中还没有做出划分，所有事物在深层结构中共鸣为一。心的状态就在于其中表层的划分尚未做出，因而主体和客体、感觉机能（根）和对象（境）共鸣为一。因此在我们看的那一刻，看的心和看到的颜色是未分开的；在我们听的那一刻，听的心和听到的声音是未分开的。我们的心随着我们看到的颜色、听到的声音和感受到的痛苦的波动而共鸣。知觉之前的感觉世界是在波动中共鸣的一个心的世界，是一心的世界。

知觉之前的这颗心产生共鸣的范围有多大？即使鸟儿在歌唱，如果那一刻我在关注其他东西也不会意识到鸟鸣。但那一刻我已经在听鸟儿的歌唱。意识到某种噪音停止意味着甚至在我知道我正在听这个噪音之前我的确已经在听这个噪音。即使在表层意识没有进行有区别的认识的时候，内在的心已经意识到它。因此心的共鸣比知觉意识走得更远。虽然我没有意识到，但我依然在听千里之外海浪的声音和风的声音，我还与整个地球的波动，或包括月亮和星星在内的整个宇宙的波动形成了共鸣。在我有意识地进行感知之前，我已经与整个世界的波动形成共鸣。我与整个世界合而为一心。

我们的心的确与宇宙共鸣。然而这种共鸣只发生于瞬间，在按照时间流逝进行概念化区别的知觉世界中无法被认识到。一旦被对象化，这瞬间的共鸣便消失不见，而整体转化为按照我们自己的思想框架在概念上进行区别的虚构世界。普通意义上所说的感觉已经是被区别化意识感知到的感觉，是概念化的感觉。但在概念化的自我认同之外的感觉、我们无法感知为一个对象化存在物的感觉则属于深层的心，属于比知觉意识更深奥的心。比意识更深邃的深层的心就是感觉机能和对象、主体和客体、我和整个宇宙共舞为一、共鸣为一的那个世界。

心的自我意识

一心是一个在主体和客体、自我和他者的区别之外与整个世界共鸣的心。由于一心是在所有种类的区别之外，因此它是没有限制的无限性，是在其本身之外没有他者的绝对物。一心是绝对的、无限的心。

然而对于我们来说，有可能去认识这样一种无限的和绝对的心吗？当它没有限制没有他者的时候，我们如何能够认识其存在？况且，既然一心是我自身而且无法被对象化，那么我如何可以确认它的存在？有关这一点，康德表明，未被给定为直觉对象的先验自我无法被认识，[6]而维特根斯坦则主张，哲学上的自我作为那只看世界的眼睛无法被看到，因此无法被认识，而我们不应讨论我们不知道的东西。[7]根据这一点，认识 x 意味着我们将 x 当作某个不是"非 x"的东西来认识，因此也意味着我们需要有关非 x 的知识，这个非 x 就是 x 的他者；而如果 x 是没有他者的绝对物，我们就无法将 x 作为 x 来认识。他们相信，鱼一直在水里不知道水之外的世界，就无法认识水。因此他们只关注现象世界的可感知的区别，从不关注作为现象世界的基底的无区别的心。

然而东方哲学家强调心已经意识到了心本身。鱼不知道水，或者我们认识不到作为一个整体的我们的心，这可能吗？如果鱼只有一旦在水外面才能知道水，如果它在水里的时候不知道水，又如何能够在水外面的时候知道水？如果它被置于水外面的时候知道是缺水，那么它在水里的时候就应该已经知道了水是什么。因此鱼在水里的时候已经知道了水。我们已经意识到了接受整个宇宙的整体的心、无限的和绝对的心。

凡是被心感知到的都是由语言系统构建的虚构知觉世界，是心描画的"形状"（相），而心本身则是整个知觉世界的基底，并因此是作为所有形状的基底的"自我"（性）。佛教称这种自我意识为"性自神解"，意即"自我"就像神一样可以意识到自身，也称之为"空寂灵知"，意即对空的神圣认知。[8]"空寂"指的是区别知觉之外的空和宁静，"灵知"指的是这颗心的神圣自我意识。这种心的自我意识被称为"本觉"。在儒家思想中，像神一样在所有的区别之前认识到心本身的心被称为"虚灵不昧"或"未发知觉"。东方哲学强调与一切有生命的存在物和整个宇宙形成共鸣的心存在自我意识；实践的目标就是认识到并扩充这种心的自我意识。我们作为一心而存在，并且我们可以自己认识到一心，这些最终只能通过成为所有概念性论证之外的一心来证明。

结论：摆脱演若达多的疯狂

室罗城的演若达多没有理由发狂，因为他"妙觉明圆，本圆明妙"。演若达多已经具备了"妙觉明圆"和"本觉"。由于他意识到心是什么，他就倾向于在无法看到它的时候质疑其存在。如果他从来没有认识到它的存在，他就不会好奇也不会希望看到它。问题在于即使心是意识的主体，它也想将自身视为一个客体：

性觉必明，妄为明觉。[9]

自心取自心，非幻成幻法。[10]

本性的觉醒意味着对自我的最初意识，即"本觉"。换言之，由于本觉，心原本就是觉醒的。因此，试图唤醒心、将心对象化的努力只是一种徒劳的追求。当心试图将心对象化的时候，被对象化的心就不再是原本无限的心，而是对象化的相对的心。通过被对象化，心变成一种形式（相），变成一种属于虚构的知觉世界的幻象。当这种情况出现时，它就不再是原本无限的心，而被幻象欺骗的人可能会说根本不存在无限的心。但这样说的心恰恰就是那个被认为不存在的无限的心。讨论心的不存在恰恰证明了它的存在；若认识不到这种自我否定的反讽意味实际上就是疯了。

现代思想只承认他们视为真实实体的东西而将心视为非实体，这就像是演若达多的疯狂。若认识不到一个人自己的心就是看世界的一心，他就倾向于只关注表层意识的区分和差别。那么我们的结局就是活着却认识不到我们的一心与整体共鸣。与整体生命共鸣的敏感性可以用来终结个体的孤岛、想象的孤岛，但被遗忘了。正因如此，类似于演若达多的现代人的疯狂尤其令人痛苦。

为了摆脱这种疯狂，我们必须克服渴望将一切作为客体来看待的对象化执念，或是科学主义试图将一切进行概念化和区别的盲信。必须接受生命中具有首要价值的是主体而不是被对象化的事物，是看的活动而不是被看的事物。此外还必须接受共鸣的交流比区别更美，而试图去放空的道比试图去积累的学更有价值。只有通过心的这种放空，心的真正自我意识才是可能的。

Ja-Kyoung HAN: *THE SELF-AWARENESS OF THE MIND:*
PHENOMENAL WORLD AND THE MIND BEYOND

(*DIOGENES*, No. 248, 2015)

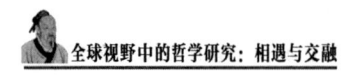

注：

[1] 吉尔伯特·赖尔在其著作《心的概念》一书中将笛卡尔的心称为"机器中的幽灵"，他批评笛卡尔的推理是"范畴错误"，因为笛卡尔错误地使用了"真实"这个范畴（赖尔，2009: 5—6）。自此以后，在心灵哲学中，不能被对象化因而不能被感知的心就被视为一个"幽灵"来对待。

[2]《首楞严经》，iv.101，T19.0945.0121.b10—22。

[3] 在当代心智哲学中，心被视为一个容器或一个信息利用者，因此想当然地认为心存在的地方是诸如计算机或记忆棒之类的信息工具。因此他们坚持"外在论"，主张心向外部世界延展，而不是局限于个体的身体之内。这一论点旨在阐明"延展之心"的存在基础，参见尹甫锡，2010。

[4] 关于笛卡尔的实体二元论，参见笛卡尔《沉思录》第2卷。不仅笛卡尔这样的唯理论者，而且洛克这样的经验论者也将物质客体和精神客体视为不同的实体。

[5] 关于康德对实体的解释，参见《纯粹理性批判》B102。

[6] 关于康德有关感知先验自我的不可能性的解释，参见《纯粹理性批判》B158。

[7] 维特根斯坦"我们不应讨论我们不知道的东西"一语也适用于哲学上的自我，它是感知世界的眼睛。参见维特根斯坦的《逻辑哲学论》，7。

[8] "性自神解"是元晓在他的《大乘起信论别记》中经常使用的表达，用来解释一心；"空寂灵知"是知讷在他的《修心诀》中经常使用的表达。

[9]《首楞严经》，T19.0945.0120.a08—09。

[10]《首楞严经》，T19.0945.0124.c24。

参考文献：

笛卡尔, R., Descartes, R.（1953）*Méditations métaphysiques*, in *Œuvres et Lettres*, Paris: Gallimard。

黑格尔, G. W. F., Hegel, G. W. F.（1993）*Phénoménologie de l'esprit*, trad. de l'allemand par G. Jarczyk et P. -J. Labarrière, Paris: Gallimard。

贾斯特罗, J., Jastrow, J.（1901）*Fact and Fable in Psychology*, London: Macmillan。

康 德, E., Kant, E.（1997）*Critique de la raison pure*, trad., présentation et notes par Alain Renaut, Paris: Aubier。

柏拉图, Platon（1992）*Timée*, trad. Luc Brisson, Paris: Flammarion。

赖尔, G., Ryle, Gilbert（2009）*The Concept of Mind* [1949], London & New York: Routledge。

圣奥古斯丁, Saint Augustin（1982）*Confessions*, trad. du latin par Louis de Mondadon, Paris: Seuil。

维特根斯坦, L., Wittgenstein, Ludwig（1993）*Tractatus logico-philosophicus*, trad. de l'allemand par G. G. Granger, Paris: Gallimard。

尹甫锡, Yoon, Bo-Suk（2010）《경험과 세계의 관계에 대한 연구: 내재주의적 외재주의를 향하여 [A Study of the Relation between Experience and World: Toward the Internalistic Extentionalism]》,《철학사상》, 36: 369—394。

第一代韩国现代哲学家论哲学

姜永安 著
杜 鹃 译

哲学作为一门学科,在19世纪末期被引入朝鲜半岛。但是,哲学教育和专业研究直到20世纪20年代才得以开始。京城帝国大学是第一家将哲学作为大学专业来教授的研究机构,由日本人于1924年在首尔创办。该校的首批毕业生用韩语开展哲学研究,对于哲学在朝鲜半岛的扎根做出了贡献。除此之外,还有从奥地利、德国、法国和美国学成归来的韩国哲学家加入其中。笔者称他们为"第一代韩国现代哲学家"。隶属这一群体的个人应当满足如下三个条件。首先,应在大学学习过哲学专业;第二,应当读过西方哲学原著或译著;第三,应用现代韩语撰写一篇论文。在这一背景下,我将探讨三个问题。

一是这些哲学家对于哲学的态度。笔者惊讶地发现,第一代韩国现代哲学家谈起哲学来,仿佛已经对西方哲学的问题、词汇和素材十分熟悉。这种亲熟从何而来?为了能够解答这一问题,我们需要考察19世纪末期西方哲学被引进朝鲜半岛的历史。

二是他们对于哲学的理解。第一代韩国现代哲学家可以分为两大组。第一组将哲学看成改造世界的一种方式。朴钟鸿(1903—1976)、申南澈(1903—1958)和朴致祐(1909—1949)是其中的代表人物。第二组将哲学看成从思想层面理解世界的一种方式。安浩相(1902—1999)和韩稚振(1901—1958?)是这种思维方式的代表人物。

三是他们的哲学方法。第一组哲学家更多强调的是"主体性思维"。情感(pathos)在此扮演了十分重要的角色。第二组哲学家则尽力强调逻辑和理性思维（logos）的作用，从更加客观的角度理解世界和人性。

一、作为一门新兴学科的哲学

韩国现代哲学发端于朝鲜半岛的日据时期（1910—1945）。在1919年——一战结束后第一年，德国神学家孔汉思视为"世界历史的分水岭"（孔汉思，1990：20—24）——"三一"独立运动爆发。同时，一种存在于生活各个领域中的现代化意识在韩国知识分子当中觉醒。留学欧美的年轻哲学家们这时学成归国；成立于1924年的京城帝国大学，从1929年起培养出具有一手哲学知识的毕业生。在1929年，学术期刊《新兴》的第一期由京城帝国大学的早期毕业生出版发行。1933年，京城帝国大学年轻的哲学毕业生和那些留学归来的学者们，成立了第一个哲学学会，即哲学研究会，并出版了他们的官方期刊《哲学》。对他们来说，哲学意味着西方哲学。

这一观点仍需进一步说明。从根本上讲，第一代韩国现代哲学家的问题、他们对于这些问题的处理方法、他们的概念以及他们的思维和写作方式，都仿照的是西方哲学。所谓的"东亚哲学"，在他们的知识教育中完全被排除在外。在这方面，他们与之前的传统儒家哲学家们有所不同。第一代韩国现代哲学家与新康德主义者、新黑格尔主义者以及胡塞尔主义者具有同样的问题和哲学方法论。金桂淑（1905—1989）的两篇论文就是例证。他是京城帝国大学哲学系的首批毕业生之一，他的论文题为《浅议科恩哲学》以及《论思辨方法》。前者是对科恩知识论逻辑的概论，后者处理的是黑格尔方法论。金桂淑的论文晦涩难懂，他的论证不甚明晰。但是，令人惊讶的是，金桂淑对于这些问题的处理显得对此十分熟悉，不存在任何迟疑、困惑，也察觉不到任何思想上的不适。他似乎对他所写的一切都感到十分自在。该刊第二期刊登了金桂淑在京城帝国大学同期毕业的同学权兑远的两篇论文，《关于真理和正确性的区分的附录》以及《关于真理的现象学原则》。权兑远的论文论述的是莱布尼茨和胡塞尔思想。与金桂淑不同，他的论文流畅易读，论证清晰。他的口吻以及思考和写作方式是如此自信，以至于很难想象，他的论题来自于他的文化背景之外。

第一代韩国现代哲学家们通过阅读原著来学习西方哲学。他们通过希腊文或德文熟知柏拉图、康德、黑格尔和胡塞尔。几乎所有的学生都学过德语，有些还学过希腊文和拉丁文。他们以这种方式,掌握了关于西方哲学的一手知识。当他们研究哲学时,他们研究的是西方哲学。但是,我们如何解释这样的事实,即第一代韩国现代哲学家们对在哲学中处理的一切感到十分自如,尽管其素材、问题、概念和理论都来源于西方?他们在思考和写作时如何能做到仿佛西方哲学是他们自己的哲学一样?

诸多解释中的一个也许是,第一代韩国现代哲学家是在现代的知识和研究方法体系中接受的教育。哲学是一门类似于数学、物理学、心理学或社会学的新兴学科。尽管大学教育不同于中小学,它要求大学生形成更强的批判思维技巧,但是,大学生从一开始就是通过接受和仿效教授的教导来学习的。现代教育尤为如此。它使用了全新的术语,比如,自由、平等、正义、权利、个人、主体、思想、理性、合理性、合理主义、经验主义、探究、科学,等等。这些词汇决定了人类活动以及人在世界中的地位,与传统的思维方式不同。第一代韩国现代哲学家,开始通过学习这些新的词汇和新的观察与思考方式来理解人类和世界。他们并不需要去解释这些术语的含义,而是像使用调羹和筷子那样去运用这些词汇。这对于韩稚振而言同样适用,他从美国南加州大学博士毕业后,于1929年回到朝鲜半岛。尽管他用英语学习哲学,但是,他的《论理学概论》(1931)以及《最新哲学概论》(1936)中的词汇,与在京城帝国大学哲学系或任何日本大学中学习哲学的同事们的词汇相比,几乎没有差别。韩国现代哲学采用了日本学者的许多词汇。日本学者汗牛充栋的翻译著作领先了现代韩国哲学几乎两代人。

的确,导致韩国哲学家对西方哲学的明显自在安适的第二个原因,与日本早先的历史有关。当第一代韩国现代哲学家们开始创作他们自己的论文时,日本哲学家们已经在长时间钻研西方哲学后撰写出了自己的专著,比如加藤弘之的《自然与伦理》(1912),西田几多郎的《善的研究》(1911)、《思索与体验》(1911)、《自我意识的直观与反省》(1917)、《意识的问题》(1920)以及《艺术与道德》(1927),波多野精一的《宗教哲学的本质及根本问题》(1920),田边元的《最新自然科学》(1915)、《科学概论》(1916)以及《数理哲学研究》(1925),阿部次郎的《伦理学的根本问题》(1916)、《美学》(1917)以及《人格主义》(1922)(滨田恂子,1994:170—184)。除这些著作之外,日本哲学家还对具体的主题或思想学派进行了研究,比如说安倍能成的康德研究，高桥里美的黑格尔、胡塞尔研究，久木的存在主义研究以及河上肇和三木清的马克思主义研究等等。韩国哲学家至少在学术创作产量上无法企及他们的日本同行。

值得一提的是，尽管新康德主义和新黑格尔主义在20世纪20年代末期是最为流行的哲学，但是，关注人类生活的更具体层面的哲学比如生命哲学、马克思主义和存在主义，同样为年轻的韩国哲学家们所熟知。这可以说是韩国哲学家对学术界的现代哲学话语之所以安适的第三个原因。尽管，他们所阅读和讨论的哲学都是通过日本而来自西方。第一代韩国现代哲学家中的大多数都对当代欧陆哲学感兴趣，比如说权兑远和李俊久（1903—1974）之于生命哲学，申南澈、朴致祐和田元培（1903—1984）之于马克思主义，朴钟鸿之于存在主义。这三个哲学流派都以具体的人类现实为取向，并且，基本上都是人类中心以及反形而上学的。这些哲学对于丧失了政治自主的年轻哲学家具有相当的吸引力，是可以理解的。第一代韩国现代哲学家希望去理解并改变他们所生活的现实。这一观察使我们立即产生了这样一个关键问题：是什么促使他们在20世纪20、30年代如此贫困的时代中致力于哲学呢？

二、从事哲学的动机

带着这一问题，让我们听一听韩国学院哲学家领军人物之一朴钟鸿在他1933年的论文中怎样说：

> 众所周知，亚里士多德说，哲学起源于惊奇。但是，那种惊奇可以在摆脱无知时得到满足。而我们从事哲学的动机，难道不是出自对我们过于受迫的现实的痛苦，而非这样温和的惊奇吗？（朴钟鸿，1998：33）

朴钟鸿想说的是，对他而言，从事哲学的根本原因在"此时代、此社会、此国家的实际现实中"。在他看来，哲学植根于人类现实。安浩相同样认为，哲学的起点是我们所处的实际现实。他在解读布鲁诺·鲍威尔思想的文章中这样写道：

> 真实的世界才是理论哲学的内在和迫切的问题……现实并不仅仅是

我们日常生活的起点,也是学术生活的起点。从现实出发难道意味着就此告别现实一去不返?并非如此。从现实出发归根结底是为了最终回归现实,而非永远离开现实。从现实出发,离开现实,而后回归现实,这是人类奋斗的真正意义以及人类生活的目标。(安浩相,1934:125)

对于安浩相而言,"从事哲学的真正起点"包含对可见的现实与在可见现实背后的、不可见的但却是持续不断的现实做出区分。他与朴钟鸿共同认为,现实是哲学的起点;但是,安浩相区分了可见的与不可见的两种现实,并认为,现实具有超越了经验被给予性的客观秩序。

另一位哲学家韩稚振在向韩国引进哲学以及心理学、逻辑学、社会学、教育理论和民主方面起了十分重大的作用,他将他从事哲学的目的界定为对人类生活意义的探寻。在他的《最新哲学概论》(1936)的前言中,他写道:

人人都想活着,但活着不易。为什么人还愿意活着?难道不是因为艰难而想活着,而不是因为活着艰难?假如生活中没有艰辛,那么人们为什么而活?……当人们知道他在受苦,苦难也就变得可以忍受。……当人们了解他自己和他所处的环境,他就可以积极地过自己的生活。哲学的益处,就是去了解自己。(韩稚振,1936:15)

韩稚振对于哲学的基本理解相当直观。他将哲学问题理解为"人类心灵力争解决的基本问题",以及"认识人类生活和宇宙的真正意义的努力":

人类生活的真正意义在于认识自己。通过认识自身,生活变得更加崇高和自由。引领人类生活的方式并使其更善更美,这正是哲学家的任务。哲学家通过对一切人类经验进行探究和批判来实现这一点。哲学是为了一种崇高的生活而存在的。(韩稚振,1936:4)

韩稚振断言,哲学应该更多诉诸理智,而非情感和意志,因为哲学主要是一种对理性和体系化知识的探寻,尽管,哲学并不忽视意志和情感在人类生活中的重要地位。

为什么第一代韩国现代哲学家指望西方哲学成为他们理解并改造实际现实的工具呢？显而易见的是，哲学——此处当然是指西方哲学——是第一代韩国现代哲学家针对实际现实提出问题并寻求答案的工具和过程。他们并未依赖传统的亚洲思想。传统不能帮助他们处理其所面临的问题。"这个时代是西方化的时代，当代东亚人的生活观与西方人的生活观是一样的。"韩稚振如是说（韩稚振，1936：219）。人们当然可以提出反驳，但这的确表明了一个知识分子对他所处时代的理解。对于第一代韩国现代哲学家而言，哲学是分享西方文化产生的现代性成果的一种方式。

第一代韩国现代哲学家没有充分发展了的科学，没有资本主义市场体系，没有民主，没有经历技术进步带来的异化。尽管如此，他们还是用和西方人相同的方式处理哲学问题，并且在从事哲学时与其西方同行大同小异。可以说，现代性文化正是以这种方式不是在现实中，而是在思想中开始扎根于韩国土壤的。对第一代韩国现代哲学家而言，从事哲学本身就是对现代生活方式的一种实践。他们从事哲学，就像在殖民压迫时期通过阅读和写作哲学文章来参与现代化进程一样。

三、哲学和现实：两种取向

第一代韩国现代哲学家得以理解并改造现实的哲学方法是什么？值得注意的是，在他们中间存在着差异。安浩相和韩稚振试图以一种多少客观和理性的方式去理解现实，而申南澈、朴致祐和朴钟鸿试图以一种主观和情感的方式去理解现实。

我们先来看安浩相和韩稚振。如前所述，这两位哲学家都把人类现实看得至关重要。但相比于那些以主观和情感的方式去理解现实的哲学家们，他们在思考何为现实以及我们如何理解现实的方式上又有所不同。安浩相认为，哲学是"对与现实相关的一切事物的真正认知"。在他看来，哲学源于这一现实，离开现实并再次回返。在其《哲学讲论》一书中，安浩相似乎努力在以一种整体化的、动态的和辩证的方式理解"矛盾中的现实"。人类现实以及自然现实都包含着矛盾环节。在安浩相看来，只有矛盾才是真实的。真实就是矛盾。来去相随，得失相伴，生死相继。来去是同一的运动，而非两个不同的实体。只有按照起点和终点的角度看，它们才有所区别。生与死是不同的，但不是在实体上不同,而是从其被观看的方式上看有所差异。万物皆如此循环或流转。循环或流转才是万物的绝对"真理",安浩相这样写道:

> 当哲学面对现实时,它并非将表象或可见之物视为一切,而是要探寻隐藏在可见之物背后的原则。之所以如此,是因为可见之物只是本质原则的表象。之所以转向本质,而非抓住表象不放,是为了通过认识本质原则而深入和完全地理解表象……哲学是对与现实相关的一切事物的真正认知。(安浩相,1942:71—72)

在安浩相的哲学研究中,"运动、生成和循环的原则"具有重大的意义,因为这是从存在论和宇宙论的角度解决存在和生成问题依据的基本原则。但是,这并不意味着安浩相教条地断言了一种没有认识论的形而上学。对他而言,形而上学预设了认识论。在这方面,他仍然受到新康德主义的影响。无论如何,安浩相将客观关系而非认识主体置于优先地位,而知识对象属于这种客观关系。这可以在他对"什么是真?"这一问题的解决中看到。

在安浩相看来,知识是由判断构成的。判断对表象(Vorstellungen)间的种种关系进行设置。判断最重要的属性就是设置关系。判断应当用于显示事物的客观关系,而不落入主观的武断性当中。例如,我们可能会说"雪是白色的",或者"玫瑰是植物";但是我们不能说,"雪是黑色的",或者"玫瑰是动物"。一组关系是否正确,取决于在其元素中是否存在客观关系。对于真或假的唯一评判标准就是客观关系。客观关系依据逻辑必然性决定它们自己的内容。在安浩相看来,真理不过就是客观关系。尽管他的解释极其晦涩,难于理解,但显而易见,安浩相认同新康德主义者的逻辑主义,并致力于寻找事物之间的逻各斯,它是逻辑世界所固有的,独立于认识主体。

韩稚振强调了哲学和科学之间的紧密关系。哲学应当承认科学研究取得的成果并受益于科学方法,否则,哲学将不能保证其可靠性。哲学仅凭其科学基础就可以对生活及世界提供没有任何矛盾的理性观点。基于这一背景,韩稚振在其关于古代和现代物质观的讨论中引入了现代科学。他以同样的方式将现代心理学引入对人类心灵的哲学讨论。韩稚振谈到行为主义时说它是这样一种理论,"声称人类心灵不过是对外在环境的刺激反应形式,并否定了无形的精神"，他是在引入的同时批判行为主义理论。当韩稚振谈到宇宙时他着重强调宇宙的现有状态，认为对于宇宙的起源和终点的推断都是"人类幻想的虚构"。对于自然中是否存在预定目的这一问题，他持怀疑论态度。每一个活生生的存在物，在他眼中，都实现了某个基于其自身特性的目的。这一目的不是某个先天计划好的事物，而是在给定的环境与时间中被其自身确定了的事物。韩稚振注意到理性在这种目标设定中的作用。在他看来，理性使事物所固有的目的客观化。这使得个人的生活不再是随意的或源于本能的，而是遵循某种目的。至于生命的起源，韩稚振一方面引入了遗传学和进化论，一方面又强调，人因拥有自我意识和理性，所以是一切生物中最为尊贵的。对于宗教，他试图依据 A. 孔德、H. 斯宾塞、E. B. 泰勒及威廉·詹姆斯的著作提供一种理性的解释。

我们可以将韩稚振的哲学努力看作一种对人和世界的理性理解的努力。这种理性态度不仅反映在他将科学研究成果积极引入哲学讨论，也反映在他对人类生活的理解中。韩稚振区分了两种对待生活的态度：享乐主义和理性主义。在他看来，享乐主义的态度认为，真实存在着的是我们的可见现实和当下，我们应当享受这些。理性主义认为，我们应该避开这些当下的愉悦，按照自己的义务去生活。享乐主义是以当下为中心而好竞争的，将金钱作为达到人生目标的手段。理性主义是以未来为中心的，认为理性判断和义务在生活中更为重要。在韩稚振看来，享乐主义的优势在于，它将可见现实看得如此重要，以至于一个享乐主义者会为了今天而聚焦于他的今日工作而忘记明日。但是，享乐主义有两个缺点，它不考虑未来，同时，将金钱作为自身的目的。相反，理性主义的优势在于，它认为未来更加重要，而这使得普遍思维得以可能。世界主义就是理性主义生活态度的产物。尽管理性主义也有一个缺点，那就是它考虑更多的是未来，而非当下。在韩稚振看来，采取理性主义的生活观是不可避免和十分自然的。他这样写道：

> 思想是为了未来。进步始于抱怨。而关于现有状态的抱怨，来自于对未来的思考。（韩稚振，1936：223）

韩稚振在享乐主义与理性主义中间并未做出明晰的选择。然而，他更多倾向于理性主义这边。在他关于一种成熟生活的设想中,愉悦代表生活的内容而理性代表生活的形式。他将这称作"理性快乐主义",一种关于生活的"恰当"态度。我们能够在韩稚振的理论中看到与传统的断裂、理性的生活态度,以及最重要的,通过哲学思维看待人类生活复杂性的理性方式。

另外一组哲学家,包括申南澈、朴致祐和朴钟鸿,则更具有主观性,并且,在对现实的哲学探究中更具情感。他们对于哲学的唯理论传统并不太感兴趣,而是更愿意以一种主观的、更投入的方式来理解现实。比如说,朴致祐将他所处的时代诊断为众多"危机"中的一个,并认为这种危机并非事件的客观状态,只是当它被主观地定义为这样时看上去像危机(朴致祐,1934:13)。他认为,现代危机之一就是"贫富之争"。人们在理解这种斗争时应当"主观"。"主观"在这里意味着有情感,有对抗、有互动、有实践。在这个意义上,主观地投入现实意味着以充满情感,带有对抗、互动以及实践的方式去面对现实。朴致祐认为,阶级斗争以及贫富之争可以通过对现实的主观思考来克服。人们会得出这样一种印象,即在朴致祐的哲学中,感觉元素以这样的方式得以保留,而理性元素则完全被驱逐。对这种判断的证成可以在这样的事实中找见,即朴致祐将理性和情感,或说逻各斯和情感对立起来。然而,我们的第一印象却是错误的。朴致祐的原创观点反映在他的这一说法中:"所有的实践都是行动,但是,并不是所有的行动都是实践的。"对此,他要求以一种理性的元素作为区分行动和实践的标准。对朴致祐来说,按照逻各斯(例如理性)的行动才是真正的实践。这就是说,只有理性的行动才是实践的。朴致祐由是总结道,靠盲目的情感来克服危机是不可能的,即使富于情感的投入是必需的。朴致祐将逻各斯和情感的关系表述如下:

> 对于现实的主观思考因此是充满情感的,并且,当其达到了终点也即实践,它将不可避免地跨入理性的范围。这就是逻各斯和情感的辩证运动。实践是它们二者的辩证统一。因此,逻各斯和情感两者都是实践的一个环节。情感或者说行动是实践的动力,而逻各斯则是实践的指南针。(朴致祐,1934:15)

至于逻各斯和情感的相互关系问题,朴钟鸿的观点与朴致祐相差无几。

朴钟鸿在其1934年的论文中写道：

> 我们的哲学探究并不是为了柏拉图式的"理念"知识或者关于上帝的知识。而是对基于真实存在着的实际现实的概念化思考。因此，在我们的日常生活中处理好社会实践，也就是我们的社会感性活动是很有助益的。[……]我们现在面对的是这样的任务，即知晓我们的社会实践生活中的哪些模式和品质制约并决定了我们对于实际现实的理解。（朴钟鸿，1998：335）

朴钟鸿指出，希腊语意义上的逻各斯不能被当作理解现实的主要通路，因为它尚处于被动的沉思中，尽管它拯救了现象并用概念将其框定。在朴钟鸿看来，我们可以通过主动的实践来思考事物，除了实践，再无其他通往现实的真实路径。朴钟鸿这样论述这一观点：

> 不经过实践，我们就不能思考现实。但通过积极干预却可以做到。即使是非常单纯的感觉也不是纯粹的沉思的产物，而是感觉实践的产物。（朴钟鸿，1998：336）

朴钟鸿认为，如果不通过感觉，不仅仅是外部世界，连人类自身也不能被思考。但是，朴钟鸿并没有忽视在对现实的主动和主观的思考中的理性成分。他并没有忘记，实践受理性制约。他认识到，如果我们在一定事件中发现的法则为真，那么我们很有可能通过这一法则产生或引发这一事件。这样一来，理论和实践便可以互相制约。实践可以"在理论的指导下"得以发展，并且，发展了的实践需要一个更新层次的理论。理论同时促进实践和理论的发展，发展了的理论需要一个更新层次的实践。"理论和实践就以这种方式互相发展。理论永远不能脱离现实的实践根基。"朴钟鸿这样说道。关于理论和实践的关系或者说，关于理性和感觉的关系的这种思考，使朴钟鸿梦想着"我们的"哲学的可能性，也就是，韩国哲学的可能性。在1933年，朴钟鸿痛惜对于"现代"韩国哲学无话可说并表达了他强烈的愿望，即在不远的将来拥有一种以韩国和韩国人民的具体现实为基础和出发点的韩国哲学。

我首先提出的第一个问题是第一代韩国现代哲学家为什么似乎没有对西方哲学感到陌生。我的答案有三层。第一，尽管第一代韩国现代哲学家绝大多数都接受过传统的儒家教育，但他们的正规教育都是由现代学校体系提供的，后者具备符合西方知识分类的全新课程。他们看待事物、提问以及寻求答案的方式都被这一现代教育体制所塑造。因此，韩国哲学家已经处于西方文化的影响之下。第二，西方哲学已经通过在日本留学的韩国知识分子或通过京城帝国大学的日本教授们引入了韩国。第一代韩国现代哲学家学习哲学就如他们学习数学、物理学、心理学和社会学一样。第三，在20世纪20年代末及30年代初期，最为流行的哲学是生命哲学、马克思主义和存在主义，这些哲学关注的是人类的社会和生存现实。

我的第二个问题关注的是韩国哲学家从事哲学的动机。我指出，我所提及的哲学家们从事哲学的动机是出于对实际的具体现实的兴趣。他们的哲学从根本上说是以现实为取向的。这种现实取向性与他们希望将现代生活方式植根在朝鲜半岛密切相关。那么，对他们来说什么是哲学？从事哲学对他们来说是一种培养现代文化的行为，是一种认识到理性和主观性的力量从而改造现实的行为。从事哲学是他们将个人和社会生活现代化的方式。

我的第三个问题涉及他们从事哲学的方法。我沿两个方向进行讨论。一组哲学家乐于寻找对现实的理性解释。他们试图寻找的要么是现实的逻辑结构，要么是更为整体的世界和生活观（Welt- und Lebensanschauung）。他们在政治上较为保守，在社会生活中较为自由。1945 年韩国摆脱日本统治之后，他们扮演了在韩国建立自由民主制的角色。安浩相成为第一任教育部长，韩稚振担任驻美军过渡政府的领事，并在广播中发表了关于民主的演说。他在朝鲜战争（1950—1953）中被绑架到了朝鲜民主主义人民共和国。另一组哲学家志在给社会现实带来富有激情和革命性的改变。他们试图改变并改造现实，至少在观念上是如此。光复以后，除了朴钟鸿，所有人都加入了共产党并与朝鲜民主主义人民共和国并肩工作。申南澈去了朝鲜民主主义人民共和国，朴致祐成了朝鲜民主主义人民共和国军官，最后死于朝鲜战争。第一代韩国现代哲学家以这种方式熟悉了马克思主义者与对世界及人性的自由主义理解之间的斗争，即使是生活在日据时期。第一代韩国现代哲学家给我们提供了一种以下述问题反观自己的镜子：我们能从哲学中期待什么，哲学家在诸如我们这样飞快变化着的世界中的作用是什么？

Young Ahn KANG:
"*FIRST KOREAN PHILOSOPHERS*"
ON PHILOSOPHY
(*DIOGENES*, No. 248, 2015)

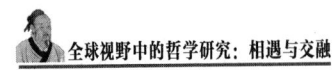

参考文献：

安浩相，An, Hosang（1934）《이론철학이란 무엇인가》,《哲学》, 2：119—129。

安浩相，An, Hosang（1942）,《哲学讲论》, Seoul: Tongangdang。

滨田恂子，Hamada, Junko（1994）*Japanische Philosophie nach 1868*, Leiden/New York: Brill。

韩稚振，Han, Ch'ijin（1936）《最新哲学概论》, Seoul: Puhwalsa。

姜永安，Kang, Young Ahn（2012）« Conférence sur l'évolution des termes philosophiques en Corée »，收入 V. A. 茹尔诺（主编）, in V. A. Journeau（ed.）, *La Modernité philosophique en Asie*, pp. 49—77, Paris: CNRS。

孔汉思，H., Küng, H.（1990）*Projekt Weltethos*, München/Zürich: Piper。

朴钟鸿，Pak, Chonghong（1998）《박종홍전집》, Seoul: Minŭmsa。

朴致祐，Pak, Ch'iu（1934）《위기의 철학》,《哲学》：1—17。

克服情感，征服命运：
对于笛卡尔伦理学的反思

素巴格瓦迪·阿玛打耶军　著
萧俊明　译

伦理学思考中的情感

在西方哲学传统的历史中，我们发现相当之多的伦理学理论，程度不同地以在作为一种理性能力演练的伦理学思考中寻求某种程度的普遍性为目的，当然有一些值得关注的例外。这些伦理学立场往往依赖于理性与情感之间的截然区分；理性通常被抬高到限定人类的地位，而情感和感觉似乎意味着人类状况的一种弱点或缺陷。这种弱点不仅威胁到我们的理性，而且威胁到一种道德生活的可能性。例如，斯多葛学派将善的生活定义为对情感的彻底控制，情感被理解为"不服从理性的过度冲动"（波默罗伊，1999：65A）。类似地，在康德那里，情感被视为诱使意志根据并非出于受理性支配的义务的动机去行为的性好。伦理学因而要去发现克服情感的手段，从而使情感不至于危及人类理性。然而，在过去的几十年中，道德思考中的这种理性与情感的二分受到了严格的审视，以回应善的生活是否真的可以通过与一个人的情感或感觉如爱悦完全分离来实现这一问题。而且，更多的当代研究情感的理论家认为，情感是与一个人的信念和思想紧密相关的评价性经验，因而在一定程度上是理性本身的一个重要甚至关键要素（努斯鲍姆，2001；所罗门，2007）。将情感视为一种评价性经验似乎必然要考虑诸多的特殊因素，如个人历史、文化环境、社会规范，所有这些因素对一个人的人格、心理以及心态的构成都起到了重要的促成作用。一种将人的情感及其各种评价性要素作为一个具有重要道德意义的方面加以吸纳的伦理学理论，似乎更全面地回答了主张对道德思考中的多样性能有一种更丰富的理解的要求。

本文试着去深入发掘西方哲学史的丰富资源，以图揭示一个没有时代特征的伦理学范例。这种伦理学以人类状况的普遍性作为其基础，同时又以合理使用人类情感将其作为实现善的生活的一种工具为其中心。通过深入到这种传统，我希望对哲学正典中一个极其重要的人物的一个相当不为人知和朦胧的、却又很重要的方面——勒内·笛卡尔的伦理学思想——做出某种揭示。我关注这一问题出于一种好奇。我不仅由于以上提到的理由对情感在道德思考中的作用感到好奇，而且对这样一个事实感到好奇，即现代理性主义和心身二元论之父本人在其最后一部著作《灵魂的激情》（1649）中提出，情感，具体而言，"慷慨"是实现可以在一种善的生活中享受的最大幸福的工具。如果考虑到他提出这一点的背景会更让人惊奇。一方面，在他所处的时代，"新科学"的发展达到顶峰，追求的是知识；另一方面，他的其他著作如《方法谈》（1627）极度依赖于对物理世界的机械分析，目的是成为"自然的主人"（笛卡尔，1985；142—143）。我们发现，笛卡尔的道德思想出色地揭示了人类生活中的一个人类无法直接控制的维度，但这无论如何是实现善的生活的一个主要障碍，它就是命运。看起来，为了实现善的生活和最高幸福，人类成为"自然的主人"尚不足够。《灵魂的激情》提出的解决方法将使人类通过运用"慷慨"成为"激情的主人"，从而不受超出其控制的事物的影响。我首先对笛卡尔的情感理论做一简要论述，进而对笛卡尔视为情感的缺陷因而成为人类不满的原因的"徒劳欲望"做一分析。然后，我将考察他为克服这种缺陷所提出的医治方法，也即反思神意以及培养和运用"慷慨"。

关于情感的生理学论述

在此当口，对笛卡尔关于情感的生理学论述或他所谓的"灵魂的激情"做一简述可能不无用处。笛卡尔在《灵魂的激情》的作为序言的信函中明确表示，他的意图是"只作为一位自然哲学家而不是作为一位雄辩家，甚至不是作为一位道德哲学家"来解释激情（笛卡尔，1985：327），所以某些技术性的东西在这里并非全然风马牛不相及。

从其一般意义上讲,灵魂的激情是知觉,是一类思想。从其严格意义上讲,灵魂的激情[1]或情感是由身体引发的知觉,是中性的,并且"被归因于灵魂",[2]类似于热之类的感觉被归因于外在客体,饥渴之类的欲望被归因于身体。激情是由"元精"(动物精神,animal spirits)[3]经由动脉和神经进入大脑的运动或兴奋造成的身心结合方式,因而致使"小腺"或松果腺以与元精的不同运动相应的某些方式运动。灵魂或心灵感觉并感知这种活动,并且进一步促使元精以不同的方式进入肌肉,从而产生身体活动。

尽管有技术性,但这里必须指出重要的两点。首先,激情具有一种双重功能;它们是旨在确保身心结合得以生存的身体"维护系统"的不可分割部分。[4]激情天生地是善的,并且"使灵魂欲求激情让身体准备去做的事情。因此,恐惧感促使灵魂想逃跑,勇气感促使灵魂想去战斗,其他的依此类推"(笛卡尔,1985:343)。另一个功能与道德关联更多,即"这种生活的全部善恶所唯独依赖的正是激情"(笛卡尔,1985:404)。灵魂由于元精和松果腺的运动而"被动地"接受激情,所以它要求意志以这样一种方式作用于激情,即为了不致"反应过度"对激情产生一种恰当的反应。这样,人类作为身心复合体,正是唯独通过控制和正确运用激情才能实现幸福和善的生活。然而,实现幸福和善的生活的困难产生于第二点;在对情感或激情加以理论化的过程中,笛卡尔并不是根据人类的特殊本质来思考人类。作为道德存在物,人类既不仅仅是思想的事物(res cogitans),也不是延展的事物(res extensa)。作为情感主体,真正的人类必然是身心复合体,其相互作用并不被理解为"不同于身体的心灵的纯思想"(笛卡尔,1991:206),而是被理解为结合在一起的心灵与身体的混乱和模糊的知觉。激情作为身心结合方式,并不是"清楚明晰"的,而是"混乱模糊"的思想(笛卡尔,1985:281),人们对于这些思想不能具有绝对确定的认识,而只能具有道德上确定的认识,而这种认识可能是虚假的。因此,掌控和正确运用激情——唯其如此,才可导致一个人的道德发展——需要一个远比单纯的技术或生理过程复杂得多的过程。

控 制 激 情

那么,我们究竟应该如何控制激情?我认为,答案的关键在于笛卡尔对于欲望在人类行动中的作用的强调。由于单凭激情"除非通过它们所产生的欲望否则不能导致我们做出任何行动"（笛卡尔，1985：379），所以"道德的主导功用"变成了一个控制欲望从而使其符合正确的认识而不被错误所支配的问题。在笛卡尔看来，在欲望方面通常犯的错误，是未能将绝对取决于我们的事物与无论如何不取决于我们的事物区分开来。然而，人天生的性好就是具有"徒劳欲望"或对不取决于我们的事物具有欲望，以此作为对身心结合维护自身的冲动的反应。然而，由于欲望是灵魂被动接受的激情，所以只能通过训练意志，也即通过控制这类激情对我们的影响以及我们对它们的反应间接地控制它们。笛卡尔提出了两种克服徒劳欲望的医治办法：第一种是通过运用"慷慨"，第二种是通过"经常地反思神意"（笛卡尔，1985：380）。由于对神意的反思似乎是培养和运用"慷慨"的一个必然条件，由于笛卡尔对于徒劳欲望的论述依赖于对取决于我们的事物与不取决于我们的事物之间的区分，所以我们不妨首先看一看反思神意味着什么：

> 我们应该反思这一事实，即除了作为神意永恒地决定的事物，任何都不可能发生。神意是……一种命运或不变的必然……我们只能欲求我们在某种程度上认为可能的事物；不取决于我们的事物只有在……我们判断它们可能发生并且类似的事物在其他时间发生过，它们才可以被视为可能。（笛卡尔，1985：380）

笛卡尔的第二个医治办法在某些方面似乎与斯多葛学派的信念吻合。斯多葛学派认为，我们欲求某种东西时认为所欲求的东西在认识论上是可能的，一旦我们认识到由于上帝不愿意让它发生因而它是不可能的，那么这种认识足以终结我们对它的欲望。不过笛卡尔的观点似乎比斯多葛学派的看法多少复杂一些，因为他认为，不仅欲望是取向未来的，因而使得其可能性不是完全可预测的，而且欲望及其他激情对试图保护和维护自身的身心结合是不可避免的。因此，我们必须谨慎地区分出唯独取决于我们的事物，并且让我们的欲望只取向于它们。至于不取决于我们的事物，尽管它们被视为"完全由命运支配的和不可改变的"，因而不是我们应该让我们的欲望以其为取向的某种东西，但是我们仍然必须考虑使它们成为或多或少是可预测的原因，以便将其用作我们的行动指南。不妨考虑一下笛卡尔的例子：

> ……假定我们去某处办件事，去那个地方我们可以走两条路线，一条通常比另一条更安全。再假定神意命令，假如我们走我们认为更安全的那条路线我们将难免被劫，而我们走另一条路线可能没有任何危险。无论如何，我们不应该对选择哪条路线无动于衷，或者说不应该听天由命。从理由上讲，我们应该选择通常更安全的那条路线，如果我们沿循这条路线我们在这种情况中的欲望必然得到满足，无论什么样的灾祸可能降临于我们。因为，从我们的观点来看任何这样的灾祸都是不可避免的，所以我们没有理由免受灾祸：我们只有理由去做尽我们的知性之所能认可的……（笛卡尔，1985：380—381）

笛卡尔似乎在这里提示说，尽管我们由于欲望挫折而失望，但我们仍可以通过听从理性的支配而获得满足，理性是我们最有价值的资产。从上述例子可以明显看出，在笛卡尔看来，接受神意并不意味着不做理性的思考或选择而彻底向命运投降。我们仍须尽我们最大的能力对可能的结果进行思考或推理，为此我们将以往的事件用作我们的信息源。假如我们对未来的估计是错误的，我们仍然可以从这一事实中获得满足，即我们试图尽我们最大的可能去推理，并且在实施这一项行动中绝对听从理性的支配。

尽管可以通过将欲望仅局限于其实现唯独取决于我们的事物来获得一种"彻底的满足"，但仍要指出的是，这种限制或控制与其说是取向于我们欲望的对象，不如说取向于我们对欲望对象的反应或回应。对神意进行反思有助于我们相信，凡是发生的事物之所以必然发生，是因为作为至高善的全能上帝的意志使然。然而，上帝之全能并不能保证我们所有的欲望得以实现。我认为笛卡尔医治徒劳欲望的第二个方法通过反思神性起到了帮助我们获得"彻底的满足"的作用。要获得这种彻底的满足，不仅要限制我们所欲求的东西，而且更重要的是，要控制我们的激情，这种激情与悲哀有关，后者包括遗憾、自责及悔悟，所有这些往往在我们的欲望受到挫折时产生。[5] 那么，我们会认识到，人类满足或幸福的主要障碍原来不是徒劳欲望，而是遗憾、自责和悔悟。[6] 这三种激情不同于欲望，因为它们是通过对备选可能性——比如假如选择一条不同的行动路线而可能发生的事情——进行推理而产生的。

反思神意之所以是一种适宜的医治办法,并不是因为它终止了我们的所有欲望,而是因为它提醒我们认识到我们不可能有其他选择,并且因此削弱了遗憾、自责和悔悟这些概念的基础。[7]

有待观察的是,通过将遗憾、自责及悔悟的可能性最小化来控制激情,特别是欲望,似乎是治标不治本,或者说医治的是徒劳欲望的结果而不是它们的原因,因为这种控制首先解决的是我们的欲望受挫的效果。单纯地反思神意并不能阻止我们不受可能激起欲望的刺激的影响。而笛卡尔的第一个医治方法,也即培养和运用"慷慨"的方法正是要解决徒劳欲望的原因。我现在就要接着谈这个问题。

关于"慷慨"

"慷慨"首先是一种激情、一种情感,它通过习性形成而成为一种美德。"慷慨"美德既是其他美德的核心,又是一种医治激情缺陷的方法,而激情是一个人的情感福祉和道德成长的关键要素。它把意志的最高权力与充分使用这种权力的性好紧密地合在一起。

笛卡尔将"慷慨"定义为一种正当的自尊,这似乎在某种程度上附和了亚里士多德的宽宏或大度概念。二者之间的主要差异似乎在于笛卡尔与斯多葛关联紧密,坚持认为美德无论如何不取决于时运。在《灵魂的激情》第54节中,笛卡尔提到大度,将其视为一种尊重。在观念史中,大度始终与正当自尊的概念紧密相联。亚里士多德将美德或道德美定义为一种按照正当理由实施的习惯性行动,是正当自尊的基础(亚里士多德,1999:18)。一个大度的人尊重他自己的卓越,而卓越就是美德(节俭、节制、正义和勇气)的结合以及按照中道恰当地运用美德,既不太过度,也不太收敛。由于大度的人通过自身不必依赖他人来获得满足,所以,他们对他人往往并不自私自利而是慷慨大方,而且对于自己的善行往往并不过分骄傲。这样的人,在亚里士多德看来,应得到人类的最高奖偿,即适当的荣誉。因此,大度是"美德的皇冠"。

按照一般的理解,笛卡尔在《灵魂的激情》第54节中将大度作为一种自尊来提及,说明他赞同古希腊关于美德以及美德与自尊之间的关系的定义。然而，在第153节，笛卡尔突然转用"慷慨"一词来指称这种美德。按照他的定义，"慷慨"具有如下两个成分：

> 第一是他认识到真正属于他的只有这种掌控意志的自由，他应该只因为将这种自由用好或用坏而受到赞扬或指责。第二是他在自身内感觉到一种运用这种自由的坚定而恒常的决心——即从不缺乏从事和实施他判断为最好的行动的意志。这样做是为了以一种完美的方式追求美德。（笛卡尔，1985：384）

按照这一定义，"慷慨"概念具有认知和意动两个成分。构成认知成分的是对意志的自由和价值的认识；构成意动成分的是自身内的对一种坚定而恒常的决心的感觉，即充分地运用意志来实施一个人判断为最好的行动的决心（布朗，2008：190）。从表面上看，这一定义与关于大度的定义的差别似乎并未巨大到必须换用术语的地步，因为大度也包含了这样一种观念，即只有运用自由意志所产生的行动应受到正当的尊重。问题在于"慷慨"应该传递"大度"未传递的什么东西。

布朗（2008：191）和科廷厄姆（1998：99—100）提出，笛卡尔将"大度"一词变换为"慷慨"的重要意义，其实并不在于词义上的差别。确切地讲，它体现了古代传统的美德概念的一种真正的强调点的转变。这就是说，实践智慧（phronesis）的概念达到的重要程度不同于它在古代论述中的重要程度，并且正是在上述笛卡尔"慷慨"定义的第二部分中这种区别变得明显可见——以一种充分运用意志的坚定而恒常的决心来行动。那么，我们可以说，笛卡尔的"慷慨"概念作为现代伦理学发展趋势的一个明显例证，说明现代伦理学趋向于脱离古代对美德统一性的强调，而越来越倾向于这样一种概念，即美德的核心是一种基于坚定断然的判断的决定。尽管笛卡尔本人从未削弱知识在美德培养中的重要性，尤其在其早期著作中，但是在《灵魂的激情》中可以看出他越来越转向强调一种充分运用意志的坚定而恒常的决心。[8]他在许多信件中所做的证成表明，我们行动的价值不依赖于一种基于纯知识的道德判断，就如同道德情境往往不允许我们运用任何比概然性更确实的知识。

假如我们通过充分运用意志来执行某一行动，即坚决按照我们判断为最好的行动来行事，那么我们推理中的错误可能性就绝不是指责的理由。不妨考虑一下如下这封写给伊丽莎白公主的信：

> 我们的推理也未必应该摆脱错误；如果我们的良知证明我们从未缺乏执行我们判断为最好的行动方针的决心和美德，那么就足够了。所以，美德本身就足以让我们此生心满意足。（笛卡尔，1991：258）

由于身心复合体只是混乱模糊地感知激情，所以人类对于善的生活的追求是基于概然性或道德确实性，而非"绝对确实性"。"道德确实性是足以制约我们的行为的那种确实性，或者与我们对与生活行为有关的事物的确信相符的确实性，而对于这些事情我们通常从不怀疑，虽然我们知道它们，绝对地讲，可能是虚假的。"（笛卡尔，1985：289）另一方面，绝对确实性之所以产生，乃是因为我们相信"某个事物完全不可能与我们所判断的相左"（笛卡尔，1985：290）。这种确实性依赖于一种形而上学基础——依赖于上帝的无所不能以及上帝给予我们辨别真伪的能力的无误性。然而，这种绝对确实性在道德思考中没有地位，因为笛卡尔在这里并不是将人视为单纯的思想的事物，而视为真正的人类，视为身心复合体。由于作为这种复合体之样式的激情只能被混乱模糊地感知，因此我们可以从中推衍出的任何知识充其量是道德的，而从不是绝对确实的。然而，在笛卡尔看来，这种道德确实性对于道德思考而言是足够的。

慷慨是一种指向自身的尊重与爱悦。通过自尊，一个人会感受到自爱和自悦。慷慨不同于骄傲，它是正当的自尊。有待提出的问题是：这种正当的自尊如何能够医治激情的缺陷或紊乱？正如上文所说，灵魂的激情是由身体活动即元精和松果腺的运动导致的。这样一种运动自然地与某种"思想"（比如"这条狗好吓人"）相结合，结果产生了致使灵魂想要那个人逃跑的激情（比如恐惧）。一种激情如果导致一种不合理的过度反应，那么它是有缺陷的。这种缺陷，笛卡尔指出，是可以纠正的，或者通过习惯性地将意志转向其他思想从而改变身体的运动，或者通过习惯性地将运动与思想分离开来并运用意志将运动与其他思想结合起来从而产生一种不同的激情。如果没有我们自己的自由意志的认可，没有充分运用意志（就此种情形而言，控制难以驾驭的激情）的坚定而恒常的决心，这种习性形成行动是不能得以实施的。换句话讲，纠正激情的缺陷需要慷慨。此外，当我们成功地运用意志来纠正激情的紊乱时，我们在完成中（一种思想）实现了自尊，这转而以帮助进一步强化和保持慷慨本身的激情的方式影响了身体的运动，最终一旦慷慨成为一种习惯便将其改造为一种美德。[9]

慷慨是一种针对徒劳欲望的原因的医治方法，因为它有助于将我们可能尊重或珍视的东西限制为只是那些完全取决于我们的东西，即我们的自由意志和我们对慷慨的充分运用。因此，一个慷慨的人对于他人不会轻蔑、嫉妒、害怕或生气，因为这类情感和珍视与不完全取决于我们的事物密切相关。一个慷慨的人也没有徒劳欲望，因为她不尊重或不珍视不取决于她的事物。她为人谦逊，不认为自己低于或高于任何人，因为她对他人的自由意志也认可其存在。

笛卡尔伦理学中的情感

那么，我们应该怎样理解笛卡尔的伦理学？它向我们提供什么？平淡而直白的回答似乎是一个机会，我们可以借此机会重估情感在道德推理中的作用、理性与情感在实现善的生活中的不可分离的关系，以及将可能被视为个人特质的东西纳入伦理学范围的必要。然而，这并不是唯独笛卡尔所特有的。确切地说，笛卡尔将激情或情感定位于其伦理学思想的核心，似乎在强调身体在伦理学思考中的作用。虽然情感最终是思想，但它们不是非涉身思想，因为它们接受了来自其身体的冲动。为了理解道德情境中的不同反应，或许需要考虑促进身体构成的不同特异性。此外，笛卡尔的伦理学认识到在把人视为人而不仅仅是思维的和理性的存在的道德思考中要求达到绝对确定性的难度，借此它不仅充分认识到了人类的实际局限性，而且认识到了与人类相关的世界的不可预测性和任意性。一种给人类的局限性和错误留有余地的伦理学，似乎对于人类的状况更加现实，并且更加青睐善的生活的实际实现。最后，鉴于笛卡尔的伦理学提出将反思神意和"慷慨"作为克服情感缺陷的医治方法，因此可以将其视为一种"向内转向"，即从成为"自然的主人"的理想转向成为我们自己情感、我们自身的主人。《灵魂的激情》是笛卡尔的最后一部著作，这一事实可能给予我们的启示是，借助新科学征服自然并不一定带来幸福或善的生活。现在和将来总是存在着人类主宰不了的事物，它们往往给那些有待控制的欲望是外向的人造成最大的不幸。而笛卡尔的伦理学则试图征服个人情感，因而它倾向于

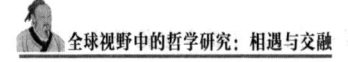

一种积极告退的伦理而非主宰的伦理，即一种品性的伦理而非纯粹理性的伦理。我想最后引用笛卡尔1646年6月15日写给沙尼的信中的一句话来结束本文，我认为这句话最充分地说明了我最后的要旨："所以我没有找到维持生命的方法，反而发现了另一种更为容易和可靠的方法，这就是不惧怕死亡。"（笛卡尔，1991：289）

Supakwadee AMATAYAKUL: *OVERCOMING EMOTIONS, CONQUERING FATE: REFLECTIONS ON DESCARTES' ETHICS*
(*DIOGENES*, No. 237, 2013)

注：

[1] 后文称为"激情"。

[2] 虽然笛卡尔并未对"归因"于某物这一概念做出进一步的说明，但是斯蒂芬·H. 沃斯提出，"我们只是在这样的情况下才将我们的知觉'归因'于一个客体，即我们自发地判断这个客体内有我们知觉的产生原因"（笛卡尔，1984：30）。

[3] 在《灵魂的激情》第10节中，笛卡尔将"元精"定义为"血液中已经过心脏热度纯化的最活跃的和最精华的成分"（笛卡尔，1985：331）。

[4] 关于这一问题的详细分析，参见罗蒂，1992：371—392。

[5] 关于这些激情的定义，分别参见笛卡尔，1985：402（第209节）、392、（第177节）和396（第191节）。

[6] 笛卡尔在1645年8月4日给伊丽莎白公主的信中写道，"除了欲望及遗憾或悔悟，没有什么能阻碍我们的满足。但是如果我们始终按照我们的理性告诉我们的去做事，那么即使事后证明我们做错了，我们也绝没有任何悔悟的理由，因为这不是我们的错"（笛卡尔，1991：258）。

[7] 笛卡尔第二个医治办法所产生的一个不可规避的问题是，如果每一事件都归因于上帝的意志，那么可否说人类具有自由意志。关于这一问题的出色讨论，参见布朗，2008：165—187。

[8] 例如，参见笛卡尔，1985：390（第170节）。

[9] "（……）如果我们自己不时地专注于考虑自由意志的性质以及充分运用意志的坚定决心所产生的许多益处，同时另一方面也考虑让野心勃勃的人为难的许多徒劳无益的忧虑，那么我们可以在自身之内唤起慷慨激情，然后获得美德。"（笛卡尔，1985：388）

参考文献：

阿拉内恩，L., Alanen, L. （2003） *Descartes's Concept of Mind*, Cambridge: Harvard UP。

安纳斯，J., Annas, J. （1993） *The Morality of Happiness*, New York: Oxford UP。

亚里士多德，Aristotle （1999） *Nicomachean Ethics*, trans. Terence Irwin, Indianapolis: Hackett Publishing Company。

布朗，D., Brown, D. （2008） *Descartes and the Passionate Mind*, Cambridge: Cambridge UP。

科廷厄姆，J., Cottingham, J. （1998） *Philosophy and the Good Life*, Cambridge: Cambridge UP。

笛卡尔，R., Descartes, R. （1985） *The Philosophical Writings of Descartes, Volumes I and II*, trans. John Cottingham, Robert Stoothoff, and Dugald Murdoch, Cambridge: Cambridge UP。

笛卡尔，R., Descartes, R. （1989） *The Passions of the Soul*, trans. Stephen Voss, Indianapolis: Hackett Publishing。

笛卡尔，R., Descartes, R. （1991） *The Philosophical Writings of Descartes, Volume III*, trans. John Cottingham, Robert Stoothoff, Dugald Murdoch, and Anthony Kenny, Cambridge: Cambridge UP。

马歇尔，J., Marshall, J. （1998） *Descartes's Moral Theory*, Ithaca: Cornell UP。

努斯鲍姆，M., Nussbaum, M. （2001） *Upheavals of Thought: The Intelligence of Emotions*, Cambridge: Cambridge UP。

波默罗伊，A., Pomeroy, A. （1999） *Arius Didymus: Epitome of Stoic Ethics*, Atlanta: Society of Biblical Literature。

罗蒂，A., Rorty, A. （1992） "Descartes on Thinking with the Body"，收入科廷厄姆（主编），in J. Cottingham （ed.）, *The Cambridge Companion to Descartes*, Cambridge: Cambridge UP, pp. 371—392。

夏皮罗，L., Shapiro, L. （1990） "Cartesian Generosity"，*Acta Philosophica Fennica*, 64: 249—275。

所罗门，R., Solomon, R. （2007） *Not Passion's Slave: Emotions and Choice*, New York: Oxford UP。

威利斯顿，B. 和安德烈，G.（主编），Williston, B. and André, G. （eds） （2003） *Passion and Virtue in Descartes*, Amherst: Humanity Books。

普遍伦理与全球化

金禹昌　著
陆象淦　译

一

全球化与探索一种世界伦理　如果说文化的多元性乃是贯穿人类历史的一个现象，那么世界的现状使它变成反思的对象，而且要求构建一个严肃的务实纲领，来解决它所提出的种种问题。

全球化标志着我们的晚期现代性。人类历史上的现时代的特点在于商品、人员和信息在全球范围内的加速流通，而且大多是在资本主义经济所具动力的推进下发生的。孕育了分散在全球广袤地域的各地方统一体的不同生活经验，今天不可避免地正在相互接合，使得地球成为整个人类的唯一**生活空间**（Lebensraum）。混乱和冲突由此爆发，但某些新的机遇同时也应运而生。显而易见，随之而来的混乱、冲突和生活质量的退化令人不胜烦恼，以致必须为生存而不断挣扎，即使不拼得你死我活，至少也玩弄有损人类尊严的诡计和操纵。

在这个全球化的过程中，应该存在某些手段，来避免这些负面的后果，至少是避免大规模冲突的出现。亟需一种和平与共存的机制，尤其是在全球化引发民众的迁移越出既存的社会、政治和文化界限的地方；但同时也亟需想方设法，努力超越因各种不相容的机制和观念在世界范围内的混合而出现的潜在分歧和对抗。

归根结底，我们可以期望一个新的世界秩序，能够协调正在相互接合的各种不同因素，一方面确立防范人道毁灭之险的界限，另一方面能够促使人类生活和万物生命最美好地绽放。可想而知，这种新秩序或能产生自某种体制，譬如说握有能够控制各种危害和倡导和平的政治和法律手段，而不是效仿民族国家及其单一国家文化纲领模式的世界政府。然而，一个世界政府乃至一种世界法律秩序，只存在于远景之中，能否如愿以偿，也仍未可知。在此期间，各自为政的政治统一体，通常是民族国家，肩负着保护生活在其疆界之内而有着不同文化价值的民众的权利。但要制定一个坚实的政治纲领实非易事。因此，最好是求助于国际思想家和知识分子，把他们组织起来，制定思想层面上的普遍伦理合作纲领，在同直接的政治行动没有瓜葛的情况下，确立该做什么和不该做什么的规则，进而有助于构建各民族和各种文化之间必须和平共处的国际意识。我们或能期望将构建一个确立多样文化共处的最起码准则的国际宪章。

除了同筹办能够制定这样一个宪章的国际论坛相关的实际问题，显然对能否构建一种独立于某一特定社会的历史发展及与之共生的传统所造成的文化环境的普遍伦理，也不无疑问。然而，适应于世界新状态的这种普遍伦理本身，乃是一个紧迫的道德律令。如果整个地球变成全人类或者人类的一部分分享的唯一生活空间，那么必须构建一个围绕保护人类基本价值和基本人权的手段组织起来的适宜生存的空间。我们通常懂得伦理准则因社会和文化的不同而异，但没有保护它们共存的最起码的准则——从不同文化中的伦理实践中精炼出来的准则，也是不可设想的。在我们这个时代同样得到确认的文化互动的成果，乃是承认人类是一切人共生的人类，承认这个共生的人类有某些共同的规范。将外国人视为令人厌恶的妖魔鬼怪，则是一个很大程度上已经消失的习俗，在大多数情况下已经变成历史的乃至远古的奇闻。如果确实如此，那么种种差异的和平共处也许能被视为居住在这个星球上的一个起码条件。这种认识可以作为出发点，来阐释有可能存在一种更为复杂的普遍伦理：除了伦理思想得到普遍加强，我们还期望某些准则能够具有规范的品格，并通过国际共同努力，将这些准则变为贯彻于全世界的具体政治实践。

二

伦理及其文化母体　　思考能够涵盖不同社会的世界伦理，必须顾及它所处的多元语境。实际上，伦理乃是文化这个全球复合体的组成部分。行之有效的伦理或可构建成为规范性准则的总体，但它毋宁说是一个共同体的外部骨架。它是一个社会的普遍精神气质，或者更广泛地说，是一种文化的普遍精神气质。抽象一点说，这种文化乃是涵盖存在的一切维度的一种语境，作为超越法律和伦理准则的习俗而被接受和分享的。伦理是一种文化通过处理整个社会关系的各个不同层面的习俗和观念进行自组织的过程中的一个环节。我们或能把它当作规范，却并不能将其当作法律和社会秩序来实施。然而，它能够充当国家与文化之间的中介，而且在必要的情况下作为采取法律措施的资源。将社会秩序建立在"通过文化进行变革"或者"通过道德进行变革"基础上，而不是单纯依赖法律的强制力量，乃是东亚的社会和政治理想之一，虽然文化变革的理念不会止步于介乎法律与文化之间的伦理准则。

这些理念表明我们在多大程度上向往一个非强制的生活环境，一个自足的和通过文化精微地变革的生境，在这样的生境中，首先是伦理律令的必要性，然后是法律和司法秩序，它们只产生自环境的压力。无论如何，不论东方或者西方文明的局限如何，我们可以将诸如温、良、恭、谦、让和礼貌好客等行为视为人际交往媒介，而就东亚传统而言，凡此种种无不包含在仁和礼的观念之中。因此，我们可以期望，这些以礼貌好客为首的不同形式的公民行为或也能应用于跨文化交往。其实，这只是对于我们这个全球化时代的需要的最起码回应。但是，我们希望，这样一种最起码的伦理能在未来长期成为建设世界文化的催化剂。在未来的世界文化中，不同的人类群体将分享一种宽容、一体化和富裕的日常生活的多样维度。伦理从而成为能够自身包含我们人类的一切潜能的文化的一个环节，而不是一系列概念，或者甚至是司法和政治力量为了保护人权和控制冲突而强制采取的措施。由此提出了建设一种世界文化的可能性问题，伦理很自然地形成这种文化的一翼。就此观点而言，全球化既是一种挑战，又是发展普遍的世界文化的一个机遇。

文化与普遍性　　一种文化是由一种传统形成的实践和习俗的总和，通常固着于其原生地并渗透进某一历史民族的生活天地。当我们进行分类论述，将这个领域称为文化时，它就成为超越实践生活的思考对象。于是，它可以构成一个显示作为有凝聚力的整体的人类——或者说人类的一个特殊部分，但在大多数情况下，这部分人能够被推论和理解为代表整个人类——表达需要的自觉教育计划。也就是说，文化超越其原生的特点，趋于普遍性。这种普遍性乃是许多文化传统中的个人教育的理想。如果我们敢于大胆归纳，人文主义的教育理想无论在东方抑或西方，通常都是用自我走向普遍的螺旋运动的形式来表达。黑格尔的 Bildung（教化）理想即是"追求普遍性"（Erhebung zur Allgemeinheit），而按照韩国儒家知识分子经常引证的朱熹的说法，个人修养乃"主一无适酬酢万变"。这一原则贯彻于个人达到大彻大悟的努力，但可以说它存在于一切富有活力的文化之中，即使它并非始终体现为教育理想。

然而，普遍性观念并不能幸免模糊之虞。一种文化所呈现的整体性并非是一个客观条件，而是借助不断扩张的向心力包罗客观世界的主观过程的产物。个人成为一个主体，一个中心，由于这种向心力，将外部世界融入个人的修养。这个主体化过程已经在个人群体中发挥作用；而文化的意义在于它是主观地解释和接受的一个总体；个人是通过参与主体化的集体过程，亦即在一种文化的内部，来实现其主体性。我们可以依据阿尔都塞的观点更简略地说，个人只有通过一个高级主体的质询才能变成主体，虽然在这种情景下我们必须用一种文化总体来替代意识形态，即阿尔都塞所说的"质询个人之作为主体的高级主体"。这一既是个人的又是集体的主体化运动，把与物质和社会存在的条件相联系的实际需要转变为期望用话语沟通和用艺术陶冶情操的积极表述；生活的一切具体和重要的诉求因此而从全面包容的高度得到反映，人的任何需求都不足为怪。唯其如此，产生了超越偶然性限制，走向更加广阔的视域——普遍性视域的集体和个人激情。

作为复杂体系的全球文化　　与主体化过程结伴同行的普遍性可以为发展全球文化服务，但它也带有其个人源流的烙印。一种文化。即使其特殊的起源转为普遍性，通常仍然是某个扎根于特殊性的主体挪用客观世界的产物，它否定了我们所挪用之物的相异性，尽管这种相异性被认为不属于主体中心的人性化世界。这种情况下的普遍性低于人们所追求的高度。就构建一种全球文化而言，其所宣告的普遍性可能变成某种冲突的根源，而不是整合的源泉。世界上的一些博大精深的文化同时具有诸多主体性和普遍性，这是冲突乃至互不相容的根源。

在日常生活中，个人成为其所属的集体的一个主体：这种主体性成为矛盾的议题，因为集体性是与一切特立独行的个体对立的，于是这样的集体本身并不构成作为个人主体性总和的主体，也就是说个人并不参与构成集体主体性的互动。如我们日常所见，个人生活在复杂的社会关系（家庭、父母、朋友、工作圈子、民族，等等）中，可以根据他们不同的主体需求进入和脱离这些集体。如果与这些日常经验进行类比，我们可以将这种全球文化设想为文化层的多样性，每个文化层都有自己的主体中心：个人可以在不同的生活状况中借助这些多样中心的资源；我们可以超越一个民族或者一种传统的文化界限，作为人类的成员和生物生态的一部分行动起来（并非必然在同一时刻）。

要对文化全球化诸问题更加系统地进行总结，我们可以依据复杂体系理论模型把未来的全球文化设想为一个复杂体系；它是一个建立在各种地方文化亚体系联合之上的体系；每个亚体系具有自身的凝聚和演化动力，但同时处于同其他体系和演化中的全球体系互动的关系之中。这是一个极其复杂的全球文化体系，很难将其设想为拥有可以清楚识别的线性秩序的总体，但我们可以期望它正在构建一个具有凝聚力的总体，一个不断重构的总体。

伦理干预与本体论证明　　我们喜欢想象这个全球文化主观总体产生自地方文化构成的各种趋于主体化的亚体系。催生这种突生的核心是各种亚体系在主体性层面上所产生的普遍化倾向。但如上文所见，普遍主义既是冲突的动因，也是整合的动因。所有的主体特性彼此进行斗争，与此同时，它们通过某些辩证的交流而确立互动关系。斗争开启综合之门。在敌对角逐关系基础上，存在一个共同的基质，一个连续统。这个基质可以被伦理行为揭示和承认，从而能在更自觉的层面上减轻和调和对立因素之间的紧张关系。

三

文化的历史演化　　将这个文化复杂体系说成是全球化过程的产物，或者说归根结底是这个过程的出人意料降生的产物，也许令人觉得不真实和过于夸张，但这无非是以抽象的方式来概括历史进程所产生之物。文化或者文明事实上通常是不同社会和生活方式之间接触和交流的产物，或者在最有创意的情况下，是来源各别的观念和表象的交集和混合的产物。在这个意义上，全球化早就存在，而且始终是人类文明历史演化的因素之一。我们今天看到的无非是这一过程的极速加快阶段(参见瓦尼耶,2004。他从广阔的历史前景描述了全球化)。

人毫无疑问是凭借自己的联系和记忆深刻依恋他们的居住地的生灵,但也是他们的本能促使其走出这些居住地进行探险的开发者,这使人类历史成为不断进行体力和脑力扩张的叙事。这种漂泊可能是外部环境、战争或自然灾害使然,但也可能是生活的急需或者单纯的猎奇所激发的自愿流浪。在现代,我们十分强调韩国人种族的同质性,大多是为了确认日本殖民主义威胁下的民族认同,但历史人口学的研究表明不断有移民流入朝鲜半岛;譬如说,在高丽王朝(公元918—1392年)之初的200多年间,有2%—8%的人口是移民(朴玉圭,1996:101页等)。在世界许多地方,包括韩国在内,贸易乃是商品跨越国界分配的主要方式。这改变了介入贸易各方的文化,不仅因为贸易很自然地伴随有文化交流,而且还由于没有任何人工制品能作为自在之物存在于人的精神之中,而不转化为理解为文化并构成符号的客观世界的总体形态:进入这个作为文化的意义系统中的一个符号。但即使没有商品交换的中介,人们也感觉到外国人理解世界方式的不同,并受到外来的哲学思想和宗教信仰影响。试以韩国为例:佛教在公元6世纪的传入使整个社会发生变化,转变为佛教社会。但必须补充的是,名副其实催生韩民族形成的儒学和整个中国文明的降临,以及更晚近的现代西方文明的传入,提供了更加复杂的例证,说明思想观念并非是其中的唯一相关因素。

文化冲突 因此,文化接触和互动的速度在现代极度加速。商品、人员和思想观念的运动,随着交通和信息工具的发展,以及帝国主义和后来的全球资本主义的产生,大规模地推进。跨越文化屏障的思想观念,同样也击溃了一切抱残守缺的自给自足倒退之举,因为它们通常传播着有效适用于财富和权力增殖的认识、社会和经济模式。就近代而言,即便不依赖军事力量,贸易也促进着产品和服务的世界网络形成,对他国的社会结构产生影响并加以改变。贸易推动着被认为不发达的社会。尤其是,工业经济体系、科学技术的引入在全世界产生了文化巨变。它不仅深刻地改变了社会和生活方式,而且促使青年到国外留学,在这些领域学有所长,然后回来改造他们的故乡。

毫无疑问,工业化使得许多社会的传统文化碎化,有时乃至消失,造成这些政治和文化上被浸润的社会迷失方向,民风衰败,生活道德缺位。20世纪的最后几十年间,全球运动空前加速,令人感受到像帝国主义时代一样的冲击,颇有讽刺意义的却是,全世界范围内在商品、建筑、生活方式、意识形态和思想观念等诸多方面开始走向形式划一,相互模仿和吸收。然而,很难由此而窥见一种名副其实的世界文化,亦即通过对世界各地历史地发展的各种文化的有机整合过程而形成的一种文化突生的迹象。在文化的潜在因循主义背后,所产生的毋宁说是互相过滤和融合,亦即主体的整合过程的弱化和衰败。时间和空间的压缩未能促使这个整合过程落地生根。

四

多样文化主义 多样文化主义是最近出现的一个新概念,与我们论述随同全球化、各种冲击和同质化所产生的文化变革及问题息息相关。这自然表明,澄清各种文化日益增多的接触和混杂的后果成为一种迫切需要:多样文化主义是回应这种需要的一个概念工具。多样文化主义论题出现的原因,看来主要是人员流动——通常是欠发达国家向发达国家的流动。许多工业化国家随着其经济的扩张,需要从其他地方招募劳动力。贫富差距和就业机会同样也是欠发达国家向外移民的原因。这些移民工人开始定居于起初视他们为暂住民(德国称之为 Gastarbeiter)的国家之时,文化适应问题变得十分急切。一旦移民工人定居下来,就提出了他们如何融入社会的问题。一个解决办法是给予他们合法的身份。我们可能认为,这种身份足以使他们扎根于社会群体,尽管这样做本身需要一定程度的文化理解力,因为授予合法身份要求自愿同意并确认这一身份蕴含的法律责任和义务。但是,如果他们不懂得所定居国家的语言和社会文化,不仅是他们的第一代,而且包括他们的儿孙几代,譬如说像德国的土耳其移民那样,那又怎么办?在这种情况下,就要求移民文化协商乃至文化同化。今年年初,我们知道德国总理安吉拉·默克尔和英国首相戴维·卡梅伦公开承认多样文化主义在他们国家失败;他们将这种失败归咎于移民拒绝同化其移居国家的主流文化。默克尔和卡梅伦归属保守政党的身份可能使他们比较随便地公开声称,文化认同构成政治认同和社群认同感的基础,文化涵化是移民成为这个共同体的组成成员的一个条件,但我们可以预测他们至少会按照自由批判的观点来自觉修正这种说法。

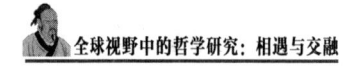

承认政策　　有鉴于此,我们可以提出这样一个棘手的问题,以一享讨论之快:如果 A 可以同化和融入 B,那么为什么 B 就不能同化 A,譬如说德国文化同化土耳其文化? 除了文化融合问题,同化的要求显而易见以主仆之间的斗争作为基础,其中界定德国身份认同的主体意识要求土耳其的主体属性从属于这一身份。这种要求可能仅限于遵守法律的最起码的要求,或者稍进一步,加上至少包括诸如初步掌握语言等步骤在内的更难一点的同化。然而,如果一种文化被认为是属于某一历史共同体的个人的完整表述,其中发挥重要作用的乃是主仆之间的一种斗争动力,主导者与从属者的身份认同和自豪感是由不同文化来界定的。

应该承认,今天在世界各地可以看到作为尊严感组成部分的明确的身份认同。或者更可能是,一旦移民足以构成确认自己身份的十分重要的少数族群,他们强化了这种意识。而与认同感相关的种种摩擦,不能通过简单地加强司法公正或者弱化移民接受国的文化主导地位来解决。承认政策,包括平等承认不同集体身份,如今代表一种普遍趋势。确认美国黑人的独立身份及作为其表达的文化,即是一个典型例子。另一个例子是加拿大的魁北克居民要求保持他们的法语文化的权利,而且这个要求的构成因素或是另一种性质的。

对于表达差异的身份认同政策所提出的种种问题,有多种解决办法。但是,如果我们期望看到一个人类共同体在全球范围内繁荣昌盛,那么必须促使一种世界文化诞生。因此,必须实施现实主义的解决冲突的政策,根据国家而以不同的方式减少冲突。

韩国的多样文化主义问题　　近一段时间以来,韩国常用"多样文化"和"多样文化主义"这两个术语。像在西方国家一样,它们出现于外来文化开始在人口领域产生影响之时。各种外来文化成为许多韩国人的日常经验的组成部分,使他们意识到这种接合可能引发的种种问题。诚然,外来文化的经验长期以来在多种形式下成为韩国历史的一个构成部分,但随着近年来移民人数的增加,多样文化主义被视为一个政治和社会问题。除此而外,还加上近年来出现的其他一些因素,首先是商务旅行和旅游激增,无论是去国外的韩国人抑或访问韩国的外国侨民都惊人增加。根据韩国政府统计署认定的数据,1981 年至 2010 年间,到国外旅行的韩国人数量从每年不到 100 万上升至每年超过 200 万。外国旅行者的数量从 100 万上升至将近 900 万。此外,还有一个不断上升的数字,在此期间将近有 130 万外国侨民定居韩国。但就多样文化主义的观点而言，来寻找工作的移民劳动者的数量具有更重大的意义。为了描述这一人口现象，"多样文化"和"多样文化主义"两个术语进入了流行词汇。

主权的丧失与多样文化主义　作为一个非主流却对阐明这个术语的符号学价值不无重要的个人观点，很有必要指出，承认多样文化问题表明在近 150 年的过程中经历了由前现代世界走向现代的种种困扰之后，终于得到实现了经济发展和现代化的民族对于多样文化主义的信任。任何一个历史社会都并非完全丧失其风尚习性，即使在其丧失政治主权之时，尽管一个处于外国占领下的民族饱受不能自主掌握命运之苦，其文化也丧失了中心；但没有了以政治独立为支撑的文化创意和自我合法性认同的自觉情感，风尚习性沦为简单的习惯。1910 年日本占领韩国，日本的大量殖民，无疑造成了一种多样文化状况，但事实并非如此。韩国人感受到的毋宁说是对他们文化的破坏乃至文化陷入瘫痪。韩国文化被抛弃，在占统治地位的日本文明的边缘不合法地生存。与此相反，韩国重新获得独立及其文化的自主方向之后，开辟空间展开讨论和反思，阐释如何欢迎和接待来此定居的各种不同文化，多样文化主义被视为一个适时的议题。所有这一切又一次证明，主仆关系的辩证法乃是建立多文化状态的基础。

社会正义与人际关系　谈到韩国的多样文化主义进路，指出这样一点不无益处，即这个问题毋宁说属于人际关系范畴，而不是被纳入国家政策层面上的集体行动计划，这与北美和欧洲的情况正相反。在同移民到韩国的劳动者的关系中，确实存在某种众所周知的冲突，但通常是可以归类为雇主与劳动者之间关系的冲突，其原因是移民劳动者没有得到赋予韩国公民或者加入工会组织的劳动者的全部权利。此外，移民劳动者也正在努力组织起来，进入工会网。移民问题的另一个进路则是非政府组织的人道援助和司法诉讼。因此，多样文化主义问题是与韩国的现代化和民主化联系在一起的；但总体上说，它依然处于移民与韩国人之间的人际适应方式的层面。

国际婚姻频率趋高乃是多样文化问题人格化的一个重要因素。统计表明，仅在 2010 年就有约 3.5 万宗国际婚姻，而在 2002 年至 2010 年期间，国际婚姻的数目增至近 30 万宗。典型的国际婚姻是韩国男子与来自东亚或者东南亚的女子——通常是处于社会底层的群体——之间订立婚约。实际上，对于农村地区的男性青年或者低收入青年工人来说，很难找到适合的婚龄女性，这促使他们求助于婚姻介绍所，寻找适龄女青年，通常是中国、越南或者菲律宾的姑娘。一些数据表明，时下有 1/10 的婚姻属于国际婚姻。在这样的结合中，不可避免地出现人际关系问题：无论是夫妻之间的关系，妻子与丈夫家庭之间的关系，抑或出生自这类配偶的孩子社会化，特别是与学校同学的关系等。国际配偶往往在简单的交流上遇到困难，因为他们有时婚后彼此语言不通。文化适应问题中的一个突出因素是韩国的家长制和大男子主义文化，其中包括外国配偶必须服从的一种复杂行为准则。适应千差万别的社会关系准则，对于初来乍到的男女来说，一般成为一个复杂的文化任务。2005 年公布的一份报告包括了推广多文化理解的计划，旨在促使初来者的家庭和社会关系更为和谐：鼓励外国配偶与同他们对等的人在韩国社会中组成同乡会，以达到互慰和分享的治疗效果。为了公平，还建议他们首先探求他们自己的文化，在生活于韩国社会同时，同样为自己的祖国感到自豪（薛东勋，2005）。

礼貌好客之道　　简而言之，移民工人流、外国侨民和大量的国际婚姻引发诸多问题，特别是在相互适应方面。就总体而言，已经采取欢迎外国人进入韩国社会空间的若干措施。公众舆论有利于纠正游客、侨民和移民所遭遇的不公正和不自在的动议。占主导地位的观点认为，适应应该是双向的。

公众需要抱有普遍开放的态度的原因有许多。其中的一个原因很显然是实践的需要。大量的新移民是作为廉价劳动力和满足求偶的需要来到韩国的。在韩国认同的民主观念中，包含有正义的涵义。而儒家的传统文化在宣扬根深蒂固的家长制社会的意识形态合法性同时，也早已浸透社会公正与平等的观念。人们有时断言，儒学已经包含近几十年的过程中在许多东亚社会观察到的经济发展胚芽。进一步扩展这种儒学观，可以肯定说儒学的世俗本质不仅能促进经济现代化过程，而且有益于政治和文化的现代化过程。指出这样一点不无重要：儒学也是推进韩国的多样文化方案的潜在文化和伦理资源。我们往往将儒学界定为一种关注超越狭隘国界的全人类命运的人道主义。就文化而言，它还有一种礼貌好客的伦理准则：从童年开始直至成年所进行的儒家教育，将重点放在人际关系的温良恭谦让行为上，无论是对待师长，抑或对待客人和外国人，莫不如此。礼貌好客乃是一种伦理或者文化观念，但不言而喻，在其完美的形态下是与培养诸如大度和宽容等其他美德并进的。韩国所采取的多样文化措施的个人转向可以归因于仍在韩国人心理层面产生作用的文化资本，包括礼貌好客的伦理。但是，我们可以说，全社会鼓励作为人道因素的这种美德的发展，不仅在韩国，而且在其他社会中都是令人向往的。

五

多样文化主义与民主　正是民主通过其宪制体系的预见力能够将具有不同价值和身份认同的个人在同一个政治制度中重新聚合。因此，我们可以断言，民主制度有能力解决多样文化模式的各种问题，或者至少为这些问题提供一个政治和法律的参照框架。

哈贝马斯在他的论文《民主立宪国家中为承认的斗争》（1998）中提出的观点，是对查尔斯·泰勒关于多样文化主义论述的回应。泰勒试图捍卫魁北克省采取法律措施，以在英语占主导地位的联邦国家加拿大内部保持法语文化遗产的做法。哈贝马斯认为，在一个民主社会内部赋予属于某一特殊群体——通常是少数族群——的价值体系以特权，是与基本的民主原则背道而驰的。民主意味着个人权利平等，不论其种族、地位、性别或价值和伦理法则如何；对待魁北克人的特殊传统，也不能例外偏爱。一般地说，一些人珍爱的价值或并不见诸宪法，这在所难免，除非民主可容的价值。对价值的这种排异是保障个人的自律所必需的。价值学的中立性、伦理的中立性，乃是德沃金、罗尔斯和其他自由主义理论家所坚持的民主制度的必要条件。总之，如果想建立一个人们能和而不同地共处的政治制度，那么就应该扬弃作为个人差异基础的一切基本因素。只有在这样的框架内，才能通过协商来解决冲突。同样的协商程序也可以用来处理民主国家内的多样文化诉求。

民主与文化价值观　西欧国家的移民族群可以作为处理文化差异的一个范例。按照哈贝马斯的说法，对于一个准备进入北美或者欧洲的西方民主的移民，可能会提出两点要求：接受国家的民主原则和文化的同化。哈贝马斯支持第一项要求，但反对第二项要求。民主应该排斥基本信仰——不论是何种信仰——与民主相悖者。接受民主乃是被允许入籍一个民主国家的必要条件。但第二项要求，即文化的完全同化，哈贝马斯认为是不可接受的，因为这与民主原则所规定的个人在伦理和文化领域里的自律相矛盾。换言之，移民必须宣告的是自己的高尚政治信仰，而不是伦理或文化的适应性。

作为主动过程的民主　这种价值中立性并非将民主变为一种固定不变和不关心各种价值的僵死制度。在哈贝马斯看来，民主制度作为一个主动的过程始终保持着其活力。我们从其保障民主权利的方式可以看到这一点。民主不能简单归结为单纯的立法。它应该是通过"社会运动和政治斗争"争取可实现的"权利体系"付诸实现的主动过程（哈贝马斯，1988：211）。这种权利兑现的努力部分地表达为公众争论领域里对弱势群体状况提出的质疑。这至少部分地说明为什么各种不同的策略可以将口头上的平等权利变为事实上的歧视，譬如说支持孕妇的措施和产假尽管本意很好，却在就业的层面上造成越来越严重的歧视。因此，必须不断进行各种形式的干预，来回应与各种权利及其实施相关的诉求和需要，以使公众行动每次都能获取信息，更深入了解弱势群体的实际状况。努力进行这种不断更新的了解，基本上依赖于社会过去和现在所拥有的文化和伦理资源。

伦理与政治　所以，在哈贝马斯看来，就价值而言，民主归根结底丝毫也不是中立的，因为它本身就是一种伦理传统的产物。哈贝马斯不无道理地强调："一切法律共同体和基本权利实现的整个民主过程难免染上颜色。"（1998：222）更普遍地说，这种伦理可以为更加清晰的民主意识开道。他写道："在解释限度内拥护（民主国家的）宪法原则，是……由公民和国家的政治文化从政治伦理学视角理解其身份认同的方式所决定的。"（1998：233）所谓"理解"或者"解释"，可以认为是历史的产物。民主原则作为历史的产物，可以置身于今天的公民褒贬臧否的可能性之外，但就另一个视角而言，这种解释的可能性也使得变革有了余地。这样的变革同样是文化的。按照哈贝马斯的说法，我们可以通过劝说的方式，亦即通过"生活世界的文化复制解释学"（1998：226），保持并同时改变文化遗产，这种解释学在政治领域之外同样还在教育学和其他文化形式中有所反映。哈贝马斯说："剥夺一个群体的成员说是或否的自由"永远是恶行（出处同上）。

弱势群体、移民与全球文化变迁　　试问哈贝马斯赞成解释学革新的论证是否适用于围绕各种文化差异聚合起来的少数民族：诸如德国的土耳其移民，土耳其的库尔德人，或者包括韩国在内的主要工业社会的移民工人。这个问题不仅涉及文化的差异性或者共存于同一个社会的不同文化群体，而且进而涉及国家共同体的状况：欧共体，区域共同体，我们的全球化世界。应该如何协调人们之间接触和互动的这些十分广阔的空间中的文化和政治差异？

论反思　　尽管是老生常谈，我们还是应该说西方社会已经掌握了某些文化和知识资源，使它们能够接受这些多样文化的新情况所引发的文化变迁。这个过程中的主要知性动因即是反思的能力。哈贝马斯写道："反思的态度"并非一定排除"现代世界中变成主体意识的各种信仰"，而是"赞同……各种信念之间的文明论战，一方可以在不放弃自己对于有效性的诉求的同时，承认其他各方是寻求真正真理竞争中的伙伴"（1998：229）。一种反思的文化自身包含着变迁的可能性。

然而，这种反思态度应该贯穿于协调变迁的各方，而不只限于西方。这是一个合情合理的要求。哈贝马斯似乎假设，各种非西方文化至少在某种程度上采取与西方的主体性相对立的消极态度。不过，为了使改变被所有人接受，不同的各方应该进行互动，这就要求某些非西方文化实施彻底的改变。如果反思态度成为不顾非西方文化特性而设定的前提条件，那么这岂非又是一种西方帝国主义的要求？无论如何，学会反思的态度要求一定的西方文化传统教育，譬如说阅读西方文化传统的经典著作；但同时也必须学会批判和避开我们文化的某些基本价值观，接受文化与政治之间的分离。

六

人性的简单化　　单纯从政治的视角来思考文化整合的各个实践阶段，势必陷入矛盾和悖论的误区。各种文化的共存只有通过文化与政治分离才可行。但是，这种分离只有通过确立允许"公共政治空间中"无障碍地交往的"法律普遍主义"才可能（哈贝马斯，1998：230—231）。看来，这是正在走向多样文化生存模式的这些社会内部进行文化整合或协调可用的唯一程式。

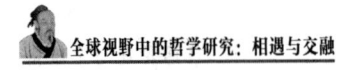

自我的多重维度　　然而，法律、伦理和文化之间的分离依然存疑，因为它成为人性简单化的源头，将人归结为只有单一维度并导致人的潜力严重贫乏化。一般所说的西方民主，建立在本质上是功利主义的人性观基础上，包括作为维护个人自我机制的权利观在内。2011 年 8 月，孟加拉格莱珉银行和小额信贷运动的创始人 M. 穆罕默德·尤努斯访问韩国时，在一次私人谈话中说，以传统经济理论为基础的人性观念中存在着严重的扭曲。它以**经济人**作为范式，把人单纯视为追逐利润和个人利益的动物。尤努斯的**社会企业**模式既针对人的利己主义的一面，又针对人的利他主义的一面。建立在利己主义人性范式上的人的潜力的合法抽象，导致压抑和不快（das Unbehagene）的恶果。

伦理的衰败　　凡此种种造成的风险在于最终导致文化和伦理敏感性的减弱。法律的普遍主义操纵者依然是能够把个人聚合成为一个团结的政治整体，打造一个保障个人权利的法律框架，解除个人因缺乏保护而始终封闭在不可入侵的自我堡垒中的苦恼。在公共领域里，各种价值观主要是工具性的；人们假设这些价值观是被用来交换个人所要寻求之物的。同时，局限于私人领域的伦理和文化价值观迅速失去了其意义和客观形态。我们从围绕美国和欧洲众多公众人物的丑闻中，看到对公共领域与私人伦理领域这两个领域分离的嘲弄。

政治空间中的论战　　我们即使在哈贝马斯关于多样文化主义的讨论中，也可以发现公众话语窄化的踪迹。哈贝马斯往往避免并非建立在现实主义理由上的一切论证，而所谓现实主义，其意义则是指人类现实是在始终觅求其个人利益或者宣称把握真理的自我之基础上建立起来的。哈贝马斯并非感觉不到种种伦理和文化问题；但他的道德论证不可避免地建立在现实主义的理由上。诚然，应该承认，这是研究当下政治空间中的权力斗争的唯一方式。譬如说，他在 1998 年的论文中表示应该维护难民；但颇引人注目的是，我们看到他的论证对政治难民与经济难民有所区别。对于政治避难者，他无保留地支持接纳。这不仅在道德上是正义的，而且国际法有明文规定，符合《日内瓦协议》（1949 年和 1967 年）以及德国的基本法律。哈贝马斯同样也赞同实施更加宽容的政策来对待被界定为经济难民的移民，但态度比较暧昧：他的论据是，欧洲人偿还他们在过去几个世纪里在地球其他部分殖民所取得的利益，是理所当然的。

试问难道不能从一种更加单纯的伦理的角度进行捍卫,或者至少从人道主义、仁慈或者同情的角度进行捍卫?不过,据笔者猜测,"现实主义的"思维力只能就此止步:这种捍卫在政治舞台上没有立足之地。

七

时空的宽泛 也许不得不承认,回应各种具体要求的唯一有效措施,乃是对今天的世界现实有所震动的实际措施。在民主制度下,法律的普遍性是处理各种文化之间的冲突,特别是属于不同文化的人与人之间冲突的唯一有效手段。

在本文开头,笔者谈到全球文化是各种地方文化的一个复杂体系。这不仅是因为各种文化的同质化丝毫也不是人们所希望的,而且还因为文化可以被视为主体性将生活的客观必然性转化为人的需要和愿望的合法表达,并把它们整合为一个一致整体的过程。滥用这种主体性的一体化过程也许是危险的。由此产生了一个复杂体系——不同的亚体系联合而成的体系——的观念:这是全球人类共同体和平整合的方式。但这样的整合是否真的符合人们的愿望?如果没有一个原则甚至一种整合的力量,一种能够控制和减弱如此千差万别的人的潜力的整合的力量,这样的整合还可能吗?

知识与力量 当人们考虑构建一种全球文化的可能性时,不能局限于看到各种不同文化的对抗:必须同样也注意到现代文化与前现代文化的并存。换言之,我们应该有能力找到现代性与前现代性之间的一个平衡点。事实上,文化的全球化一般被认为是现代性层面上的产物。我们很容易想象一个普遍共同体乃是扩展至整个世界的科学技术发展的成果。世界各种文化的统一化归根结底或许有赖于理性的整合力量。根据这样的观点,科学理性所传播的主体性是一个新问题,因为主体性提出了力量问题。扎根于"思"的笛卡尔的主体性,如人们通常所说,乃是与将人塑造成"大自然的主人和掌控者"的工程联系在一起的,[1]这也是笛卡尔本人为了鼓励科学技术发展而写下的名言。同样,我们也可以把构建世界文化的工程看作这一进路的终极产物。知识就是力量:培根如此说,福柯也如此说。建立在科学和反思理性基础上的一种世界文化的全球观,是否是这个世界的人们的唯一认知和实践"在家"方式?值得一提的是,始终存在一种传播极广的怀疑主义,质疑科学技术对现实的主宰,至少从人们

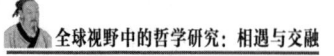

必须面对的生态的忧思中可以得出这样的判断。源自科学的世界观完全漠视我们对世界的直觉,无论就对待我们日常生活中对世界的感觉,抑或对待各种非科学世界观而言,莫不如此:在科学观的统治下,一些神秘的和直觉的宗教观念现在失去了可信度。这也是某些不同形式的理解和组织生活方式的遭遇,人们给它们贴上了"前现代的"乃至"原始的"贬义标签。

人类与原始社会 克洛德·列维－斯特劳斯1986年在于日本举办的一个讲座上对世界文化表示深刻怀疑。他把现代人类趋之若鹜的这种世界文化称为"世界文明"。在他看来,这个术语本身就是一个矛盾,因为"文明理念意味着并要求彼此呈现出极大多样性的各种文化的共存"(列维－斯特劳斯,2011:143)。但是,他发现"在社会变得愈益庞大和同质的同时,内部的分化趋于加剧",孕育着"由相近性而产生的差异:对立、出众、成为自我的愿望"(2011:56)。

列维－斯特劳斯指出,**多样性**意味着争取美好生活的资源的多样性,尽管也许存在这种多样性扩大的限度。他对于多样性的好处的观察,源于他对于"原始社会"的研究和对于人类进化的反思。毫无疑问,这建立在他毕生从事的人类学研究生涯中一再表白的信念基础上:大多数人类社会无不拥有应对在西方人或者现代人眼里看来颇为奇怪的种种人类问题的独到技术,原始社会提供了人类共同体的某些优选模式。在他看来,这些模式是围绕人与自然以及人与人之间关系的生态平衡建立起来的,而所谓的文明社会由于对利润和生活消遣的最大化的理性运算使人觉得似乎更加有效。但付出的代价是沉重的;由此产生了聚合在"熵"这个术语下的诸多问题:社会冲突、政治斗争、心理压力、社会结构的透明性的可悲的消失、文化和精神价值观的沦丧,如此等等(2011:91)。原始社群中值得注意的不仅是面对生存需要的生态解决方式,而且还有贯穿他们不同的生命活动中的保持整个人性维度的事实。列维－斯特劳斯这样概括原始社会的这种理想化的精神气质:"它们建立在能够收到将生产的全部财富转化为道德和社会价值观之效的原则上:工作中的个人业绩,亲戚和邻居的评价,道德和社会声誉,人与自然和超自然世界的出色的和谐。"(2011:95)

真正的共同体 原始的生存和劳动组织虽然有某些共同的特点，但表现为一整系列不同社会和文化形态。[2]一个本质的特点是这些原始社会规模很小，人口不超过几十乃至几百人。正是这种微型特点促使其有可能成为一个自然社群。典型的原始社会是其全体成员彼此熟识的人际关系社会。这是列维－斯特劳斯所说的"真正的"社会（列维－斯特劳斯，2011：42；并见列维－斯特劳斯，1973：第十七章"人类学在社会科学中的地位及其教学问题"）。与一味依赖以统计方式收集和分析的抽象数据的其他社会科学相反，人类学试图了解的正是这种真正的共同体。但是，这种真实性被更大组织的发展和各种抽象交流手段——书籍、摄影、广播和电视等的推广所破坏。这些共同体虽小，却对于人类的各种问题提供了不同的答案，因为它们看来在十分漫长的过程中获得了诸多小范围治理经验。在它们所存留的智慧和保持的人类生存的真实性中，有许多东西值得我们学习。

更加睿智的文明 如何将原始社会的智慧融入世界的发展，从而对我们建设人类更美好的未来做出贡献？列维－斯特劳斯认为，人类学通过研究原始社会来分享其所获得的知识，能够对走向一种"更加睿智的"文明的演进做出贡献。他将这些人类学知识视为传承西方前两种人文主义——文艺复兴和19世纪的资产阶级人文主义——的"第三种人文主义"的核心。但是，在他看来，人类学人文主义证明了一种更大的开放精神，因为它有能力整合世界的各种文化，使之融入这个建设更加睿智的文明的工程。他选择"第三种人文主义"这个词，看来是刻意拉开各种政治意识形态，包括马克思主义在内，与这一历史性转变的距离，尽管列维－斯特劳斯把平等和博爱置于最崇高品德之列。他试图与政治变革的种种纲领保持距离，这看来是与他对政治意识形态的看法联系在一起的。在他看来，各种不同的政治意识形态无不建立在支撑现代文明的进步观念基础上。与此相反，他认为进一步肯定支持他的"第三种人文主义"的各种观念，促使走向一个更环保、更人道和更和谐的社会的过渡有所可能，不论是在地方的抑或全球的范围内。

八

全球文化的两极 克洛德·列维－斯特劳斯所发展的研究原始社会的进路特别复杂。笔者应该承认，它包含笔者存疑的某些方面，无论就列维－斯特劳斯提出的事实抑或他的理论反思术语而言，莫不如此。但他的著作清楚地表明，令我们关注的是对原始社会的现代诠释不可避免地包含某些疑难，因为这样的诠释不能停留在就事论事的层次上，而受到更宽泛的理论和反思的框架制约。在列维－斯特劳斯的工程中，原始文化应悉心观察，然后重置于人类探求整体的语境中，这必然引发认知和理性的重大努力。但我们认为，这种努力必须既透明，而又可能保持所观察的对象即原始社会的独一无二的特性隔绝于其完全的何所性（quidditas）、纯粹的本质之中。一种世界文化如果有朝一日降生，那么应该是两方面的结合：既尊重现代的和前现代的各种不同文化的鲜明的主体性，又把这些不同文化整合成为一种严肃而克制地铭刻上透明标志的新的普遍主体性。

论世界上的地方存在　　不论世界文化的最终形式是什么，其使命是在更具体的层面上将人类生活不能绕过的两个矛盾因素——地方的根源与向世界开放结合起来。列维－斯特劳斯有理由将一个小共同体描述为适合于人类的、"真正的"地方，但他并没有封闭超越地方的世界视域。对于人来说，必然要扎根于一个生态上能够满足他们的生理和心理需要的特定地方。但就自然界而言，这个地方只是世界、宇宙更广阔空间的一个很小的部分。因此，这个生活之地尽管是有限的，但就理念而言，这种界限在几何学上是可变的、可渗透的和向世界无限开放的。

笔者用一个天文学的类比，来结束这篇抛砖引玉性质的论文。地球是宇宙中的一个单独实体，表面上作为一个独立的地方而存在，却是向整个宇宙完全开放的。包围着它的这个宇宙并非只是一个静止的空间，如我们每夜观察到的星空那样，而是一个正在不断扩张中的总体，紊流激荡，超乎人们的想象。但地球的天文环境是相对稳定的，这不啻奇迹。如一位天文学家在他的通俗读物中所解释的那样（巴罗，1998：25），其根本的原因在于光速——本身也是有限的——所确立的极限；这也是物体和信息运动的极限。如果光速不是有限的，那么我们就会在一切种类的辐射发射之时即刻受到干扰，不论辐射源的距离远近，这将产生巨大的嘈杂反射。我们将受到来自四面八方的信号惊吓。我们非但不能具有盖住那些被摒除的影响的局部影响，反而将同时受到宇宙另一端产生的所有现象干扰。信息传递不可能比光速更快，这使我们有可能分拣和组织一切形式的信息。

我们可以把光视为全球范围内文化理性主体化过程的一个隐喻。在各种不同文化的处理方式上存在某种速度的界限。它可能有快有慢，却确实存在着。这种速率界限与地方范围内生活自我组织起来的必然性相适应，即使这个"地方"扩展至与"世界"叠盖的地步。然而，在理性过程将达到其终点之时，它的界限依然将是不可感知的，因为这是永存于一个统一而又局部的秩序中的生活条件本身。这种界限之所以不可感知，还因为付诸行动的理性乃是让事物保持其本来面貌的一个原则：一个无所不在而完全隐蔽、几乎不在场的原则。这种界限与达到其自身界限的最高理性的伦理和认识实践相吻合，当自我通过克己和尊重他者的相异性而触及真理时，这就成为可能。伦理因此而与本体论重合，本体论则与伦理相一致。

Uchang KIM: *ÉTHIQUE UNIVERSELLE ET MONDIALISATION*
（*DIOGÈNE*，No. 237，2012）

注：

[1] 关于这个问题，参见本期《第欧根尼》（第237期）发表的素巴格瓦迪·阿玛打耶军的文章《克服情感，征服命运：对于笛卡尔伦理学的反思》。

[2] 列维－斯特劳斯认为，正是文化，而不是社会力量赋予这些社会以形态，就其前景而言，一个社会趋于转化为压迫制度。

参考文献：

巴罗，J. D., Barrow, John D. (1998) *Impossibility: The Limits of Science and the Science of Limit*, Oxford: Oxford University Press。

Bhagavad-Gita, the Song of God (1951) trans. S. Prabhavananda and C. Isherwood, with an introd. by A. Huxley, New York: Harper。

韩国统计署，BS-Bureau Coréen des Statistiques (s.d.)《국제인구통계》, kostat.go.kr/portal。

古特曼，A. (主编), Gutmann, Amy (éd.) (1994) *Multiculturalism: Examining the Politics of Recognition*, Princeton: Princeton University Press。

哈贝马斯，J., Habermas, Jurgen (1998) « La lutte pour la reconnaissance dans l'état de droit démocratique », dans *L'intégration républicaine. Essais de théorie politique*, p. 205—243, Paris: Fayard。

金禹昌，Kim, Uchang (2008) "The Asian Horizon of the Humanities", Conférence prononcée à l'occasion de la Conference of the Humanities Scholars of Asia, Université Chung-ang (Séoul), le 6 octobre。

列维-斯特劳斯，C., Lévi-Strauss, Claude (1973) *Anthropologie structurale*, Paris: Plon。

列维-斯特劳斯，C., Lévi-Strauss, Claude (2011) *L'Anthropologie face aux problèmes du monde moderne*, Paris: Seuil。

朴玉圭，Pak, Okkeul (1996)《고려시대의 귀화의 명구》, Séoul: Library of Korean Studies。

薛东勋等 (主编), Seol, Dong-Hoon et al. (éds) (2005)《국제결혼 이주여성 실태조사 및 보건복지 지원정책》, Séoul: Ministère de la Santé et des Affaires Sociales。

瓦尼耶，J.-P., Warnier, Jean-Pierre (2004) *La Mondialisation de la culture*, Paris: La Découverte。

下篇

非洲的醒悟：政治与智慧

非洲哲学史的研究与编纂状况

J. 奥比·奥古埃吉奥福尔　著

萧俊明　译

  历史在哲学研究中的至关重要性早就得到亚里士多德本人的认可。在《形而上学》第一卷中，亚里士多德在对他的老师柏拉图展开批判之前专门对所有在他之前试图找到实在的根本原因的努力进行了考察，他相信"重温一下这些观点对当前的探究是有益的。因为这样我们或者将找到某种其他的原因，或者更加坚信现在所说的这些原因正确无疑"（983b，1—5）。这位斯塔吉拉人接着概述了其前辈们的意见，系统地指出了他们的漏洞和强项，借此为重新设定任务定下基调。希波的奥古斯丁在《上帝之城》中对意大利学派和伊奥尼亚学派的哲学家以及苏格拉底、阿里斯拉波和安提斯泰尼做了历史回顾，然后将柏拉图确定为其探究人类目的以及如何达到目的的指导（第8卷第1—7章）。如此，奥古斯丁将其自身和任务定位于一个更大的思想传统中。因此，在哲学研究中进行历史思考就是将自身置于一个相关位置，这个位置转而包含了理解和自我理解。根据伽达默尔的《真理与方法》，理解蕴含着在正在发生的传统中找到一席之地（参见克吕格尔，1984：88）。这种占有位置与那种关于完全中立的、纯观察者的观念截然对立，因为我们所有人因此而成为积极的参与者。别的妄求无异于再次鲁莽地落入哲学的陷阱或职业风险——一再企图"理解完全是当下的事情"。在西方哲学中，这种企图的最新近的例证是现在已经名声扫地的逻辑实证主义者试图在哲学中进行一次全新的开始的努力。

  指责逻辑实证主义者一类思想家的观点并不因此意味着我们赞同黑格尔主张的截然对立的观点，即哲学与哲学史是可互换的。这样的观点无疑非常不适合当代非洲哲学的情况。按照夸西·维雷杜的观点（1991：157），非洲哲学的传统仍在形成之中，如果确实没有形成，它就不能被撰写；如果已经被撰写，那么它所包含的意见和实践方面的分歧是如此之大，以致确实让人怀疑这些不同的作者是否在撰写同一传统的哲学。

反之，我们认为查尔斯·泰勒对于哲学历史性的捍卫对非洲哲学更为适当可行。泰勒认为，哲学史的必要性取决于对社会模式或组织原则的经常遗忘。在他看来，思想家非常经常地达成的社会组织原则随着时间和熟悉逐渐被视为范式性的，无须质疑。这些原则往往渗透于习俗、制度和传统之中，它们所产生的主导解释和实践被一个社会的成员不加质疑地接受，认为事物就是并且应该是这样。[1] 泰勒暗指的这种转化近似于西奥菲勒斯·奥克雷著作中的非哲学观念。在奥克雷看来（1983：83），真正的哲学总是个体对其文化符号的解释学解释。但是，这种解释的结果往往变成了社会的共同属性，在这种情况下，共性变成了非哲学，为另一个产生新哲学的个体反思构建了基础。因此，哲学与非哲学之间存在着一种辩证关系。

按照泰勒的观点（1984：21），哲学要从原始模式或组织原则已经被遗忘的情境中产生，则需将对原始哲学的遗忘颠倒过来：

> 我们必须了解实践是如何形成的，了解它们如何逐渐嵌入某种对事物的看法，而不是只生活于其中，将它们对事物的暗含解释当作事物就是如此来接受。换言之，为了消除遗忘，我们必须为我们自己阐明它是如何发生的，必须认识到一幅画是如何从探索状态滑到含混假定状态——一个太明显以致不被提起的事实。但是，这意味着一种遗传解释，这种解释回溯了嵌入的实际发生经由的阐述。要使我们自身摆脱关于独一性的假定，就需要发掘起源。这就是为什么哲学不可避免地是历史的原因所在。

阿拉斯代尔·麦金太尔并不赞同这种关于哲学历史性的功能观念。他非常接近于诸如黑格尔和科林伍德这样的历史哲学家，因而宣称哲学史是哲学的至高无上的部分，其理由显然很简单，就是哲学的成就必须根据其历史来评判。

如果我们以上所说的含有一点点真理，那么这意味着非洲哲学迫切需要重述其历史。但是，这种历史编纂学带来了若干特殊问题（奥古埃吉奥福尔，2003）：传统的延续性问题、非洲一词的指称问题、这样一部历史选入什么和不选入什么的问题。当然，这类问题对其他传统来说并不陌生。例如，麦金太尔（1984：33）揭穿了所谓西方哲学史固有的延续性的伪装：

> 在某种程度上，如此之多的标准哲学史所提供的延续性意识是错觉，它依赖于机敏地——尽管无疑是无意识地——运用一系列旨在遮掩差异、弥合间断、掩饰难懂的手段。

在麦金太尔看来，关键的问题在于正确类型的历史是否实际上已被写出来了。按照推论，这种历史必须既揭穿这种虚伪的延续性，又能够以一种君主的方式来评判哲学的成果。对于非洲哲学而言，概述一部全面的非洲哲学史的任务中有许多基本和关键问题亟待解决。与这个任务相关的各种问题似乎合谋来困扰任何想撰写这种历史的企图。因此，尽管非洲诉求与其他传统平等的地位，尽管它要求受到与许多其他传统一样的关注和尊重，但是指出这种在某些其他区域哲学中已经看不到的空白是适宜的。[2] 近至 1972 年，A.J. 斯梅试图整理一份非洲哲学书目，令他遗憾的是未能发现关于非洲哲学史的著作。但是，我们仍然会不由得想起甚至在当时就存在的一个例外：扬海因茨·亚恩 1958 年发表的《人》。《人》其实是一部由 5 篇文章组成的研究文集：唐普尔、格里奥勒、迪耶泰朗、黛伦以及卡加梅。正如斯梅所指出的（1980：12），这些文章中只有两篇，即唐普尔和卡加梅的著述确实不枉哲学之名。亚恩最后认为，不悖于当代科学传播的世界概念的非洲哲学是存在的。他自此一直被公认为"第一位非洲哲学史家"（马索洛，1994：37）。

从 20 世纪 70 年代初期以来，克劳德·萨姆纳就开始发表其现在已很有影响的埃塞俄比亚哲学系列丛书，其中包括《智慧哲学家之书》（1974）、《论札拉·雅各布和瓦勒达·赫耶瓦特》（1976 和 1978）、《生理》（1981）、《斯坎德斯的生平和箴言》（1981）。萨姆纳对那些时间跨度为几个世纪（从 15 世纪到 18 世纪）的埃塞俄比亚书面哲学著作进行了编纂和论述。从历史上讲，对于这些著作的重新发现真正揭穿了某些人认为非洲哲学始于普拉西德·唐普尔的断定。再有，了解某些非洲哲学系的学术状况的一个线索是，在萨姆纳发表其多卷著述将近 20 年之后，尼日利亚大学已故的 C. B. 奥科洛（1993：27）在区分了专业与非专业哲学之后，将非洲哲学的开端认定为文字传统时期，"从近期来讲，肯定是在第二次世界大战之后"。

J. 金永戈在其《非洲与非裔美国哲学显灵》（1989）一书中主要追溯了关于非洲哲学的存在与本质的论争历史。金永戈或许是第一位承认非洲哲学与非裔美国哲学之间的综合关联的非洲哲学史家，他在其著作中将二者统归入同一框架。各种文集迄今一直坚持这种做法（下文再叙）。金永戈采取迂回的办法进行了时期划分，其中包括古埃及和努比亚哲学、科普特–伊斯兰非洲哲学（包括埃塞俄比亚哲学）；还有被驱逐到欧洲的非洲人的哲学，不过只收入了一个人物：安东·威廉·阿莫。尽管该书的主要着眼点是当代非洲哲学，但是金永戈仍对关于非洲前当代部分的系统论述的缺失颇有微词。这也是当代非洲哲学中存在的一个空白，金永戈的著作试图填补这个空白。然而，被当作当代非洲思想家加以介绍的人物并不具有足够的代表性。作者大多选的是法语圈思想家，只有克瓦米·恩克鲁玛是唯一的例外。那些本应高调入选的人物有已故的奥德拉·奥鲁卡、朱利叶斯·尼雷尔以及彼得·博邓林。

克里斯蒂安·诺伊格鲍尔的《非洲哲学导论》（1984）试图弥补金永戈著作中的这种不平衡。但是这一次似乎又过于偏倾说英语的非洲思想家。这就是为什么 B. F. 奥古阿、克瓦米·格耶克耶以及夸西·维雷杜这些历史上无论如何都属于边缘的人物在他的书中显得很突出的原因所在。诺伊格鲍尔将阿肯哲学作为民族哲学的一个样本。然后他用了若干页篇幅论述了埃塞俄比亚哲学，接下来的一个章节论述了恩克鲁玛、尼雷尔以及桑戈尔的非洲社会主义。夸西·维雷杜是唯一受到充分关注的当代思想家，占了整整一章的篇幅。

由于非洲哲学史编纂尚未确立任何有关以往哲学人物、时代和运动的标准，所以对于非洲哲学史的开端似乎存在着令人不快的争执。有两种做法争执得最激烈：一种做法是将非洲哲学的开端回溯至久远的古埃及，另一种做法则否认古埃及思想是非洲哲学的一部分。前者可以进一步再分为 G. 詹姆斯帮，其主要目的是揭穿古希腊哲学所谓的原创性。必须计入这一帮的有 L. 凯塔、谢赫·安塔·迪奥普、泰奥菲勒·奥本加以及伊诺桑·翁耶武恩伊。这些作者对埃及哲学往往涉猎并不深，因而并不可能写出一部批判的、有所反思的哲学史。相反，他们的努力似乎更多地集中于论战而不是学识，因而让人对古埃及哲学究竟在哪里可以找见难免有一种疑惑的感觉。

穆巴宾盖·比洛洛的著作超越了这种肤浅性。他在1986年发表了他的三卷本的埃及哲学研究，详细地讨论了不同的哲学运动、学派、时代以及它们的影响。J. 阿伦的著作《埃及探源》（1988）以及他论述阿克何纳托的哲学的文章（阿伦，1989）也有助于填补这个缺口，即论述埃及哲学真正的哲学内容。但是，阿伦的著作还支持了那种认为埃及哲学帮助形成了希腊哲学，特别是在逻各斯方面的观点，不过是含蓄地，当然也不那么锋芒毕露。埃及神布塔被概念化为理智本原，即使物质充满理智的本原。由于布塔神，生物的意志发挥作用来改变它们的环境；而且，创造意志再一次通过他"作用于单子的起始原料来产生（最初的）世界"（阿伦，1988：46）。莫勒菲·凯特·阿桑特的《埃及哲学家：从伊姆霍特普到阿克何纳托的古代非洲声音》（2000）一书篇幅不长，将概述埃及哲学史与提供关于埃及哲学的内容的些许见识这两项任务合并在一起。但是，阿桑特的著作具有一种明显的非洲中心论意向，并且含有浓重的论战味道，这几乎成为这一运动的标牌。

显而易见的是，以上提到的作者大多只专注于非洲哲学史的某个单一时代或阶段。几乎没有任何人以非洲哲学的全景作为其研究领域，将研究范围扩展到远至古埃及，近至当代。马杜阿科拉姆·奥苏阿古关于非洲哲学史的著作值得称道之处就在于它试图克服这一弱点。可以说他是这一领域最多产的著者，已经出版了如下著作：《非洲历史重构：非洲研究的一种方法论选择》（1999）、《非洲哲学当代史》（1999）以及《早期中世纪非洲哲学史》（2001）。

奥苏阿古是打算写一部非洲哲学当代史还是一部当代非洲哲学史，可以成为讨论的对象，但是，如果从书的内容来判断，则会很容易同意是后者。通过这些独自成书的出版物，他试图跨越他对非洲哲学所勾勒的所有阶段。其中第一部在展现埃及思想的哲学内容方面帮助不大，假如作者借助M. 比洛洛和J. 阿伦的著作倒是可能完成这一任务。奥苏阿古用了很多页的篇幅来讨论其他作者关于埃及哲学的地位的观点，其中包括奥莱拉、凯塔、奥本加以及翁耶武恩伊的观点，尤其讨论了埃及哲学是否是非洲哲学的一部分，以及希腊哲学是否受古埃及影响。这一不足在其《非洲哲学当代史》一书中得以避免。尽管广泛地集中于方法问题，但是他还是用了多页篇幅讨论了关于当前非洲哲学的不同意见。同金永戈一样，他在书中辟有很长的一节来论述非裔美国哲学。但是，与金永戈不同的是，他挑选非洲思想家时一视同仁，跨越了法语圈和英语圈，对他们的哲学成果不做任何重要区分，以符合他所宣称的目的："我们的挑选是泛非主义的，而不是民族主义的，但并不忽视作者和学说的民族身份，这视情况而定"（奥苏阿古，1999：23—24）。

奥苏阿古以不同的著作发表其研究成果，借此回避了非洲哲学不同时代或阶段之间的关联问题。这是 A. G. A. 贝洛（1998：8）在奥苏阿古开始发表其著作之前不久所强调的一个问题。奥苏阿古的项目是效仿在西方哲学史中已经非常普遍的时期划分。这种分期的一个掣肘之处是历史时期的划分并非信手拈来之事。只是因循另一个哲学史编纂传统探索的路线是不够的。但是，这种做法显然正在为许多非洲哲学史家所接受。正如我们在弗朗西斯·奥贡莫代德的《非洲哲学古今史》一书中所看到的，他实际上采用了奥苏阿古同样的时代划分：古埃及时期、希腊罗马时期、中世纪时期、近现代时期，以及当代时期。问题不在于我们能够或应该避免西方对非洲哲学史的影响。问题在于，只要哲学思考项目暗含着非洲身份认同问题，只要历史时期的称谓包含着实际经历和事件，不必要地模仿西方就会造成矛盾。关键的问题在于，我们的先人是否也经历了与西方传统相同的时期。比如，关于非洲史，我们不能谈及文艺复兴和宗教改革，如果我们没有同样的复兴或改革来作为给历史时代命名的参照。因此，真实可信的非洲哲学史必须将其时期划分与非洲通史保持一致，而不是因循西方哲学史的清扫干净的道路。

奥贡莫代德的著作是一次会议的产物，题目是由论文提交者独立选定的，然后按照西方哲学的清晰明确的分期加以划分。关于希腊罗马时期，有论述德尔图良、奥利金和奥古斯丁的论文。我们注意到，缺少亚历山大的克莱门特这位那个时期非常重要的思想家。再有，翁耶武恩伊关于希腊哲学的埃及起源的论文只不过论及了属于所谓希腊罗马时期的希腊人。

彼得·布莱·范亨斯布鲁克在1999年发表了一部非洲部门哲学史，可谓难得一见。《非洲思想中的政治话语：从1860年至当今》一书超越了通常只是简单地将恩克鲁玛、尼雷尔、桑戈尔、阿齐克韦以及阿沃洛沃等人的民族主义意识形态思潮称为非洲政治哲学的做法。[3] 该书对非洲政治思想进行了全景考察，并且提出了三个思想模式来展开讨论：现代化模式、认同模式以及解放模式。对每一种模式，布莱·范亨斯布鲁克都以殖民主义作为起点来追溯这些政治话语的开端。该书涉及面广泛，将形形色色的观点大多罗列其中。作者发现了使这些观点成为同一哲学传统的各个方面的共同基础或根基。在这些根基当中存在着一种两极结构（"我们"与"他们"），并且每一种模式中都存在着一个"神话"（现代性"神话"、真实性"神话"以及解放"神话"）。作者猛烈抨击了两极性，并将克服两极性描述为非洲思想去殖民化的一个重要方面。再则，虽然两极性简化了我们的思想，但是它未能促进正确理解实际问题的艰巨性。比如，在民主的问题上，两极性造成了这样一个印象，即，要使民主在非洲发挥作用，只需解决一个问题。因此，这种简单化变成了一种名副其实的苦恼。所以，

> 要探索关涉多样非洲背景中的民主的相关问题，并寻找创造性的解决方案，就需要克服这种两极逻辑，这种逻辑是过去150年支配非洲政治思想的思想模式所固有的。（布莱·范亨斯布鲁克，1999：215）

还有其他试图以综合而非编年方式论述非洲哲学的著作。但是，也可以说它们是史书性的，因为这些著作往往要退回到当代非洲哲学的起源，然后追溯哲学话语的发展。刚果人 V. Y. 穆迪姆贝的博学之作就属于这一类。《非洲的发明》一书直接在西方概念（收藏在西方图书馆中）与非洲后来对他者的这些创造的反应之间的相互作用中追溯当今非洲知识的起源。这使得我们称为当代非洲哲学的话语从根本上缺乏原创性的说法成为无稽之谈。用迪斯马斯·马索洛的话讲（1994：2）：

> 穆迪姆贝摧毁了作为西方关于理性标准的认识论假定一部分的当今话语之基础。具有讽刺意味的是，他没有给非洲人提供任何备选方案。如同大部分很有影响力的结构主义哲学家，身受他们影响的穆迪姆贝对于从古至今的非洲文化做出了出色的结构历史编纂学研究。他对米歇尔·福柯的依赖使他像其他试图解构其自己的知识的后结构主义思想家一样处于一种不堪一击的境地。

或许可以认为马索洛著作的目的之一是要弥补穆迪姆贝著作留下的缺憾，这样说倒也不失公允。巴里·哈伦（2001）将马索洛的《寻求认同的非洲哲学》

描述为"第一部真正全面详尽的非洲哲学史"。马索洛在哈莱姆文艺复兴中探寻黑人文化认同之根，而哈莱姆文艺复兴本身是对欧洲人几百年来对黑人的侮辱的一种回应。对于非洲人的价值的恶意否定导致了对这种价值的喧闹的维护，于是便产生了黑人文化认同、普拉西德·唐普尔的《班图哲学》和卡加梅的《班图－卢旺达人的存在哲学》、智慧哲学，进而有了瓦伦廷·穆迪姆贝著作中关于所有这些的考古学。马索洛（1994：251）最后以一个坚实有力的结论强调了历史的重要性：

> 争论以及想让我们的概念得以正确理解的愿望，是两种有助于将哲学确立为一种特殊智性活动的智性探究方法；而且我们没有理由对非洲哲学免除这些方法。然而，我们只有对影响和制约我们的需要、经历以及一般历史选择的历史过程保持全面开放，这种智性探究才有可能。这一走向一种新文化的步伐是不可避免的；许多非洲知识分子，尤其是从事哲学研究的知识分子，必须摆脱文物研究者情结，因为这种情结正在抑制他们思想上多方面的进步。

令人不解的是，马索洛这部号称第一部全面论述非洲哲学史的著作怎么会以黑人文化认同运动及其灵感来源哈莱姆文艺复兴作为开端。马索洛的著作值得称道之处是揭露了这些话语何以是非洲困境的直接后果，尽管他并未足够明确地指出这一困境，尤其是心理创伤如何成为当代非洲哲学家大部分反思产物的支撑。[4] 然而，通过在哈莱姆文艺复兴中寻找当代非洲哲学的根，马索洛的著作强化了非洲哲学与非裔美国哲学之间的统一。

在试图进行历史－论题综合的著作当中，哈伦的《非洲哲学简史》（2001）尤为令人关注。哈伦宣称，他书中的大部分论题都是马索洛讨论过的。但是，他的著作更加全面，更加注重历史，没有马索洛那么多的个人观点，并且增加了整整一章的篇幅来论述非洲政治哲学。然而，与其书名所示相反，这部著作其实是一部关于**当代**非洲哲学的历史。该书对于将古埃及哲学视为非洲哲学语料库的一部分的断定不过是一带而过，并且声称这个断定受到了某些当代非洲哲学工作者的严肃挑战。用哈伦的话讲（2001：12）：

第二点关涉非洲学者自己赋予埃及文明与非洲全部文化遗产的重新整合的重要性。专门研究撒哈拉以南非洲,即所谓的黑非洲的非洲学者都会被任何这样的暗示深深伤害,即对于埃及的智性开拓无非是试图通过将他们自己的本土文化与"强大"和"光荣"的埃及联系起来来衬托或提升其文化的精深程度。事实上,这些异文化有其自己的完整性,无须借助与埃及的关联来抬高其文明的地位。

哈伦提到的这种情绪并不属于主流,并且似乎已经逐渐地沦为另类。有一些人欣然宣称,埃及不是非洲的一部分,但是在非洲学者当中非常少见。[5]还有,哈伦不大关注哲学史的早期部分并不意外。值得称道的是,他明确说明他的目的是要提供一部非洲英语圈学院哲学史。这种条理化的划界产生的问题是,当代非洲哲学是否确实可以或应该按照殖民语言线路来划分。如果我们考虑唐普尔用荷兰语发表的著作的普遍影响,以及诸如P. J. 洪通吉、H. 奥德拉·奥鲁卡、K. 恩克鲁玛、L. S. 桑戈尔以及J. 尼雷尔这些非洲思想家的普遍影响——他们产生的反响跨越了非洲的所有殖民语言划分,便很难看出按照殖民语言线路划分当代非洲哲学何以成立。总之,哈伦的简明综合之作比起马索洛的著作有所超越,尽管这部他明确宣称是一本全面的非洲哲学史的著作本不该对埃及哲学和埃塞俄比亚哲学一带而过。再有,按照这一目的,他也不该根据语言来划分非洲哲学。

在本项考察的最后,我们不妨着重谈谈历史文集如何正在暗暗地形塑各种立场并影响以前对非洲哲学的相信。或许是由于缺少发生在某些其他区域哲学中的那种体系化研究,大量的非洲哲学著述都是以文集形式发表的。这些文集往往发表的是独自撰写的、而且大多经常是已经发表过的文章。挑选这些文章的潜在原则往往带有尽管是暗含的但对非洲哲学史却是重要的信息。

特奥德罗斯·基罗斯的《非洲政治思想探究》(2001)一书收录了10篇论文,其中一部分是专工某一领域的哲学家的讨论,另一部分是关于更为一般的论题的论述。具有重要意义的是,文集收录了由基罗斯本人撰写的关于札拉·雅各布的一章以及乔治·卡齐亚菲卡斯关于伊本·赫勒敦的一章。据我们所知,这位著名的突尼斯哲学史家的文章被一部非洲史文集收录尚属首次。非洲的伊斯兰哲学在非洲哲学中的地位一直是存疑的。泰奥菲勒·奥本加的论文在他关于非洲哲学史时期划分的建议中专有一节论述伊斯兰哲学家。但是，随着时间的推移，这个建议似乎已经被人遗忘了。对于那些认为非洲哲学实际上是指所谓黑非洲的哲学的人而言，北非的伊斯兰哲学在非洲哲学史中不应有其一页。另一方面，那些从更具描述性的角度来理解非洲哲学史的人则会将所有在非洲大陆发达起来的哲学门类都包括在内。这主要是由于这样一种晚近的概念所致，即埃及哲学、北非基督教神父，还有北非的伊斯兰思想家可以一以贯之地成为一部真正全面的非洲哲学史的组成部分。当然，这会产生时期与观念之间的关联问题，但是我们已经看到，这个问题在哲学史编纂中并不是决定因素。

基罗斯将一篇论述伊本·赫勒敦的论文收入一部关于非洲政治思想的文集中，这明确地表明了他在两种对立的观点之间所采取的立场。然而，引人注目的是，这篇论文似乎将伊斯兰传统与西方的态度和历史对立起来，例如，文中严厉批评了阿诺德·汤因比将赫勒敦置于认为近代史始于文艺复兴的西方观点的背景中。论文作者卡齐亚菲卡斯还列举了一系列在思想上滋养了赫勒敦的伊斯兰作者，以图揭穿汤因比说赫勒敦是伊斯兰"唯一的光点"的诋毁性赞词。这样，卡齐亚菲卡斯将对于赫勒敦思想中普世主义倾向的赞扬赋予了伊斯兰：

> 赫勒敦值得称道之处，在于他不同于黑格尔和其他许多哲学家，并未将其自己的族群抬高到其他族群之上，因而屈从于民族中心主义。迄今为止，伊斯兰教的普世主义维度——由于在麦加朝圣期间遇到非种族主义白人而发生转变的马尔科姆·X的传奇故事——助长了它作为世界增长最快的宗教的地位。（基罗斯，2001：65）

伊曼纽尔·舒库迪·埃泽将M. 瓦哈卜的论文《北美的当代穆斯林哲学》收入他的文集《非洲哲学》，可能看上去只是装点门面而已，但是这种背离通常做法之举意味深长，并且提出了全面的非洲哲学史应该扩展到多大范围的问题。

关于非洲哲学的文集还正在逐渐地重塑古埃及哲学在非洲哲学史中的地位。弗雷德·L. 霍德和乔纳森·斯科特·李（1995）将其关于黑人哲学的文集所收录的论文按照三个区域加以归类：非洲、加勒比地区和北美。关于非洲的这一部分以选自埃及哲学的两个短篇《宣告无罪》和《普塔霍特普教谕》作为开篇（出处同上：21--31）。同样地，艾伯特·G. 莫斯利的《非洲哲学》在民族哲学这部分收录了戴维·詹姆斯的论文《"阿尼的教谕"与道德哲学》。在所有这些之前，克里斯蒂安·诺伊格鲍尔的《非洲的哲学、意识形态及社会》不无讽刺意味地以 M. 比洛洛关于埃及古典哲学的论文作为结尾。

  综上所述，不难指出，从 A. J. 斯梅未能发现有关非洲哲学史的著作到现在将近 40 年了，如今这个领域令人刮目的著作不胜枚举，值得关注的文章更是汗牛充栋。这些著述的切入视角广而不同，展现了关于非洲哲学本身的多样观点，这一事实符合最优秀的哲学传统，绝不是负面的，它充分体现了当代非洲哲学的活力。这些著述在结构上的编排似乎要避免轻率处理伴随撰写真正全面的非洲哲学史而产生的重大问题。然而，考虑到非洲哲学与寻求非洲人性和认同之间的关联，不言而喻，撰写不同的全面的非洲哲学史的任务早该完成了。撰写这样一部历史将是对非洲史的最后补充。

J. Obi OGUEJIOFOR: AFRICAN PHILOSOPHY:
THE STATE OF ITS HISTORIOGRAPHY
(*DIOGENES*, No. 235-236, 2012)

注：

[1] 这样的原则或模式在当今的绝好例证是自由民主的基本原则或模式。从所有的迹象来看，如今任何人敢于质疑民主的适当性似乎都是怪异的。而似乎更可行的是弗朗西斯·福山的历史终结论（1992），其大体意思是说，历史就社会政治秩序的新奇现实而言已经终结。

[2] 除了西方哲学之外，撰写这样的历史在中国、印度、美洲以及犹太人的哲学传统中也是由来已久。

[3] 由 H. 奥德拉·奥鲁卡首次提出的这种对当代非洲哲学思潮的称法，在非洲哲学中似乎已经广为接受，尽管有些人做出了略有不同的思潮划分，并对同样的思潮给予不同的名称。

[4] 我在《哲学与非洲困境》（2001）这部小书中指出，相比于任何其他因素，对当代非洲哲学影响更甚的因素是非洲从奴隶交易和殖民征服起与西方相遇所产生的冲击，以及饱受屈辱的殖民化岁月所产生的情结。伦纳德·哈里斯的《诞生于斗争的哲学》（1983）一书可以说对非裔美国哲学发挥了同样的作用。

[5] 例如，菲德利斯·U. 奥卡福（1993）认为，埃及不属于非洲的一部分，因而埃及哲学不应是非洲哲学的一部分。在奥卡福看来，非洲哲学实际上是指撒哈拉以南非洲或所谓黑非洲的哲学。

参考文献：

阿伦，J. P., Allen, J. P.（1988）*Genesis in Egypt: The Philosophy of Ancient Egyptian Creation Account*, New Haven: Yale Egyptological Seminar。

阿伦，J. P. 等（主编），Allen, J. P. et al.（eds）（1989）*Religion and Philosophy in Ancient Egypt*, New Haven: Yale Egyptological Seminar。

阿桑特，M. K., Asante, M. K.（2000）*The Egyptian Philosophers: Ancient African Voices from Imhotep to Akhenaten*, Chicago: African Images。

贝洛，A. G. A., Bello, A. G. A.（1998）"Towards a History of African Philosophy", *Ibadan Journal of Humanistic Studies*, 8: 1—8。

比洛洛，M., Bilolo, M.（1991）"Die klassische ägyptische Philosophie. Ein Überblick", 收入 C. 诺伊格鲍尔（主编），in C. Neugebauer（ed.）, *Philosophie, Ideologie und Gesellschaft in Afrika*, pp. 199—112, Frankfurt a. M.: Peter Lang。

布莱·范亨斯布鲁克，P., Boele van Hensbroek, P.（1999）*Political Discourses in African Thought: 1860 to the Present*, Westport: Praeger。

福山，F., Fukuyama, F.（1992）*The End of History and the Last Man*, London: Penguin。

哈伦，B., Hallen, B.（2001）*A Short History of African Philosophy*, Bloomington: Indiana UP。

哈里斯，L., Harris, L.（1983）*Philosophy Born of Struggle*: Anthology of Afro-American Philosophy from 1917, Dubuque: Kendal/Hunt。

霍德，F. J. 和李，J. S., Hord, F. J. and Lee, J. S.（eds）（1995）*I Am Because We Are: Readings in Black Philosophy*, Amherst: University of Massachusetts Press。

金永戈，J., Kinyongo, J.（1989）*Épiphanies de la philosophie africaine et afroaméricaine*, Munich-Kinshasa-Lubumbashi: Publications universitaires africaines。

基罗斯，T.（主编），Kiros, T.（ed.）（2001）*Explorations in African Political Thought: Identity, Community, Ethics*, New York: Routledge。

克吕格尔，L., Krueger, L.（1984）"Why Do We Study the History of Philosophy?" 收入 R. 罗蒂、J. B. 施内温德和 Q. 斯金纳（主编），in R. Rorty, J. B. Schneewind and Q. Skinner（eds）, *Philosophy in History: Essays on the Historiography of Philosophy*, pp. 77—102, Cambridge: Cambridge UP。

麦金太尔，A., MacIntyre, A.（1984）"The Relationship of Philosophy to Its Past", 收入 R. 罗蒂、J. B. 施内温德和 Q. 斯金纳（主编），in R. Rorty, J. B. Schneewind and Q. Skinner（eds）, *Philosophy in History: Essays on the Historiography of Philosophy*, pp. 31—48, Cambridge: Cambridge UP。

马索洛, D. A., Masolo, D. A.（1994）*African Philosophy in Search of Identity*, Bloomington: Indiana UP。

莫斯利, A.（主编）, Mosley, A.（ed.）（1995）*African Philosophy. Selected Readings*, Englewood Cliff, NJ: Prentice Hall。

诺伊格鲍尔, C., Neugebauer, C.（1989）*Einführung in die afrikanische Philosophie*, Munich: Afrikanische Hochschulschriften。

诺伊格鲍尔, C.（主编）, Neugebauer, C.（ed.）（1991）*Philosophie, Ideologie und Gesellschaft in Afrika*, Frankfurt a. M.: Peter Lang。

奥古埃吉奥福尔, J. O., Oguejiofor, J. O.（2001）*Philosophy and the African Predicament*, Ibadan: Hope Publications。

奥古埃吉奥福尔, J. O., Oguejiofor, J. O.（2003）"Problems and Prospects of a History of African Philosophy", *American Catholic Philosophical Quarterly*, 78: 477—498。

奥卡福, F. U., Okafor, F. U.（1993）"Issues in African Philosophy Re-examined", *International Philosophical Quarterly*, 33: 91—99。

奥克雷, T., Okere, T.（1983）*African Philosophy: A Historico-Hermeneutical Investigation into the Conditions of Its Possibility*, Lanham: University Press of America。

奥科洛, C. B., Okolo, C. B.（1993）*African Philosophy: A Short Introduction*, Enugu: Cecta。

奥苏阿古, M., Osuagwu, M.（1999）*A Contemporary History of African Philosophy*, Owerri: Amamihe Publications。

罗蒂, R., 施内温德, J. B. 和斯金纳, Q.（主编）, Rorty, R., Schneewind, J. B., and Skinner, Q.（eds）（1984）*Philosophy in History: Essays on the Historiography of Philosophy*, Cambridge: Cambridge UP。

斯梅, A. J., Smet, A. J.（1980）*Histoire de la philosophie africaine contemporaine: courants et problèmes*, Kinshasa-Limete: Faculté de théologie catholique。

泰勒, C., Taylor, C.（1984）"Philosophy and Its History", 收入 R. 罗蒂、J. B. 施内温德和 Q. 斯金纳（主编）, in R. Rorty, J. B. Schneewind and Q. Skinner（eds）, *Philosophy in History: Essays on the Historiography of Philosophy*, pp. 17—30, Cambridge: Cambridge UP。

维雷杜, K., Wiredu, K.（1991）"On Defining African Philosophy", 收入 C. 诺伊格鲍尔（主编）, in C. Neugebauer（ed.）, *Philosophie, Ideologie und Cesellschaft in Afrika: Wien 1989*, Frankfurt a. M.: Peter Lang。

非洲哲学的多重政治性
——解放、后殖民主义、解释学和治理

恩科洛·福埃 著
陆象淦 译

解放哲学退潮，敌视独立的意识形态逆势而上，大奏凯歌，此情此景使我们足可以理解今天影响非洲哲学的深刻变化。后殖民主义使解放哲学脱离了可理解性的要求而去追求审美的浮华；脱离了改造世界的使命而去玩弄语言游戏和寻求意义的解释学。一些新的手法应运而生：试图以禁欲苦行替代反思意识和战斗意识；以只顾眼前、目光短浅和苟且一时的短期行为（姆贝莱，2010）替代对历史的长时段和深层运动的关注；以不同民族的无序多样时间替代世界整体的普遍时间（迪乌夫，1999：25）；以所谓繁荣神学替代解放神学；以随波逐流和游牧主义替代对非洲生存的稳固基础的寻求；以混杂化替代历史创举；以诡诈计谋替代斗争。后殖民主义攻势的矛头对准解放哲学，旨在颠覆自主意识和泛非主义大厦，为死灰复燃的桑戈尔主义的意识形态胜利祝圣，宣称反抗殖民主义只是**一件过时的武器**，或者说只是一支**旧猎枪**。独立被认为是滋生无政府民族主义的一种神话，有人扬言"头朝下、脚朝天的论证不成其为论证。那是提出伪问题"（转引自托瓦，1971：80）。真正的问题既不是反抗，也不是分离，更不是建设一个民族的或泛非主义的政权，[1] 而是向世界开放，作为陪衬角色融合进世界体系，依附于金元帝国。这正是后殖民主义叫嚷反对"对起源的怀念"，反对"民族主义和泛非主义梦想"（沃洛盖姆，1968），反对解放和进步**叙事**的狂傲喧嚣的根本意义所在。

有利的意识形态氛围

后结构主义的方法论和概念架构使得后殖民主义奠立了新独立国家的意识形态基础。同时,这种方法论和概念架构还提供了理论手段,从而抛弃能够克服碎片化非洲社会的缺陷的先进社会主义民主理念并进行另一种选择(恩克鲁玛,1976:98;姆贝莱,2010:35)。就认识论观点而言,也就是如今强调必须用承认认识多元论的新学术语境来书写非洲,肯定**社会和历史进程的偶然性**,了解**世界和生活形态的多样性**;除此之外,还应加上对于**语言与解释**的日益强烈的关注,以对抗被认为已经过时的主客体关系问题。由此而产生的语言学唯心主义,成为反对马克思的决定性论据。如今,一切皆成为话语,一切皆是叙事。后殖民主义弱化了解释力与改造世界能力之间的紧密联系,剥夺了社会科学进行分析、解释和预言的一切合法性。姆本贝(2000:31)清楚揭露了其中的奥妙:福柯(1966:353—354)禁止质疑人们期望可以提供获得真理的手段的人的本质,步其后尘,解放问题变成非洲理解自身的斗争中唯一受到质疑的问题。**人类及其解放的王国**这个关键哲学问题从而失去了合法性。因此,解决某些令人困惑的问题,特别是卡布拉尔提出的**理论武器**问题和恩克鲁玛提出的社会救赎问题的道路已经开辟出来。这两个问题都要求社会革命的使命成为哲学的主导任务(恩克鲁玛,1976:97—98)。**理论的理论**限令哲学抛弃经验:哲学不再应该成为"某种基本政治计划的意识形态注释"(洪通吉,1977:245)。所假定的**事例的独立性**使得每个事例保持其特定的融贯性。

自相矛盾的是,哲学一方面被要求不沾染任何意识形态污点,另一方面又被责令公开宣示某种**染上污点的认同**,以及以这样的代价获得的**民族认知**——回归殖民主义民族学、民族哲学和黑人精神的原因所在——的合法性。实际上,只有在思想被要求**付诸行动**来完成其社会救赎的使命之时,与生活的这种割裂才显示出来。今天,社会的可理解性成为一个主要的意识形态挑战。后现代主义现今控制着其发展,将自己的规则强加于非洲思想:干扰"理性主义的规则"(马菲索利,2002a:38),"绝对主体的相对化"(马菲索利,2002a:64),不信任"知识或者理论话语"(利奥塔,1974:22,287)。后殖民主义用某种形式的"一盘散沙似的和无力的偶然存在"与具有思想的、积极的历史主体的自主性以及历史必然性本身对立起来（姆本贝，2000：32）。然而，福柯对人类乌托邦、自由和解放的不信任阻碍了民族政治选择的表达，撇开了无思想、主体的碎片化和历史的解体概念，亦即撇开了实际上宣扬人类面对环境无能为力的一切论说，就无法理解这一点。

未能创造自己历史的非洲人

后殖民主义加以理论化并赋予意识形态重任的正是这种人类无能的学说。虽然争取解放的理性肯定"作为个人和集体的人，能够而且应该创造自己的历史"（阿明，2008：9），但是比迪马（1995：69）却断言，就个人层面而言，人面对市场和国家是无能为力的；就宏观政治层面而言，他则坚持认为从国际力量对比来看，"非洲未能创造自己的历史"（1995：72）。这种消极性被视为一种美德，而今成为"所有真正的生活和自由政治的核心"（姆本贝，2000：XVI）。非洲在此与印度汇合："男子汉气概的抗议"和"尚武的美德"（南迪，2007：154）只是民族主义时代的产物？印度的后殖民主义者阿希斯·南迪以近似桑戈尔主义的腔调明确地用"没有反思意识"传统的消极态度（2007：154）来抗拒上述美德。桑戈尔早就已经使沙卡失去活力和软化，引导这个彪悍凶猛的战士进入柔情诗人的无攻击性状态，成为既非反思激情的体现者，亦非英雄行为的代言人，而是**肉欲**、**同情**和**爱情**的歌者（托瓦，1971：86—87）。桑戈尔排除了反殖民统治战斗胜利的可能，除了在顺从与妥协、讹诈与道德说教、道歉与祈求之间做出选择，别无他途（托瓦，1971：14）。

这些学说之所以规避**男子汉气概的抗议**，其原因据说这样做付出的代价太高（南迪，2007：154）。法农将革命的暴力假设为**绝对的实践**，姆本贝（2000：XV）惊叹道："我们不能不冒以同样的赴死姿态献出自己生命的风险，来杀死一个超级武装的敌人！"迂回地说，后一句话告诉我们西方对于大规模毁灭性武器的垄断的真正涵义。然而，它混淆了革命英雄主义与"自杀逻辑"（姆本贝，2000：XV），清楚地证明姆本贝对第三世界解放战争的历史总结和欧洲本身的反纳粹运动不是低估，就是错估了。由此可见，姆本贝正在改变策略，不但从道德上否定革命事业本身的合法性，而且罗织罪状加以否定：革命并不像法农所期望的那样意味着任何"人类的升华"。它是通过把杀戮殖民地移民后裔的权利引向纯粹的大屠杀（姆本贝，2000：XV）来实现的。姆本贝否定了斗争的合法性,号召被压迫者发扬博爱精神和"改变信仰"。充斥《论后殖民主义》的基督教学说的隐喻蕴含着一种"生活政治学":"名副其实的形而上学暴力"一旦被接受,就会发挥"语言、符号和客体的扭曲作用",而这种作用的最终境域则是产生某种"共识点",或曰某种"普遍性"(姆本贝,2000:215)。

生存的引力中心转移,与自己的家庭、亲属、语言和习惯一刀两断,这样做无非是为"改宗"披上合法外衣。据说,这种改变信仰为人们提供了机会,使我们能够"栖身于绝对不同的另一个境域"——异教"出于恐惧"(原文如此)而"不再能触及或者插手控制"(姆本贝,2000:212)的境域。

姆本贝认为,这境域不同于他所说的前新自由主义"异教"境域,将为非洲人开创一个"无止境的未来",实现"无限"和"永恒时代"(姆本贝,2000:213);事实上,这无非是全球化时代的一种婉转说法。非洲人转向市场,据说将能"回归自身"和"行使自己的主权";而且,通过这种"自主关系",非洲人将获得"完全的幸福"(姆本贝,2000:XVIII)。

由此可见,后殖民主义如何为诸如此类选择担保和祝圣,尽管这些选择与所谓"身份认同的惊人移位"、"进入他者时代"、"杂交"、"习俗的再分配"以及统治者和被统治者在其中"实质上分享同样幻觉"的空间环境等论说一样可鄙。[2] 姆本贝之所以诉诸基督教的神话,乃因为他的宗教想象力是从繁荣神学的某些幻觉中吸取营养的,在诸如此类的神学中,人的解放是与求助基督和市场来获得解放联系在一起的。后殖民主义用改变信仰来替代斗争,却忘记了一个显而易见的事实:信仰改宗要求"改宗者积极地行使其判断"(姆本贝,2000:212),这不啻缘木求鱼;信仰改宗居然是**被动地**将主体植根于历史,而本土文化一旦解体,信仰改宗的破坏力在于以塞泽尔所说的不和谐地叠合在一起的各种文化特征的无序混合体来替代历史主体。后殖民主义加以理想化的恰恰是此类杂交的巴洛克文化形式,非洲、拉丁美洲和加勒比地区的诸说混合宗教的悲剧境遇即是其证明。

后殖民主义者惯常指责勇于挑战而不愿**改变信仰**的这些民族缺乏宽容和坚持种族主义。在姆本贝看来,解放斗争在任何情况下都意味着双重排斥:既排斥"直面手足残杀的考验"(因为,据说即使是最凶恶的压迫者也是我们的"兄弟"!),又"排斥**构建共同体**"(也就是说对敌人讲博爱并与占领者为伍——姆本贝，2000：XVI）。这说明为何"起义运动"乃至进行解放斗争的国家，罪孽深重：它们"在自由和主权的借口下，推行的政策将'制造死亡'变成一种不顾任何道德底线的自在目的，而政治斗争并非旨在进行谈判，而是为了消灭在此情境下变成了敌人的理想形象的对手"（姆本贝，2000：XVI）。解放斗争在道德和精神上是站不住脚的，所以必须寻找一种"文化的"替代品。因为，如果像比迪马所说（1995：83）："每一种文化都有自己的诡诈英雄，正如它拥有自己的力量和正义的英雄一样"，那么现在正是非洲肃清其一切污泥浊水，抛弃陶醉于"男子汉式的凯旋主义"的时候。比迪马为非洲政治哲学提供了一个新概念——**诡诈**（1995：72），**兵不厌诈**应该成为"正直和眼泪在国际舞台上得不到重视的人们"为自己确立的法则（1995：72）。令人诧异的是，比迪马意识不到杜波依斯已经否定的诡诈[3]恰恰是长期丧失了自由意志和斗争习惯的被征服民族的软弱无能综合征的表现。一个依然记得自由意志的民族不应该奸猾诡诈，谄媚奉承，屈膝投降，而应该昂首抵抗。

诡诈概念与"凯洛斯"（kairos）组成一架双套马车。所谓"凯洛斯"，其含义是指"战略生存的决定性时刻"（比迪马，1993：241；参见南迪，2007：157）、"**有利机遇**和适当机会时代"（比迪马，1993：116）、"非洲能够出现转机的**良性空间**"（比迪马，1995：69—70）。比迪马将边缘形象理想化（1993：240），要被压迫者改头换面，"把自己隐蔽起来"，**侵入**他者"禁地"（1993：116）。殖民的想象就此与后殖民者缠绕在一起，这着实令人吃惊。这些学院派游牧者没有能力超越它们作为奴婢的生存环境，理解不了摆脱依附的使命；非洲能够具有独树一帜、构成一个独立的力量极的抱负，以便随后将各个主权国家整合为伟大的民族，这样的理念在它们看来不啻海外奇谈。毫无疑问，这说明比迪马为什么会使用有些概念。比迪马认为，用迂回和应付概念来设想国际关系（比迪马，1993：241），将"在周围的国际统治中进行**迂回和设局**"的艺术应用于南北关系（比迪马，1993：243），乃是合情合理之举。实际上，比迪马将特定层面的新自由主义的手法加以理想化：尽管官方声明反对移民，但新自由主义一方面设置阶级屏障和关闭边界，另一方面戴上资本主义惯用的仁慈面具，为所谓边缘人物、随机应变者和足够机灵的所有国家的民族符号操纵者提供个人成功的机会，以通过这两手的结合，来挫败地下移民或者偷盗和单纯扒窃的寄生活动的陷阱。

然而，在这一路径中，占主导地位的主要是后现代的无政府主义精神。这种无政府主义呈现于法比安·埃布西－布拉加的战术理念中。为了排除以革命行动作为摆脱依附和统治的前提这一障碍，埃布西－布拉加想象出适用于在"大战略行动的指挥者""明确划定并掌控的"领域里创建小自由空间的某些战术（埃布西－布拉加，2008：14）。[4]由于这一战术节省了集体行动，所以意味着不固定的、流动的、对一切变动开放的原子，特别是群体原子的单个行动。建立"后人类新团体"的观念萦绕着后现代的想象（哈尔特和内格里，2000：269）。就解除义务的观点而言，就是试图创建能够摆脱种族、历史、国家、家庭生活以及称作**正常的**性生活的严格规则的某些团体。内格里坚持说，身份的不断变化乃是后现代共和主义的条件。在他看来，今天的所谓共和派，意味着在全球化内部进行斗争并在全球化本身提供给我们的杂交和流动的土壤上与之对抗。同样，非洲人还应该奋起反对一切领域的伦理说教。号称非洲自由派的后殖民主义者，接受这种在全球化无限空间中实现自我的后现代理想。如利波韦茨基所言（1983：153），正是消费"终结了"习俗和传统的价值和存在，产生了一种国家文化并在需求和信息的刺激基础上使之国际化，拔除了个人的乡土之根，进而使个人丧失了日常生活的稳定性，以及与客体、身体和"自我"关系的古老的静态性。主体的去实体化、"各种模式流通所清除的不固定原子的出现以及这种状况的不断再生"（利波韦茨基，1983：154），造成"存在的非同质性及不可比的原子的多样化，从而促使大社会实体和认同的逐渐淡化"（利波韦茨基，1983：156）。在这种差异、秩序和等级淡化的普遍环境下，一切变得模糊不清。

作为极端自由派的后殖民主义，完全赞同新自由主义的世界观。譬如说，在比迪马的论说中存在关于柔性和失调的某些令人注意的指数。比迪马将边缘人物向功能主义设置的陷阱、他们与时代的松散关系、他们"排斥功效逻辑而主张不可预测性"的观点（比迪马，1993：241）加以理想化。这里所指的资本主义实践层面即是市场：市场要求个人碎片化、凭直觉行事、变幻不定，既没有必须捍卫的核心价值，也没有应该公开宣告的认同。其"政治"表现则是适应、妥协、交易和屈从。这正是南迪（2007：154）所说的变幻不定认同的根本意义。南迪明确地将这一隐喻同战略生存的苦行主义学说捆绑在一起。

然而，对于非洲来说，关键不在于在世界舞台上从事地下活动。目标不是在全球化的禁地里偷猎。重要的是完全不同的另一件事情：不是回应市场对肚子产生的诱惑力，因为市场需要寄生虫来打扫和净化充斥垃圾的空间，不是视而不见或者淡化认同，而是建立一个能够应对我们时代挑战的强国。这一使命令桑戈尔恼怒，他崇拜某种复合文明，以构建同法国和欧洲的同化 – 联盟。据说，这是因为"对于殖民地来说，特别重要的问题在于吸收法国的文明精神。这是一种丰富的原住民文明、使之摆脱停滞的同化"（桑戈尔，1964：45）。这样的混合是在完全不平等的条件下实施的，桑戈尔本人也承认一种文化和一个大陆的依附性，因为它们只能在帝国与停滞之间做出选择。后现代的桑戈尔主义对这些关键问题一概避而不谈，主张对桑戈尔的著作进行无害和迂回阅读的苏莱曼·贝希尔·迪亚涅（2007）[5]对这些问题视而不见。然而，在桑戈尔的著作中，混合和杂交的幻影给法兰西大帝国之梦披上伪装，支撑着一个大可争议的理想——欧非混合体。据说，混合意味着"法兰西帝国"内生的"生存共同良知"（桑戈尔，1964：45）。

桑戈尔将杂交和混合视为争取灵魂和人的自由的斗争；他的后现代继承者今天正在进行"反抗对于一个国家、一种身份、一个民族实施奴役"的斗争（哈尔特和内格里，2000：436—437）。我们知道，正在为桑戈尔主义正名的后殖民主义，如此气急败坏地自我标榜，其目的无非是为了解构非洲各民族，阻止一个强大的非洲自主国家出现。非常巧合的是，国际货币基金组织和世界银行在其结构调整政策的框架内，正在实地执行哲学早就梦寐以求的策略——文化的非实体化、国家的消亡化、社会的沙化、民族的碎片化⋯⋯

民族的碎片与多重的时间性

面对建立一个独立自主的强大民族国家或泛非国家的雄心，碎片问题开始提出来。马马杜·迪乌夫、比迪马、阿皮亚[6]对恩克鲁玛和C. A. 迪奥普的讽刺挖苦，矛头所指实际上正是这种建立强国的雄心。那么，是否真有必要将建立非洲民族强国或非洲大陆强国的计划指控为种族主义？后殖民主义者在接受其新自由主义选择上胆子何其大矣！实际上，构建非洲民族国家或泛非国家的计划之所以令人不安，是因为按照现代标准将个人集合为有组织的群体（工会、社会阶级、民族、国家）设置了一个关于流通循环的谜。杂交、后民族、跨国、后国家、移民散居，凡此种种证实了新自由主义逻辑，即人类离散，以及靠消费主义这一唯一纽带联系起来的微型社会的构成。这些学说与后意识形态和后英雄主义错综交叉，谋求确认人民不再愿意以流血的代价来争取或捍卫自己的主权，不再愿意为民族和国家等等做出牺牲。同样，"民族的碎片"也构成一个主要政治筹码。

这个问题首先伴随的是美国公民社会的创新及对由此而来的**岛屿社群**的吹捧。对于**大社会**的批判拒绝为了民族共同体而牺牲地方共同体；诸如此类的批判指责**进步论自由主义**。据说，这种理论是推动民众为了构建一个庞大的民族（或大陆）计划而放弃他们的个人主义和地方主义的罪魁祸首。公民生活的创新通过重建社会的、共同体的、民族的和社区的联盟来实现，而以社会和世界的部落化作为目标的民族**碎片**的鼓吹（马菲索利，2002b）对于这些联盟来说无关紧要。

如果说碎片理论表明反对民族作为对阶级斗争开放的空间，那是因为这个空间是一个分裂的因素，却又是一种强大的凝聚力量。阶级斗争寻求克服社会不平等产生的矛盾，有利于社会契约的达成，为民族团结提供了手段。针对民族的种种攻击言论与对社会民族国家安排的社会契约的质疑沆瀣一气（巴利巴尔）。新自由主义不能容忍剥削者与被剥削者、富人与穷人之间的对抗，鼓励多样性的表达，但其所使用的方式最终必然挑起各种文化之间的对抗和冲突（迈克尔斯，2003，2008：106；福埃，2008：168—178）。

就认识论观点而言，碎片问题首先涵盖微观客体问题并印证**横跨性**、**偶然性**、**时机性**、**多样性**、**基础性**、**瞬时性**、**过渡性**问题。[7] 其次，这种理论的**后理性主义**和**后民族主义**的取向在于否定民族史观的整体化理念，鼓吹放弃认知意志，[8] 抛开一切"对**全面**和**客观认识**的狂妄自大的抱负"（潘迪，1999：286），抛开认为**民族**高于**社群**、**世俗**高于**宗教**和**圣事**、**一般**高于**特殊**、"**以大压小**、**普遍从属关系**高于**边缘关系**"（潘迪，1999：286）的观点。就后殖民主义观点而言，潘迪列举的碎片[9]除非能够质疑**国家的历史构建**，或者能够构想**其他历史**并说明"人们借以构建某些特殊统一体和解构其他统一体的这些争议空间"（潘迪，1999：286），除非隐含某些合理性、普遍性和民主的因素，否则永远不是什么值得关注的主题。这是非洲的后殖民主义者从他们的印度朋友那里所学到的。

无论是**文化研究**、**庶民研究**抑或**后殖民研究**，都意味着对整个经济和社会史研究计划的普遍疏离。用A. 马特拉尔和E. 内沃的话来说，"后现代主义对'现代性史学的罪孽'提起的诉讼以当前的反历史和反局部观达到登峰造极。史学被引向单一的言语、单一的**描述**、事件即时性的**叙事**，对微观客体（芭比娃娃、麦当娜、麦当劳）以及人们拒绝将其划分主次和整合成集合话语的**微观历史**屈膝献媚。如同既对概念、行为又对经验观察对象选择（在这种观察继续存在的情况下）适用的**平淡**、**薄弱**、**轻便**等另一些范畴一样，**细微**要求将**有力的论据**交到权威的微观主体手里"（马特拉尔和内沃，2008：100—101）。

要清算**史学的罪孽**，首先应将历史学看作本身不具备任何说出真相能力的单纯**表述**、**叙述**、**叙事**。其次是承认"平行的、可供选择的另类历史"的存在（维克拉马辛格，1999：420）。这一进路要同"对历史的目的论理解"一刀两断。诸如此类的决裂在于承认**地区历史**的特殊的时间性，据说地区历史并非必然构成民族或国家形成过程中的某些阶段（维克拉马辛格，1999：420）。史学乃是"我们赖以懂得认同民族及其最高代表——国家的最重要手段之一"，[10] **庶民研究**要求将民族主义与历史之间的联系相对化。譬如说，民族主义的精英极力谋求借建设民族国家的名义来标榜殖民地的一切历史斗争，但后者仍将产生不同于国家观念的世界观。这正是拉纳吉特·古哈从殖民地印度的农民暴动中得出的结论。尼拉·维克拉马辛格主张更激进地推进这一观点，提出一种"民族之外的历史"的史学理论。这意味着不仅忘记民族或者更进一步忘记"作为历史的民族"（维克拉马辛格，1999：427）：维克拉马辛格主张将视线转向**族群**。无论是在政治斗争的叙述抑或对于压迫者的反抗中，都很少有族群的存在。在维克拉马辛格看来，不应在英雄叙事中，即在"想象的共同历史，驱逐殖民主义者的集体努力"中，或者在"现代民族意识形态和面向底层观念的传播"中寻找共同体存在的理由。共同体"毋宁说是平民百姓的民间故事、风俗习惯、特异反应性、对时间的共同感知的产物"（维克拉马辛格，1999：427）。维克拉马辛格强调"一种独立的时间观念在创造一个族群或者共同体中"的重要性和意义。

事实上，这个作者想最终解决置身于民族历史和政治斗争之外能否了解一个族群的问题。他的观点是，出现在民间故事中的时间并非必然与"国家构建的历史"吻合,相反,这种时间乃是"与星辰、月亮和开花联系在一起的农民"的时间(维克拉马辛格,1999:427)。这就是说,后殖民主义为了从内部爆破它深恶痛绝的**民族意识**,将**农民时间**的炸药塞入史学(维克拉马辛格,1999:428)。

因此,**另类历史与另一些时间的连续性**将替代与抗争、解放斗争和民族意识的出现联系在一起的民族史。这种另类历史有"其衡量紧张关系和断裂、作为神话人物或者普通人的自己的英雄的尺度、话语和时刻"(维克拉马辛格,1999:428)。这是"不会被民族的构建或解构淹没",更不会被斗争淹没的"一个特殊的独立民族的历史"(维克拉马辛格,1999:428)。我们在此可以清楚地看到马马杜·迪乌夫(1999:25)用来与**世界时间和现代普世时间**对抗的**多元和无序的民族时间**战略观。

后殖民主义真正关注的既非农民的经济功能,也非农民的社会地位,而是要寻找一个形象,替代作为反抗阶级压迫的象征和革命与社会主义观念先驱的无产者。然而,一旦资产阶级-无产阶级、富人-穷人的老的两极对立被否定,无产阶级被淹没和淡化在**芸芸众生**之中,那么作为整体的社会和民族就可能进入解体,造成不同形象的无限碎化:妇女、残疾人、男同性恋者、女同性恋者、氏族群体……险些把他们归入**底层**的模糊而无害范畴。**文化与后殖民研究**通过将社会经济和政治差异文化化、部落化、种族化和宗教化,抹杀了激烈的社会对抗。这是反对马克思主义经济决定论的一个重要论据。

因此,后殖民主义在多元社会的芸芸众生内部将农民当作**民族碎片**的理想形象重新发掘出来。马马杜·迪乌夫要大家看懂农民在诗歌、绘画、文学、艺术、电影中的沉默(1999:25)。当一个阶级的立场在文化中沉默无语时(迈克尔斯,2009:145),研究其表现和表达他们**自身**及其**身份认同**的东西,简言之,研究其**文化**成为可能。对于文本分析和解释学的关注源于这种转变(迪乌夫,1999:20)。

解释学和本土知识的政治目的

抛弃史学,对解释学和符号学的日益强烈的关注,成为一个重要的政治筹码。史学受到指控,其罪名是运用规范化的范畴作为诱导,将人完全等同于工人、农民、艺术家、妇女,等等。这种认同定义的"潜在政治效应"引起后殖民主义者不安(迪乌夫,1999:20)。对于具有"本体化认同"的主体的抨击,势必使我们联想到在所谓规范化范畴中真正受到质疑的对象,那就是**现代社会**自身的协调一致和理性的能动主体。这个主体在充斥冲突却可以认知的世界中行动。后殖民主义接受建立在"后现代社会性"(马菲索利,2002a:194)基础上的另类认同及其**情感理性、碎化的、冲动的和非理性的主体**,以及将各种形式、激情、情感和价值混在一起的**酒神智慧**。哲学和社会科学错在它们具有对统一性、可理解性和实践的奢望。G. 斯皮瓦克用**同情的、多义的**并向一切可能的解释开放的文学文本与哲学和社会科学对抗。这正是与语言学唯心主义和社会构建主义的目标吻合的"符号学民主"(马特拉尔和内沃,2008:87)的全部意义。

引导社会世界走向一种构建物,将经济和社会逻辑贬低为单纯的**话语游戏**,丝毫也不是无辜的,就政治观点而言,无异于说世界是既不可认识也不可改变的;世界只能解释。**寻求意义**的全部意义即在于此,它意味着需要灵性和接受人类全部精神传统。

解释学适应为人类思想的旧主导形式正名的问题,而不适应违抗传统的问题;它是想知道如何依据作为一个族群的认同基础并赋予其生存以意义的、我们的神话、符号、参照系和传统生活(比迪马,1995:32)。因此,解释学既非一种反叛行为,亦非一个解放计划。作为非洲哲学,这种学说首先见诸西方用暴力推翻通过民族解放斗争建立的政权的地方。卢蒙巴在刚果被谋杀之后,随着政治上蒙博托权力的崛起,在意识形态上产生了针对受革命思想引诱的知识精英"解毒"问题。解释学在金沙萨天主教大学很好地完成了这一使命。

美国神父和哲学家F. 麦克莱恩在非洲校园积极从事哲学活动的能量之大是众所周知的,他明确地说解释学并无政治目的。麦克莱恩试图借助公民社会、传统、宗教和民族文化来提出另一种选择,以替代现代民族国家及其开明和自由的理性公民。他试图借助解释学引导人们更加注重传统、符号和信仰的意义。麦克莱恩(1997:55—56)认为,启蒙主义在将各种明确和不同的观念理想化同时,缺失了传统的解释学进路所一致接受的**存在的意义**。因此,解释学意味着寻求意义,把我们直接带回自己的本源和超验性本身(麦克莱恩,1997:57)。这种类型的某些反向解释观点完全是为回归民族学辩护并诱惑**本土知识**的鼓吹者们。据说,解释学所指的传统的意义"在前现代和乡村社区中十分活跃"（麦克莱恩，1997：55）。然而，民族学否认解放人类学纲领本身，如福柯在他所创建的以功能、冲突和意义为一方与以规范、法则和体系为另一方之间的根本对抗中所证明的那样。至于本土知识，它们本身提出了被统治国家中神话结构的意识形态功能问题。法农指出，在这些国家，"保密计划是一个由魔法专门产生的集体计划。在我误入各种行动以明白无误的恒常性不断重复的这张乱麻交织的网同时，一个我的世界，一个我们的世界的永恒性就此得到肯定。我相信，幽灵比殖民更可怕。所以，问题不再是如何合情合理对待殖民主义铁链加身的世界，而是在便溺、吐痰或者夜里出门前三思而行。超自然的、魔法的力量乃是惊人地亲近。殖民的力量被无限缩小，令人觉得何其遥远。我们不再真的要同殖民力量进行斗争，因为我们同样很了解，神话结构的厄运令人惊恐。我们看到，一切化为幻景中的永恒对抗"（法农，1982：21）。梅米指出（1985：115），社会经济的落后，殖民地人民出现民族意识的特殊条件，使得名副其实的现代解放计划的实现复杂化。应该强调的是，由于殖民地人民长期被剥脱了现代民族权利特别是现代公民权利的客观条件，他们既没有选举权也没有治理权，从而造成了社会和历史残缺的有害后果。毫无疑问，公民权的这种缺失已最终导致传统和宗教的胜利。正如梅米本人所说，传统和宗教的胜利意味着死守碌碌无为的家庭生活的安乐窝，对氏族长老唯命是从，膜拜祖先的亡灵，依附于某种正统宗教礼拜的封闭小圈子，裙带主义。诸如此类的基础结构所倡导的奴性文化宣告冲突终结，反压迫抗争被窒息，政治斗争失活。于是，软化的被压迫者可以进入现在时，严禁自己想象更加宽广的境域，或者开创自由的历史前景。

必须解释结构调整年代和治理体制确立以来，在神话结构及**本土学说**问题上的哲学观点的两极化。国际货币基金组织和世界银行强加于非洲国家的结构调整和治理，与后殖民地的和平观完全背道而驰，尽管后者也宣称世界秩序不再是一种威胁，而是广泛的机遇和亲和网络。[11] 真相完全不同："非洲大陆看来越来越严重地遭受外来支配，且不说它不稳定的另一主要原因——暴力和世界关系的极端不公正"（罗伯特，2010：21）。结构调整和治理体制下的非洲人又一次被剥夺了公民权，于是不得不再次求助于将宗教统治当作权威的神话结构。向最驳杂的宗教运动开放疆界，乃是世界银行和国际货币基金组织附加条件的组成部分。资本主义中心鼓吹的一切无不乔装打扮成替代共产主义、伊斯兰教和佛教的意识形态良药。宗教统治与新自由主义的最激进的倾向合流,提出把宗教理想变为公民理想作为未来目标。据说,自由主义应该不再被等同于继承自启蒙运动的科学世界观,以及其他一切敌视宗教信仰和建立在信仰基础上的道德理想的世界观(布里奇斯,1997:178)。上帝也在公民话语空间中占有关键地位。布里奇斯梦想建立一种**公民神学**,围绕单一的公民理想把对于公民正义之爱和对上帝之爱结合起来;这种神学培育的基督教团契能够启迪和支撑自由政治体制(布里奇斯,1997:178)。我们注意到,非洲有一个基督教教派正在迅速兴起,它打着**繁荣神学**的旗号乔装打扮成取代**解放神学**的康庄大道。解放神学用世界经济的不公正机制来解释贫困;繁荣神学则以北美为借镜,反过来说,世界之所以存在贫困,只是因为存在上帝的恩宠填不满的人。

对后殖民主义和治理意识形态的最终评论

姆贝莱(2010:15—40)将后殖民主义视为伴随"撒哈拉南部非洲迎合新自由资本主义全球化进行调整"的一个意识形态复合体。治理替代了善治[12]的理想,为之提供了一个理想的操作框架。非洲哲学在腐败的视角下着手研讨治理问题,显然受到诸如吕西安·阿伊西(2007,2008,2009)和约瑟夫·恩德佐莫·莫莱(2007)等人上乘著作的影响。所有这些著作无不贯穿着严厉的道德主义和著名的柏拉图-康德精神,尽管意识形态的来源各不相同,却并不妨碍它们汲取《论后殖民主义》的一个中心论点,亦即"以放荡无度为标志"并充斥着"腐败的甜蜜毒药"的社会问题乃是后殖民地最突出的问题(姆本贝,200:270)。同样确凿的是,非洲的腐败问题是在结构调整和新自由主义的药方应用于国家、经济和社会的环境下提出的。布雷顿森林协议应该是一个自命不凡的警示。今天哲学问题应针对:"良好管理"概念本身,斤斤计较的世界观,决策者的统治地位,涉及政治领域的道德说教的意识形态功能,以及另一个不能忘记的重要问题——与享乐精神和"礼节-庆典心态"联系在一起的腐败。对于这个问题的解释事实上在于外围资本主义社会形态的结构本身,特别是在于有利于非生产性活动或曰"第三部门"的扭曲(阿明,1970)。首先是资本主义中心的庞然大物强加于外围工业幼芽的不对等竞争禁止对南方的一切生产性投资。被剥夺了真正出路的闲资或是最缺乏生产性的经济部门，或是被北方的避税天堂所吸收，或是更加糟糕地被引入歧途，用于奢华社交、饕餮宴请、奢侈品消费、声色享乐，简言之，浪费挥霍。

　　后殖民主义完全漠视社会的可理解性，只认可后现代主义的所谓复杂性教条，宣扬现实（自然、历史、社会、经济、法律、政治，等等）是不透明的，是理性（事实上是普通公民的理性）不可理解的。由此推论得出的观念认为，普通人的粗浅观察是不能理解的，只有通过肩负向无知民众揭示社会、经济和科学奥秘重任的解释学专业群体才能理解。治理乃是专家和决策者的专有体制。正是在这种体制下，我们骤然发现迄今保障我们的繁荣、我们的安全和我们的幸福的国家并不称职，效率不高，十分糟糕。因此，在效率和善治的名义下，出现了在非洲建立一个"有机的治理"（汤姆·伯恩斯）——"管理私人利益"的同义词——体制的问题。这种体制的使命是约束个人的支付能力，不论是在保健、教育抑或文化领域。关于责任性的号召，要求个人自己肩负起对于意味着完全支付费用的风险社会的责任。而今，非洲被敦促将自己的国家、医院、学校、大学当作企业一样进行管理，从而开放走向"纳选举税民主"之路，用约翰·布朗的话来说，也就是走向"阶级独裁"之路。在这样的民主中，私人利益正忙于废除人民主权和限制议会民主。姆贝莱指责后殖民主义使不平等制度化，包括所谓的治理本身。后殖民主义以后现代的姿态抨击国家，将组建公民社会的"民族碎片"理想化并要求扩大公民社会的能力，实际上是与主张强化社团和公司能力的新自由主义精神气质趋同的。这就是后殖民主义和治理向非洲推荐的前景。肩负起研讨这个问题并寻求其解决办法，乃是非洲哲学的政治责任。从现在开始，主张回到万隆精神和发动另一场"解放战争"（参见：阿明，2009；瓦里-拉瓦锡，2010：20）的呼声将越来越强烈。

Nkolo FOÉ: LES POLITIQUES DE LA PHILOSOPHIE EN AFRIQUE. EMANCIPATION, POSTCOLONIALISME, HERMÉNEUTIQUE ET GOUVERNANCE
(*DIOGÈNE*, No. 235-236, 2011)

注：

[1] C.R.姆贝莱愤慨地着重指出后殖民主义者如何恶人先告状，加罪于非洲政权的理念本身，把它说成是"一种历史复仇主义的傲慢自大观点"。姆贝莱更明确地说道："无论是巴西迪基·库利巴利，或者扬言非洲历史的直线观形成了'在黑人做着复仇噩梦的符号空间中演化的认识论基石和解释学的路径'的J.-G.比迪马的言论，几无异于号召进行凶杀：在非洲人变得强大并进行复仇之前，把绞索套在他们脖子上！"（2010：25）也许在历史复仇这个问题上存在着很大的误解。解放运动说的是对他们自身的被统治的奴隶制历史进行报复。中国通过**脱离帝国主义**对自己的历史进行反拨，今天成为亚洲和世界稳定和进步的主导因素。

[2] 参见该书第四章《上帝的鞭子》。

[3] W.E.B.杜波依斯：《黑人的灵魂》，转引自姆贝莱（2010：22）。

[4] 参见姆贝莱的批判（2010：21）。

[5] 特别是参见结论。

[6] 参见迪乌夫（1999：5—10）、比迪马（1995：78—85）、阿皮亚（1992：16—17）。

[7] 参见埃布西-布拉加（1977）、比迪马（1995：124）。

[8] 马菲索利（2002a：36）；并参见利奥塔（1974）。

[9] 例如：一个织布工人的私人日记、另一个无名氏作者的诗集、神话、女人歌谣、家谱、地方历史传统，等等。

[10] 迪佩什·恰克拉巴蒂：《作为批判的史学与史学的批判》，转引自维克拉马辛格（1999：421）。

[11] 参见姆贝莱对此的批判。

[12] 关于治理与善治之间的对立，参见福埃（2003：5—8）、罗伯特（2010：21）。

参考文献：

阿明，S., Amin, Samir（1970）*Accumulation à l'échelle mondiale*, Paris: Anthropos。

阿明，S., Amin, Samir（2008）*Modernité, religion et démocratie. Critique de l'eurocentrisme, critique des culturalismes*, Paris: Parangon-Vs。

阿明，S., Amin, Samir（2009）« La seconde vague d'émancipation des peuples: un «remake» du XXe siècle ou mieux ?», *Pambazuka*, 126, http://www.pambazuka.org/fr/category/features/60840。

阿皮亚，K. A., Appiah, K. A.（1992）*In my Father's House. Africa in Philosophy of Culture*, New York/Oxford: Oxford University Press。

阿伊西，L., Ayissi. L.（2007）*Corruption et pauvreté*, Paris: L'Harmattan。

阿伊西，L., Ayissi, L.（2008）*Corruption et gouvernance*, Paris: L'Harmattan。

阿伊西，L., Ayissi, L.（2009）*Gouvernance camerounaise et lutte contre la pauvreté*, Paris: L'Harmattan。

比迪马，J.-G., Bidima, J.-G.（1993）*Théorie critique et modernité africaine. De l'école de Francfort à la Docta spes africana*, Paris: Publications de la Sorhonne。

比迪马，J.-G., Bidima, J.-G.（1995）*La philosophie africaine*, Paris: PUF。

布里奇斯，T., Bridges, T.（1997）*The Culture of Citizenship: Inventing Postmodern Civic Culture*, Washington, DC: Council for Research in Values and Philosophy。

迪亚涅，S. B., Diagne, S. B.（2007）*Léopold Sédar Senghor: l'art africain comme philosophie*, Paris: Riveneuve。

迪乌夫，M., Diouf, M.（1999）*L'Historiographie indienne en débat. Colonialisme, nationalisme et sociétés postcoloniales*, Paris/Amsterdam: Karthala。

埃布西－布拉加，F., Éboussi-Boulaga, F.（1977）*La Crise du Muntu*, Paris: Présence africaine。

埃布西－布拉加，F., Éboussi-Boulaga, F.（2008）« Anarchie et topologie », 收入 G. 恩丁加和 G. 恩敦巴（主编），dans Gabriel Ndinga et Georges Ndumba（éd.）, *Relecture critique des origines de la philosophie et ses enjeux en Afrique*, Paris: Mainebuc。

法农，F., Fanon, F.（1982）*Les Damnés de la terre*, Paris: Maspero。

福埃，N., Foé, Nkolo（2003）« L'éthique de la gouvernance ou comment imposer le marché aux nations », *Bulletin d'analyses géopolitiques pour l'Afrique centrale*, 14（1）: 5—8。

福埃，N., Foé, Nkolo（2008）*Le Postmodernisme et le nouvel esprit du capitalisme. Sur une philosophie globale d'Empire*, Dakar: CODESRIA。

福柯，M., Foucault, M.（1966）*Les mots et les choses. Une archéologie des sciences humaines*, Paris: Gallimard。

哈尔特，M. 和内格里，A., Hardt, M. et Negri, A.（2000）*Empire*, Paris: Exils。

洪通吉，P. J., Hountondji, P. J.（1977）*Sur la «philosophie africaine»*, Paris: Maspero。

利波韦茨基，G., Lipovetsky, G.（1983）*L'ère du vide*, Paris: Gallimard。

利奥塔，J.-F., Lyotard, J.-F.（1974）*L'économie libidinale*, Paris: Minuit。

马菲索利，M., Maffesoli, M.（2002a）, *La part du diable. Précis de subversion, postmoderne*, Paris: Flammarion。

马菲索利，M., Maffesoli, M.（2002b）*La Transfiguration du politique. La tribalisation du monde postmoderne*, Paris: La Table Ronde。

马特拉尔，A. 和内沃，E., Mattelart, A. et Neveu, E.（2008）*Introduction aux Cultural Studies*, Paris: La Découverte。

姆贝莱，C. R., Mbele, C. R.（2010）*Essai sur le postcolonialisme en tant que code de l'inégalité*, Paris/Amsterdam: Karthala。

姆本贝，A., Mbembe, A.（2000）*De la postcolonie*, Paris: Kathala。

梅米，A., Memmi, A.（1985）*Portrait du colonisé; Portrait du colonisateur* [1957], Paris: Gallimard。

麦克莱恩，G.-F., McLean, G.-F.（1997）*Civil Society and Social Reconstruction*, Washington, DC: Council for Research in Values and Philosophy。

迈克尔斯，W. B., Michaels, W. B.（2009）*La Diversité contre l'égalité*, Paris: Raisons d'agir。

南迪，A., Nandy, A.（2007）*L'Ennemi intime. Perte de soi et retour à soi sous le colonialisme*, Paris: Fayard。

恩德佐莫－莫莱，J., Ndzomo-Molé, J.（2007）*Jouissance et pensée. Essai sur la ploutomanie et la mentalité digesto-festive*, Yaoundé: Éditions du Carrefour。

恩克鲁玛，K., Nkrumah, K.（1976）*Le Consciencisme*, Paris: Présence africaine。

沃洛盖姆，Y., Ouologuem, Y.（1968）*Le Devoir de violence*, Paris: Seuil。

潘迪，G., Pandey, G.（1999）《 Pour la défense du fragment. Réflexion sur les affrontements entre hindous et musulmans dans l'Inde actuelle 》, 收入 M. 迪乌夫（主编），dans M. Diouf（éd.），*L'Historiographie indienne en débat. Colonialisme, nationalisme et sociétés postcoloniales*, p. 251—260, Paris/Amsterdam: Karthala。

罗伯特，A.-C., Robert, A.-C.（2010）《 Les Africains votent mais ne décident pas 》, *Le Monde diplomatique*, 671（fév.）: 21。

桑戈尔，L. S., Senghor L. S.（1964）*Liberté I. Négritude et humanisme*, Paris: Seuil。

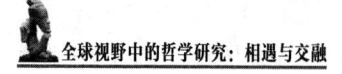

托瓦, M., Towa, M.（1971）*Léopold Sédar Senghor: Négritude ou Servitude?* Yaoundé: CLE。

瓦里-拉瓦锡, I., Vari-Lavoisier, I.（2010）« Une autre guerre de libération », *Le Monde diplomatique*, 671（fév.）: 20。

维克拉马辛格, N., Wickramasinghe, N.（1999）« L'histoire en dehors de la nation », 收入 M. 迪乌夫（主编）, dans M. Diouf（éd.）, *L'Historiographie indienne en débat. Colonialisme, nationalisme et sociétés postcoloniales*, p. 261—289, Paris/Amsterdam: Karthala。

马西安·托瓦的"主动意识"概念

谢赫·莫克塔尔·巴 著
马胜利 译

意识指思想主体与思考对象之间建立的关系。这是主体应对面前（内部或外部的）现实并赋予其某种"意义"时的运动，也是思维主体，即"我"挪用和重新挪用对象的运动。由此，"主动意识"便具有实用意识的含义，并力图成为实际行动。它不限于观察对象，与对象的关系也不是被动的。通过主动意识这种运动，思维主体可超越既定状况并对其施加影响，以改善原有的处境。这像是个征服的过程，非洲的哲学活动便力图通过这一过程获得"自由"。因为这种自由对人类至关重要，对黑人更是如此。而且，一些思想家认为，实现黑人自由的过程困难重重，而其理由往往站不住脚，甚至是荒谬的。

在马西安·托瓦哲学体系中，"主动意识"概念是指非洲人应意识到自己在普遍工程中占有一席之地。这种意识何以具有操作性呢？如果说自由是人类的本质，那么马西安·托瓦认为自由是检验主动意识的结果，这种看法是否正确呢？为回答这些疑问，我们将从两方面入手，首先是分析马西安·托瓦实现"我们自身"工程的哲学要点；其次是分析解决主体分裂的哲学方法为何体现为"挪用"。

托瓦与"我们自身"基本工程

马西安·托瓦之所以闻名，主要是由于他彻底批判了人们所称的（无论正确与否）"民族哲学"（ethnophilosophie），以及桑戈尔提出的"黑人精神"（Négritude senghorienne）。他认为，上述两种思维方式均不属于"概念"层面的哲学活动。非洲，尤其是黑人的哲学活动的全部本质应当以建立黑人和非洲黑人的"自由"

为主线。因此，他的著作旨在解放非洲人，尤其是黑人。这种解放不仅要摆脱西方的桎梏，也要摆脱传统的塑造。这种传统使他们不能享有自由和人类应有的自主，也不能与帝国主义的西方平起平坐。因此，他设想出一项双重工程：挪用西方用以统治我们的科学技术并找出应对西方统治的理由；在保持自我的同时对我们的传统进行严肃的哲学批判。

关于对我们的过去进行严肃的哲学批判，托瓦认为，思维活动是人类考量和讨论信仰、世界表象和既定看法的活动，其目的在于进行选择，并"只保留那些经得起检验和筛选的真东西"（托瓦，1979：7）。这里所说的"思维"是狭义的，它仅涉及和适用于哲学活动。任何经不起上述检验的话语，包括逃避检验的话语或求真方法，均无权受到重视，因为它们不能促进哲学活动的实效性。

上述观点的前提是，黑人在科学技术方面有较好的水平，且能与一体主义（unanimisme）实行决裂。而与这个前提相伴的另一个条件是，我们要挪用西方曾用以统治非洲并拒绝给非洲人"自由权"的强力。而这种自由权是哲学活动的本质之一。他在《论当今非洲的哲学问题》一书中写道："有了科学技术，我们便能得到欧洲特性，得到欧洲思想家既视为特权又视为负担的东西，即欧洲强权和统治的秘诀。"（1971，I：7）我们必须挪用那些令我们不同于他人，并使他人能统治我们的东西。这是我们得以进行哲学探讨的先决条件。西方的科学技术是一种武器，人民挪用了这种武器便可享受**自由**。自由是人类存在的基本因素。因此，托瓦认为，与历史的关系成为阻碍我们解放的问题："我们的思想史不应当提议发掘一种令我们放弃哲学思考的哲学，而首先应当确定我们身上需要改变的东西。这样，我们才有可能改变世界和我们在世界的处境"（托瓦，1971，V：75）。

这两段话要求我们应对双重挑战：挪用构成西方强力和主导权的要素；作为"在世"主体，必须成为自立、自主和有个性的实体，并自觉面对集体意识的束缚。上述两个基本方面的结合便意味着"自由"的实现。这是因为，从黑格尔《历史哲学》的辩证观点，自由和思想（即哲学）的存在与否便意味着对普遍历史的归属与否（托瓦，1971：19）。要获得自由，就必须有彰显自己的意志。

马西安·托瓦坚信，自由是需要争取的，被统治者首先要打破西方对理性思维的垄断。只有这样，被统治者才能结束对己不利的帝国主义统治关系。

从这一观点出发，托瓦提出了以下问题："如果是哲学独具西方性的说法促成了西方帝国主义的合法化，那么否定帝国主义难道不会导致对这一说法的否定吗？"（1971，Ⅱ：23）他的说法把"西方帝国主义"与"哲学独具西方性"的说法直接联系起来。它们是不可分割的两个方面。所以，反帝国主义斗争的目的是不仅要结束一种经济统治，还要结束一种思想统治。

然而，托瓦还告诫人们要警惕一种危险，即黑人没能挪用西方的力量，反而被西方文化所同化。受西方同化是危险的，其具体说法是："即使是强加的西方性也能恢复人道。"（1971，Ⅱ：25）所以，接受同化是不加任何分析和质疑的盲目屈从。正如曾受殖民统治的人一心只求"脱离被人打败和失去价值的世界，盲目地扑向一个新世界……"（1971，Ⅱ：24）托瓦认为，桑戈尔所说的"黑人精神"便堕入了这种谬误，因为它认为理性、理性思维或理性化的思维是专属于西方的。托瓦把塞泽尔的"黑人精神"与桑戈尔的"黑人精神"加以区分，他写道："桑戈尔则相反，他把黑人看作完全受情感和本能控制的人，并甘愿承认理性专属于欧洲人。因此，人们有理由怀疑他实际是想否认存在欧洲帝国主义，或是想为其效力。"（出处同上）桑戈尔（1969：295）不是曾经宣扬"黑人代表情感，希腊人代表理性"吗？这种论点似乎对一般知识分子，尤其对非洲各国黑人知识分子产生很大影响。我们是否应当将其理解为感性与理性相互排斥的关系呢？

确实，利奥波德·塞达尔·桑戈尔在《何为黑人精神？》一文中指出："黑人属于自然界的人。众多民族学家指出，非洲的动植物环境繁盛，湿热的气候赋予黑人一种强烈的感受性。黑人善于感触任何事物，哪怕是最轻微的撩拨。他们尚未看到便能感觉到，只需接收到对方发出的波，他们便能立即做出反应。他们凭借情感力量来认知事物。欧洲白人则与事物拉开距离，他们对其进行观察、分析、征服和利用，乃至消灭。"（桑戈尔，1977：92）为看清桑戈尔这种说法的出发点，我们有必要对其背景加以研究。这位诗人兼作家受到不同方面的多重影响，这在其思想活动中留下了深深印迹。

在上述影响中，值得一提的是莱维-布吕尔关于"原始"社会的著作，尤其是其著名的《低级社会中的智力机能》（1910）和《原始思维》（1922）。莱维-布吕尔在分析所谓"原始"社会的智力表象时强调："其组成部分包括情感和动力因素，尤其涉及较为清晰和强烈感受的参与，却少有包括和排除的概念。"

(1910，Ⅱ，《参与法则》）在此，我们不想赘述《参与法则》为深入研究所做的分析，而只想强调一点，即"参与法则"的说法在某种程度上影响了桑戈尔在感性问题上的立场。

阿马杜·乌里·巴认为，我们还应看到桑戈尔受到的另一种影响，即德意志思想的影响。他指出："在18世纪的德国，关于民族文化状况的话语十分盛行。这种影响尽管来源遥远，但在很大程度上却说明桑戈尔为何在某一时期强调民族感性，尤其是情感的初始作用。他认为，这是解释自然的步骤和本源文化的成因。"（巴，2008：168）这种看法主要基于桑戈尔的以下说法："然而，我对触动德国人的任何事物都不会无动于衷，况且我那时已是成年人了。这无疑是由于幼年时期的印象和梦想。而且，我只对与我们的文明和黑人精神能产生共鸣或截然不同的文明感兴趣。我始终要扎根于我的身份认同，并通过互补来完善自我。"（桑戈尔，1977：12—13）对桑戈尔而言，在黑人精神和德意志的感性观念之间存在某种共鸣。德意志思想承认黑人精神及其基础，这种可能性成为哲学和比较文学研究领域中一种有趣的思路。

下面的文字更能表明桑戈尔的立场："非洲人生活在一片纯粹之地。换言之，'他们的'空间和所在的地方有其特殊性质……非洲人的空间特点不是分散和外露的，其原则是整合，是将能量和活力浓缩于一处。"（恩多，1983，Ⅱ：127）非洲人与事物的关系基于两个实体的相互接近。这种按"整合原则"运作的直接关系旨在通过"人类同情"实现和谐与宇宙稳定。

桑戈尔的研究角度对"直觉"问题有重要影响。黑人在本质上是直觉的吗？对这个问题，《自由三集：黑人精神与普遍文明》的一段话解释说："欧洲白人首先是推理的；非洲黑人首先是直觉的。当然，他们都是理性的人，同样作为智人，只是其方式有所不同。"（桑戈尔，1977：92）上述解释更清楚地说明桑戈尔先前的立场，并得到谢赫·安塔·迪奥普等思想家，以及赞颂"非洲个性"的沃莱·索因卡（《文尧西歌剧》，1981）等人的谅解。对桑戈尔而言，他立即修正了自己的说法，并指出绝不应当认为黑人的本质完全是情感性的且没有推理能力。非洲黑人的文化并非全是情感性的并丝毫不具理性，但它基本上会把"感性"作为了解存在的最初方式或原始手段。整合原则能更清晰地解释情感的来源。桑戈尔（1969：10）强调说，非洲黑人的情感"产生于对潜在现实的参与，他们透过感性的外表看到这些现实"。在理解所处的世界时，非洲黑人把情感及其所表现的感性作为第一步和最初的阶段。

我们还应看到，桑戈尔主张必须赋予人类作为实体的地位。作为思想家，他坚信各种文化有可能开展对话，并超越不同文化下的人类所表现的差异。因此，他认为文化是促进相互理解和尊重的沟通力量。

在这方面，桑戈尔的研究颇具吸引力。它有助于促进文明和文化间的接触，而文化就是文明的"精神"。他相信给予和接受是相互的，并坚信黑人世界也能向"普遍文明"注入某些重要因素，每种文化都会把自身的精华奉献给其他文化。黑人文化能奉献节奏、活力和能量；西方文化可奉献明晰、推理和笛卡尔式的区分。因此，鉴于桑戈尔的工程及其重要的科学性，对于"黑人代表情感，希腊人代表理性"这一说法的尖锐批评（往往脱离了背景）值得重新商榷，即根据需要重新审议和修正。人的本质难道不在于理性与情感的交融吗？桑戈尔试图塑造一种全面的人类，使他们不缺少这种或那种官能。会思维的主体应当兼有情感和理性。因此，黑人与白人的区别仅在于拥有"推理性"和"感性"份额的多少而已。

所以，我们应当相对地看待马西安·托瓦的批评，因为提出黑人精神的理论家桑戈尔认为，理性具有普遍性，非洲黑人的情感和欧洲人的理性只明显体现在最初接触现实的时候。然而，托瓦认为，桑戈尔所说的黑人精神并不能把黑人引向解放之路。在他看来，这只是赞扬"差异"崇拜的一种方式，并不能使人们摆脱目前的统治。托瓦（1971，Ⅲ：55）强调指出，"在非洲，几乎到处都以我们的特性和桑戈尔的黑人精神为名，建立起所谓的'民主'制度。在这种制度下，一个人可以随意决定一切事务。尽管到处都有'自由'，但却不能有不同政见……"这种说法涉及到了政治，它分析了民主原则与民主实效及其在社会生活中的实施之间存在的差距。

值得注意的是，马西安·托瓦在上文中把民主和自由加上引号，并指出"一个人"享有决定权，其他人"不能有不同政见"的现象。他强调：承认原则是一回事，实施这些原则是另一回事，尤其是涉及重大利益的时候。托瓦认为，对差异的崇拜把被统治者置于反抗地位而非主动地位。因此，应当为解决这种混淆找到一种办法："揭露在价值与本质、是与应是方面的混淆；在政治和社会实践中不再把历史和各种存在作为标准"（出处同上）。确实应当厘清"价值"和"本质"二者的含义和区别，并消除对"是"和"应是"的混淆。只有这样，思维的主体才能客观地认识他作为自主实体的"在世"。

所以，马西安·托瓦认为，哲学活动的根本工程是在全人类普遍建立和承认自由："自由是欧洲哲学最基本的原则之一，它直接关系到我们工程的意义，即解放的世界，自由的非洲"（1971：68）。对所有从事和希望从事哲学活动的人而言，这种自由已成为必要条件。没有自由便没有哲学，哲学的宗旨是成为实现和完善自由的场所。

要使**自由**成为信条，就要强调黑人应当要求和实现自主权。而这种自主权只有通过思想自主才能获得。从哲学方面看，思维的主体不就是有推理能力，**能在理性**基础上提出思想的人吗？他们有能力捍卫自己的成果，他们既能创造这些成果，又能将其推广给公众分享。

我们要完成上述任务，就要敢于承担和接受某种磨炼。正如马西安·托瓦所说（1971，Ⅳ：66），"强调哲学的科学性，用理性和自由取代各种形式的权威，这表明哲学推理的性质主要是人道"。既要反对西方帝国主义，又要摆脱束缚我们自由的传统，这是非洲，尤其是黑人所面临的双重问题。而哲学活动是我们解决这些问题的最佳途径。

因此，作为时代的产儿，哲学活动不能回避其主体所面临的实际需求。因此，哲学活动要成为一项"文化自主"工程。思想帝国主义不是也试图借否认文明、历史性和人道的工程，并通过拒绝承认文化差异来维护其合法性吗？

我们应当消除各种形式的帝国主义，同时也摆脱我们传统的束缚。对此，马西安·托瓦强调说，"固守我们的本质和过去，这并不能使我们重获文化自主"（出处同上：67）。文化自主要求我们对自己被灌输的一切采取批判立场。这是一项"超越"工程。如果没有该工程，我们便"只能维持现状，或者承认和加速向依赖和无能演变的现状"（出处同上）。有两种弊端应当设法解决：一是试图挽回过去，仅仅因为它是我们的历史；二是维护会导致被统治者失败的异化。辩论不应旨在消极保留我们独有的文化传统，而应围绕如何重新理解过去。这是实现新的、真正的认同必不可少的条件。

革命行动中的自我意识

自我认知工程是一项革命行为，因为"实现文化自主必须通过一场革命，即一场自我革命"（出处同上）。这场革命要求一种彻底的实践，而该实践则需要勇气和坚强。上述激进主义应当崇尚人类自由，并赋予人类成为创造者的手段。"彻底实践"这种说法的哲学意义便在于此，它表明了人类的普遍性。托瓦认为，"彻底实践像一团烈火，它能烧毁历史和文化遗产中过时和失效的部分，并保留仍能应对当今挑战和保障世界正常关系的有生力量"（出处同上：48）。革命是被统治者勇于担当的行为，他们若要重新发现自我便需为此付出代价。这种革命超越了单纯恢复过去的框架。实际上，在统治者与被统治者的关系中，"承认人道"是个关键。"革命"体现在同帝国主义者的关系中，"自我革命"则表现为与涉及我们传统的教条主义实行决裂。革命者起来反对造就其自身的世界，摧毁这个世界如同壮士断腕，是与自我发生冲突。"自我革命"的结果是主体实现彻底的自我改造。于是，作为改造进程的促进者，历史主体将自身客观化了。主体同时成了革命的实施者和革命的对象。换言之，他们是革命行动的"对象－动力"。

重新发现自我的基础是将传统价值与发掘西方统治者的秘诀二者结合起来。这样一来，我们的事业便会在组合空间建立起来。这是由于，"要想挪用他人的秘诀和摧毁自身的抗拒因素，我们只能自力更生，即依靠我们的人力资源。这些资源是从我们最宝贵的积淀，即历史渊源中汲取的"（出处同上：49）。把"历史渊源"作为解放工程的根基，这要求对集体想象施加影响和加以引导。实际上，主体在实现自我的过程中也实现了集体意识，并把群众带入了运动。如果说自我革命是主体接受的一种考验，"彻底实践"则属于群众觉悟化这更广泛的领域。群众加入革命运动是彻底实践的最高阶段，"革命运动的激进化则意味着革命在人民群众中的扎根、扩展和深化"（出处同上：49）。由此，解放工程成为群众自觉投身的事务，其内在动力来源于民众意志。这些群众不是被反抗本能所驱动，也并非受到某种刺激，左右他们行动的并不是外部因素。彻底实践的动机源自"信念"，而不是操纵。是否应通过所谓"官僚资产阶级"与民众的结合来组成有能力承担命运的人民群众？

马西安·托瓦指出，"在黑非洲，最令人担心的问题之一是当权的官僚资产阶级与工农群众之间的对立"（出处同上：50）。如果是这样，那这两个实体实现切实的和解便是必需的。这种和解的基础在于沟通，因为对话空间能促成行动者之间的相互理解。为此，精英有责任与群众开展沟通，他们在话语中使用的语言和所讲的内容都应当易于群众理解。话语"契合"群众的愿望，才能激发群众有效的革命行动。

因此，有必要建立一种适合沟通的空间。革命力量体现为群众的觉悟和志愿加入，群众自觉化的程度大体取决于向他们灌输何种话语。马西安·托瓦的看法与谢赫·安塔·迪奥普在《黑人民族与文化》中的观点是一致的。他认为，在执行非洲群众自觉化的工程中应当使用非洲语言。然而他看到，"在非洲，尤其是在法语非洲，有些情况却令人难以置信：许多政客执意仅用法语对民众讲话。人们可以看到极其荒谬的场景：一个政客或行政官员通过翻译，用法语向公众侃侃而谈，尽管演讲者和听众都说同一种母语！"（出处同上）在上述看法中，我们感兴趣的不是政治或政治化等方面，而是使用共同的沟通空间对促进相互理解的重要性。要使思想深入民心并转化为物质力量，就应让群众理解话语和领会其精神。实际上，如果沟通的双方拥有共同的语言，动员者为何不用这种共同语言对群众发表演说呢？所以，要实现被统治者的自觉化，即获得解放，就应当在行动中把传统与现代性结合起来。

这种结合所产生的力量能够促进自身和解的工程，从而实现被统治者的解放，肯定和维护其自觉的"在世"的意义。这甚至还涉及到历史进步的要求，正如托瓦所指出的，"在帝国主义超级大国主导的当今世界，如果没有足够的力量来抵抗各种公开或隐蔽的控制，如何奢望在任何领域实现丝毫的实际自主？"（出处同上：68）要想实现主体的自主，就要超越（即解决）各种形式的自给自足（autosuffisance）问题。寻求自由的主体在科学、政治、经济和物质方面都应当完全地依靠自身。因此，我们应当把"自主的先决条件"标准化，以便实现主体的客观再发现。

不应当隐瞒上述先决条件的存在。这也是托瓦对桑戈尔的黑人精神和民族哲学采取批判立场的依据之一。他认为，桑戈尔的黑人精神和民族哲学"旨在使或导致这些先决条件被隐匿，并掩盖了新殖民主义对我们文化的损害和摧毁"（出处同上）。自给自足应当是自觉主体发出的行动，而不是对刺激的简单回应。因此，桑巴·迪亚基特在分析"民族哲学"一词的含义时指出："马西安·托瓦在提到'民族哲学'一词时意在强调，和此前的黑人精神一样，民族哲学只是一种反抗运动。"实际上，把"民族哲学"和"黑人精神"视为"简单的"反抗，这旨在贬低上述两种思想所持的立场。关于桑戈尔的黑人精神，我们维持对桑戈尔–托瓦理论之争所表达的看法。关于"民族哲学"，其术语和运作都有待商榷，但其深刻和严格的功能性却远超出了简单的"反抗"。

对那些被认为（无论对错）从事这类工作的人们而言，有必要研究和分析民族的深刻思想，以使其迸发出体现人类价值的哲学内容。阿拉萨内·恩多（1983：60）已将此纳入他划定的理论空间，他认为，"非洲思想表现出一整套构成人类生命的价值观、经验、思想、生存观念和最终目标"。哲学家有责任进行一种考古学和解释学的工作，以辨明非洲人对生活的态度。

按照恩多的逻辑，非洲哲学家的自由在于有能力"为非洲人民特有的现实观奠定概念基础"（出处同上）。托瓦则将这种看法纳入了他的非洲黑人解放工程。

"挪用"和用哲学解决主体分裂

托瓦认为，和所谓"民族哲学"相比，该工程的规模更为庞大，甚至更加雄心勃勃。按照他的逻辑，对刺激做出反应的说法并不可取，因为这是19世纪否定性的民族学对非洲和所谓一般原始民族的看法。非洲哲学家有责任以独创的方法使其话语具备科学性，并以此思考非洲社会和思考自身。然而，"同化于西方文化"和"保持非洲传统"这两种看似互不相容的倾向使非洲黑人和被统治者左右为难。要超越这种处境，他们便应成为战略家和计谋家，尤其要与所有教条主义实行决裂。只有这样，"挪用"的概念才能行之有效，才能把他人的正面价值融入经过批判思维检验的传统价值。

"挪用"要求主体与帝国主义西方的价值观和束缚我们的传统价值观拉开批判性距离。重要的不仅在于从非洲传统中发掘潜在的哲学，还在于将这种哲学纳入实现自由的工程。这种自由将会结束民族间人为的（因为不合理）不平等。根据这种看法，我们应当重视对西方技术、科学和哲学的挪用，以便更准确地理解自己和获得完全的自主与自由。

在这方面，托瓦还指出，"我们强调上述先决条件是为了表明，为避免我们的文化消失殆尽，并使其得到承认和焕发青春，必须马上对其进行彻底的变革"（托瓦，1971：68）。这项工程具有高度人性化的远景。这是因为，对我们自身的确认伴随着向我们的文化传统和向他人的开放。向他人开放是通过挪用其统治力量进行的。这种统治力量源于与科学技术紧密相关的哲学："欧洲哲学与科学技术关系密切，它似乎是欧洲强力的源泉。它将帮助我们进行思想革命，以增强我们自身的力量。它把哲学观念当作普世性和探讨绝对的唯一基础，它向我们提供了宝贵的标志，指引我们克服非洲的分裂和建立符合时代的政治统一。非洲的分裂局面是众多狂热宗教信仰所造成的"（出处同上）。当然，我们还必须处理好挪用西方力量和将其用于非洲现实这二者的关系。

我们不主张盲目屈从于欧洲或借此同化我们"自身"，并落得事与愿违的结果。相反，我们应当以"主动意识"实现创造性的挪用。这才是"自由"的标志。

挪用的过程并不像寻求"秘方"，有了它便能骤然改变一切。重要的不仅是拥有"秘方"，还要熟悉秘方的构成机理，以及将其用于非洲黑人现实的可行性。因为我们面对的是两种文明，它们有其特有的运行机制。文化的多样性使西方享有统治地位。西方挪用了技术力量，也使被统治者产生了自由的渴望。上述两种意愿互不相容，冲突是不可避免的。然而，为恰如其分地回应统治，我们需要得到"他者"的"获胜秘诀"。为此，在超越文化多样性的工程中，应当让"主动意识"在寻求自我中经受考验。所以，"获得西方的'秘诀'在于彻底了解西方文明，看清西方强大的原因，并将其引入我们的文化"（托瓦，1971，Ⅲ：40）。

我们应当理解马西安·托瓦对"引入"一词的定义。这不是把西方文化因素"添加"到非洲黑人传统文化中，并原封不动地保留非洲黑人传统文化。"引入"不等于"移植"和"增添"成分。应当建立起一种机制，即在吸收西方秘诀的同时也"检验"非洲黑人的传统，以此来实现一场文化革命。

于是，作为自我支配的基础，解放工程、争取自由与"开放"同时进行。对被统治者而言，要实现"肯定"自我，就必须成为"在世"并意识到自身命运的实体。然而，肯定自我的工程同时体现在决心接受自己的过去和挪用他人的秘诀这两方面。所以，要实现开放就要有决心与自身的本质实行决裂，因为"坚持自我必然导致以史为荣，自身的本质只是自身历史造成的结果；而清晰考证和探索的历史表明，造成当今奴役的原因恰恰在于我们自身的本质，即我们自身的历史"（出处同上：40）。显然，如果说是自身本质导致我们无力应对他人和相异性的失衡，那么检验自身本质的自我革命便势在必行。这种检验就是通过"自我革命"实现自我否定的辩证过程。

托瓦不大赞同《迷惘的冒险》中"大皇娘"所说的话。她认为，应当让迪亚洛贝人（Diallobé）的孩子上学，以使他们否定其自身的本质，因为固守和保留这种本质属于教条主义。应当让我们的文化接受检验。所以"大皇娘"宣称:"我敦促孩子们去学校,因为学校能够扼杀他们身上那些我们有理由钟爱和珍视的东西。我们的回忆或许将在他们心中消失……我建议:我们要接受从孩子们心中消亡,让战胜我们的外国人取代我们在孩子们心中的位置。"(卡内,1961:57)"大皇娘"的话具有高度的复杂性。她认为西方学校能引导我们从天然的自尊走向自觉的"在世";这种自觉的"在世"是在与他人的碰撞中建立起来的。作为自然生灵的被统治者面临发现客观自我的考验,这种考验将他们纳入了开放工程。在学校里,相异性具有合理的基础。学校能使人吸纳正面的文化价值,并促进向他人开放。这里所说的是整合而不是同化。吸纳是指将促使主体完善存在的各种因素结合起来。这样的主体便成为正面价值杂交的产物。至于同化,它是指彻底取代原有的文化价值,或一些价值与另一些价值的并置。盲目的同化会使"记忆"消失,它就像马西安·托瓦所称的"屈从和忍受西方性"(1971:24)。

"大皇娘"对迪亚洛贝人的"号召"不同于这种看法,她言道:"我,大皇娘,我不喜欢,甚至憎恶外国学校。但我还是认为应当把我们的孩子送到那里去。"(卡内,1961:56)一方面反对学校,一方面主张送孩子上学,这似乎是矛盾的。这是否因为外国学校会灭绝孩子身上迪亚洛贝人的本质,而迪亚洛贝人则认为其本质是不可丢弃的?

我们应该懂得,在"大皇娘"的逻辑中,现实的原则优先于愉悦的原则。尽管从心里不愿意让青少年们上学,但现实却要求否定自我,以便发现西方的秘诀和成为能够应对帝国主义者的主体。因此,学校便成为一种受人怀疑的需求,因为它既是获取和吸纳西方统治力量的光辉大道,又是令某些价值丧失殆尽的场所。然而,一经接触"他者"和吸纳某些价值,束缚被统治者的价值便会消亡。被统治者所失去的立即会被从"他者"获取的正面价值所替代。这些正面价值代表了"整合性的开放"。在接触中经不住考验的价值应让位于新的价值。这些新价值与得以保留的原有价值结合起来,并形成新主体的本质。所以,新主体属于"对立 – 超越"的产物。

因此,开放在"从动"中进行,从动使"挪用"的观念行之有效,并避免屈从和奴役。这便是"成为自我"和"获取西方秘诀"的关系。要解决这种关系的重大难题,我们不能"屈从"而应当"从动",即"将原有设计目标改作他用。在这里，与初衷相反的是，欧洲哲学在纯属我们的工程里享有一席之地，并成为我们的哲学；因为无论哪种文化因素，只要它受我们支配而非支配我们，它便会为我们所拥有。按照塞泽尔的说法，它一旦被置于我们需求的辩证法，便会成为我们自己的文化因素"（卡内，1961：69）。与"奴役"相反，"从动"是基于人类"互敬伦理"的社会所制订的普遍工程。消除人剥削人的现象便会结束人压迫人的统治。按照马西安·托瓦的定义，"从动"是享受和支配自我的表现。从动者是意识到自身"自由"的主体，他把承认人类的尊严，即自主视为对自由的享受。

结 论

非洲黑人，以及争取自由、尊严的"被统治主体"，他们的生存条件要求切实实现自觉化。人类在与自身和解的过程中会遇到很多困难，主动意识，即对己负责、争取自主和强调作为"在世"的自我肯定的意识便是战胜这些困难的主要武器。

在非洲，思考"开放"应从主体的深刻分裂和自觉认识自身经历入手。这样做是为了解决当前的问题，即在世界上努力彰显自己。实行开放与争取确认是同时进行的。主体通过这一解放过程才能达到普遍维度。在此，普遍性不是被迫和强加的，而是主动的，即自觉的主体所向往和追求的。

确实的开放取决于拒斥空虚和被动的"主动意识"。在马西安·托瓦看来，这种意识所服务的事业和理想就是实现非洲黑人在政治、文化、经济和社会方面的解放。这是一种合理与合理化的意识，因为它基于理性，属于崇拜理性的过程。这种理性是自由和自主的，它能够为人类争取基本自由。

CHEIKH MOCTAR BÂ: LE CONCEPT DE CONSCIENCE ACTIVE
CHEZ MARCIEN TOWA
(*DIOGÈNE*, No. 235-236, 2011)

参考文献：

巴，阿马杜·乌里，Ba, Amadou Oury（2008）« "L'émotion est nègre, comme la raison est Hellène": d'une philosophie organologique allemande vers sa récupération en Afrique occidentale », *Éthiopiques: revue socialiste de culture négroafricaine*, 81: 167—189。

巴，谢赫·莫克塔尔，Bâ, Cheikh Moctar（2007）« Conscience historique et acculturation chez Cheikh Anta Diop », *Revue africaine*, 3: 23—34。

迪亚涅，马姆塞，Diagne, Mamoussé（2006）*De la philosophie et des philosophes en Afrique noire*, Paris: Karthala。

迪亚基特，桑巴，Diakité, Samba（2007）« La problématique de l'ethnophilosophie dans la pensée de Marcien Towa », *Le Portique. Revue de philosophie et de sciences humaines* 5, leportique. revues. org/index 1381. htm。

迪奥普，Ch. A., Diop, Ch. A.（1967）*Antériorité des civilisations nègres. Mythe ou vérité historique?* Paris: Présence Africaine。

迪奥普，Ch. A., Diop, Ch. A.（1979）*Nations nègres et culture* [1954], Paris: Présence Africaine。

迪奥普，Ch. A., Diop, Ch. A.（1981）*Civilisation ou barbarie*, Paris: Présence Africaine。

卡加梅，A., Kagame, A.（1976）*La philosophie bantoue comparée*, Paris: Présence Africaine。

卡内，谢赫·哈米杜，Kane, Cheikh Hamidou（1961）*L'Aventure ambiguë*, Paris: Julliard。

莱维－布吕尔，吕西安，Lévy-Bruhl, Lucien（1910）*Les fonctions mentales dans les sociétés inférieures*, Paris: PUF。

莱维－布吕尔，吕西安，Lévy-Bruhl, Lucien（1922）*La mentalité primitive*, Paris: PUF。

恩多，阿拉萨内，Ndaw, Alassane（1983）*La pensée africaine*, Dakar: NED。

恩克鲁玛，夸梅，Nkrumah, Kwame（1976）*Consciencisme*, Paris: Présence Africaine。

奥本加，泰奥菲勒，Obenga, Théophile（1990）*La philosophie égyptienne de la période pharaonique*, Paris: L'Harmattan。

桑戈尔，利奥波德·塞达尔，Senghor, Léopold Sédar（1977）*Liberté 3. Négritude et Civilisations de l'Universel*, Paris: Seuil。

桑戈尔，利奥波德·塞达尔，Senghor, Léopold Sédar（1969）*Négritude, Arabité et Francité. Réflexions sur le problème de la culture*, Beyrouth: Dar Al-Kitab Allubnani。

斯 梅, A. J., Smet, A. J.（1980）*Histoire de la philosophie africaine contemporaine*, Kinshasa-Limete: Faculté de théologie catholique。

唐普尔, P., Tempels, P.（1949）*La philosophie bantoue*, Paris: Présence Africaine。

托瓦, M., Towa, M.（1979）*L'idée d'une philosophie négro-africaine*, Yaoundé: CLE。

托瓦, M., Towa, M.（1976）*Léopold Sédar Senghor, Négritude ou Servitude?* Yaoundé: CLE。

托瓦, 马西安, Towa, Marcien（1971）*Essai sur la problématique philosophique dans l'Afrique actuelle*, Yaoundé: CLE。

赖特, 理查德·A.（主编）, Wright, Richard A.（éd.）（1979）*African Philosophy, An Introduction*, Lanham: University Press of America。

马丁·布伯和弗朗茨·法农哲学之对比：教育中作为"对话"或"对抗"的政治性*

W. 约翰·摩根　亚历克斯·吉列尔梅　著

李红霞　译

教育有两个截然不同却又相互关联的层面。外部层面关涉知识的转移、技能以及创造性和批判性能力的发展；大多数教育者将这一外部层面视为"教育"的代表特征。然而，教育还有一个内部层面，关涉人的形成和性格的发展，为个体提供有关现实的视角和理解。这一层面并非总是得到教育者的承认，教育者有时候太关注教学大纲以及如何达到外在设定的目标。如果从这些层面来检验国家教育体系，那么有的体系显然关注外部层面，而其他一些体系则更优先考虑内部层面；但这并不意味着不应该去寻找两个层面之间的平衡。

内部层面与外部层面一样重要，因为它事关个体性格的发展，以及个体与他者的关系，既是个体意义上的他者，也是社会意义上的他者。因此，内部层面使个体具备影响和改变社会的能力。从这个意义上说，这样一个内部层面是"政治性的"。重要的是要指出教育的这一特性，即"政治"特性，存在于教育的各种形式中，不仅存在于正式教育和非正式教育中，也存在于儿童教育和成人教育中，因此当我们在本文中讨论教育中的"政治性"时，我们指的是一般而言的"教育"。

我们认为，教育中的"政治性"可以呈现两种截然不同的形式：对话的形式或对抗的形式。我们还认为，前者体现在马丁·布伯的哲学中，而后者体现在弗朗茨·法农的哲学中。本文中我们将考察这两种对比鲜明的哲学，查明它们对于教育中的"政治性"的意义。并由此推论出它们对于个体和社会的意义。

马丁·布伯的教育哲学

著名的犹太社会哲学家马丁·布伯（1878—1965）被认为是20世纪最伟大的教育思想家之一。1924—1933年间他在德国法兰克福大学任犹太宗教和伦理史教授。正是在这期间他赢得了同时代德语世界最重要的神学家和宗教哲学家之一的名声。但1933年希特勒在德国上台之后，布伯被迫离开了大学岗位。他成为德国犹太成人教育办公室的主任，负责在犹太人被驱逐出德国教育机构之后对志愿教师进行培训。布伯作为教育家和道德领袖的地位意义重大；1935年4月16日汉娜·阿伦特在《犹太日报》中这样写他："马丁·布伯是德国犹太人无可争辩的向导。他是所有教育和文化机构的官方领袖，也是实际上的领袖。他的人格得到了所有党派和群体的认可。而且他还是年轻人的真正领袖。"（阿伦特，2007：31；吉列尔梅和摩根，2009：566）1938年布伯离开德国，担任耶路撒冷希伯来大学的社会哲学教授。1949年以色列建国之后，尽管布伯对此持严肃的保留意见，[1]新的以色列教育部还是请求他帮助在耶路撒冷建立一个成人教育学院。学院的目的在于培训面向移民开展工作的教师，从而在来自不同社会和文化背景的人们之中促成一种共同体的感觉，塑造一种以色列身份认同感。要理解马丁·布伯的教育哲学和对话哲学是如何在实践中作为对于危机的应对而发展起来的，了解这一背景非常必要（弗里登塔尔－哈泽，1990；弗里登塔尔－哈泽和科伦茨，2005；灿克，2006）。

我们聚焦于教育中的"政治性"，就需要从布伯的《我与你》一书开始。在这部1923年出版的影响重大的著作中，马丁·布伯创建了分类法来描述一个人可能涉及的各种关系。根据布伯的说法，人类面对世界有双重态度，分别由基础概念"我－它"和"我－你"来标示。这些概念对于正确理解布伯的哲学尤其是理解他有关教育的观点至关重要。我－你关系强调两个存在物之间相互和整体的存在。这是两个同等者的相遇，彼此承认对方——这是一种**对话**。布伯认为，我－你关系缺少固有的结构和内容，因为这种关系的基础是无限性和普遍性。这是因为当两个自由理性的人相遇并将彼此视为同等者之后,有可能在我-你关系中建立无限种有意义的、动态的情况。奥尔森(2004:17)很生动地描述了我-你关系:"'我-你'称呼所指明的是通往相互性的路径,在这种相互性中,我参与了一种本体上的**开放性**,即你所展示的自己完全独立于我的预先判断之外。"我-你关系在日常生活中的具体事例如同两个朋友之间的关系,老师和学生之间的关系。

我-它关系则不同。在我-它关系中,存在物无法建立一种对话。这是因为在我-它关系中,一个存在遇到另一个存在,不将它视为一个同等的存在,因为它将它对象化了。因此在我-它关系中,个体的存在将包括其他人在内的事物当作被使用和被经验的客体来对待,也就是说,这些事物成了为达到目的的手段,本身没有什么意义。布伯并不认为我-它关系天生就是恶的,他承认人的处境需要这种关系。我们在这个世俗的现实中生存,需要操控自然、寻找资源来满足我们的需求和欲望(例如食物),我们也不得不利用人作为达成目标的手段(例如打车从 A 去往 B)。我-它关系满足了这些基本需求。

布伯认识到人的存在涵盖了我-你关系和我-它关系之间的来回摆动,而且我-你的经验反而更为稀少。布伯还拒斥任何形式的我-你、我-它之间的尖锐二元论;也就是说,对于布伯来说,我-你和我-它总是**相互影响**,这两个基本概念之间并不是**非此即彼**的关系。对布伯来说,我-你关系必然滑向一种我-它关系,而我-它关系总是有可能变成一种我-你关系。因此,可以说我-它关系是一种**客观的或工具性的关系**,可以让人类维持和满足他们的基本需求和欲望,因为我们是物质实体,但也可以说我-你关系是一种**主观的或精神性的关系**,可以让人类创造性地从情感上和精神上实现自我,因为我们同时也是主观实体。基于人的存在的本性,即以一个物质的客观世界为基础,却又包含其主观性和内在性,这两种关系人类都需要——这是布伯最伟大的洞见之一。这种来回摆动意义非常重大,因为这是转变的源头;即通过每一次我-你的相遇,我都经历了转变,这又影响了我对我-它关系、对未来的我-你相遇的展望。普特南(2008:67)指出:"这一观念就是,如果一个人达到了这种存在于世间的模式,不管多么短暂,哪怕只是观念上的,这种存在模式也会**转变**这个人的生命,即使这个人回到'它的世界'。"

然而布伯也认识到,在一些情况下我-它关系变得特别盛行,以致压制了我-你关系的重新出现,这对人际关系有严重影响。我们认为,社会政治的危机或不稳定可以轻易导致我－它关系获得对人际关系的控制,而防止我－你关系的(重新)出现。首先,这种情况会贬低人类和人的存在,因为它们不能解释人的处境的丰富性;也就是说,它们不能解释人类有能力产生**对话式的我－你关系以及对象化的我－它关系**的事实。其次,这种情况会产生重大的道德影响。也就是说,如果一个人不再对人类同伴说你,那么这个人就不再将他们看作是人,他们就只是对象——他们成了**为达到目标的手段**——那么这个人也就不会赋予他们任何权利和责任。由于我－你关系需要一种相互认可的态度,如果一个人不能与人类同伴建立一种**对话**关系,如果一个人无法对人类同伴说你,那么这个人对他们而言也成了对象,因为这个人将再也听不到从他们口中说出的你,同样他们也不会赋予他任何权利和责任(巴博林,1965:197;塔隆,2004:62;奥克舍夫斯基,2001:297—298)。

正如我们之前提到的,布伯亲身经历过社会政治动乱,第一次是20世纪30年代在纳粹德国,第二次是以色列建国时期前后。马丁·布伯生命中的这两个事件就是我－它关系盛行的实例情况。

第二次世界大战结束后不久,在对犹太人大屠杀的恐怖依然存在的时候,布伯倡导犹太人和德国人之间进行对话作为和解的方式。尽管遭到了批评,这种德国与以色列之间、犹太人和德国人之间对话的建立,还是促成了德国政府和以色列政府之间一种友善的工作关系,从而促成了强有力的经济、教育和文化联系,以及德国犹太人群体的复兴。二战后德国和以色列之间对话的建立、我－你关系的建立消解了这两个群体之间潜在的冲突,尽管纳粹德国曾对犹太人民实施了可怕的暴行(重要的是要指出,尽管布伯本人曾是纳粹种族主义意识形态和迫害的受害者,他还是倡导了这种对话,或许正因为如此,他才倡导了这种对话)。

犹太人和阿拉伯人之间产生的情况则与此相反,这也是布伯直接经历的。布伯是早期犹太复国运动的一员,在移民到巴勒斯坦之后,他试图通过参加联盟党———一种政治文化运动,旨在于巴勒斯坦建立一个英属时代结束后犹太人和阿拉伯人共享权力、共同生活的双民族国家——达成犹太－阿拉伯之间的对话。对布伯来说,这样一个双民族国家只有通过一种建立在对话基础上的教育模式和体系来达成。布伯的观点遭到犹太复国主义者和阿拉伯民族主义者的一致拒绝,但他继续寻求在犹太人和阿拉伯人之间带来理解与和解

（摩根，2007：11）。1948年犹太人和阿拉伯人战争之后，伴随着以色列国家的建立，布伯继续力主以色列人和巴勒斯坦人之间的对话，作为解决其分歧的方式。以色列人和巴勒斯坦人的冲突是个体间以及群体间缺乏**真正对话**的一个极好的例子，真正的对话可以克服他们深层的存在恐惧；看起来无论以色列人还是巴勒斯坦人都无法对彼此说你，而这就是他们冲突的核心，也是布伯告诫并力图阻止的。当然，双方总是还有一些人倡导以色列人和阿拉伯人的对话；但这些努力日益孤立，只发生在冲突的边缘（摩根，2007；乔姆斯基，1999；本－阿米，2006；卡特，2006；戈兰，2006）。还有一些适时出现的教育、科学和经济项目以及尝试，比如**共同历史工程**（阿德万和巴尔－温，2004）、《**巴勒斯坦－以色列政治经济文化杂志**》（网址为www.pij.org）、**以色列－巴勒斯坦科学组织**（网址为www.ipso-jerusalem.org），以及《**美国埃及以色列三方贸易协定**》（亚达夫，2007）；但这些项目在视野和接触主流话语方面受限，遭到了一个外部领导的抵制以色列运动的对抗。

马丁·布伯生命中的这两个事件具体说明了针对**我和你**所阐明的观点的意义。德国和以色列之间对话关系即一种我－你关系的建立促成了一种形势，即潜在的冲突被消除，并取得了经济、教育和文化上的联系；而与此相反的是上面提到的以色列人和巴勒斯坦人之间的形势，即当前非但不允许，反倒是压制我－你关系，这导致了冲突和暴力的增加，双方似乎都看不到在他们行动的接收端还有一个你。第一个事件呈现的是我－它关系处于支配地位但允许我－你关系重新出现的情况；第二个事件代表的是我－你关系衰变为我－它关系的情况，这种我－它关系是那么有力、那么根深蒂固，以致压制了我－你关系重新出现的努力。

布伯的哲学对教育有什么意义？布伯的《人与人》（1947）、《性格教育》（1939）和《论教育》（1925）是他有关教育最重要的一些文本。第一本书的题目告诉我们，教育是人与人之间的关系，就这一点而论，布伯有关人与人关系的理论显然是其教育哲学的基础。布伯认识到我－你关系和我－它关系在一个人的教育中都发挥着作用，以老师为中心的（自上而下的或者用布伯的说法"**注入**"）和以学生为中心的（自下而上的或者用布伯的说法"**泵出**"）教育路径，他都非常反对，这两种路径特别是在20世纪早期的德国被广泛讨论。对布伯来说，以老师为中心的教育路径过于强调老师的作用。这很难产生我－

你关系，因此老师和学生陷入一种我-它关系，老师给学生提供事实和信息，老师将信息像经过漏斗一样**注入**学生那里，但不鼓励他们的创造性思维。而以学生为中心的教育路径强调学生的作用，但也很难产生一种我-你关系，因为学生缺少来自于老师的指导，总的来说是听任他或她自行其是，任其在一个既定的环境中，从主观兴趣或需求中**泵出**教育。按照布伯的说法，这两种教育路径都停留在我-它的领域，就这一点而论，布伯摒弃它们，而支持一种建立在老师和学生的对话基础上的教育路径，这一路径可以促使我-你关系的产生（吉列尔梅和摩根，2009）。对布伯来说，教育也就是说对话教育从根本上而言总是**性格**的教育。教育的核心任务是可以让人们人道地活着，可以让人们生活在社会的和平与和谐之中。《性格教育》是1939年在特拉维夫举行的巴勒斯坦犹太教师全国大会上布伯的演讲，文中布伯（1961：146）说教育就是：

> ……超越所有个人主义和集体主义划分的一步——真正的性格教育是真正的群体教育……谁了解了内在的统一，了解了其大部分的生命是神秘的那个内在，谁就懂得了尊敬一切形式的神秘。

显然，在这段话中布伯理解了其教育哲学的社会和政治意义。正如我们之前所说，教育同时有一个外部层面和一个内部层面。从布伯的视角来看，外部层面所采取的形式是：教育者建立一个价值平台，邀请学生来积极地加入；学生对所提供的进行分析、检查和批评，这将促使教育者重新评价和/或重新确认他/她自己的位置，简言之，教育者和学生之间有一个持续的**对话**。但同样重要的是要指出学生之间也存在互动，因为他们可以彼此学习，可以学会尊重彼此的观点并重新评价和/或重新确认自己的观点。这种学生-教育者以及学生-学生之间的互动，即一种持续的对价值平台的基础和力量的评价和重新评价，就是布伯所理解的教育的内部层面的动态机制。它倡导和促进一种对话的、个体和群体之间**相互尊重和承认**的"政治"态度。这样一种教育模式，即一种**对话模式**，促成了布伯所说的**对话群体**的形成，对布伯而言，这样一个群体是绝对的个人主义（只有我没有你）和集体主义（只有你没有我）之间的**第三种方式**。布伯相信对话群体可以提高其成员的生命质量，因为它增加了社会的凝聚力，保持了文化的创造性，并消除了潜在的冲突；所有这些都是非常积极的令人满意的方面。关键在于既定的事实是，在一个全球化世界中，没有一个群体是完全独立的，没有一个群体是完全自给自足的，因此建立一张**对话群体**的网将会成倍增加对话群体的积极方面。摩根（2007：13—14）认为：

> 布伯倡导一个真正的公民社会，它可以作为个体和国家之间的减震器，一面尽可能地消减国家，一面防止自私的个人主义。这是将群体理解为某种有机的东西，而非机械的，某种可以被培养而不是被建构的东西。冲突群体之间的相互尊重关系和最终的合作关系有赖于一个非常类似的过程。然而由于文化的差异和往往是根深蒂固的仇视，要做到这一点困难得多。布伯反对相互竞争的纲领性民族主义。相反他的出发点是共同问题的识别和联合处理问题的需求。这是对话的开始，而教育上的合作是达成这一点的有效方式。

对话教育使得个体和群体可以"面向"对方，从而认识到其他人的观点的有效性（瓦特拉斯，1986：15）；而在这么做的过程中，将另一方对象化的潜在可能就消解了，这有清晰的"政治"意义。通过阻止或至少是阻碍将另一方对象化，对话教育使得偏见、先入之见和种族主义难以起掌控作用。而这么做的时候，个体和群体之间潜在的冲突就被消除了，或至少是获得了化解的机会。考虑到其对社会潜在的积极效果，这是布伯哲学一个极其重要的意义。

无论是在教育中或在生命中，对话的动态机制都意味着"……在群体的生命中以及个体的生命中，一个人总是从即将发生的直接情境中开始。在遇到这种情境和开始对话之前，一个人无法得知可以获得的东西的界限。正如在个体层面，一个人不能主动争取关系却只能让自己对关系保持开放状态一样，在社会层面，'一个社会不能制造对话，但可以支配对话'（布伯，《指明道路》，1957：206）"（西尔伯斯坦，1989：202）。这意味着从政治上来说，对话促进尊重，令人对其他人的影响保持开放；它可以使人向其他人学习，一起探讨问题，无论最初是同意还是不同意。当然，实现对话这种事需要参与各方付出时间、技术和承诺（诺丁斯，1994：116），而这就是为什么应该在教育体系中鼓励这样一种"政治"态度的原因；若不这么做的影响可能是危险的，因为这可以导致个体间和群体间关系的迅速恶化，带来可怕的后果。

如果布伯代表的是对话哲学家的典范，那么法农就是特别不同的另一类哲学家，代表的恰恰是对抗的具体表现，下面我们就转向对他的讨论。

弗朗茨·法农的教育哲学

弗朗茨·法农（1925—1961）是一位精神病学家、哲学家和来自法属殖民地马提尼克的革命者。他在后殖民研究领域非常有影响力，尤其是那些涉及去殖民化和殖民化心理病理学的领域。他是20世纪革命思想的关键人物，极大影响了左翼，尤其是拉丁美洲（吉马良斯，2008）和非洲的左翼，特别是阿尔及利亚、安哥拉、莫桑比克和南非（哈克，1972；根德齐尔，1973：186—192；吉纳杜，2003：159—161；汉森，1977：37—50），对于美国的左翼也有影响（方特诺特，1979：2）。

法农在很小的年纪就显现出人道主义和乌托邦的理想。例如，17岁的时候，他志愿参加将法国从纳粹手中解放出来的战斗，当他哥哥劝阻他的时候，法农写道："……每当自由处于危急关头，无论我们是白人、黑人、黄种人还是褐色人种，我们都会受到影响。今天我向你发誓，无论是在哪里，只要自由受到威胁，我都会在那里。"（优素福和法德勒，1996：526）这样的冒险精神、他和自由法国军队在一起的日子，以及他战后在法国的逗留，使法农经历了武装冲突的恐怖和欧洲的种族主义（埃伦，2000）。战后法农在法国学习医学，1953年成为执业精神病医生，与留在法国比较舒适的生活环境里相比，他选择了移居阿尔及利亚，在布利达-茹安维尔医院工作。在阿尔及利亚，他见证了法国殖民者对当地阿拉伯人的种族主义。了解这一背景是必要的，这样才能理解弗朗茨·法农的政治思想（直接影响了精神病学和教育学）以及有关对抗的观点是如何在实践中作为对危机形势的应对而发展起来的。值得提到的是雅克·贝尔克有关法属北非的论述："一个政权可以通过它在惯常和异常之间建立的关系而定义"，以及他在注脚中的评论，即认为法农在《全世界受苦的人》中的解释"似乎对其他的历史环境更为有效"（贝尔克，1967：310，310n）。不幸的是，他没有详细阐述。

毫无疑问的是，法农的政治思想以其集中关注殖民化的社会心理、力主"暴力"和对抗作为一种心理净化的形式为典型特征。在对殖民化的反思中，法农认为它本身就是一种暴力形式。殖民主义利用**身体的**、**心理的**和**结构的**暴力形式作为一种压迫被殖民人群的手段（加尔通，1969：167—191；吉纳杜，2003：44—52）。

身体暴力涉及对人的伤害，终极的伤害形式是死亡；对法农来说，殖民主义总是伴随着使用身体暴力得以确立和保持的，通过使用身体暴力使当地人群服从于接受殖民者的统治规则。法农（1963：40）在《全世界受苦的人》中这样描写**身体暴力**："……来自其他国家的外国人通过枪支和机器来强加他的统治"；吉纳杜（2003：45）评论说"这种涉及对人的杀害和伤害的暴力概念，在《全世界受苦的人》的很多段落中都有体现"。

心理暴力是对一个人**精神**的伤害，包括洗脑、教化和威胁，这些常常被用来平息和粉碎当地人群民族自决的意志；这种暴力所伤害的恰恰是当地人群的自我观念和身份观念，导致一种病态的状况，即当地人只有在殖民者面前才拥有一种自我的感觉，也就是说，被殖民者只有在面对主人和殖民者时才获得一种自我的感觉和身份的感觉。这对文化自信、自我价值和自豪感的影响是巨大的——被殖民者被剥夺了这些感觉。法农（1967：60）在《黑皮肤，白面具》中这样描写**心理暴力**：

> 当黑人接触到白人世界时，会产生某种特定的敏感化行为。如果他的心理结构太脆弱，人们就会看到一种自我的崩溃。这个黑人将不再是一个行动的人。其行为的目标将是他者（在白人的伪装之下），因为只有他者可以赋予他价值。这在伦理层面就是自尊。

吉纳杜（2003：49）评论说："……异化的被殖民的个体接受了将黑人等同于恶的刻板观点；他或她成为他者眼中的对象，被剥夺了所有的真实性"，而这意味着"非洲人可以和一般的黑人比较他们的经验的唯一基础就是与白人社会相关的黑人"，正如根德齐尔（1973：227）所提到的那样。但失去的并不仅仅是自我和身份的感觉，法农还断言，本地人对征服者怀有极端的愤怒，一种往往是没有最终宣泄口（比如说罢工、集会游行和联合抵制）的愤怒，要么累积起来并以嗜杀成性的爆发方式宣泄出来，要么被内在化导致自毁行为（松莱特纳，1987：290）。因此按照法农的说法，殖民化对当地人群的心理影响是严重的、持久的，因为当地人群所受到的心理伤害无法轻易得到治愈，需要一个自我得到确认和再确认的持续过程。

结构暴力是一种社会–经济暴力。这种暴力通过殖民者收获和掠夺当地资源来施行，殖民者利用这些资源服务于自身利益和宗主国的利益，损害了当地人群和殖民地的利益。这产生了一种情况，即当地人生活在赤贫中，而殖民者却过分富裕。在《全世界受苦的人》中法农（1963：37）这样写道：

> 殖民地世界是一个划分为若干隔离区的世界。可能没必要再提起当地人住宅区和欧洲人住宅区、当地人学校和欧洲人学校的存在；同样我们也无须再提起南非的种族隔离。

殖民者不关心填补将他们与被殖民者隔离开的裂隙；殖民者不关心提高被殖民者的生活水平，这是经常做出的一个设定，尤其是关系到殖民地的无利可图性、殖民地给宗主国造成的经济负担的时候；殖民者唯一关心的是对被殖民者的经济剥削（吉纳杜，2003：46）。还有一种有争议的结构暴力的形式，这种形式已经成为社会运行的一部分，或已经可以被社会接受。这是一种委婉的暴力形式，在充斥着种族主义和偏见内容的语言学术语的使用中可见踪影。这种系统的和符号化的暴力形式已经在很大程度上成为社会日常运行的一部分，以至于就像某种"自然而然"的东西那样发生——但无论如何它依然是一种"暴力"的形式（日热克，2008；莱昂纳多和波特，2010：140）。

在法农看来，曾经被殖民的国家中的整个情况都可以以这样或那样的方式从暴力的角度来描述。殖民化破坏了有机的、自然的文化、社会和经济秩序，而这迫使殖民地国家陷入一种境地，他们必须不断反抗外部的陌生力量，努力重建他们有关自我的感觉和自我价值；被殖民者也要反抗外部力量，努力为他们自己的文化重新组织起有机的、自然的文化、社会和经济秩序。正如法农（1963：170）在《全世界受苦的人》中所说的：

……殖民主义不只是满足于将它的统治强加于被统治国家的现在和未来。殖民主义不只是满足于将一个民族控制在手中并使本土所有形式和内容的思想枯竭。通过一种颠倒的逻辑，它还转向被压迫民族的过去，对历史进行歪曲、损毁和破坏。

正是为了反对这一范式，法农倡导"暴力"作为战胜各种形式的殖民暴力的方法。在《全世界受苦的人》中他写道（1963：73—74）：

……暴力是一种净化力量。它将当地人从低人一等的自卑情结中解放出来，从绝望和无所作为中解放出来；它令他无畏并重建自尊……当人们采取暴力行动进行民族解放时，他们将不再允许任何人以"解放者"自居……昨天他们是完全无责任感的；今天他们打算了解一切、做出所有的决定。人们被暴力所点亮的觉悟反抗任何形式的绥靖。

对法农来说，补救殖民化过程所导致的问题以及它的暴力基础、结构和影响的唯一途径就是利用只能被描述为（借用自顺势疗法）**相似法则**（"以毒攻毒"）的东西，或者利用**作用-反作用定律**（借用自牛顿物理学）。法农认为，殖民主义实行的各种形式的暴力阻止了所有进行辩论和对话的渠道，即使是殖民者看起来或被迫提供了对话机会，这也只是为了巩固地位和继续统治所进行的尝试。只有暴力可以终结暴力（舍尔基，2000：261—262；阿弗里卡纳斯，1967；沃斯利，1969）。但重要的是要指出，由被压迫者实行的反作用暴力必须不只是源于怨恨和愤怒情绪的滋养；它必须是有意识进行的，必须认识到自身是新秩序的源头（弗雷泽和哈钦斯，2008），而"教育"提供了这一觉悟过程的环境，我们下文还要更详细地说明这一点。这一概念范式还可以通过萨特为《全世界受苦的人》作的序言得到进一步解释。萨特在知识界的声望将法农的思想推到聚光灯下，他的序言赞同法农对暴力的辩护，他说："……杀死一个欧洲人相当于一石二鸟，一举消灭了压迫者和被压迫者：一个人死了，另一个人解放了。"（法农，1963：19）

这一陈述遭到了严厉的批评；例如，阿伦特（1969：12）表明，萨特"……在美化暴力方面比索列尔在其著名的《反思暴力》中走得还远"。萨特在序言中多次表明，法农的文本不是为欧洲人的耳朵写的，法农谈论欧洲人但从来不是在对他们说；然而萨特也表明，**欧洲人必须读**一下法农的著作，因为只有这样**欧洲人**才能理解将要施加在他们身上的暴力浪潮。对萨特来说，欧洲人通过他们对其他民族的征服和非人化行为播下了暴力的种子，而这种暴力已经回来纠缠他们。有意思的是要注意到，法农是在对**被殖民者**说话并倡导**暴力作为解放**，而萨特是在对**殖民者**说话并主张**这种反抗殖民者的暴力同样也是解放**，因为它迫使**殖民者**直面并学会处理其暴力行为和伪善（即只适用于国内国外的欧洲白人的人道主义和民主价值，对被征服民族却是损害）；正如萨特（1963：21）所说："……我们在欧洲也正经历去殖民化：这就是说我们每个人心中的殖民者正在被野蛮地连根拔起。让我们审视自己，如果我们可以忍受并想看看我们将要成为的样子……我们就必须直面预料不到的揭露，即我们的人道主义的脱衣舞。"从某种意义上说，如果我们认同法农和萨特的观点，那么无论这种暴力是身体上的还是心理上的，解放的过程对于压迫者和被压迫者而言都是"有教育意义的"（莱昂纳多和波特，2010）。我们将再次提到萨特的序言。

就像是我们对布伯所做的，我们希望考虑法农生命中的两个事件，从而通过事件来说明他的哲学。这是法农研究跟踪的两个精神病案例，并与他在阿尔及利亚的经历有关。第一个是一位"前抵抗战士"的病例，这位战士每年在一个日子前后都会经历失眠、焦虑和自杀想法的折磨，因为就在这个日子，他曾经在阿尔及尔一家因成为种族主义者的聚集地而臭名昭著的咖啡馆安置过一个炸弹，炸死了 10 个人。法农（1963：184—185）在《全世界受苦的人》的一个脚注中提到了这个病例：

和这些症状有关的几个情况由于种种原因很有意思。在战士的国家取得独立几个月之后，他认识了来自前殖民国家的侨民。他们成了朋友。这些人无论男女都对新取得的独立持欢迎态度，并且毫不犹豫地赞颂民族解放斗争中爱国者的勇气。接着战士就得了一种眩晕症。他很焦虑地问自己炸弹的受害者之中是否可能有类似于他的这些新朋友的人。的确被炸的咖啡馆是因臭名昭著的种族主义者聚集地而闻名，但没有什么可以阻止一个路过的人进来喝一杯。从那天起这个战士就努力避免回想过去的事情。但荒谬的是，就在这个关键日子到来的前几天，爆发了第一次症状。从那以后就成为固定出现的症状。换言之，我们的行为从来没有停止困扰我们。这些行为被安排、被组织、被论证的方式可以在后天经过彻底的改变。历史及其诸多决定因素为我们设下的这些陷阱绝不是微不足道的。但我们可以逃脱眩晕吗？谁敢说眩晕不是在困扰着每个生命？

尽管法农倡导暴力作为一种对抗暴力的方式，作为一种减轻殖民主义施加的社会心理伤害的方式，但他似乎忽视或者漠视了个体心理因从事个体暴力行为、杀死其他人所受到的伤害（埃林顿，2007：6）。

在《全世界受苦的人》中，法农还提到另外一个有启发意义的病例。这是有关两个阿尔及利亚阿拉伯男孩的病例，一个13岁，一个14岁，他们刺死了他们的一个欧洲同学。法农（1963：201）写道：

> 我想到山上去，但我太年幼了。所以（另一个男孩）和我说……我们要杀死一个欧洲人。
> 为什么？
> 在你看来，你认为我们本应做什么？
> 我不知道。但你是个孩子，这些事是大人们正在干的事。
> 但他们也杀孩子。
> 但这不是杀死你朋友的理由。
> 好吧，我杀了他。现在随你怎么做。
> 这个朋友对你做什么了吗？
> 没有，他什么都没做。
> 那么？
> 就这些。

受害者被其中一个男孩描述为"我们最好的朋友"，选择他作为目标是因为只有朋友会足够信任他们，可以被引诱到他们可以杀害他的场所。这两个男孩对他们的行动没有表现出任何的懊悔。据说这个案例令法农很苦恼，迫使他为了理解他们、了解情况和男孩们进行了很长时间的对话（埃林顿，2007：6）。然而，尽管这个病例对法农来说很令人苦恼，他仍然相信解放运动"除了采取它一直以来所拒斥的恐怖形式之外别无选择"（法农，1965：55）；松莱特纳（1987）提出一个命题，认为法农对恐怖主义的辩护很复杂，必须结合他的计划的目标来理解，他的目标在于（1）促进个体的自尊；（2）实现政治上的独立；以及（3）创建一种新的人道精神。所有这三个目标都是相互关联的：自尊只有通过独立才能获得，反过来又会创建一种新的人道精神（即一种适用于所有人，而不只是适用于欧洲白人殖民者的人道精神）。

这两个病例直观上令人苦恼，因为尽管法农倡导暴力作为一种对抗暴力的方式，作为一种将被殖民者从殖民者手中解放出来（不仅在身体上而且在心理上）的方式，他似乎是要么忽视了个体对他人使用暴力行为所导致的自我伤害（这与炸弹案例相关），要么接受了这种伤害是一个人追求解放时必要的"附属伤害"（这是对孩子凶手案例的推论）。我们认为，即使法农承认这些是其思想的隐含意义，它们也似乎不能影响他的基本观点以及他对在冲突情况下使用暴力的支持。确实，法农主要关心的是殖民主义和他那个时代的社会，但同样确实的是，他的思想依然与我们的时代息息相关，因为他将他的讨论延伸到所有的压迫社会，延伸到一切以任何形式或以所有形式实行暴力的社会，而不幸的是，这样的情况在当今依然比比皆是。

法农的思想对教育有什么意义？我们认为，这种意义是相当大的。这是因为殖民主义的暴力破坏和动摇了被殖民民族的文化根基，并利用教育作为一种统治的武器。让我们首先看一下文化的情况。当地文化常常是被削弱了根基，要么是通过在法律上被取缔（比如禁止传统舞蹈和音乐），要么是通过被贬低为较劣等的价值（比如本土语言被贬低、被殖民者的语言所代替，殖民者的语言被强加在所有的结构和政府层面）——这导致了对当地文化的不可修复的损害，当地文化被压制，被遗忘，这导致当地人群丧失了自我的感觉。这种经历在历史上的欧洲以及世界其他地方都能看到，实际上在实行殖民主义的任何地方和任何时候都能看到。爱尔兰对于语言帝国主义和民族主义文化抵抗来说都是一个值得关注的例子，这在布赖恩·弗里尔的著名剧作《翻译》（弗里尔，1981）中有戏剧化的展现；但还有其他一些有意思的例子，比如一块刻着**禁说威尔士语**的木牌挂在讲威尔士语的孩子的脖子上（戴维斯，1994：455），以及维莱科特雷法令（1539）的第111条款，将法语（法兰西岛的语言）确立为法兰西的唯一官方语言，禁止在教学和行政中使用南部法兰西语（也称为奥克语，比如普罗旺斯语）和布列塔尼语。[2]

拉巴卡（2003：403）还提到，法农"……了解，讲一门语言所意味的东西远远不止是使用某种特定的句法，学会单词，以及掌握词法；它首先意味着采用一种文化，承载文明的重量"，因此一个人丧失了对自己语言（很可能还包括自己的口音）的控制代表着丧失了一个人的自我感和归属感。这将从教育上和文化上激励以这种方式被压迫的民族的复兴，激励使用他们自己的语言。文化民族主义曾是后启蒙社会争取独立国地位的斗争的一个重要方面。一个经典的例子就是盖尔人的复兴和爱尔兰民族国家的创立，尽管最终没能将本土语言确立为这一新共和国的统治话语方式（哈钦森，1987）。另外一个可能更为成功的例子是（现代）希伯来语的例子，该语言被19、20世纪的犹太复国主义运动所复兴。古希伯来语作为只在犹太教堂使用的一种**神圣语言**获得转变，1948年成为以色列国的官方语言（拉宾，1973）。

压制与互动不同。在互动的情况下，一种文化与其他文化进行交流，在其他文化面前重新评价自身，而在压制的情况下，本土文化被骤然消灭，取代它的是某种当地人感到陌生的东西。教育成为统治武器的事情也是很成问题的。当地人群往往成为文盲或被赋予非常有限的教育机会；当地的精英只能接受殖民者的语言和价值观的教育，而这对他们来说是打开殖民者建立的秩序之门的唯一方式，因此这样的精英成为殖民者手中的统治工具。正如爱德华·赛义德所观察到的，这些人是殖民地形成的民族资产阶级："……法农预言了这一阶级"，这一阶级"……实际上倾向于取代殖民力量，作为一种新的以阶级为基础的、最终也是剥削性的力量，它在新的时期复制了旧的殖民结构"（赛义德，1993：269）。文化压制导致了自我的丧失，以及上文我们提到的心理伤害和暴力，而使用教育作为一种统治的武器是文化压制的延伸，可以阻止大部分当地人理解他们的处境（因为他们不识字或几乎没有受教育的机会；费尔柴尔德，1994：192），还可以使当地精英（也丧失了他们的自我感，以殖民者的形象反映自身）成为统治其自己的人民的结构性控制实体。这一分析可以延伸到那些被迫背井离乡离开祖国的人及其后代身上，这些后代仍然经受着这种神经官能症的折磨。常见的情形是，由于卑微的出

身和心理上的创伤,他们无法改善其社会和经济条件;例如,穆尔(2005:757—758)写道:

>……历史上,生活在美国的非洲后裔已经适应了那里的文化,以致对于世界上的事他们相信一种欧洲中心主义的版本。欧洲中心主义的主线是让我们相信非洲人是野蛮人,他们要成为文明人必须被奴役。黑人奴隶制的恐怖往往被掩饰而过,仿佛那只是一段无足轻重的历史……黑人家庭所犯的普遍错误是拒绝讲授我们如何被奴役的鲜活历史。人们可以理解想要让孩子远离恐怖的愿望,但避免讲授这对于为自由而斗争的意义,就是不负责任的。

面对这种情况,法农倡议殖民地国家和被压迫人民应该采取一种反殖民主义的教育模式,这种教育模式所代表的不是殖民者和压迫者的文化,也不是统治的延伸。[3]之所以如此,是因为法农了解,即使在独立之后,这些曾经被殖民的民族依然内在地在心理上保持着被殖民的状态,因此,只有通过"教育",人们才可以既对与欧洲中心主义的话语和实践沆瀣一气的"殖民教育"提出批判,又对殖民主义持续控制思想进行揭露和抵制;教育为我们提供分析和理解压迫所产生的后果的工具,以及对这些后果进行补救的途径(里兹维等,2006:251—257)。对法农而言,文化民族主义和文化认同携手并进,都需要经过一个转变的过程,即为那些饱受丧失自我认同和自我之苦的民族针对他们的情况提供"治愈";费尔柴尔德(1994:198)提到:

>……在初始阶段,人们会无条件地被殖民体系所同化,包括其信仰、态度和行为。在第二阶段,人们开始"沉浸"于文化的改造中。在第三阶段,又叫战斗阶段,知识分子着手改革运动来启蒙民众……这样,法农将文化民族主义视为民族解放的先决条件,将民族的解放视为文化复兴的必要条件。

就此而论,可以说在涉及教育的内部层面即"政治性"的范围内,法农的思想是倡导一种对抗,即允许对被归为敌人、他者和外来统治者的人使用暴力。显然这样一种对教育中的"政治性"的概念化将导致对抗的态度，冲突的增加，以及暴力的升级，可能会脱离所有涉及的人的控制。我们已经提到法农在阿尔及利亚研究的两个病例，并指明了个体对其他个体使用暴力有可能会导致自我伤害；在第一个病例中，安放炸弹的人所感受到的**负罪感**和他所经历的持续失眠、焦虑以及自杀想法，在第二个病例中，两个孩子的**缺乏负罪感**以及直观上如何令人苦恼。从教育中的"政治性"的角度而言，可以说作为一个以暴力和对抗为政治惯例的教育体系中的一员，个体所受到的心理伤害的程度是很深的；但这种伤害不仅仅是针对个人的，它还针对将这样一种概念化的"政治性"整合进其教育体系的群体，因为这样的群体将经历一种暴力和对抗的增加，暴力和对抗可以针对任何被视为外人的人——不仅是外国人和外来者，也可以是不同于大多数的异议分子。

结论：法农的"对抗"和布伯的"对话"

法农的思想对 20 世纪后半叶的民族解放运动影响巨大，代表了对布伯的对话和教育观点的一种挑战。从布伯的视角来看，法农在倡导暴力作为解放和净化的方式的时候，在倡导一种新的、非传统的、激进地反殖民的教育体系的时候，是在将天平朝着被殖民者的方向倾斜。法农相信殖民者将被殖民者视为劣等的，因此和他们不在一个层次上；也就是说，殖民者将被殖民者**对象化**了。然而，当法农倡导暴力和一种新的教育体系作为解放和清除耻辱的方式的时候，他将天平朝着被殖民者的方向倾斜了，现在被殖民者将殖民者视为和他们不同等，因此现在是被殖民者将殖民者**对象化**了。敌人似乎就像是在镜子中看到的。

然而，在殖民主义和后殖民主义的特殊背景下，就像爱德华·赛义德所主张的，让我们允许援引一下法农的话："……存在一种历史必然性，殖民的压力必然产生反殖民的抵抗"。但赛义德关心的是为何在几代人之后："……冲突依然以一种黔驴技穷故而也更危险的形式继续存在"，导致了"……一种谴责的知识分子政治。"（赛义德，1993：45）无独有偶，在一处对沃莱·索因卡——赛义德说他将法农记在心间——充满欣赏的援引中，赛义德评论到："……喜欢黑人和憎恶黑人一样'病态'。尽管不可避免本土主义者身份中好战、武断的早期阶段……但还是很有指望超越它们，而不是一味庆祝自己的身份从而深陷于情感上的自我放纵。"（赛义德，1993：277）约瑟夫·布罗茨基举了一个例子，他提到来自圣卢西亚的诺贝尔奖诗人德里克·沃尔科特的英语诗，认为这些诗是世界文学的一部分。布罗茨基（他本人也是位诺贝尔奖获得者）援引沃尔科特的话说这就是："……'健康的殖民教育'所取得的成就；这就是'英语在我心中'所意味的全部的东西"（布罗茨基，1987：169）。

如果我们再考虑到上文所提到的那两个病例，法农的范式存在的问题就会更加严重。在第一个病例中，炸弹投放者似乎已经意识到他是在与你（使用布伯的表达法）打交道，是在与个体、与人打交道；在第二个病例中，两个承认杀人的男孩似乎还不能意识到他们一直在处理一个你，他们将那个男孩，他们的受害者**对象化**了。萨特在《全世界受苦的人》的序言中似乎接受了这种行为作为心理上的解放。但这个过程从哪里开始，在哪里结束？谁决定了这个过程，为什么，以及最终谁是受害者？正如迈克尔·沃尔泽（1977：204）对萨特的尖锐观察所指出的："很难看到代偿性的经历如何可以在个体的解放过程中发挥一个重要作用（就像某位存在主义哲学家所描述的那样）。"就像沃尔泽在他关于"阿尔贝·加缪的阿尔及利亚战争"的文章中主张的，萨特和法农的论证本质上是历史主义的和集体主义的，就这一点而论："……是抽象的道德性的例子。他们忽视了道德生命的个体的和人性的纹理"（沃尔泽，2002：143）。在法农的范式中，殖民者和被殖民者之间建立对话的问题保留了下来，因为没有一个群体将对方视为同等的，这样潜在的冲突可能性也就没有被去除；甚至可能加剧了。布伯会说只有通过对话这种敌对的群体才可能建立一种基于承认、相互性和最终的交流的关系，而这是布伯伟大的人性的洞见之一。正如爱德华·赛义德因具备超越其自身身份的能力，在对索因卡实则对法农的评论中所观察到的："首先，有可能发现一个不是由战争要素构成的世界。其次，有可能存在一种不受限制或不进行强制的普遍性，相信所有人都只有一个唯一的身份……第三，也是最重要的一点……的确有可能认为当地身份是不可枯竭的，因此并不急着想通过其归属仪式、内在固有的沙文主义和限制性的安全感，将自己局限在自己本身的范围内。"（赛义德，1993：277）

或许看起来布伯和法农的哲学对教育中的"政治性"以及个体和社会关

系的意义，在冲突之前和冲突之后最为明显，要么可以降低冲突的可能性，要么可以达成和解。但我们要提出，在冲突进行的时候它们也是相关的。当冲突出现或正在进行的时候，法农的进路延续了冲突的状态，因为它倡导暴力**对抗**作为一种补救方式，而这只会导致分歧、不和、仇恨和报复心的升级和强化。相比之下，布伯的进路为那些冲突中的人提供了一种解决争端的和平的替代方案，一种通过**对话**、通过试图理解**彼此**的努力来解决意见分歧的方式。当然，冲突正在进行的时候，特别是在一派处于统治地位而另一派被冒犯、甚或作为受害者经受痛苦的时候，要说服敌人坐下来进行**对话**是一项困难艰巨的任务；但正如布伯（1957：206）在《指明道路》中所说的："一个社会不能制造对话，但可以支配对话。"

最后，或许值得引用摩根（2007：12）的下面一段话，总结一下对话对于解决冲突的主要贡献：

> ……要在群体间达成真正的对话和解决冲突，就必须了解，对于布伯来说，这就不止意味着遵守正义，尽管这很重要，或是构建一个有利于相互经济进步的框架。这些都要以消除冲突的**客观源头**为前提。然而，按照布伯的说法，这些行动必须伴随着一种精神上的转变，即消除冲突的**主观源头**。还有一种情况，即使是善意的，但往往是各种事出有因的来自外部的偏袒加剧了冲突，从而使得对话更加难于达成。简言之，调停者比倡导者更可取，而那些争端中的人直接进行对话是最好的。

这对于教育者及其学生的意义显而易见，这些人都应该亲身进行对话。

W. John MORGAN, Alex GUILHERME:
THE CONTRASTING PHILOSOPHIES OF MARTIN BUBER AND FRANTZ FANON: THE POLITICAL IN EDUCATION AS DIALOGUE OR AS DEFIANCE
(DIOGENES, No. 241, 2014)

注：

* 英文版收入《布伯和教育：对话作为冲突解决方式》一书。

[1] 布伯积极参加早期的犹太复国主义运动，但倡导一个犹太人和阿拉伯人的双民族的巴勒斯坦，在他抵达耶路撒冷之后一直持这种立场。

[2] 有意思的是指出，法国已经在《欧洲区域或少数民族语言宪章》（1992）上签字，但仍然没有批准生效。

[3] 这或许可以和安东尼奥·葛兰西的**霸权**概念相比较，这一概念最早在他的《狱中札记》中得到阐述，当前有大量有关这一概念的文献。

参考文献：

阿德万，S. 和巴尔－温，D., Adwan, S. and Bar-On, D.（2004）"Shared History Project: A Prime Example of Peace-Building Under Fire"，*International Journal of Politics, Culture and Society*, 17（3）：513—521。

阿弗里卡纳斯，P., Africanus, P.（1967）"Frantz Fanon's essays"，*Liberation*.（Aug.）：34—35。

阿伦特，H., Arendt, H.（1969）*On Violence*, New York: Harcourt Brace。

阿伦特，H., Arendt, H.（2007）"A Guide for Youth: Martin Buber"，收入 J. 科恩和 R. H. 费尔德曼（主编），in J. Kohn and R. H. Feldman（eds）, *The Jewish Writings*, New York: Schocken Books。

巴博林，A., Babolin, A.（1965）*Essere e Alterità in Martin Buber*, Padova: Gregoriana。

本－阿米，S., Ben-Ami, S.（2006）*Scars of War, Wounds of Peace: The Israeli Arab Tragedy*, Oxford: OUP。

贝尔克，J., Berque, J.（1967）*French North Africa: The Maghrib Between Two World Wars*, London: Faber and Faber。

布罗茨基，J., Brodsky, J.（1987）*Less Than One: Selected Essays*, London: Penguin Books。

布伯，M., Buber, M.（1957）*Pointing the Way*, New York: Harper。

布伯，M., Buber, M.（1961）"The Education of Character"，in *Between Man and Man*, London and Glasgow: Collins。

卡特，J., Carter, J.（2006）*Palestine: Peace not Apartheid*, New York: Simon & Schuster。

舍尔基，A., Cherki, A.（2000）*Frantz Fanon: Portrait*, Paris: Seuil。

乔姆斯基，N., Chomsky, N.（1999）*Fateful Triangle: The United States, Israel and the Palestinians*, London: Pluto Press。

戴维斯，J., Davies, J.（1994）*A History of Wales*, London: Penguin。

埃伦，P., Ehlen, P.（2000）*Frantz Fanon*, New York: Crossroad Publishing。

埃林顿，T. C., Ellington, T. C.（2007）"Frantz Fanon and Just War Theory"，Annual Meeting of the Midwest Political Science Association, Chicago, 12—15 April 2007, citation. allacademic. com//meta/p_mla_apa_research_citation/1/9/7/6/2/pages197621/p197621-1. php。

费尔柴尔德，H. H., Fairchild, H. H.（1994）"Frantz Fanon's *The Wretched of the Earth* in Contemporary Perspective"，*Journal of Black Studies*, 25（2）：191—199。

法农，F., Fanon, F.（1963）*The Wretched of the Earth*, New York: Grove。

法农, F., Fanon, F.（1965）*A Dying Colonialism*, New York: Grove。

法农, F., Fanon, F.（1967）*Black Skin, White Masks*, New York: Grove。

方特诺特, C. J., Fontenot, C. J.（1979）*Frantz Fanon: Language as the God Gone Astray in the Flesh*, Lincoln: University of Nebraska Press。

弗雷泽, E. 和哈钦斯, K., Fraser, E. and Hutchings, K.（2008）"On Politics and Violence: Arendt Contra Fanon", *Contemporary Political Theory*, 7: 90—108。

弗里登塔尔－哈泽, M., Friedenthal-Haase, M.（1990）"Erwachsenenbildung und Krise in Denken Martin Bubers", *Pädagogische Rundschau*, 44: 655—673。

弗里登塔尔－哈泽, M. 和科伦茨, R., Friedenthal-Haase, M. and Korrenz, R.（2005）*Martin Buber: Bildung, Menschenbild und Hebräischer Humanismus*, Paderborn: Ferdinand Schöningh。

弗里德曼, M. S., Friedman, M. S.（2002）*Martin Buber: The Life of Dialogue*, London/New York: Routledge。

弗里尔, B., Friel, B.（1981）*Translations*, London: Faber and Faber。

加尔通, J., Galtung, J.（1969）"Violence, Peace and Peace Research", *Journal of Peace Research*, 3: 167—191。

根德齐尔, I. L., Gendzier, I. L.（1973）*Frantz Fanon: A Critical Study*, London: Wildwood House Ltd。

戈兰, G., Golan, G.（2006）*Israel and Palestine: Peace Plans and Proposals from Oslo to Disengagement*, Princeton, NJ: Markus Wiener。

吉马良斯, A. S. A., Guimarães, A. S. A.（2008）"Frantz Fanon's Reception in Brazil", in *Penser aujourd'hui à partir de Frantz Fanon, Actes du colloque Fanon*, Éditions en ligne, CSPRP-Université Paris 7, www.csprp.univ-paris-diderot.fr/IMG/pdf/guimaraes.pdf。

吉列尔梅, A. 和摩根, W. J., Guilherme, A. and Morgan, W. J.（2009）"Martin Buber's Philosophy of Education and Its Implications for Adult Non-Formal Education", *International Journal of Lifelong Education*, 28（5）, 565—581。

哈克, S., Hacker, S.（1972）"Violent and Non-Violent Approaches to Revolution: A Cross National Study", *Economic and Political Weekly*, 7（3）: 119—126。

汉森, E., Hansen, E.（1977）*Frantz Fanon*, Columbus: Ohio State UP。

哈钦森, J., Hutchinson, J.（1987）*The Dynamics of Cultural Nationalism: The Gaelic Revival and the Creation of the Irish Nation State*, London: Allen and Unwin。

吉纳杜, L. A., Jinadu, L. A.（2003）*Fanon: In Search of the African Revolution*, London/New York: Kegan Paul。

莱昂纳多, Z. 和波特, R. K., Leonardo, Z. and Porter, R. K.（2010）"Pedagogy of Fear: Toward a Fanonian Theory of 'Safety' in Race Dialogue", *Race Ethnicity and Education*, 13（2）: 139—157。

穆尔, T. O., Moore, T. O.（2005）"A Fanonian Perspective on Double Consciousness", *Journal of Black Studies*, 35（6）: 751—762。

摩根, W. J., Morgan, W. J.（2007）"Martin Buber: Philosopher of Dialogue and of the Resolution of Conflict", *British Academy Review*, 10:11—14。

诺丁斯, N., Noddings, N.（1994）"Conversation as Moral Education", *Journal of Moral Education*, 23（2）: 107—118。

奥克舍夫斯基, W., Okshevsky, W.（2001）"Martin Buber's 'Sacred' Way and Moral Education", *Philosophy of Education*: 297—299。

奥尔森, G., Olsen, G.（2004）"Dialogue, Phenomenology and Ethical Communication Theory", *Proceedings of the Durham-Bergen Postgraduate Philosophy Seminar*, 2: 13—26。

普特南, H., Putnam, H.（2008）*Jewish Philosophy as a Guide to Life: Rosenzweig, Buber, Levinas and Wittgenstein*, Bloomington, IN: Indiana University Press。

拉巴卡, R., Rabaka, R.（2003）"WEB Du Bois's Evolving Africana Philosophy of Education", *Journal of Black Studies*, 33（4）: 399—499。

拉宾, C., Rabin, C.（1973）*A Short History of the Hebrew Language*, Jerusalem: Jewish Agency/Alpha Press。

里兹维, F., 林加德, B. 和拉维亚, J., Rizvi, F., Lingard, B. and Lavia, J.（2006）"Postcolonialism and Education: Negotiating a Contested Terrain", *Pedagogy, Culture and Society*, 14（3）: 249—262。

赛义德, E. W., Said, E. W.（1993）*Culture and Imperialism*, London: Chatto and Windus。

萨特, J.-P., Sartre, J.-P.（1963）"Preface", in Frantz Fanon, *The Wretched of the Earth*, Harmondsworth: Penguin Books, pp. 7—26。

西尔伯斯坦, L. J., Silberstein, L. J.（1989）*Martin Buber's Social and Religious Thought: Alienation and the Quest for Meaning*, New York: New York University Press。

松莱特纳, M. W., Sonnleitner, M. W.（1987）"Of Logic and Liberation: Frantz Fanon on Terrorism", *Journal of Black Studies*, 17（3）: 287—304。

塔隆, A., Tallon, A.（2004）"Affection and the Transcendental Dialogical Personalism", 收入 P. 阿特唐、M. 卡拉尔科、M. 弗里德曼（主编）, in P. Atterton, M. Calarco and M. Friedman（eds）, *Buber: Dialogue and Difference*, Pittsburgh, PA: Duquesne University Press, pp.

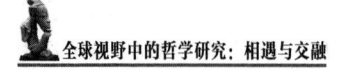

49—64, 283—287。

沃尔泽, M., Walzer, M. （1977） *Just and Unjust Wars: A Moral Argument with Historical Illustrations*, New York: Basic Books。

沃尔泽, M., Walzer, M. （2002） "Albert Camus's Algerian War", *The Company of Critics: Social Criticism and Political Commitment in the Twentieth Century*, New York: Basic Books, pp. 136—152。

瓦特拉斯, J., Watras, J. （1986） "Will Teaching Applied Ethics Improve Schools of Education?" *Journal of Teacher Education*, 37 （3）: 13—16。

沃斯利, P., Worsley, P. （1969） "Revolutionary Theories", *Monthly Rev.* （May）: 30—49。

亚达夫, V., Yadav, V. （2007） "The Political Economy of the Egyptian-Israeli QIZ Trade Agreement", *The Middle East Review of International Affairs*, 11 （1）: 74—96, http://people.hws.edu/vyadav/publications/meria.pdf。

优素福, H. A. 和法德勒, S. A., Youssef, H. A. and Fadl, S. A. （1996） "Frantz Fanon and Political Psychiatry", *History of Psychiatry*, 7: 525—532。

灿克, M., Zank, M. （2006） "Martin Buber: A Visualization of His Life in the Cities of His Work", in *New Perspectives on Martin Buber*, Tübingen: Mohr Siebeck。

日热克, S., Žižek, S. （2008） *Violence*, New York: Picador。

非洲的审美经验：现状与哲学视角

伊西阿卡·普罗斯珀·L. 拉莱耶　著
萧俊明　译

　　审美经验概念是一个极为宽泛的概念。它包含着诸多因时空而千差万别的方面。非洲与世界其他地方一样，它所认为的审美经验包含任何与五官感觉即触觉、嗅觉、听觉、味觉以及视觉相关的东西。在非洲，艺术形式的丰富多样与所有这些五官感觉不无关系（拉莱耶，2006a）。艺术甚至开拓了许多不可预测的感官知觉相互交叉的空间，激发了各个领域的创造力：在诗歌领域以诗句和歌曲的形式，在宗教领域通过赞美诗和祈祷文，在非常重要的烹饪艺术领域通过精细调味，远远超出了非吃客所认为的菜肴的正"味"，甚至在手工艺领域也是如此（拉莱耶，2006b），纯粹用于功用目的的物品制作得如此精心，以至于被认为具有可以在世界上最好的博物馆占有一席之地的价值。
　　甚至非洲传统巫术和所谓的拜物教领域也弥漫着艺术情怀，富有创意的非洲习艺者为了赞美物的**精灵**，操控**物律**（rhythm of matter）的水平之高达到了出神入化的境界（拉莱耶，1978）。可以说，非洲审美经验这个论题也大致如此（拉莱耶，1977）。但是，我在这里只提出三个问题，这三个问题将为评价非洲审美经验现状以及从一种哲学视角对其进行审视提供一条三重路径。
　　我将首先审视当今非洲审美经验的本性，然后对哲学在其中占据或可以占据的位置做出评判。最后，我将试着断定，在一种关联到来自非洲、美洲以及世界各地的黑人散居区的哲学家和思想家的对话背景中，从其哲学维度来审视这种经验可以获益到什么程度。

*

尽管并不打算对经验可能包含的东西——无论是个体的还是集体的——做出精确划分,但是我们可以确定当前非洲审美经验的三个特征。其中第一个特征是一种强烈沸腾。第二个特征是极大的选择自由,尽管这种自由仍然受因社会或社会阶级而差别极大的购买力水平所制约。第三个特征——直接产生于关于前两个特征的恰当分析——是不断加速的涵化(文化适应)过程。

我将**沸腾**称为创造力的狂乱和兴奋程度,凡是对我们的语言、我们的音乐、我们的文学、我们的电影、我们的哲学、我们的宗教、我们的道德结构、我们的政治,甚至我们的手工艺正在发生的事情有所观察的人,哪怕是匆匆一瞥,也会撞见这种创造力。这些领域是我们在我们的学校中奋力去掌握的一种学识的种种表达方式。

众所周知,非洲的语言有很多,甚至是相当之多。然而,有些语言处于优势地位,从而允许一种仍然是大致的语言区划分。出了语言区,方言的存在则无从谈起。西非语言区的优势语言是颇尔语、豪萨语、约鲁巴语、丰族语以及桑海语。斯瓦希里语在东非语言区占据优势地位,而班图诸语言——卡加梅(1976)留下了非常宝贵的班图语言地图——形成中南非语言区,当今的优势语言如林加拉语、契卢巴语、基孔果语及克瓦桑语均产生于这个语言区。然而,尽管从目前来说非洲语言数量之丰富是压倒性的,但是当今的非洲显然正在做出巨大的努力去说英语、法语、西班牙语、葡萄牙语,以及在不久的将来,说汉语。这些语言的使用所呈现的泡沫状沸腾折射出非洲人的多重努力,他们为了补充他们已经并仍在为人所知的本族语言而采用这些优势语言,尤其是采用那些起源于欧洲的语言,因为欧系语言可能有助于决定职业生涯的成功。

当今非洲的音乐绝妙地折射出这种观念(考恩,2002)、意象,尤其是声音和节奏的狂热迸发。我们的传统乐器如嗵嗵鼓、巴拉风、吉他、科拉琴、笛子以及干葫芦等已经与钢琴、欧洲吉他、萨克斯管、小提琴、欧洲鼓(仅举几种)结合起来,而不再是由后者来补充。因此,这些引进的乐器非但没有扼杀本土作曲家的创造力,反倒似乎给其创造力注入了一股有益的活力,从而涌现出通常伴有惊人节奏的新乐曲。

在文学领域,据说用非洲语言创作作品的令人称道的尝试已经在许多地方展开。另一方面,我们的诗歌、小说、戏剧、政治会议以及宗教演说为了吸引广大世界对于一个创作天才(利奥波德·塞达尔·桑戈尔和沃莱·索因卡是这种天才的突出代表)的注意,使用外部语言来表述,但并未因此而受到妨碍,同时艾梅·塞泽尔以其自己的方式证明了这样的天才何以能够穿越各大洋依然绽放。

类似地,如果看到这种沸腾的审美经验甚至扩展到宗教领域也没有什么值得大惊小怪的(拉莱耶,1993)。因为,尽管传统宗教的存在当然依旧是以其各个方面不可言喻和不可理解的神秘为标志(任何包含了神圣者、神秘者乃至超越者的宗教都是如此),但是非洲人,无论是穿长袍的、穿西装的、穿巴努斯的还是穿布布的,都还读原文《圣经》和《古兰经》。非洲诸民族所体现的宗教精神通过成千上万的审美表达而闪闪发光,无论是通过歌曲、舞蹈还是服饰(拉莱耶,2000)。

在伦理和道德领域,非洲也是充满了炽热的活力,因为治理个人和集体行为的规则不再纯粹来自习俗和传统;这些规则直接和间接地从人权原则获得启示,引出了非洲人当今如何指导其良知和判断其个人行为的问题。

至于政治,普遍认为两个决定性概念目前在大行其道:民主与发展(拉莱耶,1999)。受这两个概念影响,非洲人已经展示了非常广泛多样且富有感知力的创意方案,因为他们认识到这两个概念彼此互为需要。这反过来导致了生产成果的过剩,其中包括非洲审美经验同样在猛烈地沸腾的艺术领域。

最后是技术领域,非洲人当今的日常生活包括了太多的新物品,以至于仅仅我们前两三辈的祖先假如能回到我们中间都会感到无所适从。从手机到电视,更不用说冰箱和汽车了,当代非洲人日常使用的物品在审美上是如此媚外,以至于人们不免会问,在他或她的想象中,为酒椰叶席子、陶罐、传达信息的嗵嗵鼓,或者作为运输和交通工具的驴、马、瘤牛以及独木舟还保留什么位置。

因此,当谈及非洲审美经验当前的这种沸腾时,必须将思维指向多个领域的不同现实。需要关注的是这些现象在艺术和审美层面的影响。

在丰富的物质和诸多机会面前,很容易看明白选择自由何以可能仅受限于个人以外的阻碍。我的意思是说,国家首脑、教会领袖、任何人类团体的首领都不能将一种严格的思维方式强加于其成员,或者要求他们以一种特定的方式去生活,甚至以这种方式去希望。换个方式讲,伴随着那些以首领和领袖自居的人提出的生活、思维和希望方式,非洲人现在相信他们有能力以不同的方法去生活、思维和希望。然而,这种被如此渲染为可能的巨大选择自由远远不是人人都可以切实得到的。一些人至死还在竭力获得它,还有一些人不得已而只能梦想获得其中几分。但是,这两类人也都看到可能之事的空间如何被重构,他们的想象世界已经为这种实现所激活。

就我本人而言,我已经看到非洲**去涵化**与**再涵化**这个双重过程的实际加速。在我们等待可以更加清楚地观看其蕴涵的手段时,我们的审美经验为我们提供了一个观看这个过程的视角。非洲昨天的文化还没有死亡,事实上离死亡还很远,而明天的文化还没有诞生,在它们诞生之前确实还有一段路程要走。处在这二者之间的当今的非洲人,就如同其他民族,是靠综合多种来源的元素来生存,他们的踪迹是以非洲审美经验为标志的。

*

重要的是,不要把**哲学**与**哲学家**混为一谈(拉莱耶,1982)。说到非洲哲学家,我是指生活和工作在非洲、受过哲学训练的非洲知识分子。他们显然献身于其作为教师的职业,努力实施官方规定的教学大纲,使他们的学生得以通过各种不同的考试,进而获得进入各种职业所需要的文凭。

同样重要的是,不要把哲学的完全缺失与所谓的哲学的昏睡混为一谈。我们可能看到,到处都缺失探讨文化沸腾现象的哲学关注——到处都在昏睡。哲学探讨是为了观察和描述这种现象,并且为它针对生活于其中的那些人提出的某些问题提供解答,进而打造出能够在哲学上产生可以接受的解决方案的概念和理论。

对于非洲审美经验的哲学关注,不应仅局限于音乐、文学、雕塑以及技术等形式来发掘和重新发掘我们的艺术遗产。哲学关注还应该探讨在当今非洲享受这样的艺术经验意义何在,以便尽可能地帮助人们觉识到这种经验所面临的真正挑战,进而能够勾画出某些解决方案。

在非洲哲学家与非裔哲学家的对话背景中,艺术代表着一个优先的比较研究领域,因而也是一个优先的交流领域。交流可以揭示我们在**某个**开端而不是一开始所共同具有的东西,同时也可以揭示我们在为敞开自己去面对现代性而进行的多方面的斗争中仍然共同具有的东西，以及我们在向现代性所必须给予我们的东西明确而敏锐地开放自己中仍然共同具有的东西。

宗教，正如我上文所述，是一个艺术创造可以自由驾驭的领域，无论是就图解神话、表演神话而言，还是就通过歌曲或舞蹈来表现神话而言。正是宗教这种形式可以使一种文化传承能够经历跨越大洋的移植而存活，并且能够抵御奴隶制的残酷。的确，那些传统宗教必须适应强加于非洲移居儿童的新的生活条件。为什么通过充分观察非洲宗教传承当今在非洲之外所采取的多种多样的形式，反倒可能理解它在非洲之内继续存在的某些形式，其原因就在于此。

明智的对话可以使黑人散居区的那些正在为寻根而遭受不同程度痛苦的非洲人与仍然留在其家乡大陆的非洲人进行交流，后者可以在倾听散居区的那些非洲人及其后代的感受中发现巨大价值，从而决定他们自己应该做什么。

*

非常幸运的是，在第三个千年的头十年便有《世界文化多样性宣言》问世，紧随其后又通过了《文化多样性公约》（联合国教科文组织，2002，2005）。在这个时期，1976 年通过《非洲文化宪章》[1]的非洲国家做出了及时判断，在大约 30 年之后又通过了《非洲文化复兴宪章》[2]。这意味着，如果非洲人民为了在充分理解地尊重其他民族的文化特殊性的范围内促进围绕着其文化特殊性（拉莱耶，2010b）的工作而需要一个框架和法律工具，那么这个框架和这些法律工具自此由他们掌握。

有待我们这些受益于哲学训练的非洲人去做的，只是去考虑哲学以怎样的方式才可能使已经紧紧包围我们文化生活的不同话语与我们的起源更加融合，无论如何要与我们当前的知识更加融合，更加符合我们的向往，但仍然在严格尊重其他民族的向往的范围内。

Issiaka Prosper L. LALÈYÊ: THE AFRICAN AESTHETIC EXPERIENCE: CURRENT SITUATION AND PHILOSOPHICAL VIEW
(*DIOGENES*, No. 235-236, 2012)

注:

[1] 1976 年 7 月 5 日在毛里求斯路易港通过。
[2] 2006 年 1 月 24 日在苏丹喀土穆通过。

参考文献：

库朗容, P., Coulangeon, P.（2004）*Sociologie des pratiques culturelles*, Paris: La Découverte。

考恩, T., Cowen, T.（1998）*In Praise of Commercial Culture*, Cambridge, MA: Harvard UP。

考恩, T., Cowen, T.（2002）*Creative Destruction, How Globalization is Changing the World's Cultures*, Princeton/Oxford: Princeton UP。

屈什, D., Cuche, D.（2005）*La notion de culture dans les sciences sociales*, Paris: La Découverte。

弗勒里, L., Fleury, L.（2006）*Sociologie de la culture et des pratiques culturelles*, Paris: Armand Colin。

卡加梅, A., Kagamé, A.（1976）*La philosophie bantoue comparée*, Paris: Présence Africaine。

拉莱耶, I. P. L., Lalèyê, I. P. L.（1977）"L'œuvre d'art: dialectique de l'incarnation", in *Le critique africain et son peuple comme créateur de civilisation. Actes du Colloque de Yaoundé（16-20 avril 1973）*, pp. 23—27, Paris: Présence Africaine。

拉莱耶, I. P. L., Lalèyê, I. P. L.（1978）"L'œuvre d'art: pour une appréciation non consommatoire, fidélité aux sources", *ICA-INFORMATION, Bulletin Trimestriel de l'Institut Culturel Africain*, 9：14—16。

拉莱耶, I. P. L., Lalèyê, I. P. L.（1982）"La philosophie, l'Afrique et les philosophes africains: triple malentendu ou possibilité d'une collaboration féconde?", *Présence Africaine*, 123：42—62。

拉莱耶, I. P. L., Lalèyê, I. P. L.（1993）"Les religions de l'Afrique noire", 收入 J. 德吕莫（主编）, in J. Delumeau（ed.）, *Le fait religieux*, Paris: Fayard, pp. 643—713。

拉莱耶, I. P. L., Lalèyê, I. P. L.（1999）"En deçà de l'idéologie du développement et du culte de la culture", in *Ethiopiques. Revue négro-africaine de la littérature et de la philosophie*, 62：103—111, ethiopiques.refer.sn/spip.php?article1211。

拉莱耶, I. P. L., Lalèyê, I. P. L.（2000）"Les traditions religieuses négro-africaines: rites de maîtrise et pratiques de salut", 收入 B. 马蒂厄（主编）, in B. Mathieu（ed.）, *Un monde de religions*, Ⅲ, Sainte-Foy: Presses de l'Université du Québec, pp. 127—170。

拉莱耶, I. P. L., Lalèyê, I. P. L.（2006a）"L'art africain dans l'éveil et la construction de la personnalité", in *Mission de l'Eglise*, 153：11—14。

拉莱耶, I. P. L., Lalèyê, I. P. L.（2006b）*Poésie des sons, des images et des idées pour une pensée de la vie, poésie pour une philosophie*, preface to Mahougnon Kakpo, *Introduction à une poétique du Fa*, pp. Ⅰ—Ⅷ, Cotonou: Éd. De Diasporas/Éd. Du Flamboyant。

拉莱耶, I. P. L., Lalèyê, I. P. L.（2010a）*Vingt questions sur la philosophie africaine*, Paris:

L'Harmattan。

拉莱耶, I. P. L., Lalèyê, I. P. L. （2010b）*Protéger et promouvoir la diversité culturelle au Maghreb et en Afrique de l'Ouest francophone*, Paris: UNESCO-ISESCO。

拉莱耶, I. P. L., Lalèyê, I. P. L. （2011）Pertinence et bref aperçu des modalités d'une enquête systématique sur la pensée africaine, *Présence Africaine*, 181—182: 299—314。

联合国教科文组织, UNESCO （2002）*Universal Declaration of Cultural Diversity*, http://unesdoc.unesco.org/images/0012/001271/127162e.pdf。

联合国教科文组织, UNESCO （2005）*Convention on the Protection and Promotion of the Diversity of Cultural Expressions*, http://portal.unesco.org/en/ev.php-URL_ID=31038&URL_DO=DO_TOPIC&URL_SECTION=201.html。

审美知觉与徽物批判：
非洲公共领域中的可见物之政治性

让-戈德弗鲁瓦·比迪马　著
萧俊明　译

致亨利-戈德弗鲁瓦·M. 昂格布旺·比迪马
和莫妮克·埃弗利娜·M. 阿法那·比迪马

从来没有一个社会进行治理可以不要语词、影像和礼拜仪式。就政治方面而言，尤其是在前殖民地国家，有三个领域需要加以探讨：

1. **结构领域**，该领域对权力及权力行使的效果进行分析，连同分析科层制、行政部门、领土和人口流动；

2. **表征领域**，该领域涵盖各种关联到政治基础、宪法以及支撑政治学说的意识形态的棘手问题；

3. **虚幻领域**，该领域关涉主体与威权和权力结构之间有意识或无意识的关系以及这种结构在主体内引起的敬仰和仇恨，还关涉性别投射及其与权力投入方式的关系诸问题，以及最后权力和威权的戏剧性和文本性框架。

结构、表征以及虚幻领域还关系到探讨非洲政治的哲学维度可资凭借的三个进路。仔细审读之后便可发现在本讨论中占主导地位的是**结构**和**表征**领域。关于后殖民地国家的暴力和全球化的动力的研究是本文尤其关注的一个着眼点。因此，按照公认的看法，非洲后殖民地国家的经历是一种延长的他治经历，是对人类尊严的逐渐和不可避免的侵蚀。

在当今非洲，后殖民地国家的结构往往还反映出旧殖民地秩序，尽管出于国际关系的礼貌对此百般遮掩。微小民族国家不能独立生存的观念和起源非常复杂的泛非主义的兴起均缘因于此。某些泛非主义思想家认为，在一种泛非环境中，"非洲身份认同"（某种仍在生成过程中的东西）将能够通过博爱和一种重新发现的和谐来表达。然而，非洲政治理论家拒斥这种本质主义的泛非主义概念，更愿谈及"世界主义"。按照这种更新的进路，政治认同和政治理论产生于文化多样性、贸易和迁移流动以及国际法（为了制约民族国家的不道德行为）。这种否则是有价值的世界主义社会政治组织理论的唯一问题，是它忽略了对盛行的市场经济进行严肃的哲学和政治批判。

在对后殖民地国家中的**表征**问题进行反思时，需要考虑的是民族性问题、新的社会阶级如何构成，以及政治、宗教和性别之间的关系。后殖民地国家的"民众"的特征如何能够得到最好的描述？建立什么形式的学科？如何构想一种新的后殖民地国家主体性？如何评价政治领导人投射的影像？以及我们应该怎样称呼这种"表征"？谁批评这些影像？

另一方面，关涉虚幻领域的问题经常被上文提到的与表征相关的问题所掩盖。尽管非洲政治理论家批判国家意识形态，但是他们往往未能说明为什么民众依旧依恋这些权力结构及其外部表现。尽管对桑戈尔和尼雷尔所推进的非洲社会主义形式批评严厉，对蒙博托的"民族真实性"概念百般嘲笑，对卡扎菲上校的"绿宝书"不屑一顾，但是民众往往是自愿而真诚地信奉这些意识形态（但并不意味着他们所有人的信奉程度都一样）。我们如何能够解释这种感情投入？

一个民族的存在往往集中体现为一系列形成性事件和发展：它可能经常建立在一种通常是神话的**创世叙事**上（例如，关于罗慕路斯与雷穆斯的罗马叙事）；在这种叙事的基础上可以构建关于一场度过的劫难的回忆，同时珍藏于记忆中的还有以往的英雄、烈士、变节者、宿敌、庆祝、纪念碑，以及最为重要的，结合一种展示权力和威权的存在的圣餐仪式形式。

因此，我们的研究将集中于虚幻维度，暂且将与宪法、政权形成、政治以及国家从事的各种形式的镇压有关的问题搁置一旁。反之，我们将探讨审美徽物，它们在将民族记忆、经济策略以及官方手腕交织在一起来创造一个多面的后殖民主体中起着支撑作用。这个审美问题不但是一个哲学形而上学问题，而且关涉使人们聚集在公共领域中的纽带。本文将表明，政治关注与国家的所有关注是共存的，国家的存在不只是一种政治模式。首先，至关重要的是要认识到表征与政治之间的关系是围绕徽物的政治表征构成的。那么，民族叙事与对可见物的感知之间的关联问题则成为本文的第二阐述进路。

具体而言，本文的目的是要从政治美学的视角来审视消费观念。为了厘定我们所说的"消费"一词的含义，我们不妨采用鲍德里亚对这个术语的理解：

> 无论是物品的数量还是需要的满足都不适合于定义消费的概念……消费既不是一种物质实践，也不是一种"富足"的现象学。不能根据我们摄入的食物、我们穿着的衣物、我们使用的汽车，以及我们接受的影像和信息的口头和视觉物质性来定义消费，而要通过把所有这些东西组织成一个表意的构造来定义；消费是……一种系统地操纵符号的活动……物品要成为消费品，它必须首先成为一个符号。（鲍德里亚，1996：191—200）

哲学与美学之间的接合首先在符号消费中发生，在这些符号中可以找见徽物。在关于这一点的讨论之后，我们将探讨叙事。没有叙事，任何对于符号政治性的理解都将是不可能的。

一、符号的政治性

1. 引言

任何关于政治人类学的讨论都需要首先讨论身份认同问题。在后殖民情境中，身份认同问题的产生至少跨越三个相继环节。首先是身份的混淆，其次是身份的交叉，最后是这些身份的置换以及这种置换留下的隔阂。要谈及身份认同，我们必须考虑利科关于交换身份（identité-idem，同一身份）与在身份的解构与重构中通过事件与事件的叙事的接合而形成的身份（identité-ipse，自身身份）之间的区分（利科，1992）。殖民化行径实际上模糊了殖民者和被殖民者的身份，二者在占有其自身的叙事中——或者从理论上或人类学上证成他们的反叛（被殖民者），或者使殖民化话语实质化（殖民者）——都深深地扭曲了他们与自身、与他者以及与他们的制度的关系。我是谁？我是什么？身份认同问题的这两个方面（**谁和什么**）是不可分离的，而且是关于殖民和后殖民情境的分析的一个特定着眼点。在殖民主义冒险之后,后殖民话语进入了一个利科所称的"叙事交叠"阶段。当我们运用一种关于后殖民的话语时,往往把一个巨大的事实搁置一旁,即**身份是一面镜子**,个体、群体、民众以及民族可以将它作为一种自我反省工具来消除疑虑弥合隔阂。但是,它是一面破碎的镜子。此时组成镜子的小碎片折射的是一个破碎的、变形的,而且往往是滑稽的自我影像。因此,在我们这些提出后殖民和世界主义问题的人看来,不仅我们自己影像的身份,而且我们关于后殖民的话语的身份都在很大程度上为一种意识形态**自主化**所影响。我们关于后殖民的话语(无论是从哲学、政治和人类学上,还是从其他观念来看是合格的)往往未能考虑到这一点,即关于这一领域的思考不可能不提及徽物问题。这一点有多重要?我们如何能够说明它缺失于后殖民话语和批判的原因?徽物象征性问题如何能够被嵌入关于后殖民的一般讨论中?

2. 徽物的重要性

当走在户外的阳光下,人这个两足动物在观察自己的身影时普遍体验了一种双重感,无论这种体验多么的平常。我们身后或身前的影子使我们成为双重的。我们在地面上的影子告诉我们,影像——无论是我们自己的还是他人的影像,无论是我们依附的东西的还是我们从系谱传承衍生出的东西的影像——显示我们站直时的构造。"站直"的拉丁语 stare 与"地位"(status)一词相关联,进一步引申,则与某种事物存在的"状态"(state)相关联。因此,"站直"的概念与被投射的影像或影子紧密相关。站立(站直),即一个事物的存在状态(地位)与事物以一种影像形式的投射或表征(雕像)之间的这种紧密关联提醒我们,我们谈论后殖民(无论是从权力宝座的角度来谈,还是在权力之外作为评论家来谈)不可能不提及影像及其表征力问题。国家(地位)是一个由相互关联的影像组成的复杂网络。就后殖民地国家而言,**想象物**的维度及其与身体知觉的关联是无法回避的。具体而言,思想与肉体感觉在这里是紧密相连的。

就其本性而言,影像的概念包含一种审美知觉。我在这里是按照其希腊语原义使用"审美"一词的,即"与感官领悟相关",但是在这种领悟然后通过思想被转变的意义上来使用的,其中包含为了表达它采取一种诗意的立场。无论是一个各民族的解放问题还是创造一个可能抹去历史问题的记忆问题,或是与性别、领土、民族或世界主义相关的问题,我们始终不能逃避对各种影响这些问题的仪式的审视。但是，在我们探讨社会和国家结构产生的这些问题之前，我们首先审视一下批判话语本身的仪式，因为后殖民问题是通过这种批判话语来讨论的。就我们对后殖民的综合或分析批判而言，我们如何处理这种话语的**场面调度**（mise en scène）和戏剧性问题？换言之，在什么条件下我们能够揭露影响我们对后殖民地国家的指责的潜流？一个剧场包含的首要元素是**舞台**（角色和影像在众目睽睽之下逐步展开的空间）、**边幕区**（提词员、舞台工作人员、灯光师以及服装管理人员的隐蔽工作区域），**吊景区**——吊杆操作员在那里升降挂景；贯穿于所有这些空间的是**情节**——将观众吸引至演出的环节关联中的剧情设计。

那么，我们对于后殖民的评说蕴含着哪种设计？这种设计似乎标示的是那些能够使一个制度体系站直的虚假天真表征。这些设计所包含的徽物是那些与宗教、商业、法人团体、金融机构以及军队等有关联的徽物。但是，考虑到写作将徽物视为一种掩饰，所以试图通过书面话语来揭穿后殖民问题中的骗局并不能充分说明徽物的重要性。徽物将符号和象征集中于自身之内。勒让德尔（2001：124—125）以货币的象征形式作为例子来说明这一点。他将这种分析加以扩展，揭示了作为"一种普遍化的宗教形式，一种遍布于社会所有层面（社区、团体、政党、商业），尤其是在民族国家的君主层面通过升旗仪式表示的仪式性威权体现"的徽物。徽物的力量在于它渗透于主体的视界，影响主体的言说和想象。勒让德尔问道："从字面意思上讲，徽物是什么？ emblema（徽物）一词经由拉丁语衍生于希腊语，指的是一种凸起的或嵌入的装饰物（在木头上、花瓶上）；名词源于动词……（emballô），意为'抛在里面'。一个徽物不过是……将符号嵌入人类。"（出处同上：127）徽物迫使人这个会言说和想象的动物进入了虚幻和想象领域，而出了这个领域制度则无法发挥任何作用。

当下各种各样的徽物，以及与它们相适应的感官领悟指示我们，后殖民研究不能忽略这个虚幻领域。对非洲社会中表现梦想、影像、恐惧、爱情以及徽物的象征和物质方式进行审视不失为一条很有价值的研究路线。

旗帜。旗帜承担许多种象征作用，其中之一就是在战争中表示投降：比如挥动一面纯白色旗，或者让人看见把旗子从桅顶拽下来。因此，旗帜总是联想的集中体现，通过这些联想可以读懂一段历史与其自身的展开和表述的关系。旗帜标志着一个政治或企业实体的建立时刻。为了让这个实体得以建立，必然有过一个影响深远的事件，即一种叙事或象征行为而不是一个有待通过的书面文本。旗帜通过颜色、动物意象，或它所描绘的人类和自然世界的象征物浓缩了所有这些元素。因此，每一面旗帜都与时间和行动紧密相连。作为一种记忆装置，旗帜指代作为创立者的过去，不断地让人想起它的奠基和孕育时刻。一面旗帜在当下还是一种行动号召。挥舞旗帜表示归属或承认，旗帜既可以象征胜利也可象征失败。

旗帜的意象将我们引向一种对后殖民地非洲中的"符号政治经济学"（鲍德里亚，1996）的批判。在某些非洲国家的国旗上可以看到的火焰、星、弯月、匕首、狮子、鸟儿以及花朵等表示什么？我们如何解释某些后殖民地国家为什么否认自然的完整性，经常接受在其领土囤积核废料，却在它们国旗上保留着自然的影像？通过这些国旗还可以读懂国际政治和支配关系（无论是真实的还是象征的）。现在已经不存在的刚果人民共和国的国旗是纯红色的，左上角的国徽是相互交叉的锤子和锄头——显然是效仿苏联国旗上的锤子和镰刀图徽。同样，虽然安哥拉国旗——马克思主义政府执政时所启用的国旗——用半个齿轮和一把柴刀替代苏联国徽，但是其布局让人想起苏联国旗的象征意义。另一方面，某些国家在它们的国旗上展示了穆斯林新月图徽，尽管它们的宪法确认它们是世俗国家。那么，我们如何能够将某些国家宣称的普遍主义与对国旗的忠诚所唤发的民族主义品性协调起来？假如世界主义逐渐取代这些国家的民族主义，那么可以给予这些国旗怎样的持久象征意义？[1]

硬币与纸币。历史学家从城市的发展来断定硬币铸造的年代，那时城市领导人开始编纂和颁布城市的法律以防备任意解释。希腊语词汇诺米斯玛（nomisma）指代硬币时表示的意思是"法律物件"，也就是说，只有经过发行机构的批准和担保才是唯一可作为货币接受的硬币（J. 埃拉伊和 A. G. 埃拉伊，1989）。这样，硬币与作为发行者和担保者的国家有着非常紧密的关联。因此，后殖民地国家的硬币和纸币发行不仅使我们得以审视其货币政策，而且可以审视这些硬币和纸币上表征的是谁或是什么，以及为什么。为什么在有法兰西银行担保其货币价值的说法语的非洲国家使用的非洲法郎硬币和纸币饰有非洲政治领袖的影像？法国担保它们的货币价值，但是当地政权决定其肖似表征。对这些硬币和纸币的美学进行反思将会揭示谁掌控着实权，谁仅仅掌控着表征和装饰的权力。

有三个要素可证明这些货币象征背后的实权与只是装饰的权力之间的差距。第一个要素是各种纸币的基本图案和颜色的象征意义；第二是对纸币和硬币上的政治领袖画像进行的往往自恋式的演绎；第三是设计图案中使用的象征动物和鸟，它们肯定了所说国家的文化价值。鉴于这种外部影像与内部现实之间的分离，当这些国家掌控的只是戏剧的装饰广告而不是戏剧本身时它们在国际舞台能够诉求什么地位？

集邮。尽管无意去详述邮票和批准文件使用的橡皮印章的历史，但是我们认为邮票和印章也是体现后殖民的本性和身份的象征关联的一部分。邮票和印章表明了每一封贴有邮票的信件或每一份盖有印章的文件与**规范**的关系。从词源上讲，**规范**（norm）派生于拉丁词 norma，意为矩尺（勒让德尔，1998：251）。一封贴有邮票的信件在每一站的传递反复肯定的是，它所承载的信息通过装它的信封上的装饰将自身显现为"规范的"，即使信息本身是颠覆制度结构的。换言之，它已经过了发行邮票或盖邮戳的合法机构所要求的**付讫**。

尽管表面上邮票本身不过是一种装饰，但是明信片或信件上的邮票的重要性在于它意味着信件是在权威机构的影响下或在其准许下送到的。我们本应是私密的信息，即便在内容上是煽动性的、义愤的或颠覆性的，也全部都带有权威机构的"印章"，暗含地允许那些准许这些信件往来的权威机构去控制或干涉检查它们。

在邮票本身能够看到的表征又如何呢？发行邮票的国家的政府或社会结构是极权主义的、民主的、自由的、殖民的、后殖民的、共产主义的，还是世界主义的，并不重要。国家的存在是常态，因为邮票和印章不仅用于信件上，而且用于限定我们行政身份的文件上：出生、死亡和结婚证明、驾驶执照、护照以及许多其他文件。我们的意象系统就这样微妙地由国家通过这个小小的可见标志建造出来，实际上这个可见标志由于我们不大注意它而变得不可见。但是，国家却显现于邮票或税票的"不可见"中，通过变成我们无论走到哪里都伴随我们的影子而渗透于我们的私生活中。

二、叙事和知觉的政治性

1. 共同生活在公共领域——叙事的作用

政治思想一旦摆脱宗教——按照这个词的通常意义——的束缚，它就作为真理的唯一来源凭借自身成为中心。那么，问题就变成了：拒绝将宗教和神话作为其真理基础的世俗共和国家如何保证社会政治思想可以依靠自身？仅仅通过法律能够产生和保障社会凝聚力吗？宪政主义者和政治学家会回应说，一旦抛弃任何对政治隐藏本质的寻求，政治合法性的自创就包含着承认和掌握社会现实——通过这个权力机制可以操控社会现实。但是，这种局限于事实环境的"实证主义"忽略了城市或共同体构建的一个基本参数——语词的连接力量。一个政治共同体首先是一个散布言论的对话领域。行动只是在某些时候是可能的，因为行动是由述行言论策划的。语词——或言论——是构建民主空间的一个必不可少的组成部分。

希腊城邦（polis）出现之际也是公共言论兴起之时。希腊人认为，没有正义，没有法律，没有法律面前的平等，没有每一位公民在公民大会前展现自己的权利，以及最后，没有言论自由，就不可能有共同体。"那种蕴含着**城邦体制**的东西，首先是语词远远超过所有权力工具的卓越。"（韦尔南，1975：44）

语词——或言论——的作用及其与构建政治领域的密切关系同样出现在非洲传统中。在这些传统中，语词并未死亡，而是在发挥着构建、强行、设立、分离、咒骂、重聚以及质疑等作用。语词将以往的传统交付给个体：卡拉姆－格里奥勒（1965：26）记述说，在马里的多贡人中间，传统与言论之间有着一种紧密关联——而且"识字"的人与传统相关联。但是，言说并不只是口头言论，它受某种**整理**或排序支配——言说意味着服从规则。某些部落社会的正式演说仪式使各种形式的战斗性演说成为可能。战斗性演说说明了部落背景中的言语行为的双重性质：尊重语词交流——蕴含着言论领域中的非垄断化，以及阐述讨论的话题。这种演说仪式往往包含了一种完整的用词伦理。一些研究或者将传统的非洲正式演说仪式视为一种"非洲式民主"模式，或者视为未来共识的初始阶段，它们未能看到，尽管这种交流的主题丰富生动，但是还有一种"歧见"在作祟。除了其仪式性（包含神判、调度、叙事、调和）之外，这类演说交往还揭示了语词、言说以及叙事的本质功能。

叙事概念对于民主领域的构建之所以重要，是因为服从法律就是任凭自己受某个语词限定：起分离作用、起陪伴和调解作用的语词。[2]此外，民主首先是一种叙事，因为正是在民主中主体才言说，才叙述法律、不和以及关联的出现。这是仪式性演说交流要求的任务：在一个自由空间中讲述和叙说民主的奠基故事。这类正式演说环境——尽管不无障碍和内在缺陷——可以暂且作为一种民主范式,因为它们表达了宽容、正义和自我表现的概念,体现了一种倾听他人的行为。

2. 阐述可见物的维度

关于社会性东西的阐述并不是讨论主要关注的内容,但是它需要一种"观看的伦理"。言说蕴含着观看和被看。观看一个制度意味着什么?动词**建立**(to institute)是什么含义?对于制度行为的投入的作用是什么?个人投入与制度的交织如何实现?连接因素是凝视。按照哲学理论,在主体的凝视中可以找见能使对象化的他者发呆——并且在一定程度上揭露他者——的东西。但是,凝视还产生一种分离效果。当凝视转向内部时,主体则将自身分离——或复制,产生一种分屏影像(一面是主体作为凝视者,一面是主体作为被凝视者)。凝视的这两面与主体的自我影像相关,但是当对象进入视线时,它就变成一个动力问题,即被凝视的他者向主体的凝视提供的动力。梅洛-庞蒂提供的一个出色区分对评价凝视不无帮助。**看这**(voir ceci)不同于**随着看**(voir selon)。**看这**是一种指向选中对象的凝视,而**随着看**增加了意向性和视角。有意图的凝视——或观看——因此而成为一种政治行为。

投入。我们对于对象和主体的**表征**的投入与我们对于对象和主体本身的投入一样多。从词源上讲,"invest"一词意为穿上一件衣服。当我们观看一件由国家雕刻、印制或绘制的物品时,我们以三种方式穿上它或投入它:

(1)带着爱,爱将物品转变为一种被崇拜的对象。我们以这样一种反应给物品穿上了我们自身的一部分;

(2)带着恨,恨将物品转变成一种我们排斥和厌烦的反感对象;

(3)带着冷漠,冷漠使个人的崇拜物保持完整——也即,完好无损,未受质疑。

个体在面对一张国家发行的纸币时,尤其是如果他很贫穷,可能会采用一种拜物态度。依照这种态度,销毁这张纸币的行为会被视为疯癫,如果不是亵渎的话。但是,在观看我们所鄙视的政治家的照片时,我们经常会产生负面情绪,将我们的仇恨转移到影像本身,给它穿上这种仇恨。换言之,我们给影像穿上了束缚我们的破衣。最后,当我们观看一张印花税票、一个印章或一张邮票时,我们往往不大或根本不注意它的政治权力展示——我们对此漠不关心。这种对表面上很平常的权力表征的不投入,表明了当我们通过破碎的镜子中的多重微小和扭曲的影像观看时与所看到的权力面孔的混杂关系。通过破碎的镜子，我们感知权力的多重方面。投入，无论是正面的、负面的，还是在一种冷漠框架中以否定形式的运作的投入，提示我们，政治生活在其选举、政府形式以及正义方式等外部表现之前是作为一系列与象征界的商谈开始的。想象的人类学结构——借用吉尔贝·迪朗《想象的人类学结构》一书的书名——对于理解情绪与政治之间的关系是不可或缺的。**根据法律**提出人权诉求的主体与**现实**没有直接关联。为了达及现实，主体必须首先深入了解现实是如何通过叙事和影像被象征地表征的。然而，对于想象的投入通常是大部分非洲哲学家存有疑虑的领域，他们往往过于专注于理性、认识论方法、知识类型（无论是内生的还是外生的知识）、审美范畴、文化多样性，以及最近的世界主义和生态学这些"重要"问题。就此而言，我们哲学家往往忘记的是，理性生活切不可忽视神话、仪式以及礼拜。我们是主体，仅仅因为在我们之前已有一个预设的象征过程把我们掩饰起来。对于这个象征过程，我们给予它"文化"这个名称。

结　　论

要理解审美的本性，我们必须首先从其词源——意为思想的感官领悟——开始。希腊语动词"感觉"（αίσθάνομαι）的含义是通过感官感知、感觉并理解。如果我们不了解能诱使相信的（le faire-croire）制度的情绪或情感，我们就不可能理解制度的动力。因此，在后殖民地非洲的背景中，如果我们无视非洲政治的审美包装，就不能理解非洲政治。任何对后殖民地国家的批判都必须关注社会圣障现象。这种"社会圣障以这种方式坚持的事实是，审美所造就的影像体系不是一种副现象，而是一种力量。这种力量确实使社会存在并站直，仿佛社会是单独的主体"（勒让德尔，2001：138）。

Jean-Godefroy BIDIMA: *AESTHETIC PERCEPTION AND THE CRITIQUE OF EMBLEMS: THE POLITICS OF THE VISIBLE IN THE PUBLIC SPHERE IN AFRICA*
(*DIOGENES*, No. 237, 2013)

注：

[1] 参见博伊梅，1998。作者分析了如何在自由女神像和美国国旗背后布置一种民族主义的、保护主义的以及有时是种族主义的政治议程。

[2] 比如，有禁词；在某些文化中对某些物和人（首领、父亲、祖先）不能直呼其名。要说点什么意味着拐弯抹角地说和管制，在一个民主国家中，具有言论自由意味着对所说的言论要管制。

参考文献：

鲍德里亚, J., Baudrillard, J.（1996）*The System of Objects*, London: Verso。

博伊梅, A., Boime, A.（1998）*The Unveiling of the National Icons*, Cambridge: Cambridge UP。

卡拉姆-格里奥勒, G., Calame-Griaule, G.（1965）*La parole chez les Dogons*, Paris: Gallimard。

埃拉伊, J. 和埃拉伊, A. G., Elayi, J. and Elayi, A. G.（1989）*La monnaie à travers les âges*, Paris: Éditions Idéaphane。

哈贝马斯, J., Habermas, J.（1998）*L'intégration républicaine*, Paris: Fayard。

勒让德尔, P., Legendre, P.（1996）*La fabrique de l'homme occidental*, Paris: Mille et une nuits。

勒让德尔, P., Legendre, P.（1998）*La 901e Conclusion. Études sur le théâtre de la Raison*, Paris: Fayard.

勒让德尔, P., Legendre, P.（2001）*De la société comme Texte*, Paris: Fayard。

勒让德尔, P., Legendre, P.（2007）*Dominum Mundi. L'Empire du Management*, Paris: Mille et une nuits。

孟德斯鸠, C., Montesquieu, C.（2008）*De l'esprit des lois*, Paris: Flammarion。

利科, P., Ricœur, P.（1992）*Soi-même comme un autre*, Paris: Seuil。

韦尔南, J., Vernant, J.（1975）*Les origines de la pensée grecque*, Paris: PUF。

肯尼亚跨民族与跨世代的"国家文化"构建

盖尔·普雷斯贝　著

贺慧玲　译

  肯尼亚在过去七年中遭受的创伤尤其严重。在2007年12月总统选举前的竞选运动中,民族分裂像往常一样发挥了巨大作用;此次选举表明在肯尼亚还存在着阻碍国家统一的分裂;紧随总统选举之后发生的暴力致使1300—1500人丧生,在肯尼亚境内30万人无家可归。此外,包括科菲·安南等非洲国家领导人在内的国际共同体干预其中,对选举结果提出异议:它们对属于不同民族和具有不同政治色彩的肯尼亚人说,为避免国内战争和流血牺牲,他们应该共同生活和共同工作,并在政府层面分享权力。国际共同体拟定了《为肯尼亚共同行动起来:关于联合政府伙伴关系原则的协定》,确认了伙伴关系和改革的重要性。众多肯尼亚人对此种解决方案表示失望,认为通过更精确的选票统计或第二轮选举,问题能得到解决。除了伴随着有效治理的缺失(腐败、警察暴力、司法的无能、公民服务的缺乏)的实际问题之外,隐藏的问题也未得到解决。肯尼亚认同与国家和谐这一永恒的问题也始终悬而未决(普雷斯贝,2003,2002b;马科克哈,2009;霍雷尔德,2009;巴尔德奥夫和克里尔,2008;路透社,2008;本·贾利,2008)。

  并非一切都是不幸的:近期得益于选举之后所开展的大规模重建社群的工作,2010年8月关于新宪法的全民公决总体来说在平静中度过。《基督教科学箴言报》记者迈克·普夫兰茨指出:"几百所机构在肯尼亚和其他地方建立起来，它们动用了高达几百万美元的资金，在村镇广场上设立工作组，在教堂召开会议，并利用地方调频广播电台推出为和平而奋战的节目。"（普夫兰茨，2010）埃尔多雷特英国圣公会牧师马里蒂姆·阿拉普·里雷说道："我们汇集了来自所有社群（部落）的人，给普通人召开会议，竭力通过一些途径表明只有统一与和平才能使肯尼亚实现增长。"（引自普夫兰茨，2010）但是，尽管近来的消息令人鼓舞，人们还是应该保持警惕，防止民族间的敌视一发不可收拾。

要从一种尊重差异的共同认同出发构建一个共同体，需要跨越两大不同的鸿沟。一是笔者上文所提到的族群之间的分裂，二是代与代之间的断裂。今天肯尼亚的年轻人能否与他们的先人建立一个共同体，与他们在诸如价值和认同上相互理解？这是一个老生常谈的问题。事实上，自20世纪60年代肯尼亚独立之初开始，这个问题作为一个主要论题不断得到重提。在这个过程中，人们经常看到发展一种共同的肯尼亚"国家文化"的要求。肯尼亚很多作者对这个论题进行了研究。笔者首先想概述奥科特·普比泰克、弗朗茨·法农、贝思韦尔·奥戈特和恩古吉·瓦·提昂戈在20世纪六七十年代对这一问题的论述。然后考察肯尼亚哲学家亨利·奥德拉·奥鲁卡的论述，奥鲁卡深受有关国家文化的论战的影响，推出了"智慧哲学"项目，在他看来，这种方法能在肯尼亚国家文化创建中发挥作用。查温戈·巴拉萨接任了这个项目。最后将分析肯尼亚大学界人士是如何努力描述和打造国家价值观的，相对于肯尼亚政府往往将文化视为旅游商品的观点，他们提出了另一种视角。

国家文化导论

先来谈谈几个定义。何谓文化？何谓国家文化？肯尼亚口头文学专家N.基普里依据一系列文化定义提出，"文化是一个保障社会凝聚力的网络"，包括行为、思想和信仰的规范和模式，艺术作品与（笔头和口头）文学，戏剧，仪式，语言以及一般来说"我们适应自然环境所借助的工具"（基普里，2002）。曾于1971—1982年在内罗毕大学任职多年的乌干达作家O.普比泰克认为，"文化是一个社会所经历和称颂的哲学"（1986：13）。普比泰克批驳了那种认为可以脱离一个民族的生活方式来理解文化的观点。他认为，西方社会将文化视为剧院中的表演和买卖的东西而将其边缘化，非洲的文化部长们力促的是一种迎合游客的贫乏文化概念。而普比泰克强调作为社会哲学的文化。

文化为何如此重要？普比泰克认为，文化塑造着人们的观念，影响着人们的行动。靠威胁和武力执政的统治者得不到民众的拥护。艺术家采取的方法则不同，他们借助音乐、歌舞以及其他媒体传达对个体产生促动作用的观念。与利用法律威吓来使人们走正轨相反，艺术家（普比泰克在这里无意倡导一种精英主义的艺术观）俘获了人们，发挥了道德引领者的作用。普比泰克（1986：39）引述查尔斯·戴维斯说："一位作者如果足够强大的话，可为其同胞做大量的事。他能教他们如何说话和如何推理；能使他们的睡梦如此充实，以至于他们醒后仍会去经历这些梦。"

正是由于文化有这种力量，人们才产生了这样的忧虑：殖民列强摧毁了非洲文化，非洲人被强制或鼓动丢弃他们的文化，心中深植着对自身文化的蔑视，并为损毁自身文化推波助澜。与非洲对西方文化的屈从并行不悖的是，非洲在政治上受西方主导。与此同时，接受西方文化对非洲来说并非易事。即便在某些非洲人接受西方文化之初，它貌似一种进步，但其缺陷不亚于其优点。在开展争取独立的政治运动的同时，为非洲文化和认同而进行的斗争也蓬勃发展起来。

要了解新近独立的非洲国家为何重视"国家文化"，一个关键的资料来源是法农的名著《全世界受苦的人》中的一章——"论国家文化"。法农1959年在一次会议上首次提出他的观点。殖民主义宣扬非洲文化是落后和野蛮的，不仅剥削而且诋毁非洲人。进步意味着忘却过去的传统与习俗、接受承载着一种新普遍主义的西方文化和观念。法农追述"本土知识分子"经历的阶段：首先接受西方文化与观念，然后发现这种接受对其自身的认同不啻一种无法忍受的批判，于是决定丢弃西方文化的浮华转而颂扬他们自身的根。他们认为非洲自身的历史和文化与欧洲的历史和文化相比，即便不优于它们，也是与其同等优秀的；他们不愿与殖民宗主为伍，拒绝与奴役他们的体系合作。

本土知识分子的工程是要复活他们国家的辉煌过去和创造表达国家文化的文学艺术。法农指出这些工程带有不可思议的模棱两可性。本土知识分子已经以某种方式与自己的民族决裂，并试图重新抓住他们在个人层面所丧失的东西。他们努力通过恢复过去的残垣断壁来重创国家文化，但始终受到由西方教育所一再灌输的工具和视角的影响。再者，殖民结构严重损害了先前存在的文化，他们试图复活已经衰亡的东西。在旧的国家文化基础上构建一种能适应当前语境的国家文化，这种要求确实很强烈。法农认为这种国家文化是民众在争取独立的斗争中所打造的，本土知识分子能够参与这种新文化的诞生，但并不必然是其主要行为者。

在同一时期，也就是在四五十年代，某些作者撰写了若干关于其民族的人类学著作，他们随后也是非洲独立运动中的积极分子。举例来说，J. 肯雅塔在1931—1946年任职于英国伦敦经济学院期间，撰写了《面对肯尼亚山——基库尤人的部落生活》（1938）这篇关于基库尤人的习俗和传统的论文。就像 S. 吉坎迪（2002：161）所说明的那样，肯雅塔认为，这种叙事是一种修复行为，其目的在于"不仅以非洲民族学家的方式重申非洲价值观，而且对殖民文献与以 K. 布利克森和 E. 赫胥黎为开端的白人小说中所歪曲的非洲形象提出质疑，进行修正。同时吸收现代性给非洲大陆带来的正面价值观和体系"。

保兰·洪通吉认为"国家文化"被非洲暴君操控，用来制服其人民。他在一部近著中描述了在蒙博托统治下的1970年，在金沙萨大学的教学经历如何使他对推动国家文化的想法深恶痛绝。他说："没有什么地方比扎伊尔更让我了解文化国家主义与专政的同流合污。我没有在任何地方看到政权是如此肆无忌惮地借助传统'哲学'来证成或掩饰对人权最糟糕的滥用和最粗暴的践踏。作为国家官方学说的'本真性哲学'在呼吁扎伊尔人做他们自己并且重振受到威胁的文化认同的同时，将这种认同置于最肤浅和最平淡的民间层面。"（洪通吉，1997：121）人们援引非洲传统来强调，对领导人提出批评并不属于非洲本真传统，而持异见者锒铛入狱。洪通吉认为在蒙博托的本真性哲学和民族哲学实践之间存在一种直接关联（出处同上）。

洪通吉只是提到蒙博托，但我们能够以肯雅塔和丹尼尔·阿拉普·莫伊为例，他们均创设并延续了一党制国家，拒斥任何对他们个人及权力的竞争。两人以民主竞争不属于非洲传统而单一政党致力于所有人的共同利益为借口，拒斥多党制。回过头看，我们可以说他们操纵着统一性和共同体概念，以为自身利益服务。

肯尼亚当时的趋势是什么？肯尼亚历史学家 B. 奥戈特指出，独立政府试图推动国家统一。肯尼亚有 42 个族群，其界限是由欧洲人随意划定的，因此要在肯尼亚人中确立爱国主义是一个真正的挑战。民族情感的缺失可以转化为一种部落团结，使得肯尼亚无法管理。正如奥戈特所提到的，在五六十年代，肯尼亚人追求"文化的去殖民化"，以逃脱一种有害的殖民遗产并创造一种新的社会秩序。政府领导人将非洲文化遗产看作推动国家统一的途径。1965 年内罗毕大学设立的发展研究所包括社会科学和文化两个部门。文化部门 1970 年变为非洲研究所，此外，1977—1982 年肯尼亚文化与社会服务部致力于收集肯尼亚的物质文化。最终在 1981 年，高等教育部将口头文学纳入中学教学大纲。普比泰克等人主张并告诫，不能将口头文学描述为源自已消亡的过去。

某些肯尼亚评论家认为重视口头文学意味着在教学大纲中引入"部落制"元素。事实上，应该研究不同族群的文化以促使肯尼亚人认识到他们国家的多样文化并引以为傲，而不是为一种狭隘的民族性推波助澜。很难想象脱离了这些多样文化的集群的"肯尼亚"文化会是什么样子。

国家统一性是否要求人们重视差异，是否要求人们打造新的共同特征，这个问题处于争论中。例如，斯瓦希里语虽然被广为接受，但是它作为国家语言的地位却备受争议。虽然斯瓦希里语充当了抵制英语和其他欧洲语言的良方，但却往往使得肯尼亚和以该语言为国家语言的他国（如肯尼亚的邻国坦桑尼亚）的其他本土语言的地位最小化了。令 M. 穆洛洛齐（2007）担忧的是，在今日坦桑尼亚，家长愿意把子女送到英语学校上学，认为这样可以为子女带来更多的就业机会。令 M. 穆洛洛齐感到惋惜的是，60 年代在坦桑尼亚已遭消灭的趋附西方人的事物死灰复燃。他认为，斯瓦希里语成为一种国家和国际语言，这是一种倒退，而罪魁祸首是轻易落于外国统治之下的脆弱的国民经济。

在过去几十年里，非洲的小说家和知识分子对非洲人的二难困境进行了反思。非洲人一方面由于所受的教育而受到西方思想的侵袭，另一方面又极力在私人生活中融合西方和非洲这两种看似水火不容的价值体系。奥戈特（1995：230—232）认为，他们要克服异化，只能"回归本国"。但是尽管如此，留在本国的人却对当地的传统感到不自在。文化应该是鲜活的和弹性的，这是它的使命：当文化变得死气沉沉时，我们还能做什么呢？

讨论肯尼亚的国家文化就不得不谈恩古吉·瓦·提昂戈这位作家在这场

论战中的贡献。O. 普比泰克曾强调殖民思想如何扭曲非洲文化和使其物化，恩古吉阐释了后殖民非洲国家如何为了一己之利而操纵非洲文化。S. 吉坎迪（2001：60）认为，恩古吉和其他东非作家一样，在英国利兹居住期间发现了法农的思想。P. 威廉斯（1999）在一篇重要论文中指出，恩古吉在其几乎所有论著中都提到了"文化"，"文化"甚至见诸章节的标题，恩古吉以此不断地呼吁肯尼亚人创建自己的文化。

亨利·奥德拉·奥鲁卡与"智慧哲学"

曾在内罗毕大学与恩古吉共事的哲学家亨利·奥德拉·奥鲁卡以其"智慧哲学"项目而闻名。该项目深入农村地区采访农村老人，从而撰写他所称的"口头哲学"（奥鲁卡，1991；普雷斯贝，2007，2002a）。奥德拉·奥鲁卡（卒于1995年）曾在瑞典乌普萨拉大学学习实践哲学。在那里，他认识到从哲学视角处理社会问题的重要性。要使"智慧哲学"项目适合需要且卓有成效，奥鲁卡必须避免一种危险，这种危险就是如洪通吉所描述的，对民族哲学从政治上进行反动利用；同时必须注重丰富的非洲传统。奥鲁卡（1996：99—107）谈道，非洲独立政府用另一种不自由代替了殖民统治，引致了失望也包含着危险。奥鲁卡认为哲学在个人面临选择时应该承担什么责任方面发挥着批判和评价作用。

虽然奥德拉·奥鲁卡从采访农村地区的老人着眼，但应该强调的是，他的"智慧哲学"项目并不限于老人，也不限于农村。以他们作为出发点是因为他看到乡村老人的思想有随着他们的去世而消失的危险，也清楚他们的观念被沿袭殖民地的大学体系和沿循西方风格的政府所边缘化。许多人可能不知道，奥鲁卡的目标在于推动一种肯尼亚国家文化的构建。有一个研究项目笔者是在 F. 奥奇恩格－奥迪安博（2002）在一篇文章中提到时才首次听说。之后笔者收到该项目未公开出版也未标注日期的报告。奥奇恩格－奥迪安博在 2002 年的一篇文章中指出，奥鲁卡是在 1979 年撰写这个报告的（2002：29），后来，他把撰写时间改为 1976 年（2006：21）。笔者认为 1979 年这个时间更准确，因为该报告提到 1977 年发生的事，并提出 1980 年要启动研究。奥鲁卡在报告中说明，该项目通过研究肯尼亚某些族群和某些地区的文化，通过突出该国不同文化哲学中的共同点，来推动一种国家文化的形成。如果来自不同族群的肯尼亚人能够了解其他族群的贤人所承载的遗产，并把这些贤人当作一种共同财产的话，那么"智慧哲学"项目将实现其打造肯尼亚共同认同感的目标。

这个未出版的题为《西肯尼亚文化的哲学之根》的报告开篇如是说："某些人认为，文化不外乎音乐和舞蹈。但实际上，文化是多面向的，其最重要的一个面向是**哲学**面向……文化和其他所有实践一样，需要一种证成和一种哲学。如果像笔者将要论述的那样，文化是指一国民众总的生活方式的话，那么谈论一个民族的文化哲学等于谈论证成其生活方式的根本原因。认为文化不需要哲学等于承认一国民众不需要从智性上来证成和捍卫其生活方式。"（奥鲁卡，s.d.：1—2）奥鲁卡举例说肯尼亚的集资做法（harambee）就需要从哲学上进行证成。

奥鲁卡还解释说，并非所有国家都拥有统一的国家文化。他认为，发展国家文化是保卫国家不受"西方思想侵略"的一种方式，阻止这种侵略不能靠枪炮，而应该在思想层面进行斗争（出处同上：5）。他随后举例说明了这种文化侵略思想。他担心在当代肯尼亚，对技术的"顶礼膜拜"会使道德意识滑坡：人们往往认为，如果一件事在技术上是可行的，那么在道德上也是许可的。因此，肯尼亚人为迎合某种审美标准通过技术手段来整容。奥鲁卡还担心，男女之间的爱情也不再是精神层面的，而是以追求物质财富为动机，婚姻被视作个人致富的手段（出处同上：6）。令他痛心的是，非洲的传统道德观念受到欧洲殖民主义的践踏，取而代之的基督教和伊斯兰教也未能阻止文化价值观的每况愈下。

奥德拉·奥鲁卡然后抨击了另一个极端人群的问题。这些人根据黑人精神观念认为非洲人的精神活动不是客观和理性的，因为他们往往一时心血来潮，且受艺术情感的驱使。奥鲁卡参加了1977年1月在拉各斯举办的第二届世界黑人艺术节，令他感到遗憾的是，在艺术节上，每个国家展示了歌舞等传统艺术，艺术家没有提供任何能使观众理解启发编舞的哲学背景。这种经历在一定程度上促使他提议开展新的研究，开发和发掘作为文化实践之基础的哲学原理。他的研究更多地聚焦于区域，而不是民族，因为他的目标是辨明跨民族的观念，以"巩固国家统一"（出处同上：8）。他断定，在肯尼亚西部，文化间的融合和交流一直没有间断。通过与贤人进行长时间的谈话，他试图了解这些贤人如何证成他们所珍视的如婚姻、葬礼、宗教仪式、法律和处罚等方面的文化习俗，并更清楚这些习俗的价值。他希望其他人也能参与这种区域研究，为构建肯尼亚国家文化打下基础。他建议这项研究在1980—1982年间开展。文件并未详细说明这个项目递交给谁以及是否获得通过。

与奥德拉·奥鲁卡的著述相类似的著作也不是没有。肯尼亚人类学家A. B. C. 奥乔拉－阿亚约此前刚于1976年在瑞典乌普萨拉出版了《南卢奥族的传统思想和伦理》一书。该书是第一部研究卢奥族思想和伦理的著作，不仅研究其言语表达，也研究其生活的其他诸方面，如宗教习俗、社会关系、司法体系以及政治经济行为（奥乔拉－阿亚约，1976：11—12）。但奥鲁卡的进路截然不同。他对显性行为的意义进行反思，而非推演造成行为的可能原因。因此他看重与贤人进行深入对话。

奥鲁卡关于智慧哲学的著作有利于对传统文化做出评价。他不同意完全丢弃传统文化而采用外国方式，因为这相当于毫无正当理由地给外国方式以优先性。然而，在某些情况下，非洲传统显得比欧洲信仰或实践更优秀、公正与合理。因此他认为应该具体情况具体评价。但他主张不能将非洲的过去奉若神明，好像它是完美无缺的。因此，他本人对众多贤人提出了批判，因为在他看来，他们具有歧视妇女的观念。

老人由于阅历丰富，往往谨小慎微。而强调谨慎似乎是保守的做法。譬如，S. 松杰倡导来自塔纳河曼优亚回教徒（Munyoyaya）社群的贤人M. A. 阿福卡的思想。阿福卡的族群以乌龟作为图腾，他解释说，当人们打扰乌龟时，它会往回缩，并耐心地等待危险过去（松杰，2001）。可想而知，我们之中那些经常上网的人不会将乌龟视为吉祥物，汽车公司甚至将猎兔狗作为标志。那么对乌龟的崇拜毋庸置疑过时了吗？松杰引述阿福卡补充说，习俗以及负责实施这些习俗的当局发生了变化，它们共同变化着；习俗的变化会使当局发生变化，反之亦然。

奥德拉·奥鲁卡曾在1991年撰写了《文化发展的哲学观念》一文，指出如果一个族群的成员认为他们的信仰是"高贵的"而其他族群的信仰是"荒谬的"，这对肯尼亚非常有害（1997：192）。在肯尼亚，诸如此类的态度由于遭受国际影响和认为肯尼亚文化在道德上低人一等而将其弃如敝屣的殖民遭遇而变本加厉。欧洲价值观体系极其重视经济和技术发展，以致使用武力制服他人（盗取他人的自由和尊严）从而获得物质好处。一种更为温和与更为公正的方式乃是每种文化耐心地倾听他者，进行文化交流，加深文化间的理解。这篇文章在他去世后发表于1997年出版的《实践哲学：寻求最低限度的伦理》一书中。

将这些思想应用于新的肯尼亚国家文化的另一种尝试要归功于查温戈·巴拉萨，他曾帮助奥德拉·奥鲁卡开展了"智慧哲学"项目访谈，作为最年轻的贤人收入奥鲁卡的书中。巴拉萨认为文化习俗应该与一以贯之的思想和信仰体系相融合。他建议肯尼亚人从五个方面重新检视他们的生活与文化：传统与现代之间的协调、死亡与葬礼、婚姻与遗产、家庭和氏族关系、领导权以及角色的确定。所有这一切可以借助"智慧哲学"来实现，因为它鼓励人们追求智慧并反思其信仰。家庭培养的是道德行为，但在现代肯尼亚家庭（约占肯尼亚人口的35%）中缺乏道德性。"现代的"肯尼亚人曲解了现代性概念，认为现代性等同于欧洲文化与宗教，然而肯尼亚人对欧洲文化的理解只是皮毛，且只知其一不知其二。他们对本土文化和传统的理解也不充分，却用物质主义、消费主义和对社会地位的追求取代本土文化与传统。他们勉强掩饰对农民及农村环境的厌恶，却实施着与现代性背道而驰的性别压迫。此外，现代肯尼亚人很容易受到政客的操纵和收买。这种情况说明，社会要有收益和凝聚力，对传统进行哲学反思是不可或缺的。

今日肯尼亚

非洲国家如今享有政治独立，但离真正的自由还有很长的路要走。来自国内外的问题层出不穷，在国外，它们在全球经济中的地位仍受老的殖民列强的主导；在国内，族群冲突不断。我们能始终主张国家文化工程是有用的吗？N.基普里在2001年的立宪论战背景下，宣称肯尼亚人不再坚信应该尊重其文化。她明确断言："我们没有国家文化。"文化压制由来已久，政治家禁止在议会穿传统服装，即便在独立的肯尼亚，法官也必须戴上英国假发。她认为，当人们想到肯尼亚文化时，会想到小面包车文化、索要小礼物、腐败和警察骚扰。她在2002年写道，肯尼亚勉强的凝聚力脆弱不堪，不断遭到族群冲突的威胁。近来的事件印证了她的担忧。然而，在同一背景下，基普里认为"意识到我们的起源以及对我们进行塑造的经验和信仰"对于肯尼亚人决定保留哪些做法，抛弃哪些做法尤为重要。对自身文化感到自豪也会使每个人对其他文化人群的自豪深有同感。因此，文化多元主义并不必然导致民族分裂，而相反有利于统一。

2004年，三名肯尼亚国会议员因为穿着尼日利亚民间服饰而在大庭广众之下被拦在议会门外。规章制度规定议员必须穿西装打领带。在肯尼亚独立这么多年之后，国会议员居然因此而被拒之门外，这促使政府与肯尼亚联合利华合作创设一种国家服装。自20世纪80年代以来，在M．A．古尔德（与肯尼亚文化与社会服务部和旅游基金会合作）的领导下举办了全国服装大赛。2004年10月揭开面纱的新国家服装的唯一不便之处似乎在于，它对大多数公民来说过于昂贵。所以，购买国家服装的主要是白人或外国游客。肯尼亚人继续穿着从欧美进口的廉价二手服装。

对"国家服装"的重视会使我们错误地认为文化主要是由物品构成的。联合国教科文组织2003年签署的一项协议提议保护"非物质文化遗产"，如语言、口头传统、表演艺术、社会习俗、仪式、节日、手工业以及"与自然和世界有关的知识和习俗"等（联合国教科文组织，2003），肯尼亚也是签署国之一。这份协议强调文化包含信仰、生活方式以及我们称为艺术品的作品。我们能因而断定在当今世界存在一种肯尼亚生活方式吗？抑或肯尼亚国家文化应该变为（由为自己的多样性感到骄傲的肯尼亚人之间的相互包容所促成的）多样的信仰和习俗吗？

近来共同撰写公民教育教材的某些作者试图界定肯尼亚的国家价值观。这个项目以一项调查为起点，即调查肯尼亚自殖民时期以来陆续在乔莫·肯雅塔、丹尼尔·阿拉普·莫伊和姆瓦伊·齐贝吉政府下所经历的持久冲突。该研究小组由联合国教科文组织设在内罗毕大学的教席教授M．奥莫萨领导，成员包括几名发展问题专家、一名社会学家和一名哲学家，并得到联合国教科文组织和福特基金会资助。研究小组编纂了一本公民教育"教材"，开篇是对于作为当前和未来政策评估尺度的国家核心价值观的思考。教材概述了肯尼亚人应该具有的普遍道德价值观，即勤劳、节俭、正直与公正。一本旨在阐述"普遍"价值观的书籍将勤劳放在第一位并可能认为这一点是最为重要的，笔者认为这值得玩味。

奥莫萨的这本著作还解释说，国家主义和爱国主义也是价值观。人们应该爱自己的国家，忠诚于她，反对对她的嘲弄与蔑视。国家主义者牺牲自我，遵纪守法，将肯尼亚从殖民主义者手中解放出来。书中认为，今天与腐败和不公正做斗争的肯尼亚人同样也是"国家主义者"（奥莫萨等，2006：6）。

该书然后提出在肯尼亚是否存在国家核心价值观这一问题。虽然明确的国家价值观的缺乏导致了治理危机，但书中作者认为国家价值观是能够明确表达的。既然这些价值观被内化了，那么人们能够要求他们统治者的行为更加道德。这些价值观来自"文化价值观、政府出版物以及领导人讲话"，即便人们承认政治家很少能达到他们所宣称的价值观的要求（出处同上）。该清单列举了被认为在当前的政治危机中能发挥作用的肯尼亚的文化和传统核心价值观。以下是按出处划分的三类价值观（奥莫萨等，2006：4—6）：

（1）文化价值观与传统价值观：好客；慷慨；尊重真理；在公共和私人生活中诚实；父爱/母爱和家庭生活；尊老爱幼；尊重女性；创造财富；勤劳；（2）1965年第10号议会文件中的价值观：社会公正；国家资源的公平分配；不分种族、肤色、宗教与信仰的平等；具有人的尊严，过充实、满意和受到尊重的生活；消除贫困；建设国家；多样性中的统一性；共同的社会责任；自立；（3）大部分政党宣言中的共同价值观：对腐败的零容忍；创造财富和就业岗位；建设国家；自立；勤劳；社会公正；尊重劳动；多样性中的统一性；平等；人的尊严；尊重真理；自尊自重。

可以感觉到这个清单具有可实施性。它是观察的成果：这些价值观特征被认为已经存在。但将其编目和重复的目的是强化、捍卫它们，使其成为存在。

该清单和这部著作并未考虑是否存在一些使治理更加吃力或更少公正的传统价值观。加纳哲学家K.格耶克耶在《非洲的文化价值观》和《传统与现代性》这两部著作中对这一问题进行了评价。格耶克耶认为传统价值观对于当代非洲来说至关重要。他列举了非洲社会的众多正面特征和价值观，如重视家庭、人性、友爱。但他认为对先人的过度捍卫阻碍了现代非洲的必要创新（1996：171—178）。

非洲社会似乎有必要对传统的众多方面进行细致的评价。奥莫萨等（2006）

所开展的对价值观的执着探索开了个好头。但是如果人们不构建肯尼亚身份和肯尼亚文化，那么外国舶来品将会填补这一空白。B. 爱德华在 2008 年 5 月 18 日的肯尼亚《民族日报》上针对近来的肯尼亚选举对这种文化侵略不失讥讽地进行了评论：

> 由于其经济财富和政治影响，西方成为引力中心，让非洲围着它转。随着西方道德遍布于电视、厨房、衣橱、教室、办公室，"非洲式的"政治意识形态和经济体系受到损害和削弱。侵略是如此具有腐蚀性，以至于根本不需要去欧美体验和接受西方文化。西方在非洲的这种强势存在滋养了一代我们可以伤心地但恰当地称呼的非西方的西方人。从政治上说，我们宣传一种其备件只能在西方找到的意识形态。一个国家一旦接受了民主政府，那么治理的劳务合同将自动地流向西方。这就是在争吵不休的选举之后的情况，西方的密使或"政治工程师"被派来解决麻烦。然而，广为证实的是，民主无论有多么强大，如果不入乡随俗的话，是不能适应非洲动态的。如果我们不使民主为我们的具体需要服务的话，我们的民众将继续以民主的名义受苦并在民主的盲点中灭亡。

尽管尚未提到，但应该指出，国家主义叙事既可以是有益的（因为它们能构建统一性），也可以是有害的（因为它们将他者排斥于国家历史之外）。霍米·K. 巴巴在《国家与叙事》（1990）一书中研究了这种二难困境。他在书中提出，国家是一些短暂的和过渡的社会现实；国家是因为诠释一系列事件的叙事而得以存在。这些叙事中使用的语言因而是述行的：国家产生是因为人们谈论它。这种述行的叙事是自相矛盾的，因为它一方面生产、创造、打造和指引历史事件，另一方面贬低、打破和阻碍历史事件，以创造它的叙事。巴巴倾向于将对叙事作用的研究置于两个极端中：一极是根据福柯和苏联文学理论家 M. M. 巴赫金的功能主义进路认为的作为国家权力意识形态的国家，一极是建立在国民感情或"民众"记忆之上的国家（巴巴，1990：2—3）。巴巴对国家主义持慎重态度，因为他认为对国家主义存在滥用（笔者赞同这种慎重）。"国家"观点及对"多样性中的统一性"的强调能走得过远而转变为极权主义。"民众"概念是一种修辞策略。谁描述民众？谁以国家的名义来说话（巴巴，1994；马科斯，1995）？当我们努力构建一种国家文化时，这会促使我们谨慎为之。我们构建国家文化是为了肯尼亚公民能够团结一致地为其共同利益而行动，同时尊重国家内部的差异。同样值得一提的是，构建肯尼亚身份，目的并不是构建屏障来反对非肯尼亚人或与其开战。

对述行性的强调从负面角度看可视为意识形态宣传或对历史的扭曲，在笔者看来，也能谨慎地从正面看待它，将其视为一种对公正的寻求。作家在写作和传播艺术品时也在质询和转变着意识（如普比泰克所提到的那样），而每个民族以不同的方式诠释其历史，对自身的理解也各不相同。这种激进主义的叙事肯定已被肯尼亚政府察觉，于是政府决定逮捕和关押恩古吉·瓦·提昂戈，因为他公开地呈现了几出针砭时弊的剧目（吉坎迪，2001：191）。

结　　论

我们需要"智慧哲学"项目和与查温戈·巴拉萨从事的实践类似的做法。它们促使更细致和更谨慎地理解对国家文化的需求，这种国家文化重视观念的多样性，不是要消除多元主义，而是积极地评价传统和国外影响对当代肯尼亚的适合程度。同时，奥莫萨和其他人关于肯尼亚公民教育的工作和对肯尼亚核心价值观的研究也是有助益的。

然而，此类旨在构建国家文化的项目与肯尼亚政府文化规划之间的差距很大。政府规划往往将文化归结为舞台艺术并强调政治无涉的过去。比如说，2008年6月，政府推出一项新举措，创建社群文化中心，目的是"推动国家文化"以使"旅游资源多样化"（《民族日报》，2008年6月10日）。肯尼亚政府主管国家文化的现任负责人S. 阿纳尼主持美国总统奥巴马的肯尼亚系谱树的建立工作，并于每年6月16—20日在奥巴马家族的发源地尼扬扎省的科格洛村庄举办"奥巴马文化周"（奥利塔，2009）。诸如此类的举措对弥合肯尼亚的民族分裂起不了大作用，土地和就业岗位等资源的不公平分配往往加剧了民族分裂。这种"国家文化"与弗朗茨·法农、O. 普比泰克或恩古吉·瓦·提昂戈所倡导的国家文化毫无关系。

并非所有人都认为肯尼亚关于国家文化的文件像我所描述的那么平庸。罗格斯大学教授奥卢巴伊2007年发表了题为《统一国家文化的出现》的演讲，在他看来，社会性别、体育、文化与社会事务部的一些举措是进步的信号。

该部下设文化事务司,推动以"肯尼亚性"为核心的政府宣传口号,这种口号强调"我们为自己是肯尼亚人而感到骄傲"(万亚马,2007)。文化事务司也出版杂志《你好:肯尼亚的真实故事》。但这些宣传努力走不了太远。宪法发展基金更有前途,它旨在确保肯尼亚所有 210 个选区在发展项目上获得同等级的资金资助,这遏制了民族偏袒。这些进程在选举暴力之前就已展开,这表明即便每一步都是积极的,但它仍是不充分的和姗姗来迟的,并不足以阻止暴力的发生。

奥卢巴伊认为,肯尼亚人应该相信他们的宪法,虽然他们之间存在宗教差异。这就是他所寻求的文化统一性。他依据阿玛蒂亚·森的论点认为,我们每个人都拥有多重身份,在承认我们身份的诸多面向的同时,我们能在尊重差异的情况下发现国家层面的统一性(万亚马,2007)。在这点上笔者赞同奥卢巴伊的观点。

本文并不是要讨论一个旨在改善肯尼亚现状的项目的细节。本文的一个简单目的在于澄清可能有助于解决肯尼亚深层问题的国家文化观念,针对的是那些参与实施与国家文化观念相关项目的人。

Gail PRESBEY: *BÂTIR UNE «CULTURE NATIONALE»*
INTERETHNIQUE ET INTERGÉNÉRATIONNELLE AU KENYA
(*DIOGÈNE*, No. 235-236, 2011)

参考文献：

巴尔德奥夫，S. 和克里尔，R., Baldauf, Scott et Crills, Rob（2008）"Kenyan Rivals Agree to Share Power", *Christian Science Monitor*, 29 février。

本·贾利，S., Bengali, Shashank（2008）"How Kenya's Election was Rigged", *McClatchey News*, 31 janvier。

巴巴，H. K., Bhabha, Homi K.（1990）*Nation and Narration*, London: Routledge。

巴巴，H. K., Bhabha, Homi K.（1994）*The Location of Culture*, New York: Routledge。

查温戈，B., Chaungo, Barasa（2002）"Narrowing the Gap between Past Practices and Future Thoughts in a Transitional Kenyan Cultural Model, for Sustainable Family Livelihood Security（FLS）", 收入 G. M. 普雷斯贝、D. 史密斯、P. 阿布亚和 O. 尼亚尔瓦特（主编），dans G. M. Presbey, D. Smith, P. Abuya et O. Nyarwath（éds），*Thought and Practice in African Philosophy*, p. 217—222, Nairobi: Konrad Adenauer Foundation。

《民族日报》记者，Daily Nation Reporter（2008）"Cultural Centres Set to Boost Tourism", 10 juin。

《民族日报》记者，Daily Nation Reporter（1998）"Moi: Following Kenyatta's Footsteps", 20 octobre。

爱德华，B., Edward, Buri（2008）"Kenya: Master the Local, Exploit the Foreign", *The Nation*（Nairobi），18 mai。

法农，F., Fanon, F.（1982）*Les Damnés de la terre*, Paris: Maspero。

吉坎迪，S., Gikandi, Simon（2001）*Ngugi wa Thiong'o*, Cambridge: Cambridge University Press。

吉坎迪，S., Gikandi, Simon（2002）"East African Literature in English", 收入 S. 吉坎迪（主编），dans Simon Gikandi（éd.），*Encyclopedia of African Literature*, p. 158—168, London: Routledge。

格耶克耶，K., Gyekye, Kwame（1996）*African Cultural Values: An Introduction*, Accra: Sankofa Publishing Company。

格耶克耶，K., Gyekye, Kwame（1997）*Tradition and Modernity: Philosophical Reflections on the African Experience*, Oxford: Oxford UP。

洪通吉，P. J., Hountondji, Paulin J.（1997）*Combats pour le sens*, Cotonou: Les Éditions du Flamboyant。

霍雷尔德，K., Houreld, Katharine（2009）"Kenya Rights Body: Pattern of Official Killings", *Associated Press*, 6 mars。

肯雅塔，J., Kenyatta, Jomo（1962）*Facing Mount Kenya* [1938], New York: Vintage Books。

基普里, N., Kipury, Naomi（2002）"The Role of Culture, Ethics, and Ideology in a Constitution", report for the Constitution of Kenya Review Commission, www.kenya-constitution.org/docs/07d038.htm。

马科克哈, K., Makokha, Kwamchetsi（2009）"Riven with Divisions: Kenya's Singular Tragedy", *Pambazuka News: Weekly Forum for Social Justice in Africa*, 431, 7 mai, www.pambazuka.org/en/category/features/56114。

马科斯, J., Makos, Jeff（1995）"Rethinking Experience of Countries with Colonial Past", *University of Chicago Chronicle*, 14/12, 16 février。

穆洛洛齐, M. M., Mulokozi, M. M.（2007）"KiSwahili as a National and International Language", Institute for Asian and African Studies, University of Helsinki, http://www.helsinki.fi/hum/aakkl/documents/kiswahili.pdf。

奥奇恩格－奥迪安博, F., Ochieng'-Odhiambo, F.（2002）"The Evolution of Sagacity: The Three Stages of Odera Oruka's Philosophy", *Philosophia Africana*, 5（1）: 19—32。

奥奇恩格－奥迪安博, F., Ochieng'-Odhiambo, F.（2006）"The Tripartite in Philosophic Sagacity", *Philosophia Africana*, 9（1）: 17—34。

奥乔拉－阿亚约, A. B. C., Ocholla-Ayayo, A. B. C.（1976）*Traditional Ideology and Ethics among the Southern Luo*, Uppsala, Sweden: Scandinavian Institute of African Studies。

奥德拉·奥鲁卡, H., Odera Oruka, H.（n.d., scil. 1979）"The Philosophical Roots of Culture in Western Kenya"（未发表）。

奥德拉·奥鲁卡, H., Odera Oruka, H.（1991）*Sage Philosophy: Indigenous Thinkers and Modern Debate on African Philosophy*, Nairobi: ACTS Press。

奥德拉·奥鲁卡, H., Odera Oruka, H.（1996）*The Philosophy of Liberty: An Essay on Political Philosophy*, Nairobi: Standard Textbooks Graphics and Publishing。

奥德拉·奥鲁卡, H., Odera Oruka, H.（1997）"A Philosophical Conception of Cultural Development", 收入 H. 奥德拉·奥鲁卡, dans H. Odera Oruka, *Practical Philosophy: In Search of an Ethical Minimum*, p. 191—195, Nairobi: East African Educational Publ.。

奥戈特, B. A., Ogot, B. A.（1995）"The Construction of a National Culture", 收入 B. A. 奥戈特和 W. R. 奥奇恩格（主编）, dans B. A. Ogot et W. R. Ochieng'（éds）, *Decolonization and Independence in Kenya, 1940—1993*, p. 214—236, Athens, OH: Ohio University Press。

奥利塔, R., Olita, Reuben（2009）"Kenya to Launch Obama Family Tree", *New Vision*（Uganda）, 25 juin。

奥莫萨, M.、恩杰鲁, G.、翁蒂塔, E. 和尼亚尔瓦特, O., Omosa, M., Njeru, G., Ontita, E.

et Nyarwath, O.（2006）*Theory and Practice of Governance in Kenya: Towards Civic Engagement*, Nairobi: University of Nairobi Press。

普比泰克, O., p'Bitek, Okot（1986）*Artist the Ruler: Essays on Art, Culture and Values*, Nairobi: East African Educational Publishers。

普夫兰茨, M., Pflanz, Mike（2010）"Kenya Referendum: How Groups Came Together to Prevent Violence", *Christian Science Monitor*, 15 août。

普雷斯贝, G., Presbey, Gail（2002a）"African Sage Philosophy and Socrates: Midwifery and Method", *International Philosophical Quarterly*, 42（2）: 177—192。

普雷斯贝, G., Presbey, Gail（2002b）"Philosophic Sages in Kenya Debate Ethnicity's Role in Politics", 收入 D. 卡拉比内和 L. L. 塞穆苏（主编）, dans D. Carabine et L. L. Ssemusu（éds）, *Ethnicity in an Age of Globalization*, p. 161—183, Nkozi: Uganda Martyrs UP。

普雷斯贝, G., Presbey, Gail（2003）"Unfair Distribution of Resources in Africa: What Should Be Done about the Ethnicity Factor？" *Human Studies*, 26（1）: 21—40。

普雷斯贝, G., Presbey, Gail（2007）"Sage Philosophy: Criteria that Distinguish it from Ethnophilosophy and Make It a Unique Approach within African Philosophy", *Philosophia Africana*, 10（2）: 127—160。

路透社, Reuters（2008）"Acting Together for Kenya: Agreement on the Principles and Partnership of the Coalition Government", 29 février。

松杰, S., Somjee, Sultan（2001）"The Heritage Factor in the Constitution", written for the Constitution of Kenya Review Commission, http://www.constitutionnet.org/files/KERE-427.pdf。

联合国教科文组织, UNESCO（2003）«Convention pour la sauvegarde du patrimoine culturel immatériel», http://unesdoc.unesco.org/images/0013/001325/132540f.pdf。

万亚马, J., Wanyama, Joshua（2007）"The Emerging Culture of National Unity in Kenya", *African Path*, 23 mars。

威廉斯, P., Williams, Patrick（1999）*Ngugi wa Thiong'o*, Manchester: Manchester University Press。

从欧洲中心主义到多中心世界观：范式转换的主张[1]

阿达马·萨马塞库　著
（国际哲学与人文科学理事会）
李红霞　译

导　语

我想利用这次机会解决一下我产生了好几年的一个基本关切——有必要挑战我们领域标志性的欧洲中心主义路径。

当两种文化甚或是来自不同文化的两个人相遇，他们的相遇不仅以他们相互理解(误解)的程度为特征，而且受到他们对彼此的先入观念的影响。对于人文科学而言同样如此，假如一方面从欧洲的观点对人文科学进行阐释，而另一方面则从非洲或亚洲的视角来阐释的话。

我这篇文章将涵盖人文科学实践中最基本的基础，将主张进行一种范式转换：从欧洲中心主义转换为一种多中心的世界观。文章包括三个主要部分。首先，我将尝试对欧洲中心主义进行定义，界定我眼中的欧洲中心主义的主要表现；其次，我将探讨当前的危机，该危机在性质上不仅仅是金融的和经济的危机，而且是一种社会危机；最后，我将考虑文化和语言多样性的问题，这种多样性应该构成即将到来的多中心主义的基础。

有关欧洲中心主义

迄今为止，人文科学所采取的路径一直将欧洲置于科学论争核心的优先地位，从而有损于世界上的其他大陆以至其他文化，这些大陆和文化被降为知识反思和知识生产之动力的边缘地位。

按照热拉尔·勒克莱尔(2000：15—19)的看法，

> 欧洲文化使用了若干知识战略，来从心理上表达它所认为是欧洲之优越性的东西，即世界的西方化，也就是说欧洲对其他文明的霸权。……这样一种路径将所有人类群体沿着一条时间线排列，这条时间线也是一个衡量进步的尺度，即人类从蒙昧状态慢慢发展到野蛮状态，接着再到文明状态。由于所有社会都注定沿着这条线进步，有些社会就会被视为比其他社会更"先进"：一些社会引领着赛跑，另外一些形成一个集群，还有一些仍然落在后面。

欧洲自然位于文明的顶端(它是最优秀的文明)，另外一些"文明"(伊斯兰、印度、中国)则是"后来者"，落在后面，还有一些蒙昧或"原始"的社会，没有资格使用"文明"的名称，而必须满足于"文化"的状态。其他伟大的文明只在一些细节之处区别于欧洲文明的过去状态，因此被期望可以吸收欧洲文明的主要特征。若以它们的文化特性(独特的宗教的)而言，它们注定消亡，若以科技而言，它们则注定去适应。进入现代世界——意味着进入文明——必然要求文化的标准化以及科学和技术的挪用。

对非洲和欧洲关系进行的分析，提供了这种欧洲中心主义的最好说明。正如1976年由非洲统一组织国家和政府首脑在路易港(毛里求斯)召开的第十三届例会上批准通过的非洲文化宪章所指出的，"在殖民统治下，非洲国家发现自己在相同的政治、经济、社会和文化处境中；文化统治导致部分非洲民族的去个性化，篡改它们的历史，系统地诋毁和打击非洲的价值观，试图逐步地、正式地用殖民者的语言取代它们的语言；殖民化鼓励一个精英层的形成，这个精英层太经常地与其自身文化相疏离，并易于同化，在所谓的精英层和非洲普通大众之间已经出现了一道严重的鸿沟"。

一般说来，在人文和社会科学领域，欧洲中心主义导致产生了一种"民族学化"的路径，制造出像"部落"和"氏族"这样的术语，用来描述非欧洲民族的社会组织，非欧洲民族因此而被从一个居高临下的位置，从一个意识形态而非科学的视角来观察。

但欧洲中心主义在其他领域也有所表现。因此，如果我们从经济学的角度来分析非洲的特殊情况，用非洲统一组织前秘书长埃德姆·科乔的话来说(1986：15—16)，非洲就是"献身于非必要的东西，生产它不消费的东西，消费它不生产的东西"。

这种评价可以扩展到世界上所有的前欧洲殖民地，在这些地方，附属的领土充当欧洲大都市的原材料提供者，以及这些国家所生产产品的消费者。而且，殖民体制建造的所有物质运输设施都是用于连接内陆地区和海岸海洋，极少去建造领土内的内部网络。类似地，电信用于连接后方和主要沿海城市，从而领土内的所有通信都必须经由它们。

至于行政和社会政治组织，经过欧洲殖民统治的大多数国家干脆就是复制了最初被强加的欧洲模式，而无视伟大帝国和王国传承下来的丰富遗产，这些帝国和王国几个世纪以来，已经在一种"法律"框架内建立了稳定的、有秩序的行政结构，远在欧洲之前。实际上，非洲这块尽管如今备受磨难但作为人类和文明诞生地的大陆的历史，为几个世纪里价值观是如何传递的以及一种伟大的共识传统是如何留传给人类的，提供了明证。这一遗产在下面这段库鲁坎·富加宪章(《曼得宪章》)的选文中清晰显现出来：

过去的人们会说：

"人作为一个个体
由骨肉组成
由骨髓和神经组成
由覆盖着毛发的皮肤组成
吃食物和饮料；
但他的'灵魂'，他的精神

以三件事为生：
看他想看的，
说他想说的，

以及做他想做的。
如果其中任一件
在灵魂中失败，
灵魂将受苦，
并一定会去哪儿。"

因此，萨内内和孔特龙的子孙宣告：

"现在每个人的生命都是他自己的，
每个人都行为自由，
在'禁令'之内
他家乡的律令。"

这就是曼得誓约
说给全世界的耳朵倾听。
（《曼得宪章》，2003）

  这一誓约被称为"库鲁坎·富加宪章"，得名于西非平原的名字，13世纪在这里召开了一个会议，会议确立了可以称为非洲人权宣言的东西，远远早于1948年！该宪章是社会和行政规制的真正工具，不仅设定了个体之间关系的范围和限制，还界定了与属于私人领域的东西相比而言属于公共领域的东西。因此它是霍布斯意义上的社会契约的最早形式之一。

  一代一代传承下来，8个世纪里该宪章促进了对基本的人权、和平、宽容、爱和正义的尊重，以及对非洲诸民族之间、全世界诸民族之间相互平等的尊重。因此，该宪章为自由的理想赋予了实质内容，即邀请所有人——尽管地位不同——参与一种社会凝聚的契约的自由，还为尊重的理想赋予了实质内容,即尊重公共财产和私人财产,以及尊重自然和自然资源的明智管理,总之,就是尊重人类及其自然和社会环境。然而甚至在这一时期之前,就已经存在一种社会承诺的形式,一直延续到今天,如马里的"贾蒂吉亚"(jatigiya)以及塞内加尔的"特兰加"(teranga)——传奇的非洲式的好客,以及通过"玩笑亲缘"(sanankuya)即把幽默用作为一种社会安全阀来延续。

然而,回过来再谈欧洲中心主义在教育领域的影响,这导致了欧洲殖民化统治之下的大多数民族所使用的语言被排除在它们国家的教育体系之外。结果,非洲成为唯一的这样一片大陆,这里的绝大多数国家中,上学的儿童被迫使用不同于家庭使用语言的语言来获取知识,尤其是那种构建智性和个性的基础知识。

因此与此高度相关的联想是,世界上没有任何民族或国家在不使用其自身语言和文化的情况下,曾达到一种显著的发展水平。正如当代顶尖的布基纳法索历史学家和思想家约瑟夫·基-泽尔博以其独特的幽默感所说的,"输入非洲的欧洲语言或许是通往全球化世界的桥梁,然则,很难离开家去桥下或桥上生活"。只有学习者掌握最好的那种语言,一般是他的母语,才能使他理解他是谁,使他确认自己的身份,使他产生自信,并积极参与他自身以及最终他的祖国的发展。事实上,如果社会经济变革的利益是通过一种不熟悉的语言和文化来表述的,并且一切解决途径也不得不在这种条件下来寻求,那么要成为一名在自身社会中可以掌控其独特的社会经济变革进程的负责任的行动者,是不可能的。

由于若没有对语言、文化、艺术、信仰和思维方式——换言之即所有创造和谐以及构建多样的、多面的、差异的但却统一的世界之美的那些特殊性——的尊重,就不可能取得发展,因此我们坚信,没有语言的多样性就不可能有文化的多样性。所以,应该大力鼓励所有国家推进将母语作为教育体系的基本教学媒介的做法,尤其是在非洲以及普遍而言的南方国家。

至于宗教方面,欧洲中心主义倾向于将犹太基督教信仰当作唯一有效的信仰体系,而实际上就否认了其他世界宗教。最后,在知识领域,以前的殖民地中的大多数精英人物都曾经并继续在领先的欧洲大学院校里接受教育,很不幸,这些学校的教学单元几乎没有为非洲、亚洲或拉丁美洲传统中的其他思想模式留下什么空间。

这里我们是要人们注意欧洲中心主义的诸种表现，有意将着眼点落于非洲的情况，是因为我们对非洲更为熟悉，但当然同样的现象也可以在曾经建立殖民模式的所有大陆上找到。应当指出，这里所使用的"欧洲中心主义"一词，是指一种本质上负面的概念，指其他民族和文化被欧洲所统治的关系，是一种排斥和否定的意识形态和体系。它并不指欧洲诸民族本身，这些欧洲诸民族可能践行着与指派给其他文化的价值观相类似的价值观。无意为了取代欧洲中心主义而去建立一种狭隘的非洲中心主义！关键毋宁在于凸显构成一种文化的基础，而文化绝不是一项诞生于一种统治观的工程。

有关当前的危机

近来世界所遭遇的、已经导致了严重经济衰退的金融危机，可以充分地证明根深蒂固的思想而非刚发端的思想。它是欧洲中心模式的结果，这一模式基于一种"获取"、"拥有"的文化，而不是"存在"的文化。欧洲的这种"获取"文化不仅内在地体现在其发源社会中，而且外在地体现在欧洲与其他文明的关系中。这使得来自北方国家（加尔通，1971）和南方国家（阿明，1976）的一些思想家通过诸如结构帝国主义（加尔通）和依附理论（阿明）这样的理论来解释这后一种现象。我要说这两种概念路径都是围绕着一个同样的观察：对世界事务的不平等处理。

上一部分所提到的欧洲中心主义的不同表现领域，有助于更好地理解当前金融和经济危机的原因，并重新开启有关欧洲中心主义本身，有关金融资本主义、经济自由主义，以及市场全球化的讨论。近几十年流行一种普遍的信念，即认为资本主义体制结构内的经济发展是现代社会的第一命令。结果，北方阵营经历了工业、科学和技术的几何级数增长，却未能阻止世界陷入金融和经济危机。

据法兰西银行称（《文件与讨论》，2009：12），"这次危机传播的广度意味着我们很可能正面临一场'体制'危机。这次危机表现为三个方面：金融危机、实体经济危机和体制危机。这最后一个方面证明在分析可能的解决方案和危机处理时'政治的回归'有其正当理由"。法兰西银行认定的这三个方面中，我认为"体制危机"是最具相关性的。

差不多15年前，维维亚娜·弗雷斯特尔出版了一部名为《经济恐怖》的著作（1996），该书指出，诞生于欧洲工业社会的自由经济，其运行的代价是将世界人口的大多数排除在外，这些人由于这一新工业社会传输的新价值观而变得越来越贫困和边缘化。这一情况导致人类的三分之二无法享受社会和经济繁荣所带来的好处。

这种反差在世界不同地区之间最为显著，但同样也体现在这些地区之内。这后一方面经常被忽视，但在任何国家都是非特权阶层的人比其他人更多承受全球化的后果，全球化加深了受教育者和不会读写的人之间、掌握信息的人和被剥夺信息的人之间、了解的人和不了解的人之间以及管理的人和被管理的人之间的分化……世界社会因而被划分为"全球化者"和"被全球化者"。据联合国开发计划署2003年人类发展全球报告称，"世界范围的收入不平等滋生了可耻的鸿沟和模棱两可的趋势"。人们已认识到，这个星球上的居民的收入分配越来越不平等。"世界上最富有的5%的人获得的收入是最贫穷的5%的114倍。最富有的1%和最贫穷的57%收入一样多。最富有的2500万美国人的收入相当于几乎20亿世界上最贫穷的人的收入。"（联合国开发计划署，2003：38；参见米拉诺维奇，2002）

在最近有关当前危机的出版物中，亨利·斯兹蒂尔芒的著作很有启发意义，他关注精神分析在当今世界的位置以及它在当前遭到拒斥的原因，他提到"社区生活的无情的标准化"，"世界大都市的标准化。……这种标准化是去主体化，甚至是去个性化的一个源头"。他认为这种对生活方式的抹平是与"无束缚的自由市场经济的显而易见的所谓胜利"密切相关的。他继续写道：

> 当前的全球化模式导致了可互换的、匿名的和孤独的主体，传统社会组织形式的解体造成了一种（对家庭、村庄、学问和知识的代际传递的）显著削弱。因此，后现代的人失去了方向，缺乏结构以及一种牢固的可持续的内部组织，这不足为奇；若没有身份认同的点，就不可能有持久的身份建构。（斯兹蒂尔芒，2008：26—29）

斯兹蒂尔芒还指出，自由主义最初是关于表达和思想自由的。然而，"20世纪见证了自由主义从欧洲到美国，从政治的到经济的，从人权到市场力量的推进"。这一新的主导经济思想，"连带着它无情的去人性化、商品化、标准化、匿名化……毫无阻挡地取得了胜利。这一双重经济变革（由于它对包括教育、健康、文化在内的所有物品的通盘商品化，以及对资本利润而非生产新财富的欲望）并非对集体经济和个体心理没有影响……因此在行为主义的人之后，出现了经济人，由隐藏于经济环境中的规则而非自然规则所格式化"（斯兹蒂尔芒，2008：75—77）。这样欧洲中心主义和全球化就推着我们走向世界文化的齐一化以及一种主导意识形态。

重复基-泽尔博教授的话说，随着一连串的银行破产，数以亿计的美元的蒸发，步履蹒跚的全球增长以及无助的政府，危机中的金融资本主义需要重新考虑"获取"文化的社会与"存在"文化的社会可以相比的地方。这种重新考虑比以往任何时候都紧迫。因此，今天的人文和社会科学须扮演关键的角色，来帮助充实这种讨论。现在比以往任何时候都需要它们的投入来确定在世界各文化文明之间重构平衡的视角。

例如，非洲社会一直把"存在"放在发展的核心位置。实际上，一些非欧洲社会是以一种宇宙观为特征的，这种宇宙观将"存在"——即我们是什么，而不是我们拥有什么——视为我们建立与世界关系的整个过程中的关键。这一宇宙观的特征是寻求人们之间非冲突的、和谐的互动，寻求与其他人以及与最广泛意义上的环境的一致。从这个角度来看，在非洲，"存在"的文化基于我们称之为**仁爱**（humanitude）的东西，即我们对他者的持续接受，我们作为人类与我们的同类的关系，意味着一种自愿的和无私的团结，一种去拥抱他人的自发意愿……用艾梅·塞泽尔的精确表达讲，就是连结人与同类的"仁爱"。我正是用仁爱这一概念来翻译非洲的"马雅""内达库""伯若特瑞""奈特""乌班图"等概念的意思，所有这些都如此不同于"获取"的文化，后者导致关系建立在冲突、贪婪和统治的基础上。

基-泽尔博教授在他卓越的著作《乌班图》（或"以人医人"）中主张，"因此对于我们被要求进行的训练来说，最关键的是将今天置于日程表的首位，对于解决全球的社会斗争而言，有关乌班图的概念、问题、原因和范式，是针对市场社会的偏颇的新自由主义所造成的所有人的商品化的关键特殊解药"（基-泽尔博，2007：114）。他对乌班图的范式继续分析道："乌班图可以成为这一关键任务的最有效工具，但更为重要的是，它必须是和平的最终目标和意义。这并非陷入一种人类学文化主义，而是面对主导意识形态的强大力量，化解当前的结构暴力所激发的冲突刻不容缓。"（出处同上）当前的金融资本主义（以及普遍资本主义）危机应该引向一种对它所鼓吹的"价值观"的质疑，换言之即那种"获取"的价值观，并应开启一种基于"存在"的价值观的多中心主义视角。

这样，当前的全球危机是有裨益的，因为它凸显了"存在"的核心价值观，其中心内容是社会的道德和文化价值观、自我认识、对他人的接受、团结、共享、节制、谦逊、共识、尊敬他人和长者，等等，而这些正是在非洲社会有普遍代表性的理解和亲情之空间的基础。所有这些概念在每一种非洲语言所反映的具体情况中被具体化。非洲大陆在语言多样性方面非常富有，而非洲的基本社会价值观也正需要在这种语言多样性中去发现。

目前的危机显然已经不只是一场金融和经济危机，而且还是一场社会危机，意义的危机。面对这场危机，必须找到一种或几种替代方案，来制止助长了各种各样暴力的商品化和去人性化的进程。因此，这对人文和社会科学提出了吁求，呼吁它们在不同根基上进行重建，并为探寻当前我们社会的意义做出必要的贡献，从而开启新的视角，在世界的各文化和文明之间划定一种新的平衡。

文化和语言的多样性——新的多中心主义的基础

联合国教科文组织在其具有开创性的2001年《世界文化多样性宣言》中，将文化定义为一个社会或一个社会群体呈现出的一系列独特的精神、物质、知性和情感特征。这样被定义后，每当在讨论身份、社会凝聚以及以知识和技能为基础的经济的发展时，文化便成为讨论的核心。因此，文化是必须得到保护的人类共同遗产的一部分。

在这一宣言中，国际社会坚决重申了文化多样性和保护文化多样性的重要性。尊重文化多样性是一种可以充分满足所有人期望的丰富的、真实的文化生活的必要条件。

文化和语言多样性作为一种政治上和哲学上的选择，深深植根于非洲的世界观中，马里作家和民族学家阿马杜·哈姆帕泰·巴对这一问题进行了很好的总结，他宣称：

地毯的美在于其颜色的多种多样。如果它只是白色的,那么它只是一条白床单,如果它是全黑色的,它就是丧服。整个宇宙是我们的家园。我们中的每一个都是自然这本账簿中的一页。每一个人在寻求一种新的平衡时,都必须将其自身才能的注脚融入广阔的人类社会中,从而丰富了整体。我们在对自己保持真实的同时,必须对他人开放。

英国语言学家戴维·克里斯特尔这样写道(2000:37):

多样性在进化理论中占据中心位置,因为它使得物种得以在不同的环境生存下来。标准化对物种的长期生存而言是危险的。最强的生态系统是那些最具多样性的系统。如果文化的多样性是成功的人类发展的先决条件,那么保护语言多样性就是至关重要的,因为口头和书面语言是文化传播的主要方式。

因此,在当前的全球化背景中,人文科学的研究者们要好好将他们的声音加入到全球化怀疑者的声音中去,并通过建立文化间语言间真正的桥梁,通过保证对这一过程进行更好的控制,来探索方式方法去设计一个不同的世界,一个所有民族都有机会进行世界贸易的世界。

我们必须坚决保证全球化不会威胁到全球文化多样性这一人类真正的财富。这只有当所有文化,无论其差异和彼此间的距离,都可以表达自身并在构建一个交流的全球社会中被赋予一个角色的时候,才是可能的。我们必须通过将全球化变成文化的联姻,而不是主导意识形态的熔炉,来将世界从全球化的冲突(世界大战)中,从旷日持久的意识形态冲突(冷战)中,以及从类似"9·11"的灾难事件中解救出来。我们必须将信息和通信技术变成将所有民族聚在一起的桥梁,而不是导致民族与民族之间日益加深的分裂的分隔物,借此来避免种族灭绝、排外、流行病等诸如此类的事情。要做到这一点,关键的是通过表达它们的文化和保护它们的语言来充分保障每一个民族生存的权利。的确,语言是身份的最基本因素。阿马杜·哈姆帕泰·巴断言,在所有可以体现人类特征的因素中,语言是最具相关性的。

作为文化认同——个体的和集体的——的基础,语言也是获取和发展知识的关键渠道。语言是表达人类社会的宇宙观的首要容器和媒介。这就是保护人类免受这种藏在世界上快消失的语言中的知识财富日益迫近的灾难之所以那么重要的原因所在;也是明确可能的前景以保证这一无形的世界遗产、人类的宝藏能够得到守护和发展之所以那么重要的原因所在。

从这个角度来说,的确不可否认,一个民族的创造性天赋在它的语言中得到最好的表现。然而,在21世纪,这个信息和通信技术的时代,信息可以以之前从未有过的效率在社会之内和社会之间被共享,据估计世界上仍有7亿7400万的成年文盲(联合国教科文组织统计所,2010)在身后无法留下任何有关他们的知识和技能的痕迹,因为他们不掌握书写或者学习工具,而书写或者学习工具不仅可以使他们培育和增加知识,而且首要的是将知识传递给未来的后代。

这就是21世纪,信息和通信技术的巨大潜力使年轻人可以发展他们的天赋和创造性——然而世界上仍有将近7500万的学龄儿童没有这种机会(联合国教科文组织统计所,2010)。更为糟糕的是,在许多国家,尤其是在绝大多数非洲国家,学校——构建和获取知识的主要空间——与社会环境和文化环境是相脱离的,无论所采用的指导语言,还是所教授的主题内容,都是与环境隔开的,这两方面没有一个关注该社会、该国家,或者实际上这块大陆的文化或历史。全世界有多少人,年轻的和年长的,还在面对着语言的障碍,使他们无法发展其创造性天赋,构建新的知识,与他人分享知识,获得全球知识的巨大储备?

当然,语言的重要性自不待言。语言传递文化价值观和本土知识。语言是身份的基础和传播文化价值观的媒介。它是一个社会的经验及其文化表达和自然表达的看守者。我甚至要说语言是我们的生物构成的一部分。而且,讲一种语言就是接受一种文化,促进语言的使用就是给文化表达其自身的机会。这就是今天的全球化世界中通过促进世界上所有的语言来推进多语言主义的重要原因所在。

在一个感知逐渐被标准化的世界,我们日益需要为了保护更多的语言的——从而文化的——多样性而战,尽管面对全球化,但在某种程度上可以通过合理使用信息和通信技术来实现这种保护。基体为世界文化的标准化的欧洲中心主义的路径,不能被允许以其他地区的语言和文化为代价而盛行。

提倡朝着世界语言和文化的齐一化方向进发的欧洲中心主义模式,就等于是割断了所有文化的根,因为语言是身份的最基本成分,是文化的基岩和创造性的基质。

约瑟夫·基-泽尔博在他的著作《非洲处在什么时期?》中提到这一关键问题时断言:

> 语言问题是基础性的,因为它影响民族的身份。而身份对于发展和民主而言是必要的。语言还关系到文化、国家问题、想象和创造的能力。当我们用一种原初不是我们自己的语言来重复思想时,就存在一种机械的、模仿性的自我表达,尽管也存在一些例外。(但我们是为了例外而治国的吗?)我们只是在模仿。而当我们用我们自己的语言来表达自己的时候,我们的想象就自由了。(基-泽尔博,2003:81—82)

雷蒙·勒纳尔在《法语圈的伦理学:有关语言政策的问题》(2006)中强调了保护语言多样性的重要性:

> 希望保护语言的多样性是有其原因的,这个原因和身份的基础一样是根本性的:正是通过他们自己的语言,个体才得以他们自己的方式来看世界,来解释世界的意义,而正是这一点使他们得以接近普遍性。所有的语言都参与对普遍性进行解释,因为每一种文化都创造具有普遍价值的意义。正如曾得到阿兰·图雷纳(1999:173—174)或温棣帆(1999:28)充分论证的那样,没有任何语言、文化可以宣称自己就代表了普遍性,而由于每一种语言和文化都有其贡献,正是通过语言间文化间的对话,我们才得以更接近普遍性。

因此,重要的是建立一个文化的世界,来推动不同的文化走到一起,从而抵消市场全球化的过度行为。非洲可以通过分享其宇宙观,对这种世界上文化的真正交汇做出贡献,我将称之为非洲的参照系,这是非洲各社会得以共存的根基和基础。这种共同的观点为非洲各社会营造了理解和亲情的空间,这种理解和亲情在实践中不断地得到浇灌和滋养,从而在非洲社会中间建立和发展了强有力的社会纽带：例如，"玩笑亲缘"的实践，兄弟姻娌之间、祖孙之间的特殊关系网，为社会中特殊地位的人（占卜者、显贵和宗教领袖，等等）指定的调解角色。

这一我们的身份从中产生的全球参照系，为我们的各种文化和语言社群的每一个成员所共享，这一参照系的条件在每一个文化和语言社群中几乎都是一样的。为了方便说明，我们以马里的曼丁哥社群为例，分析一下我们在班巴拉语言中所听到的：

丰富的人际关系比在物质产品中所发现的更为珍贵。

如果你忘了你的根，将会迷惑于你的未来。

是人们的手让你来到这个世界，同样正是这些手将带你到你的永息之处。

我们注定要一起走。

我们是彼此的肥皂；我们是同一块布的纬纱和经纱。

世界上有三样东西，权力，金钱和知识：如果你得到了它们，明智地保管它们；否则它们会带你堕落。

力量是精神。

磋商和合作！磋商是一切。

我们的马雅，我们的仁爱，建立在相互尊敬、团结和相互让步精神、妥协和动态共识之上。

"马里是一个尊敬和差异的国度。"歌中说道。

植根于这样一些基本价值观的教育令我们马里人在几个世纪里锻造了我们的行为，获得了作为一个对话和会谈的国度的名声。参照系是这样一种在非洲扎根并开花的观点，与心脏收缩和舒张的节奏相呼应，是生命和活力的象征。我们坚持认为，这样一种可能存在于许多其他社会、其他文化、其他文明、其他"中心"中的参照系，可以形成"存在的文化"的一个基础，从而在当前危机的背景中，有助于一种新的全球社会方案的出现。全球化应当被视为一种丰富的因素，一种加强文化间联系的手段，然而它却更倾向于成为导致摧毁多样性和文化多元主义的因素。今天的全球化是一种"获取"的全球化,然而它应当是一种"存在"和"获取"的全球化,通往一种真正的——重要的是内生的——经济和社会发展。

这样,欧洲中心主义的路径似乎并没有推动普遍而言的南方国家的真正的、内生的发展,尤其是非洲的发展,这很大程度上是由于负载的"发展"概念本身的模棱两可性,正如全球背景中对这个词的使用和误用,它具有各种隐含意义。该全球背景以统治关系为特征,它很大程度上产生于欧洲殖民主义的动荡历史,欧洲殖民主义连同之后或许有些减弱的新殖民主义的化身,将其"中心"的欧洲中心主义路径强加给逐渐边缘化的"外围"。因此有必要对"发展"这个词进行概念澄清,从而使它更符合所指定的现实,更加留意起作用的动力。

在我看来,发展是广义上**逐渐掌控环境的过程**:物理上、文化上、社会经济上、政治上、知识上、宗教上、精神上的掌控。从这一点来看,发展可以视为社会、经济、政治领域的成就。那么,它的多面性便显而易见。它再次关涉有关马雅/乌班图、仁爱的概念:人性,新的范式的支点。因此,可以说世界上每一个国家都在"发展",每一个实体都处于永恒持续地控制其自身现实的过程中。国家之间的区别主要在于这些现实的性质,对其施加的控制的规模和程度,以及所采取的手段。实际上,当所谓的"发展中国家""最不发达国家",以及其他的"新兴国家"为了实现最大多数人的基本人权(获得食物、教育、健康、住宅和健康的环境、工作、安全,以及市民参与的权利)而奋斗的时候,所谓的"发达"国家、"工业化"国家也在为了控制它们的"切尔诺贝利"以及其他不加约束地任意开采人类的环境和自然资源所带来的负面效果而奋斗。

如果从这种意义上去理解"发展",那么我们老早就已经确信,若没有世界上人的资源的发展,就不会有真正的发展;同样地,若没有素质教育和培训,就没有人的资源的发展。若没有文化和语言多样性的促进,就没有素质教育或培训。因此,促进语言多样性就等于发展世界文化的基础,等于培育欧洲之外的其他文化、其他文明、其他"中心",等于使我们社会的丰富多样性得到完全表达,这可能是全球化背景中唯一值得追求的目标。至于植根于马雅/乌班图概念的非洲参照系,可以为世界提供一种可以通往新的全球社会方案的替代方案,这种新方案可以重新平衡和协调"获取"的文化和"存在"的文化，可以用一种团结互补的逻辑代替破坏性的商业竞争逻辑，因此可以恢复人类和所有生灵之间的和谐，加强世界和平。

我们知道文化和语言多样性之于人类社会就像生物多样性之于自然：我们人性的发酵素和关键。如果我们真的想结束正在进行的去人性化进程，如果我们打算在全世界守护和巩固有关团结、共享、共识、节制的社会和文明价值观，那么我们必须做出选择来保护本质的东西：语言多样性这一人类的伟大财富，它使我们得以为我们干枯的关系供应生命之水，并保证我们这个世界如此急需的人际交流的进行。

结　　论

因此对人文和社会科学来说，是时候重新动员和接受所有人类社会的价值观了。这些价值观嵌入语言这一文化和思想的杰出表达工具之中。正如阿明·马卢夫（1998：189）所提醒我们的，宣告"每一个人都有保护其身份和语言并自由使用语言的权利"，这应该是不言而喻的。

人文科学，尤其是语言学、人类学和历史学，可以帮助我们凸显我们社会的文化基础。语言学家和社会语言学家现在前所未有地需要确保世界上的濒危语言能够得到守护和保存。更好是，促进多语言的科学社会的发展是件带有一定紧迫性的事情，这样人文和社会科学领域的专家可以使用他们自己的语言从事科学工作，这预示着期望中的未来的多语言和多文化社会。

对历史学家来说，他们的急迫任务是重新审视被篡改的普遍历史，确保没有"打上种族中心主义和乌托邦主义的印记"（勒克莱尔，2000）。从这一点来看，由于近来企图否认殖民主义的罪恶和否定非洲的历史，有关欧洲中心主义的讨论重新出现是有重要意义的。在这方面，一些杰出的历史学家、科学和文化领域的女士和先生、非洲人以及非非洲人都加入了历史学教授阿达梅·巴·科纳雷（2008）的队伍，发出强烈抗议要求恢复历史真相，这是受人欢迎的发展。

同样地，人类学家应当按照勒内·德维施（2008a：10—11）所陈述的坚定主张来重新考虑他们的作用：

> 正是人类学在就像殖民者那样制造了城市和农村、传统和现代性之

间的矛盾之后，为了人文科学的去殖民化奋斗了25年。人类学是最接近人们日常生活的科学。……明天的人类学家必须在过去的社会和现在的社会之间、这里的社会和那里的社会之间、北方社会和南方社会之间，提供一种文化间的边界地带和记忆间的空间。这样的人类学家就是文化间和代际的大使，必定会质疑他的学科和他自己观点中过分欧洲中心主义的方式。

在另外一篇文章中，德维施（2008 b：58）采取了非常明确的立场：

  一种激进的后殖民人类学目前正在力图解构欧洲中心主义的有关南北或中心边缘的两极对立。它所认识到的恰恰是，鉴于日益增多的"边缘"或"从属"，有关来自"北方"／来自"西方"／来自"中心"的文明统治的假设，在多大程度上正让位于一种视野的丰富多彩和一种文明轨道的多重性及局部结节状态。

当今所需要的是一种真正的范式转换，一种人文和社会科学的重构，这种重构必须实现在认识论上、方法论上和教育学上与过去的思想彻底分离，这对于反映一种多中心世界观的学科的出现是必需的，这种多中心世界观从而可以有助于加强文化间和文明间的对话，并因此促进世界和平。

Adama SAMASSÉKOU: *FROM EUROCENTRISM TO A POLYCENTRIC VISION OF THE WORLD: ADVOCACY FOR A PARADIGM SHIFT*
（*DIOGENES*，No. 229-230，2011）

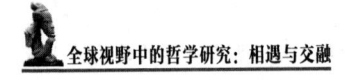

注：

[1] 本文是对卑尔根世界社会科学论坛上的发言稍做修改之后的版本。

参考文献：

阿明，S., Amin, S.（1976）*L'Impérialisme et le développement inégal*，Paris：Minuit。

法兰西银行，Banque de France（2009）"La Crise financière"，*Documents et Débats*，2：www. banque-france.fr/fr/publications/telechar/doc_debat/numero_2/integral.pdf。

《曼得宪章与马里的其他传统》，*La Charte du Mandé et autres traditions du Mali*（2003），trans. Youssouf Tata Cissé and Jean-Louis Sagot-Duvauroux，Paris：Albin Michel。

克里斯特尔，D., Crystal, D.（2000）"La Diversité linguistique: un atout pour l'humanité"，*Courrier International*，486：36—37。

德维施，R., Devisch, R.（2008a）"Qu'est-ce qu'un anthropologue?"，*Bulletin du CODESRIA*，1—2：5—11：www.codesria.org/IMG/pdf/CODESRIA_BULLETINCB_1_2_2008_French.pdf。

德维施，R., Devisch, R.（2008b）"L'espace-bordure partageable"，*Bulletin du CODESRIA*，1—2：53—63：www.codesria.org/IMG/pdf/CODESRIA_BULLETINCB_1_2_2008_French.pdf。

弗雷斯特尔，V., Forrester, V.（1996）*L'Horreur conomique*，Paris：Fayard。

加尔通，J., Galtung, J.（1971）"A Structural Theory of Imperialism"，*Journal of Peace Research*，8（2）：81—117。

基-泽尔博，J., Ki-Zerbo, J.（2003）*À Quand l'Afrique*，Paris：Éditions de l'Aube。

基-泽尔博，J., Ki-Zerbo, J.（2007）*Repères pour l'Afrique*，Dakar：Panafrika。

科乔，E., Kodjo, E.（1986）*Et demain l'Afrique*，Paris：Stock。

勒克莱尔，G., Leclerc, G.（2000）*La mondialisation culturelle*，Paris：PUF。

马卢夫，A., Maalouf, A.（1998）*Les identités meurtrières*，Paris：Grasset.

米拉诺维奇，B., Milanovic, B.（2002）"True World Income Distribution, 1988 and 1993: First Calculation Based on Household Surveys Alone"，*Economic Journal*，112（476）：51—92。

勒纳尔，R., Renard, R.（2006）*Une éthique pour la francophonie: questions de politique linguistique*，Paris/Mons：Didier Érudition / CIPA。

斯兹蒂尔芒，H., Sztulman, H.（2008）*Psychanalyse et Humanisme: Manifeste contre les impostures de la pensée dominante*，Toulouse：Ombres Blanches。

图雷纳，A., Touraine, A.（1996）Faux et vrais problèmes，收入 M. 维耶维奥尔克等人（主编），in M. Wieviork et al.（dir.），*Une société fragmentée? Le multiculturalisme en débat*，Paris：La Découverte，quoted by Raymond Renard。

联合国开发计划署，Undp（2003）*Human Development Report*，New York/Oxford：Oxford UP；http://hdr.undp.org/en/media/hdr03_complete.pdf。

联合国教科文组织统计所,Unesco Institute for Statistics(2010)"Literacy", http://www.uis.unesco.org/Literacy/Pages/default.aspx。

温棣帆, S., Wurm, S.(1999), *Languages in Danger, The Live and Death of the World's Languages, Multiethnica*, Paris: La Découverte, quoted by Raymond Renard。

作者简介

亚科·欣蒂卡（Jaakko HINTIKKA） 芬兰逻辑学家，哲学家，美国波士顿大学名誉教授。独著及与人合著了多部著作：《康德的数学哲学：超验论证结构》（巴黎，1996）、《重温数学原理》（巴黎，2007）、《苏格拉底的认识论：通过提问追求知识的探索》（纽约，2007）以及《意向性与可能的世界》（里尔，2011）等。这些著作被译为多种文字。1996年以来，荷兰克吕威尔（Kluwer）出版社出版了他的一系列论文集。2006年 Open Court 出版社出版了《在世哲学家文库》的欣蒂卡专集。2005年因逻辑学和哲学著作荣获肖克奖。

德莫特·莫兰（Dermot MORAN） 爱尔兰都柏林大学教授，澳大利亚珀斯默多克大学沃尔特·默多克兼职教授。现任国际哲学学会联合会主席（2013—2018）。近著有：《约翰·斯科特斯·爱留根纳的哲学》（剑桥，1989，2004）、《现象学导论》（伦敦，2000）、《埃德蒙德·胡塞尔——现象学奠基人》（剑桥，2005）、《劳特利奇20世纪哲学指南》（主编，伦敦，2008）、《胡塞尔论欧洲科学危机——导论》（剑桥，2012）、《胡塞尔词典》（与约瑟夫·科恩合著，布鲁姆斯伯里，2012）以及《涉身主体性现象学》（与拉斯马斯·蒂博·詹森合编，2014）。2001年，他编纂了 E. 胡塞尔的《逻辑研究》的英文版（伦敦）。《国际哲学研究杂志》的首任主编。2012年荣获爱尔兰皇家科学院人文科学金奖。电子邮箱地址：dermot.moran@ucd.ie。

达勒·雅凯特（Dale JACQUETTE） 瑞士伯尔尼大学哲学研究所教授，执掌"逻辑与理论哲学"教席。著有多部论述意向性理论、逻辑、认识论、知识史以及路德维希·维特根斯坦的思想等的著作。近著有：《心智哲学：意识的形而上学》（伦敦，2009）、《关于死刑伦理的对话》（兰厄姆，2009）、《逻辑怎么会这样》（杜伦，2010）、《哲学与大麻》（主编，2011）以及《弗雷格：哲学传记》（剑桥，待出版）。电子邮箱地址：dale.jacquette@philo.unibe.ch。

哈罗德·I. 布朗（Harold I. BROWN） 位于美国伊利诺伊州迪卡尔布市的北伊利诺伊大学的哲学荣誉退休教授。发表过论述当代科学史及当代科学哲学、认识论及知识论的著述。近著有《概念系统》（伦敦，2007）。电子邮箱地址：hibrown@niu.edu。

保罗·帕里尼（Paolo PARRINI） 曾任意大利佛罗伦萨大学理论哲学教授。其论述认识论和知识论的著作有：《认识与实在——论实证哲学》（多德雷赫特，1998）、《认识与解释——一种没有基础的哲学和客观性》（米兰，2002），以及《真值》（米兰，2011）。论述哲学思想史和科学思想史的著作有：《逻辑经验主义》（罗马，2002）、《20世纪意大利的哲学和科学》（米兰，2004）。2013年他的朋友和同事为表示对他的敬意出版了一部文集：《为哲学的平衡呼吁文集：致敬保罗·帕里尼》（佛罗伦萨，2013）。电子邮箱地址：parrini@unifi.it。

詹姆斯·亚当·雷德菲尔德（James Adam REDFIELD） 美国斯坦福大学宗教研究博士生。他的研究为古代晚期拉比犹太教发展出一条整合语言学—人类学的进路。

南京熙（Kyung-Hee NAM） 美国德克萨斯大学奥斯汀分校哲学博士，曾任韩国希腊罗马研究协会主席和韩国分析哲学协会主席。现任韩国梨花女子大学教授。他著有多部论述西方哲学和语言的论著，如《语言和国家》（1995）、《柏拉图：西方哲学的根源与基础》（2005）、《维特根斯坦与语言转向》（2005），以及《语言相互依赖的因果关系与心的社会性》（2012）。电子邮箱地址：namkh@ewha.ac.kr。

作者简介

金荷淑（Heisook KIM） 获得梨花女子大学英国语言文学学士学位和基督教研究硕士学位。她在芝加哥大学哲学系完成博士学位。她自1987年以来执教于梨花女子大学哲学系。她的兴趣领域包括认识论/哲学方法论、东西方文化语境中的女性主义哲学。目前她担任韩国哲学协会会长。联系地址：Department of Philosophy, Ewha Womans University, 52 Ewhayeodae-gil, Seodaemun-gu, Seoul 120-750, Korea。电子邮箱地址：hkim@ewha.ac.kr。

丁大铉（Daihyun CHUNG） 韩国梨花女子大学哲学系名誉教授。2002至2003年任韩国哲学联合会主席，2008年担任第22届世界哲学大会韩国组委会副主席。已出版的著述有（1）英文论文：《意向：一个整合分析》，http://choise80.khu.ac.kr/workshop201205.htm；《关于苦难的概念分析：一个人的苦难如何救赎他人？》，http://www.interdisciplinary.net/wp-content/uploads/2011/10/chungsufpaper.pdf；《恰当：诚的意向性之例》，载《第22届世界哲学大会论文提要》，2008：109；《种子：诚的意向性的行为者》，载《第22届世界哲学大会论文提要》，2008：110；《诚的意向性：关于一种有机观》，载《哲学与文化：形而上学》，韩国哲学联合会，2008：33—40；（2）韩文著作：《心理内容的体现》（2001），《恰当：对于真理和意义的理解》（1997），《必然性：一种语境理解》（1994）。电子邮箱地址：chungdhn@ewha.ac.kr。

沙林伊·阿伦哈庄萨（Sarinya ARUNKHAJORNSAK） 任教于泰国曼谷朱拉隆功大学哲学系，曾获得该系博士学位。著有论述儒家思想、孟子和道教的著述。她也关注中国哲学中的想象与隐喻。电子邮箱地址：Sarinya.a@chula.ac.th。

郑和烈（Hwa Yol JUNG） 美国宾夕法尼亚州墨瑞维恩学院政治学荣誉教授。研究西方政治理论、存在主义哲学、现象学、解释学、后现代思想、比较哲学与比较文学。主要著作有：《政治理解的危机》（1979）、《政治理论再思考》（1993）、《生态虔诚的方式——论横截的地缘哲学》（2009）和《横截的合理性和跨文化文本》（2011）。电子邮箱地址：hwayol@hotmail.com。

韩慈卿（Ja-Kyoung HAN） 韩国梨花女子大学哲学教授，哲学系主任。她的著述研究欧洲先验哲学及其与韩国思想的关系。电子邮箱地址：jkhan@ewha.ac.kr。

姜永安（Young Ahn KANG） 韩国首尔西江大学教授。他的研究兴趣从现当代欧洲哲学、伦理学及宗教哲学到与17、18世纪的欧洲哲学交织的亚洲哲学。他的最新著作包括《他者之面：列维纳斯哲学》（2005）、《康德论形而上学及表象思维》（2009）。电子邮箱地址：ya-kang@sogang.ac.kr。

素巴格瓦迪·阿玛打耶军（Supakwadee AMATAYAKUL） 自1998年在曼谷的朱拉隆功大学哲学系教授哲学史和女性主义哲学。其英文和泰文著作主要论述对哲学经典的新女性主义阐释。近来的研究关注笛卡尔的情感理论以及笛卡尔和斯多葛的道德意志概念之间的关系。美国克莱蒙特研究生大学博士，2011—2012年亚历山大·S.奥纳西斯公益基金会资助学者。电子邮箱地址：supakwadee.a@chula.ac.th。

金禹昌（Uchang KIM） 首尔梨花女子大学研究生院著名教授。曾执教于国立首尔大学，纽约州立大学（布法罗）和韩国大学。文学评论家，著有多种研究文学与社会关系的著作，其中包括：《贫困时代的诗人》（1977）、《韩国长篇小说》（1998）、《跨界之作：多样文化世界中的文学》（2002）、《景观与心灵》（2005）及《自由与人类生活》（2011）。电子邮箱地址：uchang@ewha.ac.kr。

J.奥比·奥古埃吉奥福尔（J. Obi OGUEJIOFOR） 尼日利亚纳姆迪·阿齐克韦大学哲学教授、人文学院现任院长；曾任尼日利亚哲学联合会和尼日利亚天主教神学联合会主席。已出版的著作有：《贝特兰·罗素解决了知觉问题了吗》、《托马斯·阿奎那的不朽的哲学意义》及《哲学与非洲困境》。目前任国际非洲哲学和非洲研究学会主席。

作者简介

恩科洛·福埃（Nkolo FOÉ） 喀麦隆雅温得第一大学高等师范学院哲学系主任、哲学教授。曾任喀麦隆科学院研究员，法语大学联盟卢旺达区域中心学术专家（2004—2006），法国南特人文科学之家进修教育计划（PEA）客座教师和研究员（2006），巴黎人文科学之家和法国社会科学高等研究院副主任研究员（2008）。在学术刊物和通报上发表过多篇论文，主要著作有：《后现代主义与资本主义新精神》、《论帝国全球哲学》（2008）。电子邮箱地址：foe_nkolo@yahoo.fr。

谢赫·莫克塔尔·巴（Cheikh Moctar BÂ） 塞内加尔达喀尔的谢赫·安塔·迪奥普大学哲学教授。著作有《希腊和非洲的宇宙进化论比较研究》和《非洲的历史意识》等。

W. 约翰·摩根（W. John MORGAN） 英国诺丁汉大学政治经济与教育教授。近著有：《地点、不平等和承认：当代公民权中的关键概念》（格拉斯哥，2008）以及《布伯和教育：对话作为冲突解决方式》（与 A. 吉列尔梅合著，伦敦，2013）。

亚历克斯·吉列尔梅（Alex GUILHERME） 英国利物浦霍普大学教育哲学讲师，著作涉及对话哲学、马丁·布伯的著作以及作为调解冲突社群的一种方式的对话教育。2013 年出版著作《布伯和教育：对话作为冲突解决方式》（与约翰·摩根合著，伦敦）。电子邮箱地址：guilhea@hope.ac.uk。

伊西阿卡·普罗斯珀·L. 拉莱耶（Issiaka Prosper L. LALÈYÊ） 1970 年获瑞士弗里堡大学哲学博士，1988 年获巴黎第五大学文理博士。目前在塞内加尔圣路易的加斯东·贝尔热大学任认识论和人类学教授，塞内加尔国家技术科学院院士，获塞内加尔学术棕榈骑士勋章。已出版了 4 部著作，发表论文和文章约百篇。作为专家为联合国教科文组织和伊斯兰教育科学及文化组织工作。

让-戈德弗鲁瓦·比迪马（Jean-Godefroy BIDIMA） 美国杜兰大学教授和法语专业伊冯娜·阿尔努教席主持人。他的研究领域包括：欧陆哲学、法语世界的文学艺术、非洲哲学、法律人类学以及医学人类学。已发表的著作有：《批判理论与非洲黑人的现代性：从法兰克福学派到非洲的有教养的希望》（1993）、《非洲黑人哲学》（1995）、《非洲黑人艺术》（1997）、《言论：言语的权限》（1997），以及《非洲的法律与公共领域：言论及其他》（2014）。曾获欧洲高等研究院奖。

盖尔·普雷斯贝（Gail PRESBEY）　美国底特律大学哲学教授。她的专业领域是社会与政治哲学、非暴力哲学与跨文化哲学。曾在肯尼亚、南非、加纳、印度开展研究，两次获得J.威廉·富布赖特奖学金。最近编著的著作是《从哲学视角看"反恐战争"》。合作编辑了教材《哲学探索：跨文化课本》以及著作《非洲哲学中的思想与实践》。发表了五十多篇论文和著作章节。她长期从事和平与正义研究，是和平哲学家协会原主席和执行主任。

阿达马·萨马塞库（Adama SAMASSÉKOU）　目前是国际电信联盟和联合国教科文组织宽带数字发展委员会成员，国际地理联合会接纳的联合国国际全球共识年指导委员会成员，联合国教科文组织改革高级小组成员。电子邮箱地址：asamass@gmail.com。

人名索引

A

Abe, Jiro　阿部次郎
Abe, Yosihige　安倍能成
Abuya, P.　阿布亚，P.
Adorno, T.　阿多诺，T.
Adwan　阿德万
Afoka, M. A.　阿福卡，M. A.
Africanus　阿弗里卡纳斯
Akhenaten　阿克何纳托
Alanen, L.　阿拉内恩，L.
Allen, J. P.　阿伦，J. P.
Althusser　阿尔都塞
Amatayakul, S.　阿玛打耶军，S.
Ames, R. T.　安乐哲
Amin, S.　阿明，S.
Amo, A. W.　阿莫，A. W.
An, Hosang　安浩相
An, O.-S.　安玉善
Anani, S.　阿纳尼，S.
André, G.　安德烈，G.
Anjum, R. L.　安于姆，R. L.
Annan, K.　安南，K.
Annas, J.　安纳斯，J.
Anscombe, G. E. M.　安斯库姆，G. E. M.
Apel, K.-O.　阿佩尔，K.-O.
Appiah, K. A.　阿皮亚，K. A.
Aquinas, T.　阿奎那，T.
Arendt, H.　阿伦特，H.
Aristotle　亚里士多德
Arunkhajornsak, S.　阿伦哈庄萨，S.
Asante, M. K.　阿桑特，M. K.
Atterton　阿特唐
Augé, M.　奥热，M.
Augustin　奥古斯丁
Augustine　奥古斯丁
Auxier, R. E.　奥克希尔，R. E.
Avenarius,　阿芬那留斯，R.
Awolowo, O.　阿沃洛沃，O.
Ayer, A. J.　艾耶尔，A. J.
Ayissi, L.　阿伊西，L.
Azikiwe, N.　阿齐克韦，N.

B

Bâ, A. H.　巴，A. H.
Ba, A. O.　巴，A. O.
Bâ, C. M.　巴，C. M.
Baars, B. J.　巴尔斯，B. J.
Babolin　巴博林
Bacon, J. B.　培根，J. B.

395

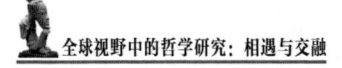

Bacon, R.　培根，R.
Baghramian, M.　巴格拉米安，M.
Bahcall　巴赫恰勒
Bai, Tongdong　白彤东
Bakhtin, M. M.　巴赫金，M. M.
Baldauf, S.　巴尔德奥夫，S.
Balibar　巴利巴尔
Barasa, C.　巴拉萨，C.
Barnes, J.　巴恩斯，J.
Bar-On　巴尔－温
Barrow, J. D.　巴罗，J. D.
Baudrillard, J.　鲍德里亚，J.
Beaney, Michael　比尼，M.
Beethoven　贝多芬
Beierwaltes, W.　拜尔瓦尔特斯，W.
Bein　拜恩
Bello, A. G. A.　贝洛，A. G. A.
Ben-Ami　本－阿米
Bengali, S.　本·贾利，S.
Berge, P.　伯杰，P.
Bergson, H.　伯格森，H.
Berkeley　贝克莱
Berque, J.　贝尔克，J.
Bhabha, H. K.　巴巴，H. K.
Bidima, H.-G. M. E.　比迪马，H.-G. M. E.
Bidima, J.-G.　比迪马，J.-G.
Bidima, M. E. M. A.　比迪马，M. E. M. A.
Bilolo, M.　比洛洛，M.
Bird, A.　伯德，A.
Blake, W.　布莱克，W.
Blixen, K.　布利克森，K.

Bloom, H.　布卢姆，H.
Bloom, Irene　华霭仁
Blum　布卢姆
Blumberg, A. E.　布隆伯格，A. E.
Blumenberg, H.　布卢门贝格，H.
Bodunrin, P.　博邓林，P.
Bohr　玻尔
Boime, A.　博伊梅，A.
Bolzano, B.　波尔查诺，B.
Borel, E.　波莱尔，E.
Borges, J. L.　博尔赫斯，J. L.
Botticelli　波提切利
Brandom, R.　布兰顿，R.
Brentano, F.　布伦塔诺，F.
Bridges, T.　布里奇斯，T.
Brodsky, J.　布罗茨基，J.
Brouwer, L. E. J.　布劳威尔，L. E. J.
Brown, D.　布朗，D.
Brown, H. I.　布朗，H. I.
Buber, M.　布伯，M.
Burns, T. R.　伯恩斯，T. R.
Burton, R.　伯顿，R.

C

Cabral, A.　卡布拉尔，A.
Cai, Renhou　蔡仁厚
Calame-Griaule, G.　卡拉姆－格里奥勒，G.
Calarco　卡拉尔科
Cameron, D.　卡梅伦
Campbell, K.　坎贝尔，K.
Camus, A.　加缪，A.
Canguilhem, G.　康吉扬，G.

Carnap, R. 卡尔纳普，R.

Carr 卡尔

Carter 卡特

Cassirer, E. 卡西尔，E.

Cavailles, J. 卡瓦耶斯，J.

Césaire, A. 塞泽尔，A.

Chakrabarty, D. 恰克拉巴蒂，D.

Chalmers, D. 查默斯，D.

Chan, Alan KL 陈金樑

Chan, Sin Yee 陈倩仪

Chan, W. C. 陈荣灼

Chan, Wing-Tsit 陈荣捷

Chandler 千孟思

Chaungo, B. 查温戈，B.

Chen, Kai-Yuan 郑凯元

Chen, Shaoming 陈少明

Cherki 舍尔基

Chodo, Cross 长藤

Choi, Sungho 崔成浩

Chomsky, N. 乔姆斯基，N.

Chŏn Wŏnbae 田元培

Chong, Kim-chong 庄锦章

Chrudzimski, A. 赫鲁德齐姆斯基，A.

Chu Shi 朱熹

Chung, Daihyun 丁大铉

Churchland, , P. S. 丘奇兰德，P. S.

Clarke, R. 克拉克，R.

Cleary, T. 克利里，T.

Clement of Alexandria 克莱门特，亚历山大

Collingwood, R. G. 科林伍德，R. G.

Comte, A. 孔德，A.

Confucius 孔子

Costa, V. 科斯塔，V.

Cotterill, R. 科特里尔，R.

Cottingham, J. 科廷厄姆，J.

Coulangeon, P. 库朗容，P.

Coulibali, B. 库利巴利，B.

Cowen, T. 考恩，T.

Crane, T. 克兰，T.

Crick, F. 克里克，F.

Crills, R. 克里尔，R.

Crystal, D. 克里斯特尔，D.

Cuche, D. 屈什，D.

D

Da Vinci, L. 达·芬奇，L.

Darwall 达沃尔

Darwin 达尔文

Davidson, D. 戴维森，D.

Davies 戴维斯

Davis, C. 戴维斯，C.

Davis, R. 戴维斯，R.

De Certeau, M. 德塞尔托，M.

De Malezieu, N. 德·马勒丢，N.

Deleuze, G. 德勒兹，G.

Delumeau, J. 德吕莫，J.

Dennett, D. C. 丹尼特，D. C.

Deren, M. 黛伦，M.

Derrida, J. 德里达，J.

Descartes, R. 笛卡尔，R.

Devisch, R. 德维施，R.

Diagne, M. 迪亚涅，M.

Diagne, S. B. 迪亚涅，S. B.

Diakité, S.　迪亚基特，S.

Dieterlen, G.　迪耶泰朗，G.

Dillon, J.　狄龙，J.

Dilthey, W.　狄尔泰，W.

Diop, C. A.　迪奥普，C. A.

Diouf, M.　迪乌夫，M.

Dogen　永平道元

Dretske, F.　德雷特斯克，F.

Dreyfus, H.　德赖福斯，H.

Du Bois, W. E. B.　杜波依斯，W. E. B.

Dufrenne, M.　杜夫海纳，M.

Dummett, M.　达米特，M.

Durand, G.　迪朗，G.

Dworkin　德沃金

E

Éboussi-Boulaga, F.　埃布西－布拉加，F.

Edward, B.　爱德华，B.

Ehlen　埃伦

Elayi, A. G.　埃拉伊，A. G.

Elayi, J.　埃拉伊，J.

Elgin, C. Z.　埃尔金，C. Z.

Elizabeth　伊丽莎白

Ellington　埃林顿

Escher, M. C.　埃舍尔，M. C.

Eze, E. C.　埃泽，E. C.

F

Fadl　法德勒

Fairchild　费尔柴尔德

Fanon, F.　法农，F.

Fara, D. G.　法拉，D. G.

Farber, M.　法伯，M.

Farkas, K.　法卡斯，K.

Faure, B.　福尔，B.

Feigl, H.　费格尔，H.

Feldman　费尔德曼

Feyerabend　费耶阿本德

Fingarette, H.　芬格莱特，H.

Fleury, L.　弗勒里，L.

Floridi, L.　弗洛里迪，L.

Foé, N.　福埃，N.

Føllesdal, D.　弗勒斯达尔，D.

Fontenot　方特诺特

Forrester, V.　弗雷斯特尔，V.

Foucault, M.　福柯，M.

Franklin　富兰克林

Franzini, E.　弗兰奇尼，E.

Fraser　弗雷泽

Frege, F. L. G.　弗雷格，F. L. G.

Friedenthal-Haase　弗里登塔尔－哈泽

Friedman　弗里德曼

Friel, B.　弗里尔，B.

Frost　弗罗斯特

Fuchs, P.　富克斯，P.

Fukuyama, F.　福山，F.

G

Gadamer, H.-G.　伽达默尔，H.-G.

Gaddafi, M.　卡扎菲，M.

Galileo　伽利略

Galtung, J.　加尔通，J.

Garfield, J.　加菲尔德，J.

Geertz, C.　格尔茨，C.

Gendzier　根德齐尔

Gettier　盖梯尔

Gikandi, S.　吉坎迪，S.

Gilligan　吉利根

Gluck, C. W.　格鲁克，C. W.

Gödel, K.　哥德尔，K.

Golan　戈兰

Goldman, A.　戈德曼，A.

Goodman, N.　古德曼，N.

Gould, M. A.　古尔德，M. A.

Graham, A. C.　葛瑞汉

Gramsci, A.　葛兰西，A.

Greenwood　格林伍德

Griaule, M.　格里奥勒，M.

Griffiths, P.　格里菲斯，P.

Guha, R.　古哈，R.

Guilherme, A.　吉列尔梅，A.

Guimarães　吉马良斯

Gutmann, A.　古特曼，A.

Guttenplan, S.　古藤普兰，S.

Gutting, G.　古廷

Gyekye, K.　格耶克耶，K.

H

Habermas, J.　哈贝马斯，J.

Hacker　哈克

Hahn, L. E.　哈恩，L. E.

Hakamaya, Noriaki　袴谷宪昭

Hakeda, Yoshito　峡田义人

Hallen, B.　哈伦，B.

Ham, Seokheon　咸锡宪

Hamada, Junko　滨田恂子

Han, Ch'ijin　韩稚振

Han, Ja-Kyoung　韩慈卿

Hansen　汉森

Hansen, C.　陈汉生

Hanson　汉森

Hardt, M.　哈尔特，M.

Hardwig　哈德维希

Harman, G.　哈曼，G.

Harris, L.　哈里斯，L.

Hatano, Seiichi　波多野精一

Hegel, G. W. F.　黑格尔，G. W. F.

Heidegger, M.　海德格尔，M.

Heil, J.　海尔，J.

Heine, S.　海因，S.

Heller-Roazen, D.　赫勒－罗森，D.

Hempel　亨佩尔

Hering, J.　赫林，J.

Hermes　赫耳墨斯

Herschel, W.　赫歇尔，W.

Hesse, M.　赫西，M.

Hilbert, D.　希尔伯特，D.

Hintikka, J.　欣蒂卡，J.

Hitler　希特勒

Honneth, A.　霍内特，A.

Hord, F. J.　霍德，F. J.

Hountondji, P. J.　洪通吉，P. J.

Houreld, K.　霍雷尔德，K.

Huang, Harrison　黄，H.

Hubbard, J.　哈伯德，J.

Huemer, W.　许默尔，W.

Hume, D.　休谟，D.

Husserl, E. 胡塞尔，E.
Hutchings 哈钦斯
Hutchinson 哈钦森
Huxley, E. 赫胥黎，E.

I

Imhotep 伊姆霍特普
Ingram, A. 英格拉姆，A.

J

Jacquette, D. 雅凯特，D.
Jahn, J. 亚恩，J.
Jakobovits, L. A. 雅各博维茨，L. A.
James, D. 詹姆斯，D.
James, G. 詹姆斯，G.
James, W. 詹姆斯，W.
Jameson, F. 詹姆森，F.
Jastrow 贾斯特罗
Jinadu 吉纳杜
Jinul 知讷
Journeau, V. A. 茹尔诺，V. A.
Jung, Hwa Yol 郑和烈

K

Kagamé, A. 卡加梅，A.
Kahneman, D. 卡尼曼，D.
Kane, C. H. 卡内，C. H.
Kang, Young Ahn 姜永安
Kant, I. 康德，I.
Kaptchuk 卡普特查克
Kato, Hiroyuki 加藤弘之
Katsiaficas, G. 卡齐亚菲卡斯，G.
Kaufmann, F. 考夫曼，F.

Kawakami, Hajime 河上肇
Keita, L. 凯塔，L.
Keller, H. 凯勒，H.
Kenyatta, J. 肯雅塔，J.
Khaldun, I. 赫勒敦，I.
Kibaki, M. 齐贝吉，M.
Kierkegaard, S. 基尔克果，S.
Kim, Hee-Jin 金熙珍
Kim, Heisook 金荷淑
Kim, Jaegwon 金在权
Kim, Kyesuk 金桂淑
Kim, M.-S. 金明锡
Kim, Sang-bong 金相奉
Kim, Uchang 金禹昌
Kinyongo, J. 金永戈，J.
Kipury, N. 基普里，N.
Kiros, T. 基罗斯，T.
Ki-Zerbo, J. 基–泽尔博，J.
Knoblock 诺布洛克
Kodjo, E. 科乔，E.
Kohn 科恩
Kōjin, Karatani 柄谷行人
Konaré, A. B. 科纳雷，A. B.
Korrenz 科伦茨
Koselleck, R. 科泽勒克，R.
Krueger, L. 克吕格尔，L.
Kuhn, T. 库恩，T.
Kuki, Sujo 久木
Küng, H. 孔汉思
Kusch, M. 库施，M.
Kwŏn Sewŏn 权兑远

L

Lalèyê, I. P. L.　拉莱耶，I. P. L.

Lanfredini, R.　兰弗雷迪尼，R.

Lau, D. C.　刘殿爵

Lavia　拉维亚

Leclerc, G.　勒克莱尔，G.

Lee, J. S.　李，J. S.

Lee, Kwangse　李光世

Legendre, P.　勒让德尔，P.

Legge, J.　理雅各

Leibniz, G. W.　莱布尼兹，G. W.

Leonardo　莱昂纳多

Leopold, A.　利奥波德，A.

Lévi-Strauss, C.　列维－斯特劳斯，C.

Lévy-Bruhl, L.　莱维－布吕尔，L.

Li, Chenyang　李晨阳

Li, J.　李景林

Li, Zehou　李泽厚

Lingard　林加德

Lipovetsky, G.　利波韦茨基，G.

Lisa, Mona　蒙娜·丽莎

Liszt, F.　李斯特，F.

Littlejohn　张仁宇

Liu, Xiusheng　刘秀生

Livingston, P.　利文斯通，P.

Locke　洛克

Loori, J. D.　鲁里，J. D.

Lowe, E. J.　洛，E. J.

Luhmann, N.　卢曼，N.

Lumumba　卢蒙巴

Lusthaus, D.　卢斯特豪斯，D.

Lynch, M. P.　林奇，M. P.

Lyotard, J.-F.　利奥塔，J.-F.

M

Maalouf, A.　马卢夫，A.

Mach, E.　马赫，E.

MacIntyre, A.　麦金泰尔，A.

Maffesoli, M.　马菲索利，M.

Makokha, K.　马科克哈，K.

Makos, J.　马科斯，J.

Malcolm, X.　马尔科姆，X.

Mao, Zedong　毛泽东

Marmodoro, A.　马默多拉，A.

Marr, D.　马尔，D.

Marshall, J.　马歇尔，J.

Martin, C. B.　马丁，C. B.

Marx, G.　马克斯，G.

Masolo, D. A.　马索洛，D. A.

Mathieu, B.　马蒂厄，B.

Matsumoto, Shirō　松本史朗

Mattelart, A.　马特拉尔，A.

Maxwell　马克斯韦尔

Mbele, C. R.　姆贝莱，C. R.

Mbembe, A.　姆本贝，A.

McGuire, J. M.　麦圭尔，J. M.

McLean, G.-F.　麦克莱恩，G.-F.

McRae, J.　麦克雷，J.

Memmi, A.　梅米，A.

Mencius　孟子

Merkel, A.　默克尔，A.

Merleau-Ponty, M.　梅洛－庞蒂，M.

Meyer, M.　迈耶，M.

Michaels, W. B. 迈克尔斯，W. B.
Michelson 迈克尔逊
Miki, Kiyosi 三木清
Milanovic, B. 米拉诺维奇，B.
Millikan, R. G. 米立肯，R. G.
Miraglia, R. 米拉格利亚，R.
Miron, M. S. 迈伦，M. S.
Mladenovic, B. 马戴诺维奇，B.
Mobutu, J. 蒙博托，J.
Mohanty, J. N. 莫汉蒂，J. N.
Moi, D. A. 莫伊，D. A.
Molnar, G. 莫尔纳，G.
Montesquieu, C. 孟德斯鸠，C.
Monteverdi, C. 蒙特威尔第，C.
Moore, G. E. 摩尔，G. E.
Moore, T. O. 穆尔，T. O.
Moran, D. 莫兰，D.
Morely 莫雷
Morgan, W. J. 摩根，W. J.
Mosley, A. G. 莫斯利，A. G.
Mozi 墨子
Mudimbe, V. Y. 穆迪姆贝，V. Y.
Mulokozi, M. M. 穆洛洛齐，M. M.
Mumford, S. 芒福德，S.

N

Naess, A. 奈斯，A.
Nam, Kyung-Hee 南京熙
Nandy, A. 南迪，A.
Ndaw, A. 恩多，A.
Ndinga, G. 恩丁加，G.

Ndumba, G. 恩敦巴，G.
Ndzomo-Molé, J. 恩德佐莫－莫莱，J.
Negri, A. 内格里，A.
Nellen, K. 内伦，K.
Nemec, J. 涅梅茨，J.
Neugebauer, C. 诺伊格鲍尔，C.
Neveu, E. 内沃，E.
Newton 牛顿
Nietzsche, F. 尼采，F.
Nishida, Kitaro 西田几多郎
Nishijima, Gudo 西屿愚道
Nishitani, Keiji 西谷启治
Njeru, G. 恩杰鲁，G.
Nkrumah, K. 恩克鲁玛，K.
Noddings 诺丁斯
Nussbaum, M. 努斯鲍姆，M.
Nyarwath, O. 尼亚尔瓦特，O.
Nyerere, J. 尼雷尔，J.
Nylan, Michael 戴梅可

O

O'Casey, S. 奥卡西，S.
O'Shea, J. 奥谢，J.
Obenga, T. 奥本加，T.
Ochieng'-Odhiambo, F. 奥奇恩格－奥迪安博，F.
Ocholla-Ayayo, A. B. C. 奥乔拉－阿亚约，A. B. C.
Odera Oruka, H. 奥德拉·奥鲁卡，H.
Offenbach, J. 奥芬巴赫，J.
Ogot, B. A. 奥戈特，B. A.
Oguah, B. F. 奥古阿，B. F.

人名索引

Oguejiofor, J. O. 奥古埃吉奥福尔，J. O.
Ogunmodede, F. 奥贡莫代德，F.
Okafor, F. U. 奥卡福，F. U.
Okere, T. 奥克雷，T.
Okolo, C. B. 奥科洛，C. B.
Okshevsky 奥克舍夫斯基
Olela, H. 奥莱拉，H.
Olita, R. 奥利塔，R.
Olsen 奥尔森
Olubayi 奥卢巴伊
Omosa, M. 奥莫萨，M.
Ontita, E. 翁蒂塔，E.
Onyewuenyi, I. 翁耶武恩伊，I.
Origen 奥利金
Orpheus 俄耳甫斯
Osuagwu, M. 奥苏阿古，M.
Ouologuem, Y. 沃洛盖姆，Y.
Owen, S. 宇文所安

P

P'Bitek, Okot 普比泰克，O.
Pak, Ch'iu 朴致祐
Pak, Chonghong 朴钟鸿
Pak, Okkeul 朴玉圭
Pandey, G. 潘迪，G.
Parrini, P. 帕里尼，P.
Pascal, B. 帕斯卡尔，B.
Patočka, J. 帕托奇卡，J.
Peirce, C. S. 皮尔斯，C. S.
Perry, J. 佩里，J.
Pflanz, M. 普夫兰茨，M.
Piazza, T. 皮亚扎，T.

Planck, M. 普朗克，M.
Plato 柏拉图
Poincare, H. 庞加莱，H.
Polanyi 波兰尼
Pomeroy, A. 波默罗伊，A.
Popper, K. R. 波普尔，K. R.
Porter 波特
Presbey, G. M. 普雷斯贝，G. M.
Preti, G. 普雷蒂，G.
Price 普赖斯
Ptah 布塔
Putnam, H. 普特南，H.
Pythagoras 毕达哥拉斯

Q

Quine, W. V. O. 蒯因，W. V. O.

R

Rabaka 拉巴卡
Rabin 拉宾
Rabinow, P. 拉比诺，P.
Radl, E. 拉德尔，E.
Rancière, J. 朗西埃，J.
Rawls 罗尔斯
Reagan, N. 里根，N.
Reid 里德
Reinhardt, L. 莱因哈特，L.
Remus 雷穆斯
Renard, R. 勒纳尔，R.
Rickert, H. 李凯尔特，H.
Ricoeur, P. 利科，P.
Rilke, R. M. 里尔克，R. M.

403

Rirei, M. A.　里雷，M. A.

Rizvi　里兹维

Robert, A. -C.　罗伯特，A. -C.

Rockmore, T.　罗克莫尔，T.

Rodin　罗丹

Rogers, G. A. J.　罗杰斯，G. A. J.

Romano, C.　罗马诺，C.

Romulus　罗慕路斯

Rorty, R.　罗蒂，R.

Rosemont, H.　罗思文

Rosenberg, J.　罗森堡，J.

Russell, B.　罗素，B.

Russell, G.　拉塞尔，G.

Ryle, G.　赖尔，G.

S

Sahlins, M.　萨林斯，M.

Said, E.　赛义德，E.

Sainsbury, M.　塞恩斯伯里，M.

Salmon , W.　萨蒙，W.

Samassékou, A.　萨马塞库，A.

Sandu, G.　桑杜，G.

Sartre, J. -P.　萨特，J. –P.

Saussure　索绪尔

Scheler, M.　舍勒，M.

Schlick, M.　石里克，M.

Schneewind, J. B.　施内温德，J. B.

Schrag, C. O.　施拉格，C. O.

Searle, J. R.　塞尔，J. R.

Sellars, W.　塞拉斯，W.

Semimaru　蝉丸

Sen, A.　森，A.

Senauke, A.　瑟耐克，A.

Senghor, L. S.　桑戈尔，L. S.

Seol, Dong-Hoon　薛东勋

Shakespeare　莎士比亚

Shang, Yang　商鞅

Shannon, C. E.　香农，C. E.

Shapiro, L.　夏皮罗，L.

Sharf, R. H.　沙夫，R. H.

Shelton, J.　谢尔顿，J.

Shen, Vincent　沈清松

Shun, Kwon-Loi　信广来

Siewert, C.　西韦尔特，C.

Silberstein　西尔伯斯坦

Simons, P.　西蒙斯，P.

Sin Namch'ŏl　申南澈

Skinner, B. F.　斯金纳，B. F.

Skinner, Q.　斯金纳，Q.

Smet, A. J.　斯梅，A. J.

Smith, D.　史密斯，D.

Snow　斯诺

Socrates　苏格拉底

Solomon, R.　所罗门，R.

Somjee, S.　松杰，S.

Sonnleitner　松莱特纳

Sorel　索列尔

Sorell, T.　索雷尔，T.

Soyinka, W.　索因卡，W.

Spencer, H.　斯宾塞，H.

Spinicci, P.　斯皮尼奇，P.

Spivak, G. C.　斯皮瓦克，G. C.

Srubar, I. 斯鲁巴尔，I.

Stadler, F. 施塔德勒，F.

Star 斯塔

Stavrianakis, A. 斯塔夫里亚纳基斯，A.

Stegmüller, W. 施特格米勒，W.

Stich, S. 斯蒂克，S.

Stravinsky, I. 斯特拉文斯基，I.

Sumner, C. 萨姆纳，C.

Suppes, P. 苏佩斯，P.

Suzuki, Shunryu 铃木俊隆

Swanson, P. 斯旺森，P.

Sztulman, H. 斯兹蒂尔芒，H.

T

Tajahasi, Satomi 高桥里美

Tallon 塔隆

Tan, Sor-hoon 陈素芬

Tanabe, Hajime 田边元

Tappolet, C. 塔普波莱，C.

Tarski, A. 塔斯基，A.

Taylor, C. 泰勒，C.

Taylor, E. B. 泰勒，E. B.

Tempels, P. 唐普尔，P.

Tertulian 德尔图良

Tetsuro, Watsuji 和辻哲郎

Thiong, N. W. 恩古吉，N. W.

Toulmin 图尔敏

Touraine, A. 图雷纳，A.

Towa, M. 托瓦，M.

Toynbee, A. 汤因比，A.

Tversky, A. 特沃斯基，A.

U

Ure 尤尔

V

Van de Pitte, M. 范德皮特，M.

Van Hensbroek, B. P. 范亨斯布鲁克，B. P.

Van Norden, Bryan W. 万百安

Vari-Lavoisier, I. 瓦里–拉瓦锡，I.

Vernant, J. 韦尔南，J.

Victoria, D. 维多利亚，D.

Vygotsky 维果茨基

W

Wahba, M. 瓦哈卜，M.

Walcott, D. 沃尔科特，D.

Walzer, M. 沃尔泽，M.

Wanyama, J. 万亚马，J.

Warnier, J.-P. 瓦尼耶，J.-P.

Watras 瓦特拉斯

Watson, J. B. 沃森，J. B.

Watts, B. A. 沃茨，B. A.

Weber, M. 韦伯，M.

Weitsman, Mel 宗纯禅师

Weyl, H. 外尔，H.

Wheeler, J. A. 惠勒，J. A.

Wickramasinghe, N. 维克拉马辛格，N.

Wieviork, M. 维耶维奥尔克，M.

Wilkins, M. 威尔金斯，M.

Williams, B. 威廉斯，B.

Williams, N. E. 威廉斯，N. E.

Williams, P. 威廉斯，P.

Williamson, T. 威廉森，T.

Williston, B.　威利斯顿，B.
Wiredu, K.　维雷杜，K.
Wittgenstein, L.　维特根斯坦，L.
Wolfson, E. R.　沃尔夫森，E. R.
Wǒnhyo　元晓
Wood, T. E.　伍德，T. E.
Worsley　沃斯利
Wright, C.　赖特，C.
Wright, D. S.　赖特，D. S.
Wright, R. A.　赖特，R. A.
Wurm, S.　温棣帆，S.

X

Xiao, Yang　萧阳
Xunzi　荀子

Y

Yadav　亚达夫
Yajñadatta　演若达多
Yaqob, Z.　雅各布，Z.
Yen, Yuan　颜渊
Yi, Chongu　李俊久
Yoon, Bo-Suk　尹甫锡
Youssef　优素福
Yunus, M. M.　尤努斯，M. M.

Z

Zahavi, D.　萨哈维，D.
Zank　灿克
Zhang, Zai　张载
Zhuangzi　庄子
Zhuzi　朱熹
Zilu　子路
Ziporyn, B.　任博克，B.
Žižek　日热克
Zurek, W. H.　祖雷克，W. H.

图书在版编目（CIP）数据

全球视野中的哲学研究：相遇与交融 / 萧俊明, 贺慧玲, 杜鹃主编. -- 北京：中国书籍出版社, 2019.1
ISBN 978-7-5068-7037-5

Ⅰ.①全… Ⅱ.①萧… ②贺… ③杜… Ⅲ.①哲学理论—理论研究 Ⅳ.①B0

中国版本图书馆CIP数据核字（2018）第235357号

全球视野中的哲学研究：相遇与交融

萧俊明　贺慧玲　杜　鹃　主编

责任编辑	宋　然
责任印制	孙马飞　马　芝
封面设计	东方美迪
出版发行	中国书籍出版社
地　　址	北京市丰台区三路居路97号（邮编：100073）
电　　话	（010）52257143（总编室）　　（010）52257140（发行部）
电子邮箱	eo@chinabp.com.cn
经　　销	全国新华书店
印　　刷	北京温林源印刷有限公司
开　　本	710毫米×1000毫米　1/16
字　　数	425千字
印　　张	26.5
版　　次	2019年1月第1版　2019年1月第1次印刷
书　　号	ISBN 978-7-5068-7037-5
定　　价	80.00元

版权所有　翻印必究